2015 개정
교육과정

新 수학의 바이블 유형서

BOB

밥

수학의 밥과 같은 존재,
유형!

이창희·민경도·김덕환 지음

기하

BOB 기하 검토에 도움을 주신 분들

서울

고주형	압구정 파인만학원
구난영	셀프스터디 수학학원
권정현	다산 LMPS학원
김경희	명인학원
김국환	매쓰플러스 수학학원
김명석	강서고등학교
김명후	김명후 수학학원
김민수	개념폴리아학원
김바른	대치수신 위례캠퍼스
김병호	국선 수학학원
김성재	맑음 수학학원
김승현	Math4U / Hi-Math(대치)
김영진	이지수능
김윤호	MK교육전문가그룹
김은선	목동su학원
김정문	반포 해냄학원
김진영	수와식학원
김창련	압구정 파인만학원
김태후	수학의힘
김현아	김현아 수학
김형진	두잉매쓰학원
김효건	대치 파인만학원
남솔잎	솔잎샘수학학원
문재웅	성북 메가스터디
박보석	매쓰멘토스학원
박상보	박상보 수학전문학원
박지현	하노이 서울학원(베트남)
박진희	박선생 수학학원
박효은	시대인재학원
배재형	배재형수학교습소
백운경	일신학원
서근환	선덕고등학교
서민국	대치 파인만학원
서중은	블루플렉스학원
서충현	명인학원
선 철	일신학원
성성아	베이스캠프
성재훈	혜화여자고등학교
신기호	성북 메가스터디
신승규	한국삼육고등학교
안대호	말글국어 더함수학학원
양병호	상문고등학교
양철웅	목동 거산학원
엄지희	엄지희 수학연구소
왕한비	왕쌤 수학학원
원준희	대치 CMS
유승우	중계 탑클래스학원
유재현	일신학원
윤정욱	대치 에스학원
윤홍원	윤홍원 수학
이민호	강동 메가스터디
이성용	다움수학교실
이성일	온스터디/캠프제이
이슬비	뉴이스트 수학전문학원
이용우	올림피아드
이은주	이해와지혜수학
이응민	중동고등학교
이정빈	성북 메가스터디
이준엽	메티스학원
이 진	개념&등급수학
이현표	수력학원
정소라	탑플러스 영어수학전문학원
정요한	깊은생각
정진아	정선생수학
정현광	서울 광성고등학교
조병근	목동 하이씨앤씨
조현탁	전문가집단
차용우	서울 외국어고등학교
최고미	에듀탑
최귀종	대치수신 위례캠퍼스
최선옥	최선옥 수학
최영준	문일고등학교
한동용	수학에 미친 사람들 학원
한현주	PMG학원
홍슬기	슬기 수학

부산

김유상	이투스247 해운대점
김효상	사직동 코스터디학원
나기열	프로매스 수학학원
모 란	명문학원
송상근	연세 수학학원
이승훈	명당학원
이연꾀	휘펠수학
조준혁	동천고등학교
한재철	부산 장안고등학교
황성필	미래탐구

인천

기미나	기쌤수학
김응수	케이엠 수학교습소
김재웅	송도 감성수학
김 준	쭌에듀학원
김태윤	고수학 송도캠퍼스
박순만	절대학원
박종필	정석 수학학원
박효성	지코스 수학학원
송대익	청라 수학사랑학원
이수동	부천 E&T 수학학원
이혜경	이혜경 고등수학학원
장효근	유레카 수학학원
정민욱	수베이직 수학교습소
조민관	대신학원
지청호	F(x) 수학전문학원
차성민	두드림학원
최수빈	성균관수학
최유락	유빅학원
최 훈	Hoon15#math

울산

김경문	지캠프영수학원
박국진	강한수학전문학원
최규종	뉴토모 수학전문학원
현주희	뉴토모 수학전문학원

대구

구현태	나인쌤 수학전문학원
김동영	통쾌한수학
김영배	빅뱅수학
김영진	김진수학
문윤정	능인고등학교
박원封	토르수학
변태준	능인고등학교
장세완	장선생수학
장현정	남산고등학교
정민호	대구 제이스테디수학
최상호	능인고등학교
하태호	월성 이투스수학학원
황영호	능인고등학교
황지현	위드제스트 수학학원

광주

강승완	첨단시매쓰학원
고예지	매쓰멘토 수학학원
김경진	경진 수학학원
김국진	김국진짜학원
김은경	혜인여자고등학교
박우혁	밥보다 수학학원
배진문	수학의달인 광주양산학원
양귀제	양선생 수학학원
임태관	매쓰멘토수학
최지웅	매쓰피아

대전

강유식	수학의자유
고지훈	임창우논술
배지후	와이즈만 CNI
윤석주	윤석주 수학전문학원

경기

고수환	상승곡선학원
고정욱	고수학플러스
김금화	템수학
김기덕	수원 메가스터디
김덕락	락수학
김수민	더클레버 수학학원
김재빈	더클레버 수학학원
김정철	김정철수학교실
김정환	필립스 아카데미
김종남	제너스 학원
김지윤	오드 수학
김태중	우성고등학교
김현욱	와이투엠 수학학원
김현정	더클레버 수학학원

경상

김민채	김해 자유자재학원
김옥경	반디 수학과학학원
김재인	무학고등학교
남준기	거제고등학교
박수재	성민여자고등학교
박진성	세명고등학교
성은미	형곡고등학교
엄성문	에이블 수학전문학원

전라

김성혁	에스 수학전문학원
나호진	한일고등학교
박지은	오성식 영어클럽유일학원
박진성	해남 한가람학원
성준우	수학걱정없는세상만들기
송시영	블루오션 수학학원
안형진	혁신 청람수학전문학원
양형준	대들보 수학학원
유현수	수학당학원
이혜상	에스 수학전문학원
최대호	매쓰어필
한지선	한지선 수학

강원

김성영	빨리강해지는 수학학원
노명훈	노명훈쌤의 알수학학원
윤성현	수소통 수학학원
전대윤	Kwon Class

충청

권영택	충북과학고등학교
권용운	권용운 수학학원
김은배	올림피아드유투엠
김종현	고등관 3%수학학원
박대권	dkp종합학원
윤성길	몬스터메스
이현아	현수학
장정수	페르마 수학학원
전성호	탑씨크리트학원
한호선	두드림 영어수학학원

제주

이승환	서귀포 예일분석수학

다음은 울산·대구 사이 열에 이어지는 명단:

남재일	세마고등학교
노형근	ss학원
문기수	하늘아이 수학전문학원
민동건	민동건 수학교실
박원용	동탄 트리즈나루수학
박종현	하이탑수학
박주이	켄즈
박진규	수학의아침
박해석	비원오길수학 학원
서지은	JMI 수학학원
손석문	TN학원
손승태	와부고등학교
송치호	대치 명인학원(미금캠퍼스)
안명근	의정부 맨투맨학원
안연수	포스텍 수학학원
유현진	HR수학
윤상완	죽전 강의하는아이들
윤여태	소담수학학원
윤주원	비상아이비츠
이동석	정성하이클래스 수학학원
이명환	다산 더원 수학학원
이 산	수학대가
이장훈	북부세일학원
이충안	수이학원
이현욱	덕소쎈수학
이현주	미금 솔루션수학학원
임규철	인재와고수
임은정	마테마티카 수학학원
정장선	생각하는 황소수학
정진욱	수원 메가스터디
정해도	목동 혜윰수학
정황우	정석 수학학원
조성민	삼송 유클리드 수학학원
조성화	SH수학학원
조재욱	지니학원
차새화	운암고등학교
최연진	한민고등학교
최영성	에이블 수학학원
최유미	분당 파인만학원
최인규	열혈수학
한규욱	수리학당
허유미	특작수학
홍의찬	마테마타수학학원
황삼철	멘토수학
황석진	낙생고등학교

다음은 마지막 열:

염성군	무학고등학교
이상현	인투학원
이승원	의뜸원 수학학원

新 수학의 바이블 유형서

BoB.
밥

기하

집필진	이창희	서울대학교 수학교육과
	민경도	서울대학교 수학교육과
	김덕환	서울대학교 수학교육과
검수자	하태윤	홍익대학교 수학교육과
	임희수	서울대학교 수학교육과
	윤지용	서울대학교 수학교육과

STAFF	발행인	김형중
	컨텐츠사업부문 총괄	홍태운
	퍼블리싱 총괄	남형주
	기획 · 개발	오형민 김미진 황지현 박다솜 권오은 안태균 유병범
	디자인	김정인 고은비 강민영 에피그램

新수학의 바이블 BOB 기하

201910 제2판 1쇄

펴낸곳 이투스교육(주) 서울시 서초구 남부순환로 2547

전화 1599-3225

등록번호 제2007-000035호

ISBN 979-11-6442-408-5[53410]

新수학의 바이블 BOB!!

첫술에 배부를 수 없듯이 쉬운 유형부터 어려운 유형을 동시에 모두 학습하기란 쉽지 않다!!

기본적으로 알고 있어야 하는 내신 & 수능 시험에서 자주 출제되는 유형만 확실히 알아도 목표의 반은 성공한 것이다!!

따라서 자주 출제되는 알짜 유형만을 선정, 집중적으로 공략하여 학습할 수 있는 교재가 필요하다!!

新수학의 바이블 BOB을 이용한 학습법!!

개념 및 개념 Plus | 개념 이해

- 꼭 알고 있어야 하는 개념 확인
- 친절하고도 상세한 첨삭으로 이해도 향상
- 좀 더 알아볼 수 있는 개념에 대한 부연 설명

- 좀 더 자세한 설명이 필요할 때에는 新수학의 바이블 기하의 개념 설명을 통해 보충 학습
- 이전 학년에서 배웠지만 확실하게 정립하지 못한 개념은 다시 한 번 짚어보고 확실하게 다져야 할 것입니다.

실력 콕콕 | 해결력 강화

- 대표 유형에 대한 문제 해결력 향상
- 다양한 변형 유형의 문제에 대한 도전
- 학교 내신 & 수능의 기초 해결력 완성

- 학습 도중 틀린 문제에 대한 오답 노트 작성 후 반복 학습
- 실력 콕콕의 정답률이 80% 이하일 경우에는 앞부분의 유형별 문제 해결을 좀 더 강화한 후 오답 노트로 정리하여 확실하게 알 수 있을 때까지 반복 학습이 이루어져야 할 것입니다.

개념 콕콕 | 개념 확인

- 개념 이해가 정확하게 이루어졌는지 확인
- 표현이 달라졌을 때에도 개념을 적용시키는 연습
- 확실하게 익힐 때까지 기초 문제로 반복 이해

- 개념 콕콕의 정답률이 80% 이하일 경우에는 앞부분의 개념 학습이 완전하지 않은 것입니다. 다시 한 번 개념 부분에 대한 면밀하고 심도 있는 학습이 이루어져야 할 것입니다.

유형 콕콕 | 유형별 문제 해결

- 학습한 개념에 대한 유형 파악
- 대표 유형별 문제 해결력 집중 공략
- 유형별 점진적 수준 강화

- 대표 유형에 대하여 좀 더 학습하고자 할 때에는 新수학의 바이블 기하의 대표 예제별 1 + 3 문제 보충 학습
- 학습 도중 틀린 문제에 대한 오답 노트 작성 후 반복 학습
- 유형 콕콕의 정답률이 80% 이하일 경우에는 앞부분의 개념과 개념 콕콕을 확인한 후 다시 풀어 봄으로써 부족한 부분을 보충해야 할 것입니다.

新수학의 바이블 BOB의 구성과 특징
STRUCTURE

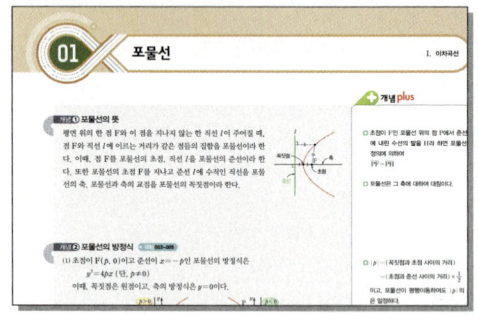

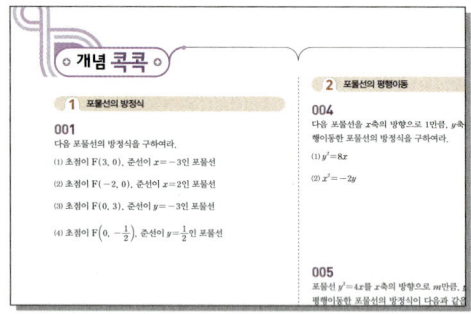

개념 콕콕

- 개념을 직접적으로 적용할 수 있도록 간단하고 쉬운 문제를 중심으로 수록하였습니다.
- 개념 콕콕의 문제를 해결함으로써 개념을 확실히 익히고 소화할 수 있도록 하였습니다.

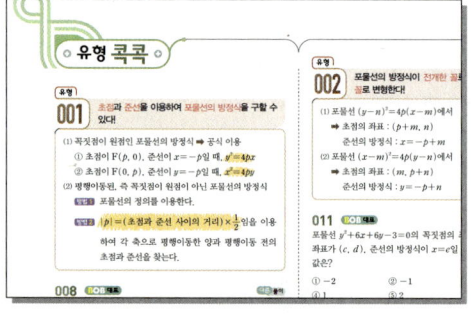

유형 콕콕

- 출제될 수 있는 대표적인 문제들을 유형별로 구분하고, 해당 유형에 맞는 핵심 포인트 및 해결 전략을 제시하였습니다.
- 교과서 핵심 개념을 토대로 필수 문항들로만 구성하였으며, 수학의 기초를 다질 수 있는 비교적 쉬운 문항들로 수학의 자신감을 쌓을 수 있게 하였습니다.
- 서술형 문제를 제공하여 풀이 단계에서 채점 요소, 풀이 단계별 비율 등을 고려하여 학습할 수 있도록 구성하였습니다.
- **QR코드** 해당 유형을 보다 구체적으로 알고 싶을 때에는 QR코드를 통해 '新수학의 바이블'의 대표 예제와 연동하여 학습할 수 있도록 링크를 걸어 두었습니다.

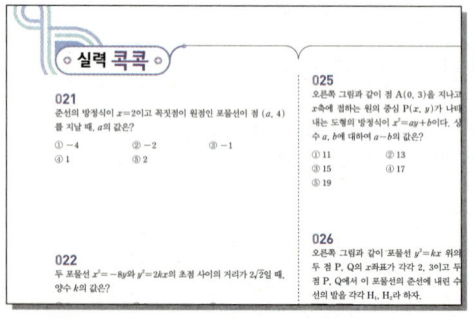

실력 콕콕

- 지금까지 학습한 개념과 유형을 토대로 좀 더 실력을 향상시킬 수 있도록 유형 콕콕보다는 난이도가 있는 문제를 수록하였습니다.
- 유형을 확실히 익혔는지 점검하고 실전력을 익히게 하여 수능 대비의 초석이 될 수 있도록 하였습니다.
- 서술형 문제를 제공하여 풀이 단계에서 채점 요소, 풀이 단계별 비율 등을 고려하여 학습할 수 있도록 구성하였습니다.

I 이차곡선

II 평면벡터

III 공간도형과 공간좌표

I

이차곡선

01 포물선

개념 ➊ 포물선의 뜻

평면 위의 한 점 F와 이 점을 지나지 않는 한 직선 l이 주어질 때, 점 F와 직선 l에 이르는 거리가 같은 점들의 집합을 포물선이라 한다. 이때, 점 F를 포물선의 초점, 직선 l을 포물선의 준선이라 한다. 또한 포물선의 초점 F를 지나고 준선 l에 수직인 직선을 포물선의 축, 포물선과 축의 교점을 포물선의 꼭짓점이라 한다.

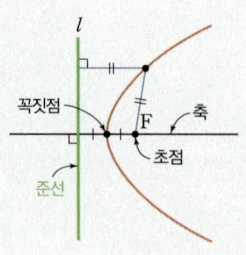

개념 ➋ 포물선의 방정식 〔유형 003~005〕

(1) 초점이 $F(p, 0)$이고 준선이 $x=-p$인 포물선의 방정식은

$$y^2=4px \ (\text{단, } p\neq0)$$

이때, 꼭짓점은 원점이고, 축의 방정식은 $y=0$이다.

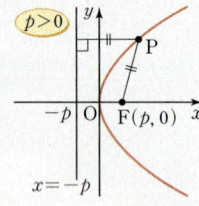 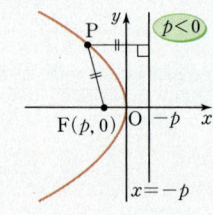

(2) 초점이 $F(0, p)$이고 준선이 $y=-p$인 포물선의 방정식은

$$x^2=4py \ (\text{단, } p\neq0)$$

이때, 꼭짓점은 원점이고, 축의 방정식은 $x=0$이다.

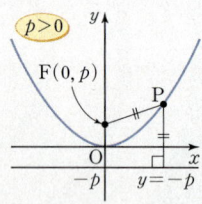 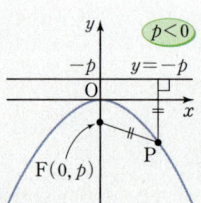

개념 ➌ 포물선의 평행이동 〔유형 001~002〕

(1) 포물선 $y^2=4px$를 x축의 방향으로 m만큼, y축의 방향으로 n만큼 평행이동한 포물선의 방정식은

$$(y-n)^2=4p(x-m)$$

이때, 이 포물선의 꼭짓점의 좌표는 (m, n), 초점의 좌표는 $(p+m, n)$, 준선의 방정식은 $x=-p+m$이다. ㉠

(2) 포물선 $x^2=4py$를 x축의 방향으로 m만큼, y축의 방향으로 n만큼 평행이동한 포물선의 방정식은

$$(x-m)^2=4p(y-n)$$

이때, 이 포물선의 꼭짓점의 좌표는 (m, n), 초점의 좌표는 $(m, p+n)$, 준선의 방정식은 $y=-p+n$이다.

➕ 개념 plus

⬥ 초점이 F인 포물선 위의 점 P에서 준선 l에 내린 수선의 발을 H라 하면 포물선의 정의에 의하여
$$\overline{PF}=\overline{PH}$$

⬥ 포물선은 그 축에 대하여 대칭이다.

⬥ $|p|=$ (꼭짓점과 초점 사이의 거리)
$$=(\text{초점과 준선 사이의 거리})\times\frac{1}{2}$$
이고, 포물선이 평행이동하여도 $|p|$의 값은 일정하다.

⬥ 포물선 $y^2=4px$는 $p>0$이면 왼쪽으로, $p<0$이면 오른쪽으로 볼록하다.

⬥ 포물선 $x^2=4py$는 이차함수 $y=\dfrac{x^2}{4p}$의 그래프와 같다.

⬥ 포물선 $y^2=4px \,(p>0)$를 직선 $y=x$에 대하여 대칭이동하면 포물선 $x^2=4py$를 얻을 수 있다.

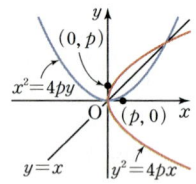

⬥ $y^2+Ax+By+C=0 \,(A, B, C$는 상수, $A\neq0)$ 꼴로 주어진 포물선의 방정식을 $(y-n)^2=4p(x-m)$ 꼴로 변형하면 초점의 좌표와 준선의 방정식을 알 수 있다. 마찬가지로 $x^2+Ax+By+C=0 \,(A, B, C$는 상수, $B\neq0)$ 꼴로 주어진 포물선의 방정식을 $(x-m)^2=4p(y-n)$ 꼴로 변형하면 초점의 좌표와 준선의 방정식을 알 수 있다.

㉠ 포물선을 평행이동하면 포물선의 꼭짓점, 초점, 준선도 그대로 평행이동한다.

✪ 개념 콕콕 ✪

1 포물선의 방정식

001

다음 포물선의 방정식을 구하여라.

(1) 초점이 $F(3, 0)$, 준선이 $x=-3$인 포물선

(2) 초점이 $F(-2, 0)$, 준선이 $x=2$인 포물선

(3) 초점이 $F(0, 3)$, 준선이 $y=-3$인 포물선

(4) 초점이 $F\left(0, -\dfrac{1}{2}\right)$, 준선이 $y=\dfrac{1}{2}$인 포물선

002

다음 포물선의 초점의 좌표와 준선의 방정식을 각각 구하여라.

(1) $y^2=8x$

(2) $y^2=-\dfrac{1}{2}x$

(3) $x^2=y$

(4) $x^2=-3y$

003

다음 조건을 만족시키는 점이 나타내는 도형의 방정식을 구하여라.

(1) 점 $F(5, 0)$과 직선 $x=-5$로부터 같은 거리에 있는 점

(2) 점 $F\left(-\dfrac{1}{3}, 0\right)$과 직선 $x=\dfrac{1}{3}$로부터 같은 거리에 있는 점

(3) 점 $F(0, -4)$와 직선 $y=4$로부터 같은 거리에 있는 점

(4) 점 $F\left(0, \dfrac{3}{2}\right)$과 직선 $y=-\dfrac{3}{2}$으로부터 같은 거리에 있는 점

2 포물선의 평행이동

004

다음 포물선을 x축의 방향으로 1만큼, y축의 방향으로 2만큼 평행이동한 포물선의 방정식을 구하여라.

(1) $y^2=8x$

(2) $x^2=-2y$

005

포물선 $y^2=4x$를 x축의 방향으로 m만큼, y축의 방향으로 n만큼 평행이동한 포물선의 방정식이 다음과 같을 때, 상수 m, n의 값을 각각 구하여라.

(1) $y^2-4x-2y+9=0$

(2) $y^2-4x+6y-3=0$

006

다음 포물선의 꼭짓점의 좌표와 초점의 좌표, 준선의 방정식을 각각 구하여라.

(1) $(y-5)^2=4(x-3)$

(2) $(y+4)^2=-(x-2)$

(3) $(x-1)^2=2(y+3)$

(4) $(x+2)^2=-8(y-1)$

007

다음 포물선의 꼭짓점의 좌표와 초점의 좌표, 준선의 방정식을 각각 구하여라.

(1) $y^2-x+2y+5=0$

(2) $x^2-8x-4y-4=0$

유형
001 초점과 준선을 이용하여 포물선의 방정식을 구할 수 있다!

(1) 꼭짓점이 원점인 포물선의 방정식 ➡ 공식 이용
  ① 초점이 F$(p, 0)$, 준선이 $x=-p$일 때, $y^2=4px$
  ② 초점이 F$(0, p)$, 준선이 $y=-p$일 때, $x^2=4py$
(2) 평행이동된, 즉 꼭짓점이 원점이 아닌 포물선의 방정식
  방법1 포물선의 정의를 이용한다.
  방법2 $|p|=$ (초점과 준선 사이의 거리)$\times\dfrac{1}{2}$임을 이용하여 각 축으로 평행이동한 양과 평행이동 전의 초점과 준선을 찾는다.

008 BOB 대표 · 다른 풀이

초점이 F$(3, 1)$이고 준선의 방정식이 $x=1$인 포물선의 방정식이 $(y+a)^2=b(x+c)$일 때, 상수 a, b, c에 대하여 $a+b+c$의 값은?

① 1 　　　　② 2 　　　　③ 3
④ 4 　　　　⑤ 5

009 하

원 $(x-3)^2+y^2=2$의 중심을 초점으로 하고, 원점을 꼭짓점으로 하는 포물선이 점 $(a, 6)$을 지날 때, a의 값은?

① 1 　　　　② 3 　　　　③ 5
④ 7 　　　　⑤ 9

010 중

다음 조건을 만족시키는 포물선의 방정식을 모두 구하여라.

(개) 꼭짓점은 원점이다.
(내) 초점과 준선 사이의 거리는 3이다.
(대) 축은 x축에 수직이다.

유형
002 포물선의 방정식이 전개한 꼴로 주어지면 완전제곱 꼴로 변형한다!

(1) 포물선 $(y-n)^2=4p(x-m)$에서
  ➡ 초점의 좌표 : $(p+m, n)$
  　준선의 방정식 : $x=-p+m$
(2) 포물선 $(x-m)^2=4p(y-n)$에서
  ➡ 초점의 좌표 : $(m, p+n)$
  　준선의 방정식 : $y=-p+n$

011 BOB 대표

포물선 $y^2+6x+6y-3=0$의 꼭짓점의 좌표가 (a, b), 초점의 좌표가 (c, d), 준선의 방정식이 $x=e$일 때, $a+b+c+d+e$의 값은?

① -2 　　　　② -1 　　　　③ 0
④ 1 　　　　⑤ 2

012 중 · 서술형

두 포물선 $y^2+8x-4y+28=0$과 $x^2+4x-4y+a=0$의 초점이 직선 $y=-x$에 대하여 대칭일 때, 상수 a의 값을 구하여라.

013 중

포물선 $x^2-8y+16=0$을 직선 $y=x$에 대하여 대칭이동한 포물선의 방정식을 $f(x, y)=0$이라 하자. 점 P$(2, 4)$에서 x축과 평행하게 그은 직선과 포물선 $f(x, y)=0$의 교점을 Q라 할 때, 포물선 $f(x, y)=0$의 초점과 점 Q를 이은 선분의 길이는?

① 1 　　　　② 2 　　　　③ 3
④ 4 　　　　⑤ 5

유형 003 포물선 위의 임의의 점에서 초점과 준선에 이르는 거리는 같다!

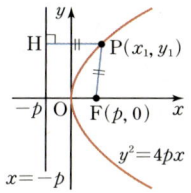

포물선 $y^2=4px$ $(p>0)$ 위의 임의의 점 $P(x_1, y_1)$에서 초점 $F(p, 0)$까지의 거리와 준선 $x=-p$까지의 거리는 서로 같다. 즉,

$$\overline{PF}=\overline{PH}=x_1+p$$

014 BOB 대표   다른 풀이

포물선 $x^2=6y$ 위의 점 $P(a, b)$와 포물선의 초점 사이의 거리가 5일 때, a^2-b의 값은?

① $\dfrac{35}{2}$ ② 18 ③ $\dfrac{37}{2}$

④ 19 ⑤ $\dfrac{39}{2}$

015 하

오른쪽 그림과 같이 원점을 꼭짓점으로 하는 포물선의 초점 F를 원점을 중심으로 하고 반지름의 길이가 2인 원이 지난다. 포물선과 원의 교점 P에서 직선 $x=2$에 내린 수선의 발을 H라 할 때, $\overline{PH}+\overline{PF}$의 값은?

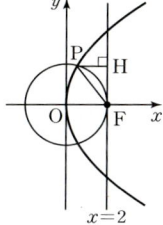

① $2\sqrt{2}$ ② 3 ③ 4

④ $3\sqrt{2}$ ⑤ 5

016 중

포물선 $y^2=8x$ 위의 서로 다른 세 점 A, B, C를 꼭짓점으로 하는 삼각형 ABC의 무게중심이 이 포물선의 초점 F와 일치할 때, $\overline{AF}+\overline{BF}+\overline{CF}$의 값을 구하여라.

유형 004 초점을 지나는 직선이 주어지면 교점에서 준선까지의 거리를 생각한다!

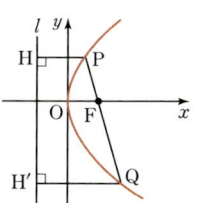

포물선의 초점 F를 지나는 직선이 포물선과 만나는 두 점을 각각 P, Q라 하고, 두 점 P, Q에서 준선 l에 내린 수선의 발을 각각 H, H′이라 하면

$$\overline{PQ}=\overline{PF}+\overline{QF}=\overline{PH}+\overline{QH'}$$

017 BOB 대표

오른쪽 그림과 같이 포물선 $y^2=8x$의 초점 F를 지나는 직선이 포물선과 만나는 두 점 P, Q에 대하여 $\overline{PQ}=18$이다. 두 점 P, Q의 x좌표가 각각 α, β일 때, $\alpha+\beta$의 값을 구하여라.

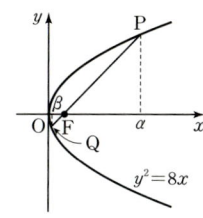

018 하

오른쪽 그림과 같이 포물선의 초점 F를 지나는 직선이 포물선과 만나는 두 점을 각각 P, Q라 하고, 두 점 P, Q에서 준선에 내린 수선의 발을 각각 H, H′이라 하자. $\overline{PQ}=6$, $\overline{HH'}=5$일 때, 사각형 HH′QP의 넓이를 구하여라.

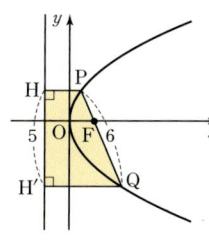

유형 005 포물선에서 최단 거리를 구할 때에는 포물선의 정의를 이용하자!

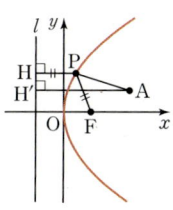

초점이 F인 포물선 위의 점 P에 대하여

$$\overline{AP}+\overline{PF}=\overline{AP}+\overline{PH}\geq\overline{AH'}$$

➡ 점 P가 선분 AH′과 포물선의 교점일 때 $\overline{AP}+\overline{PF}$의 값이 최소이다.

019 BOB 대표

포물선 $y^2=8x$ 위의 점 $P(a, b)$와 두 점 A$(2, 0)$, B$(5, 2)$에 대하여 $\overline{PA}+\overline{PB}$의 값이 최소일 때, $a+b$의 값을 구하여라.

020 중

점 A$(5, 3)$과 포물선 $y^2=3x$의 초점 F, 포물선 위의 임의의 점 P에 대하여 삼각형 APF의 둘레의 길이가 최소일 때, 삼각형 APF의 넓이를 구하여라.

021

준선의 방정식이 $x=2$이고 꼭짓점이 원점인 포물선이 점 $(a, 4)$를 지날 때, a의 값은?

① -4 ② -2 ③ -1
④ 1 ⑤ 2

022

두 포물선 $x^2=-8y$와 $y^2=2kx$의 초점 사이의 거리가 $2\sqrt{2}$일 때, 양수 k의 값은?

① 2 ② 3 ③ 4
④ 5 ⑤ 6

023

원 $x^2+y^2-4x-6y+5=0$의 중심을 초점으로 하고 준선의 방정식이 $y=-1$인 포물선의 방정식은?

① $(x-1)^2=4(y-2)$ ② $(y-1)^2=4(x-2)$
③ $(x-2)^2=8(y-1)$ ④ $(y-2)^2=8(x-1)$
⑤ $(x+2)^2=8(y+1)$

024

세 점 $(0, 0)$, $(-2, 3)$, $(2, -1)$을 지나고 축이 y축과 평행한 포물선의 초점의 좌표는 (a, b)이다. 이때, $a+b$의 값은?

① -2 ② -1 ③ 1
④ 2 ⑤ 4

025

오른쪽 그림과 같이 점 $A(0, 3)$을 지나고 x축에 접하는 원의 중심 $P(x, y)$가 나타내는 도형의 방정식이 $x^2=ay+b$이다. 상수 a, b에 대하여 $a-b$의 값은?

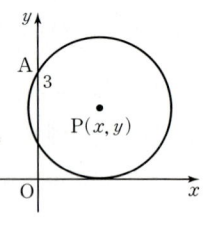

① 11 ② 13
③ 15 ④ 17
⑤ 19

026

오른쪽 그림과 같이 포물선 $y^2=kx$ 위의 두 점 P, Q의 x좌표가 각각 2, 3이고 두 점 P, Q에서 이 포물선의 준선에 내린 수선의 발을 각각 H_1, H_2라 하자. $\overline{PH_1}+\overline{QH_2}=7$일 때, 양수 k의 값은?

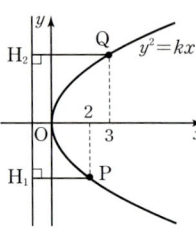

① 3 ② 4
③ 5 ④ 6
⑤ 7

027

보충 설명

오른쪽 그림과 같이 포물선 $y^2=4x$와 직선 $y=n$ $(n=1, 2, 3, \cdots)$의 교점을 P_n이라 하자. 포물선 $y^2=4x$의 초점을 F라 할 때, $\sum\limits_{n=1}^{4}\overline{FP_n}$의 값은?

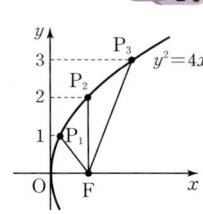

① $\dfrac{17}{2}$ ② $\dfrac{19}{2}$ ③ $\dfrac{21}{2}$
④ $\dfrac{23}{2}$ ⑤ $\dfrac{25}{2}$

028

오른쪽 그림과 같이 포물선 $x^2=2y$의 초점을 F라 하고, 이 포물선 위의 점 P에서 준선에 내린 수선의 발을 H라 할 때, $\triangle FHP$는 정삼각형이다. 이때, 점 P의 x좌표는? (단, 점 P는 제1사분면 위의 점이다.)

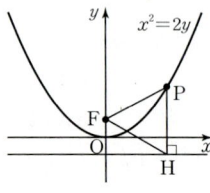

① $\sqrt{2}$ ② $\sqrt{3}$ ③ 2
④ $\sqrt{5}$ ⑤ $\sqrt{6}$

029

오른쪽 그림과 같이 포물선 $y^2=8x$ 위의 두 점 A, B와 초점 F에 대하여 선분 AF가 x축과 수직이고 $\overline{BF}=10$일 때, 삼각형 AFB의 넓이를 구하여라. (단, 두 점 A, B는 제1사분면 위의 점이다.)

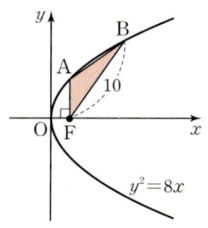

030

오른쪽 그림에서 점 F는 포물선 $y^2=ax$의 초점이고 직선 l은 포물선의 준선이다. 사다리꼴 ABCD의 넓이가 $75\sqrt{2}$이고 $\overline{DF}:\overline{CF}=1:2$일 때, 선분 CD의 길이를 구하여라. (단, $a>0$)

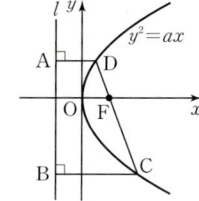

031

오른쪽 그림과 같이 포물선의 초점 F를 지나는 직선이 포물선과 만나는 두 점을 각각 A, B라 하고, 두 점 A, B에서 준선 l에 내린 수선의 발을 각각 H, K라 하자. $\overline{AB}=12$, $\angle HAB=60°$일 때, 선분 BK의 길이를 구하여라.

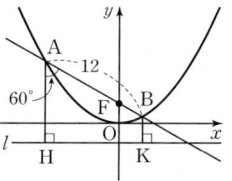

032

오른쪽 그림과 같이 포물선 $y^2=4px$의 초점 F를 지나는 직선이 포물선과 만나는 두 점을 각각 P, Q라 하고, 두 점 P, Q에서 준선 l에 내린 수선의 발을 각각 R, S라 할 때, 〈보기〉에서 옳은 것만을 있는 대로 고른 것은? (단, $p>0$)

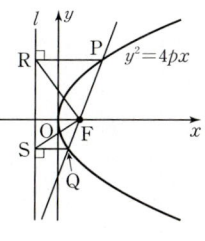

보기
ㄱ. $\angle PFR=\angle OFR$
ㄴ. $\overline{RS}^2=\overline{RF}^2+\overline{SF}^2$
ㄷ. $\overline{RS}^2=4\overline{RP}\times\overline{SQ}$

① ㄱ   ② ㄴ   ③ ㄱ, ㄴ
④ ㄴ, ㄷ   ⑤ ㄱ, ㄴ, ㄷ

033

오른쪽 그림에서 직선 l은 포물선 $y=\frac{1}{2}x^2$의 준선이다. 포물선 위의 임의의 점 P에서 직선 l에 내린 수선의 발을 H라 할 때, x축 위의 한 점 $A(\sqrt{2},\ 0)$에 대하여 $\overline{AP}+\overline{PH}$의 최솟값은?

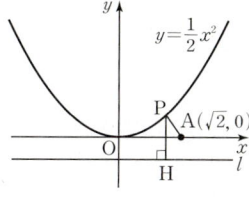

① $\frac{3}{2}$ ② 2   ③ $\frac{5}{2}$

④ 3   ⑤ $\frac{7}{2}$

034

좌표평면 위의 두 점 $A(0,\ 3)$, $B(4,\ 6)$과 포물선 $y=\frac{1}{12}x^2$ 위의 임의의 점 P에 대하여 삼각형 ABP의 둘레의 길이의 최솟값은?

① 12   ② 14   ③ 16
④ 18   ⑤ 20

035

서술형

오른쪽 그림과 같이 점 F를 초점으로 하는 포물선 $y^2=2x$ 위의 두 점 P, Q에서 x축에 내린 수선의 발을 각각 R, S라 하자. 선분 PR, QS를 각각 한 변으로 하는 정사각형에서 두 정사각형의 넓이의 합이 10일 때, $\overline{PF}+\overline{FQ}$의 값을 구하여라.

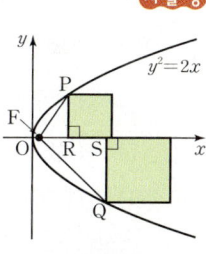

036

서술형

오른쪽 그림과 같이 포물선 $y^2=4x$의 초점 F를 지나는 직선이 포물선과 만나는 두 점을 각각 A, B라 하자. 직선 $x=3$ 위의 임의의 두 점 C, D에 대하여 $\overline{CA}+\overline{AB}+\overline{BD}$의 최솟값을 구하여라.

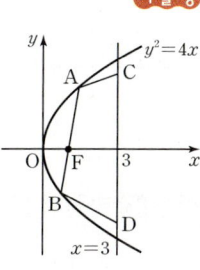

개념 ① 타원의 뜻

평면 위의 서로 다른 두 점 F, F′으로부터의 거리의 합이 일정한 점들의 집합을 타원이라 하고, 두 점 F, F′을 타원의 초점이라 한다. 오른쪽 그림과 같이 타원에서 두 초점을 이은 직선이 타원과 만나는 점을 각각 A, A′이라 하고, 선분 FF′의 수직이등분선이 타원과 만나는 점을 각각 B, B′이라 할 때, 네 점 A, A′, B, B′을 타원의 꼭짓점이라 한다. 또한 선분 AA′을 타원의 장축, 선분 BB′을 타원의 단축이라 하고, 장축과 단축의 교점을 타원의 중심이라 한다. ㉠

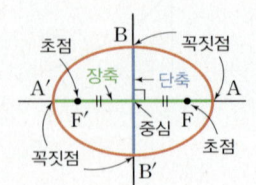

개념 ② 타원의 방정식 〔유형 006, 008〕

(1) 두 초점 F$(c, 0)$, F′$(-c, 0)$으로부터의 거리의 합이 $2a \ (a>c>0)$인 타원의 방정식은
$$\frac{x^2}{a^2}+\frac{y^2}{b^2}=1 \ (\text{단}, \ b^2=a^2-c^2)$$

(2) 두 초점 F$(0, c)$, F′$(0, -c)$로부터의 거리의 합이 $2b \ (b>c>0)$인 타원의 방정식은
$$\frac{x^2}{a^2}+\frac{y^2}{b^2}=1 \ (\text{단}, \ a^2=b^2-c^2)$$

	두 초점이 x축 위에 있는 경우	두 초점이 y축 위에 있는 경우
초점의 좌표	F$(c, 0)$, F′$(-c, 0)$	F$(0, c)$, F′$(0, -c)$
거리의 합	$2a \ (a>c>0)$	$2b \ (b>c>0)$
타원의 방정식	$\frac{x^2}{a^2}+\frac{y^2}{b^2}=1 \ (b^2=a^2-c^2)$	$\frac{x^2}{a^2}+\frac{y^2}{b^2}=1 \ (a^2=b^2-c^2)$
장축의 길이	$2a$	$2b$
단축의 길이	$2b$	$2a$
꼭짓점의 좌표	$(a, 0), (-a, 0), (0, b), (0, -b)$	$(a, 0), (-a, 0), (0, b), (0, -b)$
중심의 좌표	$(0, 0)$	$(0, 0)$
그래프		

개념 ③ 타원의 평행이동 〔유형 007, 009〕

타원 $\frac{x^2}{a^2}+\frac{y^2}{b^2}=1$을 x축의 방향으로 m만큼, y축의 방향으로 n만큼 평행이동한 타원의 방정식은
$$\frac{(x-m)^2}{a^2}+\frac{(y-n)^2}{b^2}=1$$

개념 plus

○ 두 초점이 F, F′인 타원 위의 임의의 점 P에 대하여
$\overline{\text{PF}}+\overline{\text{PF}'}=(\text{일정})$

㉠ 타원의 중심은 선분 FF′의 중점이다.

○ 타원은 장축, 단축, 중심에 대하여 각각 대칭이다.

○ 타원에서 a, b, c 사이의 관계는 다음 그림을 기억해 두면 이해하기 쉽다.

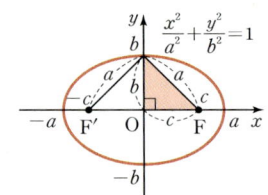

➡ $a^2=b^2+c^2$ ∴ $c^2=a^2-b^2$

○ $a>b>0$이면 초점이 x축 위에 있고, $b>a>0$이면 초점이 y축 위에 있다.

○ 타원의 장축의 길이는 타원 위의 점에서 두 초점까지의 거리의 합과 같다.

○ 타원을 평행이동해도 타원의 모양은 변하지 않으므로 타원의 장축의 길이와 단축의 길이는 변하지 않는다.

○ $Ax^2+By^2+Cx+Dy+E=0 \ (AB>0, A \neq B)$ 꼴로 주어진 타원의 방정식을
$\frac{(x-m)^2}{a^2}+\frac{(y-n)^2}{b^2}=1$ 꼴로 변형하면 꼭짓점의 좌표, 중심의 좌표, 장축과 단축의 길이를 알 수 있다.

개념 콕콕

1 타원의 방정식

037
다음 타원의 방정식을 구하여라.

(1) 두 점 $F(4, 0)$, $F'(-4, 0)$으로부터의 거리의 합이 12인 타원

(2) 두 점 $F(0, 3)$, $F'(0, -3)$으로부터의 거리의 합이 8인 타원

038
다음 타원의 초점의 좌표와 장축, 단축의 길이를 각각 구하고, 그 그래프를 그려라.

(1) $\dfrac{x^2}{25} + \dfrac{y^2}{4} = 1$

(2) $x^2 + \dfrac{y^2}{9} = 1$

(3) $5x^2 + 9y^2 = 45$

039
다음 타원의 방정식을 구하여라.

(1) 초점이 $F(2, 0)$, $F'(-2, 0)$이고 장축의 길이가 8인 타원

(2) 초점이 $F(0, 1)$, $F'(0, -1)$이고 장축의 길이가 4인 타원

(3) 초점이 $F(3, 0)$, $F'(-3, 0)$이고 단축의 길이가 $6\sqrt{3}$인 타원

(4) 초점이 $F(0, \sqrt{7})$, $F'(0, -\sqrt{7})$이고 단축의 길이가 10인 타원

2 타원의 정의의 활용

040
오른쪽 그림과 같이 타원 $\dfrac{x^2}{25} + \dfrac{y^2}{9} = 1$의 두 초점을 F, F'이라 하고, 점 F를 지나는 직선과 타원의 두 교점을 각각 A, B라 하자. 다음 물음에 답하여라.

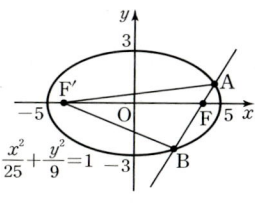

(1) $\overline{AF} + \overline{AF'}$의 값을 구하여라.

(2) 삼각형 ABF'의 둘레의 길이를 구하여라.

3 타원의 평행이동

041
다음 타원의 중심의 좌표, 초점의 좌표와 장축, 단축의 길이를 각각 구하여라.

(1) $\dfrac{(x-2)^2}{25} + \dfrac{(y+3)^2}{4} = 1$

(2) $\dfrac{(x+2)^2}{36} + \dfrac{(y-3)^2}{49} = 1$

042
다음 타원의 중심의 좌표, 초점의 좌표와 장축, 단축의 길이를 각각 구하여라.

(1) $x^2 + 4y^2 - 2x - 16y + 13 = 0$

(2) $9x^2 + 4y^2 + 36x - 8y + 4 = 0$

043
중심이 원점인 타원 S를 x축의 방향으로 m만큼, y축의 방향으로 n만큼 평행이동하였더니 두 초점이 $F(-2, -1)$, $F'(6, -1)$인 타원 S'이 되었다. 다음 물음에 답하여라.

(1) 타원 S'의 중심의 좌표를 구하여라.

(2) m, n의 값을 각각 구하여라.

(3) 타원 S의 초점의 좌표를 구하여라.

초점과 장축의 길이 또는 단축의 길이를 이용하여 타원의 방정식을 구할 수 있다!

(1) 두 초점 $F(c, 0)$, $F'(-c, 0)$으로부터의 거리의 합이 $2a\,(a>c>0)$인 타원의 방정식은

$$\frac{x^2}{a^2}+\frac{y^2}{b^2}=1 \ (\text{단}, b^2=a^2-c^2)$$

(2) 두 초점 $F(0, c)$, $F'(0, -c)$로부터의 거리의 합이 $2b\,(b>c>0)$인 타원의 방정식은

$$\frac{x^2}{a^2}+\frac{y^2}{b^2}=1 \ (\text{단}, a^2=b^2-c^2)$$

044 BOB 대표

두 점 $F(5, 0)$, $F'(-5, 0)$을 초점으로 하고 장축의 길이가 12인 타원의 방정식을 $\dfrac{x^2}{a^2}+\dfrac{y^2}{b^2}=1$이라 할 때, 양수 a, b에 대하여 a^2+b^2의 값은?

① 11   ② 36   ③ 47
④ 55   ⑤ 61

045 하

한 초점이 $F(0, 3)$이고, 중심이 원점인 타원이 있다. 이 타원의 장축의 길이가 단축의 길이의 2배일 때, 단축의 길이는?

① 2   ② $2\sqrt{2}$ ③ 3
④ $2\sqrt{3}$ ⑤ 4

046 중

타원 $9x^2+4y^2=36$과 두 초점을 공유하고 점 $(2, 3)$을 지나는 타원의 방정식이 $\dfrac{x^2}{a^2}+\dfrac{y^2}{b^2}=1$일 때, 상수 a, b에 대하여 a^2+b^2의 값을 구하여라.

타원의 방정식이 전개한 꼴로 주어지면 $\dfrac{(x-m)^2}{a^2}+\dfrac{(y-n)^2}{b^2}=1$ 꼴로 변형한다!

타원 $\dfrac{x^2}{a^2}+\dfrac{y^2}{b^2}=1$을 x축의 방향으로 m만큼, y축의 방향으로 n만큼 평행이동한 타원의 방정식은

$$\frac{(x-m)^2}{a^2}+\frac{(y-n)^2}{b^2}=1$$

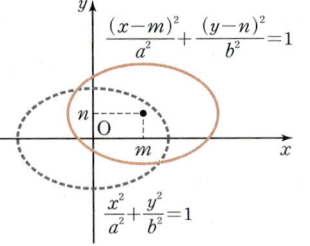

047 BOB 대표

타원 $x^2+2y^2-8x+8y+8=0$은 타원 $\dfrac{x^2}{16}+\dfrac{y^2}{8}=1$을 x축의 방향으로 m만큼, y축의 방향으로 n만큼 평행이동한 것이다. 실수 m, n에 대하여 $m+n$의 값은?

① -4 ② -2 ③ 0
④ 2   ⑤ 4

048 중   보충 설명

타원 $5x^2+3y^2+30x-12y+42=0$을 x축의 방향으로 l만큼, y축의 방향으로 m만큼 평행이동하면 타원 $5x^2+3y^2=n$과 일치한다. 상수 l, m, n에 대하여 $l+m+n$의 값은?

① 13   ② 14   ③ 15
④ 16   ⑤ 17

049 중

타원 $4x^2+9y^2=36$을 x축의 방향으로 m만큼, y축의 방향으로 n만큼 평행이동하여 x축, y축에 동시에 접하도록 할 때, 실수 m, n에 대하여 m^2+n^2의 값을 구하여라.

유형 **008** 타원 위의 임의의 한 점에서 두 초점까지의 거리의 합은 장축의 길이와 같다!

두 초점이 F, F′인 타원 위의 임의의 점 P에 대하여

$$\overline{PF}+\overline{PF'}=k \, (일정)$$

이고, k는 타원의 장축의 길이와 같다.

050 BOB 대표

오른쪽 그림과 같이 두 점 F, F′을 초점으로 하는 타원이 있다. 두 점 Q, Q′은 타원의 꼭짓점이고, 타원 위의 두 점 P, P′에 대하여 사각형 PF′P′F의 둘레의 길이가 36일 때, 선분 QQ′의 길이는?

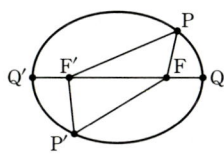

① 10 　　　　② 12 　　　　③ 14
④ 16 　　　　⑤ 18

051 중

타원 $\dfrac{x^2}{16}+\dfrac{y^2}{4}=1$의 두 초점 F, F′과 타원 위의 서로 다른 5개의 점 P_1, P_2, P_3, P_4, P_5에 대하여 $\sum\limits_{k=1}^{5}\overline{P_kF}=16$일 때, $\sum\limits_{k=1}^{5}\overline{P_kF'}$의 값은?

① 12 　　　　② 16 　　　　③ 20
④ 24 　　　　⑤ 28

052 중 　　　　　서술형

타원 $\dfrac{x^2}{30}+\dfrac{y^2}{10}=1$의 두 초점 F, F′과 타원 위의 한 점 P에 대하여 $\angle FPF'=90°$일 때, 삼각형 FPF′의 넓이를 구하여라.

유형 **009** 점이 나타내는 도형의 방정식은 점의 좌표를 (x, y)로 놓고 x, y 사이의 관계식을 구한다!

(1) 중심이 원점이 아닌 타원의 방정식은 타원의 정의 또는 평행이동을 이용하여 구한다.

(2) 점이 나타내는 도형의 방정식 구하기

step1 구하는 도형 위의 점의 좌표를 (x, y)로 놓는다.
step2 주어진 조건을 만족시키는 x, y 사이의 관계식을 구한다.

053 BOB 대표 　　　　다른 풀이

두 점 F(3, 1), F′(−1, 1)로부터의 거리의 합이 12인 타원의 방정식은 $\dfrac{(x-m)^2}{p}+\dfrac{(y-n)^2}{q}=1$이다. 상수 m, n, p, q에 대하여 $m+n+p+q$의 값은?

① 70 　　　　② 72 　　　　③ 74
④ 76 　　　　⑤ 78

054 중

두 점 F(−3, 4), F′(−3, 0)으로부터의 거리의 합이 8인 타원의 방정식은 $\dfrac{(x-m)^2}{p}+\dfrac{(y-n)^2}{q}=1$이다. 상수 m, n, p, q에 대하여 $m+n+p+q$의 값은?

① 26 　　　　② 27 　　　　③ 28
④ 29 　　　　⑤ 30

055 중

원 $x^2+y^2=18$ 위의 점 P에서 x축에 내린 수선의 발을 H라 할 때, 선분 PH를 2 : 1로 내분하는 점을 Q라 하자. 점 Q가 나타내는 도형의 방정식을 구하여라.

056

두 점 F(2, 0), F'(−2, 0)으로부터의 거리의 합이 6인 점이 나타내는 도형과 직선 $x=2$의 교점 중 제1사분면의 점을 P라 할 때, 직선 PF'의 기울기는?

① $\dfrac{1}{3}$　　　② $\dfrac{3}{8}$　　　③ $\dfrac{2}{5}$

④ $\dfrac{5}{12}$　　　⑤ $\dfrac{1}{2}$

057

세 꼭짓점의 좌표가 $(-1, 0)$, $(1, 1)$, $(3, 0)$이고, 두 초점이 x축 위에 있는 타원의 방정식이 $\dfrac{(x-m)^2}{a^2}+\dfrac{(y-n)^2}{b^2}=1$일 때, 상수 a, b, m, n에 대하여 $a+b+m+n$의 값은?

(단, $a>0$, $b>0$)

① 2　　　② 4　　　③ 6

④ 8　　　⑤ 10

058

타원 $25x^2+16y^2-100x-96y-156=0$의 두 초점을 F, F'이라 할 때, 삼각형 OFF'의 넓이는? (단, O는 원점이다.)

① 2　　　② 3　　　③ 4

④ 5　　　⑤ 6

059

오른쪽 그림과 같이 두 점 A($2\sqrt{3}$, 0), D(0, $\sqrt{k}$) $(k>0)$를 꼭짓점으로 하고, 중심이 원점인 타원이 있다. 이 타원 위의 세 점 A, B, C를 꼭짓점으로 하는 삼각형 ABC가 정삼각형이고, 두 변 AB, AC 위에 각각 타원의 초점 F, F'이 있을 때, 실수 k의 값은?

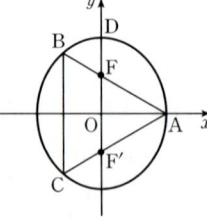

① 8　　　② 12　　　③ 16

④ 20　　　⑤ 24

060

다른 풀이

좌표평면 위의 두 점 A($-2\sqrt{5}$, 0), B($2\sqrt{5}$, 0)과 타원 $\dfrac{x^2}{36}+\dfrac{y^2}{16}=1$ 위의 한 점 P에 대하여 $\overline{\text{PA}}\times\overline{\text{PB}}$의 최댓값은?

① 30　　　② 32　　　③ 34

④ 36　　　⑤ 38

061

오른쪽 그림과 같이 한 변의 길이가 20인 마름모 ABCD에 대하여 대각선 BD를 장축으로 하고, 대각선 AC를 단축으로 하는 타원의 두 초점 사이의 거리가 $20\sqrt{2}$이다. 마름모 ABCD의 넓이는?

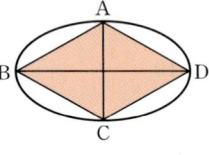

① $220\sqrt{3}$　　　② $260\sqrt{2}$　　　③ $200\sqrt{3}$

④ $180\sqrt{3}$　　　⑤ $180\sqrt{2}$

062

타원 $\dfrac{x^2}{100}+\dfrac{y^2}{36}=1$과 원 $(x-8)^2+y^2=16$의 한 교점을 P라 할 때, 점 A(-8, 0)에 대하여 선분 PA의 길이는?

① 12　　　② 14　　　③ 16

④ 18　　　⑤ 20

063

오른쪽 그림과 같이 밑면인 원의 반지름의 길이가 3인 원기둥을 밑면과 60°의 각을 이루는 평면으로 자를 때 생기는 단면은 타원이다. 이때, 이 타원의 두 초점 사이의 거리는?

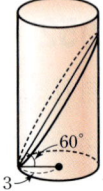

① $4\sqrt{3}$　　　② 7　　　③ $6\sqrt{3}$

④ 12　　　⑤ $8\sqrt{3}$

064

두 점 $F(5, 3)$, $F'(1, 3)$으로부터의 거리의 합이 6인 타원의 단축의 길이는 k이다. k^2의 값은?

① 20   ② 22   ③ 24
④ 25   ⑤ 27

065

오른쪽 그림과 같이 타원

$\dfrac{x^2}{25} + \dfrac{y^2}{9} = 1$과 포물선 $y^2 = 16x$의 교

점 중 제1사분면 위의 점을 P라 하고, 점 P에서 직선 $x = -4$에 내린 수선의 발을 H, 직선 $x = -4$와 x축의 교점을 Q라 할 때, $\overline{PH} + \overline{PQ}$의 값을 구하여라.

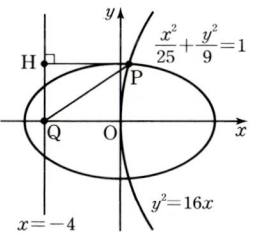

066

오른쪽 그림과 같이 타원 $\dfrac{x^2}{36} + \dfrac{y^2}{16} = 1$

의 한 초점을 F라 하자. 제1사분면에 있는 타원 위의 점 P에 대하여 선분 PF의 중점을 Q라 할 때, $\overline{OQ} + \overline{QF}$의 값을 구하여라. (단, 점 F의 x좌표는 양수이고, O는 원점이다.)

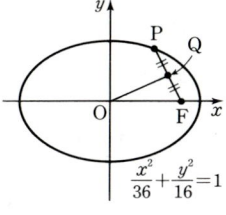

067

오른쪽 그림과 같이 타원

$\dfrac{x^2}{a^2} + \dfrac{y^2}{25} = 1 \, (a > 5)$의 한 초점 F를 지

나고 x축과 수직인 직선이 타원과 만나는 두 점을 각각 A, B라 하자. 타원의 장축의 양 끝 점을 각각 C, D라 할 때, 네 점 A, B, C, D를 꼭짓점으로 하는 사각형의 넓이는?
(단, a는 상수이다.)

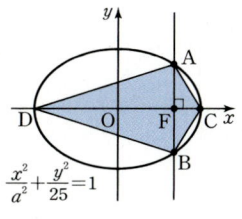

① 50   ② 52   ③ 54
④ 56   ⑤ 58

068

타원 $\dfrac{x^2}{36} + \dfrac{y^2}{20} = 1$과 두 초점을 공유하고 장축의 길이가 10인 타원이 있다. 이 타원 위의 한 점 $P(m, n)$에 대하여 $m^2 + n^2$의 최댓값을 구하여라.

069

오른쪽 그림과 같이 원 $(x+2)^2 + y^2 = 36$의 중심을 C라 하고, 원의 내부의 한 점 $A(2, 0)$을 지나는 직선이 원과 만나는 한 점을 B라 하자. 선분 AB의 수직이등분선과 선분 BC가 만나는 점을 P라 할 때, 점 P가 나타내는 도형의 방정식은?

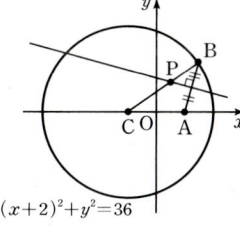

① $\dfrac{x^2}{5} + \dfrac{y^2}{4} = 1$ ② $\dfrac{x^2}{9} + \dfrac{y^2}{5} = 1$

③ $\dfrac{x^2}{10} + \dfrac{y^2}{8} = 1$ ④ $y^2 = 4(x-1)$

⑤ $x^2 = 4(y-1)$

070 `서술형`

오른쪽 그림과 같이 x축 위의 5개의 점 A_1, A_2, A_3, A_4, A_5가 타원

$\dfrac{x^2}{144} + \dfrac{y^2}{44} = 1$의 장축을 6등분한다.

점 $A_k \, (k = 1, 2, 3, 4, 5)$를 지나고 x축에 수직인 직선이 타원과 만나는 한

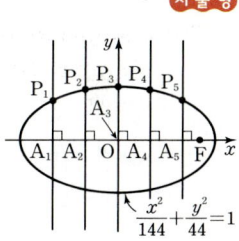

점을 P_k라 하고, 타원의 한 초점을 F라 할 때, $\displaystyle\sum_{k=1}^{5} \overline{P_k F}$의 값을 구하여라.

071 `서술형`

x축 위의 점 A와 y축 위의 점 B에 대하여 $\overline{AB} = 6$일 때, 선분 AB를 $2 : 1$로 내분하는 점 P가 나타내는 도형은 타원의 일부이다. 이 타원의 장축의 길이를 구하여라.

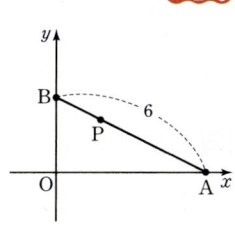

03 쌍곡선

개념 ① 쌍곡선의 뜻

평면 위의 서로 다른 두 점 F, F′으로부터의 거리의 차가 일정한 점들의 집합을 쌍곡선이라 하고, 두 점 F, F′을 쌍곡선의 초점이라 한다. 오른쪽 그림과 같이 쌍곡선에서 두 초점 F, F′을 잇는 직선이 쌍곡선과 만나는 두 점을 각각 A, A′이라 할 때, 두 점 A, A′을 쌍곡선의 꼭짓점이라 하고, 선분 AA′을 쌍곡선의 주축, 선분 AA′의 중점을 쌍곡선의 중심이라 한다. ⊙

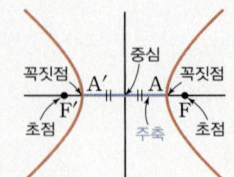

개념 ② 쌍곡선의 방정식 ▶ 유형 010, 유형 012~013

(1) 두 초점 $F(c, 0)$, $F'(-c, 0)$으로부터의 거리의 차가 $2a$ $(c>a>0)$인 쌍곡선의 방정식은

$$\frac{x^2}{a^2}-\frac{y^2}{b^2}=1 \ (단, \ b^2=c^2-a^2)$$

(2) 두 초점 $F(0, c)$, $F'(0, -c)$로부터의 거리의 차가 $2b$ $(c>b>0)$인 쌍곡선의 방정식은

$$\frac{x^2}{a^2}-\frac{y^2}{b^2}=-1 \ (단, \ a^2=c^2-b^2)$$

	두 초점이 x축 위에 있는 경우	두 초점이 y축 위에 있는 경우
초점의 좌표	$F(c, 0)$, $F'(-c, 0)$	$F(0, c)$, $F'(0, -c)$
거리의 차	$2a$ $(c>a>0)$	$2b$ $(c>b>0)$
쌍곡선의 방정식	$\frac{x^2}{a^2}-\frac{y^2}{b^2}=1$ $(b^2=c^2-a^2)$	$\frac{x^2}{a^2}-\frac{y^2}{b^2}=-1$ $(a^2=c^2-b^2)$
주축의 길이	$2a$	$2b$
꼭짓점의 좌표	$(a, 0)$, $(-a, 0)$	$(0, b)$, $(0, -b)$
중심의 좌표	$(0, 0)$	$(0, 0)$
그래프		
점근선의 방정식	$y=\frac{b}{a}x$, $y=-\frac{b}{a}x$	

개념 ③ 쌍곡선의 평행이동 ▶ 유형 011

쌍곡선 $\frac{x^2}{a^2}-\frac{y^2}{b^2}=1$, $\frac{x^2}{a^2}-\frac{y^2}{b^2}=-1$을 x축의 방향으로 m만큼, y축의 방향으로 n만큼 평행이동한 쌍곡선의 방정식은 각각

$$\frac{(x-m)^2}{a^2}-\frac{(y-n)^2}{b^2}=1, \ \frac{(x-m)^2}{a^2}-\frac{(y-n)^2}{b^2}=-1$$

➕ 개념 plus

○ 두 초점이 F, F′인 쌍곡선 위의 임의의 점 P에 대하여
$$|\overline{PF}-\overline{PF'}|=(일정)$$

○ ① 쌍곡선은 주축을 포함하는 직선과 중심에 대하여 각각 대칭이다.
　② 쌍곡선은 주축의 수직이등분선에 대하여 대칭이다.

⊙ 쌍곡선의 중심은 선분 FF′의 중점이다.

○ 쌍곡선에서 a, b, c 사이의 관계는 다음 그림을 기억해 두면 이해하기 쉽다.

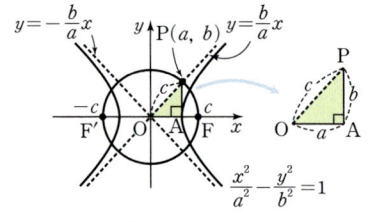

➡ $c^2=a^2+b^2$　∴ $b^2=c^2-a^2$

○ 쌍곡선 $\frac{x^2}{a^2}-\frac{y^2}{b^2}=\square$에서 $\square=1$이면 초점은 x축 위에 있고, $\square=-1$이면 초점은 y축 위에 있다.

○ **쌍곡선의 점근선**
$|x|$의 값이 한없이 커짐에 따라 쌍곡선이 한없이 가까워지는 두 직선을 쌍곡선의 점근선이라 한다. 점근선과 쌍곡선은 만나지도 접하지도 않고, $|x|$의 값이 한없이 커지면 쌍곡선은 점근선에 한없이 가까워질 뿐이다.

○ 평행이동 후에도 쌍곡선의 모양은 변하지 않으므로 주축의 길이는 변하지 않는다.

○ $Ax^2+By^2+Cx+Dy+E=0$ $(AB<0)$ 꼴로 주어진 쌍곡선의 방정식을
$$\frac{(x-m)^2}{a^2}-\frac{(y-n)^2}{b^2}=\pm1$$
꼴로 변형하면 꼭짓점의 좌표, 중심의 좌표, 주축의 길이를 알 수 있다.

개념 콕콕

1 쌍곡선의 방정식

072
다음 쌍곡선의 방정식을 구하고, 그 그래프를 그려라.

(1) 두 점 $F(5, 0)$, $F'(-5, 0)$으로부터의 거리의 차가 8인 쌍곡선

(2) 두 점 $F(0, 4)$, $F'(0, -4)$로부터의 거리의 차가 4인 쌍곡선

073
다음 쌍곡선의 꼭짓점의 좌표와 주축의 길이, 초점의 좌표, 점근선의 방정식을 각각 구하고, 그 그래프를 그려라.

(1) $x^2 - y^2 = 1$

(2) $\dfrac{x^2}{9} - \dfrac{y^2}{16} = -1$

(3) $9x^2 - 4y^2 = 36$

074
다음 쌍곡선의 방정식을 구하여라.

(1) 초점이 $F(5, 0)$, $F'(-5, 0)$이고 주축의 길이가 4인 쌍곡선

(2) 초점이 $F(0, 3)$, $F'(0, -3)$이고 주축의 길이가 2인 쌍곡선

075
다음 쌍곡선의 방정식을 구하여라.

(1) 초점이 $F(3, 0)$, $F'(-3, 0)$이고 꼭짓점의 좌표가 $(2, 0)$, $(-2, 0)$인 쌍곡선

(2) 초점이 $F(0, 2)$, $F'(0, -2)$이고 꼭짓점의 좌표가 $(0, \sqrt{3})$, $(0, -\sqrt{3})$인 쌍곡선

2 쌍곡선의 정의의 활용

076
오른쪽 그림과 같은 쌍곡선의 두 초점 F, F'과 쌍곡선 위의 임의의 점 P에 대하여 $|\overline{PF} - \overline{PF'}| = 4$일 때, 이 쌍곡선의 주축의 길이를 구하여라.

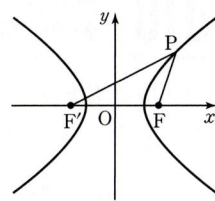

3 쌍곡선의 평행이동

077
다음 쌍곡선의 중심의 좌표와 꼭짓점의 좌표, 주축의 길이, 초점의 좌표를 각각 구하여라.

(1) $\dfrac{(x-2)^2}{16} - \dfrac{(y-3)^2}{20} = 1$

(2) $\dfrac{(x+3)^2}{12} - \dfrac{(y-1)^2}{9} = -1$

078
쌍곡선 $9x^2 - 16y^2 + 36x - 32y + 164 = 0$에 대하여 다음을 구하여라.

(1) 중심의 좌표
(2) 꼭짓점의 좌표
(3) 초점의 좌표
(4) 점근선의 방정식

079
중심이 원점인 쌍곡선 S를 x축의 방향으로 m만큼, y축의 방향으로 n만큼 평행이동하였더니 두 초점이 $F(-1, 2)$, $F'(5, 2)$인 쌍곡선 S'이 되었다. 다음 물음에 답하여라.

(1) 쌍곡선 S'의 중심의 좌표를 구하여라.

(2) m, n의 값을 각각 구하여라.

(3) 쌍곡선 S의 초점의 좌표를 구하여라.

유형
010   초점이 주어지는 쌍곡선의 방정식은 $a^2+b^2=c^2$임을 이용하재!

(1) 두 초점 $F(c, 0)$, $F'(-c, 0)$으로부터의 거리의 차가 $2a$ $(c>a>0)$인 쌍곡선의 방정식은

$$\frac{x^2}{a^2}-\frac{y^2}{b^2}=1 \text{ (단, } b^2=c^2-a^2)$$

(2) 두 초점 $F(0, c)$, $F'(0, -c)$로부터의 거리의 차가 $2b$ $(c>b>0)$인 쌍곡선의 방정식은

$$\frac{x^2}{a^2}-\frac{y^2}{b^2}=-1 \text{ (단, } a^2=c^2-b^2)$$

080 BOB 대표

타원 $2x^2+9y^2=18$과 두 초점을 공유하고 주축의 길이가 4인 쌍곡선의 방정식은?

① $3x^2-4y^2=-12$ ② $3x^2-4y^2=12$
③ $4x^2-3y^2=-12$ ④ $4x^2-3y^2=12$
⑤ $9x^2-4y^2=-12$

081 하

포물선 $y^2=12x$의 초점과 쌍곡선 $\frac{x^2}{a^2}-\frac{y^2}{b^2}=1$의 한 초점이 일치할 때, 상수 a, b에 대하여 a^2+b^2의 값은?

① 5   ② 6   ③ 7
④ 8   ⑤ 9

082 중

두 초점이 $F(\sqrt{2}, 0)$, $F'(-\sqrt{2}, 0)$이고 점 $(2, \sqrt{3})$을 지나는 쌍곡선의 방정식을 구하여라.

유형
011   쌍곡선이 평행이동한 경우에도 주축의 길이는 변하지 않는다!

쌍곡선 $\frac{x^2}{a^2}-\frac{y^2}{b^2}=\pm1$ $(a>0, b>0)$을 x축의 방향으로 m만큼, y축의 방향으로 n만큼 평행이동한 쌍곡선의 방정식은

$$\frac{(x-m)^2}{a^2}-\frac{(y-n)^2}{b^2}=\pm1$$

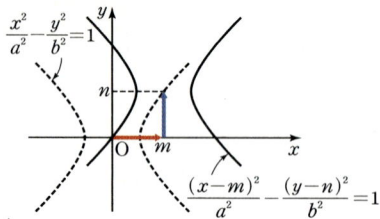

083 BOB 대표

쌍곡선 $\frac{(x+3)^2}{16}-\frac{(y-2)^2}{9}=1$에 대하여 〈보기〉에서 옳은 것만을 있는 대로 고른 것은?

보기
ㄱ. 주축의 길이는 10이다.
ㄴ. 모든 사분면을 지난다.
ㄷ. 두 초점의 x좌표의 합은 -4이다.

① ㄱ   ② ㄴ   ③ ㄱ, ㄴ
④ ㄴ, ㄷ   ⑤ ㄱ, ㄴ, ㄷ

084 하

쌍곡선 $\frac{(x-1)^2}{9}-\frac{(y+2)^2}{7}=1$의 초점의 좌표가 $(a, -2)$, $(b, -2)$일 때, $a+b$의 값은? (단, $a>b$)

① -3 ② -1 ③ 2
④ 5   ⑤ 6

085 중

두 점 $F(1, 8)$, $F'(1, -4)$로부터의 거리의 차가 $6\sqrt{3}$인 쌍곡선의 방정식을 구하여라.

유형 012 중심이 원점인 쌍곡선의 점근선의 방정식은 항상 $y=\pm\dfrac{b}{a}x$임을 기억하자!

쌍곡선 $\dfrac{x^2}{a^2}-\dfrac{y^2}{b^2}=\pm1$의 점근선

의 방정식은

$$y=\pm\frac{b}{a}x \ (\text{단},\ a>0,\ b>0)$$

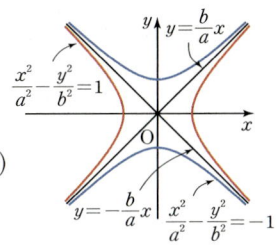

086 BOB 대표

타원 $\dfrac{x^2}{25}+\dfrac{y^2}{16}=1$과 두 초점을 공유하는 쌍곡선이 있다. 이 쌍곡선의 한 점근선의 방정식이 $y=2\sqrt{2}x$일 때, 이 쌍곡선의 주축의 길이는?

① $\dfrac{1}{2}$ 　　② 1 　　③ $\dfrac{3}{2}$

④ 2 　　⑤ $\dfrac{5}{2}$

087 하

쌍곡선 $\dfrac{x^2}{4}-\dfrac{(y-4)^2}{16}=1$의 두 점근선과 x축으로 둘러싸인 도형의 넓이는?

① 4 　　② 6 　　③ 8

④ 10 　　⑤ 12

088 중 서술형

쌍곡선 $\dfrac{x^2}{9}-\dfrac{y^2}{36}=-1$의 한 초점을 중심으로 하고 이 쌍곡선의 점근선에 접하는 원의 넓이를 구하여라.

유형 013 쌍곡선 위의 한 점에서 두 초점까지의 거리의 차는 주축의 길이와 같다!

쌍곡선 위의 점에 대한 활용 문제는 쌍곡선의 정의, 즉 두 초점이 F, F′인 쌍곡선 위의 임의의 점 P에 대하여

$$|\overline{PF}-\overline{PF'}|=(\text{주축의 길이})$$

가 성립함을 이용한다.

089 BOB 대표

오른쪽 그림과 같이 점 D$(6,\ 0)$을 지나는 직선이 쌍곡선 $\dfrac{x^2}{25}-\dfrac{y^2}{11}=1$과 x좌표가 양수인 두 점 A, B에서 만난다. 두 점 A, B와 점 C$(-6,\ 0)$을 꼭짓점으로 하는 삼각형 ABC의 둘레의 길이가 36일 때, 선분 AB의 길이는?

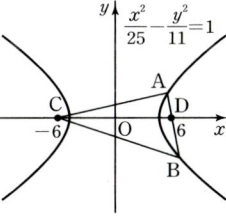

① 2 　　② 4 　　③ 6

④ 8 　　⑤ 10

090 중

오른쪽 그림과 같이 두 점 F, F′을 초점으로 하는 쌍곡선 위의 점 P에 대하여 $|\overline{PF'}-\overline{PF}|=6$이다. 쌍곡선의 꼭짓점이 A, A′이고, $\overline{PF}+\overline{PF'}$의 최솟값이 10일 때, 선분 AF의 길이는? (단, 두 점 A, F의 x좌표는 모두 양수이다.)

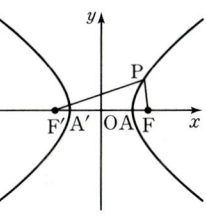

① 1 　　② 2 　　③ 3

④ 4 　　⑤ 5

091 중

오른쪽 그림과 같이 쌍곡선 $\dfrac{x^2}{25}-\dfrac{y^2}{9}=1$의 두 초점을 F, F′이라 하고, 점 F′을 지나는 두 직선 중 한 직선이 쌍곡선의 $x>0$인 부분과 만나는 점을 P, 다른 한 직선이 쌍곡선의 $x<0$인 부분과 만나는 점을 Q라 하자. $\overline{QF}-\overline{PF}=5$일 때, $\overline{PF'}-\overline{QF'}$의 값을 구하여라. (단, 점 F의 x좌표는 양수이다.)

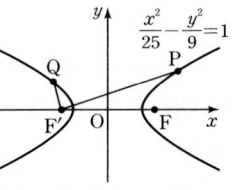

092

주축이 x축 위에 있고, 중심이 원점인 쌍곡선의 두 초점을 F, F′ 이라 하자. 이 쌍곡선 위의 점 P$(4, 6)$에 대하여 삼각형 PF′F의 넓이가 24일 때, 쌍곡선의 방정식을 구하여라.

093

쌍곡선 $x^2-2x-y^2+4y=a$의 주축이 x축에 평행하고, 두 초점이 모두 제1사분면 위에 있도록 하는 상수 a의 값의 범위는?

① $a<3$ ② $a<5$ ③ $3<a<\dfrac{7}{2}$

④ $3<a<5$ ⑤ $5<a<\dfrac{11}{2}$

094

두 직선 $y=\pm\dfrac{\sqrt{2}}{4}x$를 점근선으로 하고, 점 $(4, -2)$를 지나는 쌍곡선의 주축의 길이를 l이라 할 때, l^2의 값은?

① 6   ② 8   ③ 10
④ 12   ⑤ 14

095

오른쪽 그림과 같이 쌍곡선 $\dfrac{x^2}{9}-\dfrac{y^2}{7}=1$의 두 초점을 지름의 양 끝 점으로 하는 원이 쌍곡선의 두 점근선과 4개의 점에서 만날 때, 이 점들을 꼭짓점으로 하는 사각형의 넓이는?

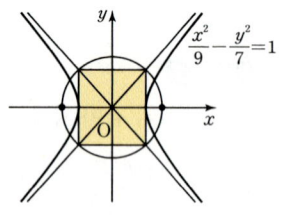

① 6   ② $6\sqrt{7}$ ③ 12
④ $12\sqrt{7}$ ⑤ 24

096

다른 풀이

오른쪽 그림과 같이 쌍곡선 $x^2-4y^2=4$의 한 초점 F와 쌍곡선 위의 한 점 P(a, b)에 대하여 a의 값이 한없이 커질 때, 직선 PF의 기울기는 m의 값에 한없이 가까워진다. 상수 m의 값을 구하여라. (단, 점 F의 x좌표는 양수이고, 점 P는 제1사분면 위의 점이다.)

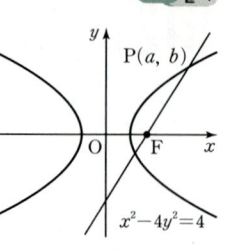

097

쌍곡선 $\dfrac{x^2}{16}-\dfrac{y^2}{9}=1$의 점근선과 직선 $x=4$가 제1사분면에서 만나는 점을 P라 하자. 중심이 원점이고 점 P를 지나는 원이 쌍곡선과 제1사분면에서 만나는 점을 Q, x축과 만나는 두 점을 각각 A, B라 할 때, $\overline{AQ}-\overline{BQ}$의 값은?

(단, 점 A의 x좌표는 음수이다.)

① -4 ② -2 ③ 2
④ 4   ⑤ 8

098

두 쌍곡선 $\dfrac{x^2}{4}-\dfrac{y^2}{9}=-1$과 $\dfrac{x^2}{9}-\dfrac{y^2}{a^2}=1$이 만나지 않도록 하는 양수 a의 최댓값은?

① $\dfrac{5}{2}$ ② 3   ③ $\dfrac{7}{2}$
④ 4   ⑤ $\dfrac{9}{2}$

099

오른쪽 그림과 같이 쌍곡선 $\dfrac{x^2}{16}-\dfrac{y^2}{9}=1$의 두 초점을 각각 F, F′ 이라 하고 점 F를 지나는 직선이 쌍곡선의 $x>0$인 부분과 만나는 두 점을 각각 P, Q라 하자. $\overline{PQ}=\overline{QF'}$일 때, 선분 PF′의 길이는? (단, $\overline{PF'}>\overline{PF}$)

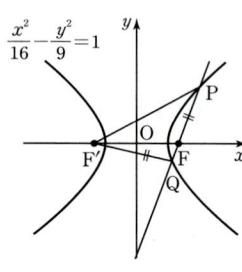

① 10   ② 12   ③ 14
④ 16   ⑤ 18

100

오른쪽 그림과 같이 쌍곡선 $\dfrac{x^2}{27}-\dfrac{y^2}{9}=1$의 두 초점을 F, F'이라 하자. 선분 FF'을 지름으로 하는 원과 쌍곡선 $\dfrac{x^2}{27}-\dfrac{y^2}{9}=1$의 한 교점을 P라 할 때, 삼각형 PF'F의 넓이를 구하여라.

(단, 점 P의 x좌표는 양수이다.)

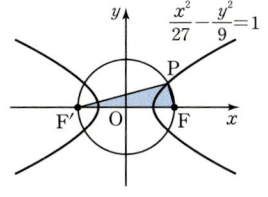

101

오른쪽 그림과 같이 쌍곡선 $\dfrac{x^2}{9}-\dfrac{y^2}{7}=1$의 두 초점을 F, F'이라 하고, 꼭짓점이 아닌 쌍곡선 위의 한 점 P(a, b)의 원점에 대하여 대칭인 점을 Q라 하자. 사각형 F'QFP의 넓이가 56일 때, a^2+b^2의 값을 구하여라. (단, 점 F의 x좌표는 양수이다.)

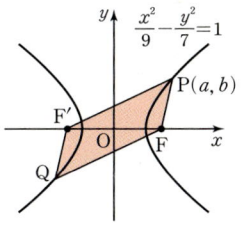

102

오른쪽 그림과 같이 쌍곡선 $\dfrac{x^2}{4}-\dfrac{y^2}{5}=1$의 두 초점을 F, F'이라 하자. 쌍곡선 위의 한 점 P에 대하여 삼각형 PF'F의 둘레의 길이가 14일 때, $|\overline{PF}^2-\overline{PF'}^2|$의 값을 구하여라.

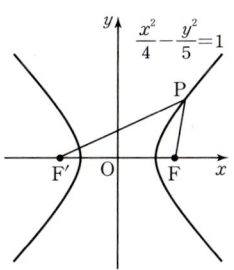

103

오른쪽 그림과 같이 한 초점이 F이고 점근선의 방정식이 $y=\sqrt{3}x$, $y=-\sqrt{3}x$인 쌍곡선이 있다. 쌍곡선 위의 점 P에 대하여 선분 PF의 중점을 M이라 하면 $\overline{OM}=5$, $\overline{OF}=6$일 때, 선분 MF의 길이를 구하여라. (단, 두 점 F, P의 x좌표는 모두 양수이고, O는 원점이다.)

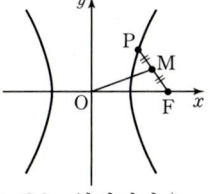

104

쌍곡선 $\dfrac{x^2}{25}-\dfrac{y^2}{11}=1$의 두 초점을 F, F'이라 하자. 쌍곡선 위의 한 점 P에 대하여 ∠F'PF의 이등분선이 x축과 점 A(3, 0)에서 만날 때, 삼각형 PF'F의 둘레의 길이를 구하여라.

(단, $\overline{PF'}>\overline{PF}$이고, 점 F의 x좌표는 양수이다.)

105

점 C(-2, 0)을 중심으로 하고 반지름의 길이가 2인 원 C가 있다. 점 A(2, 0)을 지나며 원 C와 외접하는 원의 중심을 P라 할 때, 점 P가 나타내는 도형의 방정식을 구하여라.

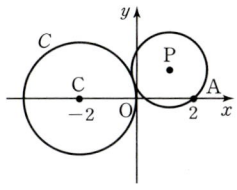

106

서술형

쌍곡선 $4x^2-9y^2-8x+18ky+4=0$의 주축의 길이가 4이고 중심의 좌표가 (a, b)일 때, $k+a+b$의 값을 구하여라.

(단, k는 양수이다.)

107

보충 설명 서술형

쌍곡선 $\dfrac{x^2}{9}-\dfrac{y^2}{16}=1$ 위의 점 P와 쌍곡선의 두 초점 F, F'에 대하여 세 선분 PF, FF', PF'의 길이가 이 순서대로 등비수열을 이룰 때, $\overline{PF'}^2+\overline{PF}^2$의 값을 구하여라.

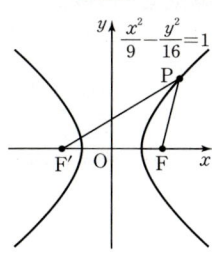

➕ 개념 **plus**

개념 ① **이차곡선과 직선의 위치 관계** • 유형 **014**

이차곡선(포물선, 타원, 쌍곡선)의 방정식과 직선의 방정식을 연립하여 만든 이차방정식의
판별식을 D라 할 때,

(1) $D>0$이면 서로 다른 두 점에서 만난다. ⎤
(2) $D=0$이면 한 점에서 만난다. (접한다.) ⎦ → 만난다.
(3) $D<0$이면 만나지 않는다.

○ 이차곡선과 직선의 교점의 개수는 이차곡
선의 방정식과 직선의 방정식을 연립하여
만든 이차방정식의 서로 다른 실근의 개수
와 같다.

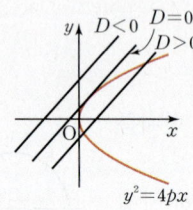 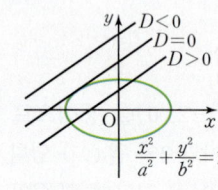 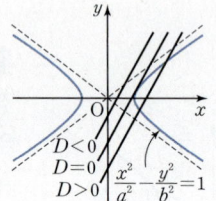

개념 ② **포물선의 접선의 방정식** • 유형 **015~016**

(1) 기울기가 주어진 경우

    ① 포물선 $y^2=4px$에 접하고 기울기가 $m\,(m\neq0)$인 접선의 방정식 ➡ $y=mx+\dfrac{p}{m}$

    ② 포물선 $x^2=4py$에 접하고 기울기가 m인 접선의 방정식 ➡ $y=mx-m^2p$

(2) 포물선 위의 한 점이 주어진 경우

    ① 포물선 $y^2=4px$ 위의 점 $(x_1,\ y_1)$에서의 접선의 방정식 ➡ $y_1y=2p(x+x_1)$

    ② 포물선 $x^2=4py$ 위의 점 $(x_1,\ y_1)$에서의 접선의 방정식 ➡ $x_1x=2p(y+y_1)$

○ 포물선 $y^2=4px$에 접하고 기울기가 0인 접
선은 존재하지 않는다.

개념 ③ **타원의 접선의 방정식** • 유형 **017~018**

(1) 기울기가 주어진 경우

    타원 $\dfrac{x^2}{a^2}+\dfrac{y^2}{b^2}=1$에 접하고 기울기가 m인 접선의 방정식 ➡ $y=mx\pm\sqrt{a^2m^2+b^2}$

(2) 타원 위의 한 점이 주어진 경우

    타원 $\dfrac{x^2}{a^2}+\dfrac{y^2}{b^2}=1$ 위의 점 $(x_1,\ y_1)$에서의 접선의 방정식 ➡ $\dfrac{x_1x}{a^2}+\dfrac{y_1y}{b^2}=1$

○ 타원에서 기울기가 m인 접선은 항상 2개
존재한다.

○ 접점 $(x_1,\ y_1)$이 주어졌을 때, 타원의 접선
의 방정식은 타원의 식에 x^2 대신 x_1x, y^2
대신 y_1y를 대입하여 구한다.

개념 ④ **쌍곡선의 접선의 방정식** • 유형 **019~020**

(1) 기울기가 주어진 경우

    ① 쌍곡선 $\dfrac{x^2}{a^2}-\dfrac{y^2}{b^2}=1$에 접하고 기울기가 m인 접선의 방정식

    ➡ $y=mx\pm\sqrt{a^2m^2-b^2}$ (단, $a^2m^2-b^2>0$)

    ② 쌍곡선 $\dfrac{x^2}{a^2}-\dfrac{y^2}{b^2}=-1$에 접하고 기울기가 m인 접선의 방정식

    ➡ $y=mx\pm\sqrt{b^2-a^2m^2}$ (단, $b^2-a^2m^2>0$)

(2) 쌍곡선 위의 한 점이 주어진 경우

    ① 쌍곡선 $\dfrac{x^2}{a^2}-\dfrac{y^2}{b^2}=1$ 위의 점 $(x_1,\ y_1)$에서의 접선의 방정식 ➡ $\dfrac{x_1x}{a^2}-\dfrac{y_1y}{b^2}=1$

    ② 쌍곡선 $\dfrac{x^2}{a^2}-\dfrac{y^2}{b^2}=-1$ 위의 점 $(x_1,\ y_1)$에서의 접선의 방정식 ➡ $\dfrac{x_1x}{a^2}-\dfrac{y_1y}{b^2}=-1$

○ 쌍곡선에서 기울기가 m인 접선은 항상
2개 존재하며, $m=\pm\dfrac{b}{a}$이면
$a^2m^2-b^2=0$, $b^2-a^2m^2=0$
이므로 쌍곡선의 점근선과 기울기가 같은
접선은 존재하지 않는다.

○ 접점 $(x_1,\ y_1)$이 주어졌을 때, 쌍곡선의 접
선의 방정식은 쌍곡선의 식에 x^2 대신 x_1x,
y^2 대신 y_1y를 대입하여 구한다.

개념 콕콕

1 이차곡선과 직선의 위치 관계

108
포물선 $y^2=4x$와 다음 직선의 위치 관계를 말하여라.

(1) $x+y-3=0$

(2) $2x-y+1=0$

(3) $x+2y+4=0$

109
타원 $2x^2+y^2=6$과 직선 $y=-x+k$의 위치 관계가 다음과 같을 때, 실수 k의 값 또는 범위를 구하여라.

(1) 서로 다른 두 점에서 만난다.

(2) 접한다.

(3) 만나지 않는다.

110
쌍곡선 $\dfrac{x^2}{12}-\dfrac{y^2}{3}=1$과 직선 $y=kx+3$이 한 점에서 만날 때, 모든 실수 k의 값을 구하여라.

2 포물선의 접선의 방정식

111
다음을 구하여라.

(1) 포물선 $y^2=2x$에 접하고 기울기가 1인 직선의 방정식

(2) 포물선 $x^2=-8y$에 접하고 기울기가 -3인 직선의 방정식

112
다음을 구하여라.

(1) 포물선 $y^2=x$ 위의 점 $(1,\ -1)$에서의 접선의 방정식

(2) 포물선 $x^2=-4y$ 위의 점 $(-2,\ -1)$에서의 접선의 방정식

3 타원의 접선의 방정식

113
타원 $\dfrac{x^2}{12}+\dfrac{y^2}{4}=1$에 접하고 기울기가 -1인 직선의 방정식을 구하여라.

114
타원 $\dfrac{x^2}{4}+\dfrac{y^2}{12}=1$ 위의 점 $(-1,\ 3)$에서의 접선의 방정식을 구하여라.

4 쌍곡선의 접선의 방정식

115
다음을 구하여라.

(1) 쌍곡선 $\dfrac{x^2}{10}-\dfrac{y^2}{2}=1$에 접하고 기울기가 -1인 직선의 방정식

(2) 쌍곡선 $\dfrac{x^2}{16}-\dfrac{y^2}{25}=-1$에 접하고 기울기가 1인 직선의 방정식

116
다음을 구하여라.

(1) 쌍곡선 $\dfrac{x^2}{3}-\dfrac{y^2}{4}=-1$ 위의 점 $(3,\ -4)$에서의 접선의 방정식

(2) 쌍곡선 $\dfrac{x^2}{2}-\dfrac{y^2}{4}=1$ 위의 점 $(-2,\ 2)$에서의 접선의 방정식

5 곡선 밖의 한 점에서 그은 접선의 방정식

117
점 $(-2,\ 0)$에서 포물선 $y^2=8x$에 그은 접선의 방정식을 구하려고 한다. 다음 물음에 답하여라.

(1) 포물선 $y^2=8x$와 접선의 접점의 좌표를 $(x_1,\ y_1)$이라 할 때, 이 점에서의 접선의 방정식을 구하여라.

(2) 점 $(x_1,\ y_1)$이 포물선 $y^2=8x$ 위의 점이고, (1)에서 구한 직선이 점 $(-2,\ 0)$을 지남을 이용하여 모든 접선의 방정식을 구하여라.

이차곡선과 직선의 위치 관계는 두 방정식에서 한 문자를 소거하여 얻은 이차방정식의 **판별식**을 이용한다!

이차곡선의 방정식과 직선의 방정식을 연립하여 얻은 이차방정식의 판별식을 D라 할 때, 이차곡선과 직선의 위치 관계는 D의 값의 부호에 따라 다음과 같다.

① $D > 0 \iff$ 서로 다른 두 점에서 만난다. ⎤→ 만난다.
② $D = 0 \iff$ 한 점에서 만난다. (접한다.) ⎦
③ $D < 0 \iff$ 만나지 않는다.

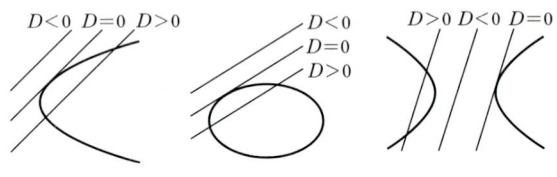

118 BOB 대표
직선 $y = x$를 y축의 방향으로 k만큼 평행이동하면 타원 $\dfrac{x^2}{4} + \dfrac{y^2}{3} = 1$과 만나지 않을 때, 자연수 k의 최솟값은?

① 1 　　　　② 2 　　　　③ 3
④ 4 　　　　⑤ 5

119 중 　　　　　서술형
두 집합 $A = \{(x, y) \mid y^2 = 12x\}$, $B = \{(x, y) \mid y = x + a\}$에 대하여 $n(A \cap B) = 2$를 만족시키는 모든 자연수 a의 값의 합을 구하여라.

120 중
쌍곡선 $x^2 - 4y^2 = 4$와 직선 $y = ax + b$가 실수 b의 값에 관계없이 교점을 갖는다고 한다. 다음 중 실수 a의 값이 될 수 있는 것의 개수는?

$$-\dfrac{3}{4},\ -\dfrac{1}{3},\ -\dfrac{1}{4},\ 0,\ \dfrac{1}{3},\ \dfrac{1}{2}$$

① 2 　　　　② 3 　　　　③ 4
④ 5 　　　　⑤ 6

기울기가 주어질 때 **포물선의 접선**의 방정식은 축에 따라 공식이 다르다는 걸 **주의**하자!

① 포물선 $y^2 = 4px$에 접하고 기울기가 $m\,(m \neq 0)$인 직선의 방정식은 ➡ $y = mx + \dfrac{p}{m}$

② 포물선 $x^2 = 4py$에 접하고 기울기가 m인 직선의 방정식은 ➡ $y = mx - m^2 p$

121 BOB 대표 　　　　　다른 풀이
포물선 $y^2 = -8x$에 접하고 직선 $x + 2y + 4 = 0$에 수직인 직선이 점 $(2, a)$를 지날 때, a의 값은?

① 1 　　　　② 2 　　　　③ 3
④ 4 　　　　⑤ 5

122 하
직선 $2x - 2y - 1 = 0$과 평행하고 포물선 $x^2 = 8y$에 접하는 직선의 x절편은?

① -2 　　　　② -1 　　　　③ 1
④ 2 　　　　⑤ 3

123 중
좌표평면 위의 두 점 $A(2, 0)$, $B(5, 3)$을 지나는 직선과 평행한 직선이 포물선 $y^2 = 4x$와 점 P에서 접할 때, 삼각형 PAB의 넓이는?

① $\dfrac{7}{2}$ 　　　　② 4 　　　　③ $\dfrac{9}{2}$
④ 5 　　　　⑤ $\dfrac{11}{2}$

유형 016

접점 $P(x_1, y_1)$이 주어질 때 포물선의 접선의 방정식은 $x^2(y^2)$ 대신에 $x_1x(y_1y)$를, $y(x)$ 대신에 $\dfrac{y+y_1}{2}\left(\dfrac{x+x_1}{2}\right)$을 대입한다!

(1) 포물선 $y^2=4px$ 위의 점 $P(x_1, y_1)$에서의 접선의 방정식은
$$y_1y=2p(x+x_1)$$

(2) 포물선 $x^2=4py$ 위의 점 $P(x_1, y_1)$에서의 접선의 방정식은
$$x_1x=2p(y+y_1)$$

124 BOB 대표

포물선 $y^2=-4x$ 위의 점 $P(-2, -2\sqrt{2})$에서의 접선과 x축의 교점을 Q라 하고, 이 포물선의 초점을 F라 할 때, 삼각형 PQF의 넓이는?

① $\sqrt{2}$ ② 2   ③ $2\sqrt{2}$
④ 4   ⑤ $3\sqrt{2}$

125 하

다음 중 포물선 $y^2=8x$ 위의 점 $(2, 4)$에서의 접선에 수직이고, 이 포물선의 초점을 지나는 직선의 방정식은?

① $y=x-2$ ② $y=2x-4$ ③ $y=3x-6$
④ $y=-x+2$ ⑤ $y=-2x+4$

126 중   서술형

포물선 $y^2=-16x$ 위의 서로 다른 두 점 (p, q), (r, s)에서의 접선이 서로 수직일 때, qs의 값을 구하여라.

유형 017

기울기가 주어질 때 타원의 접선의 방정식은 축과 관계없이 동일하다!

타원 $\dfrac{x^2}{a^2}+\dfrac{y^2}{b^2}=1$에 접하고 기울기가 m인 직선의 방정식은
$$y=mx\pm\sqrt{a^2m^2+b^2}$$

127 BOB 대표   다른 풀이

직선 $y=2x+1$과 평행한 타원 $\dfrac{x^2}{8}+\dfrac{y^2}{4}=1$의 두 접선 사이의 거리는?

① $2\sqrt{5}$ ② $\dfrac{12\sqrt{5}}{5}$ ③ $\dfrac{14\sqrt{5}}{5}$
④ $3\sqrt{5}$ ⑤ $\dfrac{16\sqrt{5}}{5}$

128 하

타원 $3x^2+2y^2=18$에 접하고 x축의 양의 방향과 이루는 각의 크기가 $45°$인 직선의 방정식이 $y=ax+b$일 때, 상수 a, b에 대하여 $a+b^2$의 값은?

① -16 ② -15 ③ 1
④ 15   ⑤ 16

129 중   

타원 $\dfrac{x^2}{3}+\dfrac{y^2}{6}=1$ 위의 점에서 직선 $y=x+6$에 이르는 거리의 최솟값은?

① $\sqrt{2}$ ② $\sqrt{3}$ ③ $\dfrac{3\sqrt{2}}{2}$
④ $2\sqrt{2}$ ⑤ $2\sqrt{3}$

유형 018 접점 $P(x_1, y_1)$이 주어질 때 **타원의 접선의 방정식**은 x^2, y^2 대신에 각각 x_1x, y_1y를 대입한다!

타원 $\dfrac{x^2}{a^2}+\dfrac{y^2}{b^2}=1$ 위의 점 $P(x_1, y_1)$에서의 접선의 방정식은

$$\dfrac{x_1x}{a^2}+\dfrac{y_1y}{b^2}=1$$

130 BOB 대표

타원 $\dfrac{x^2}{a^2}+\dfrac{y^2}{b^2}=1$ 위의 점 $(-2, 1)$에서 그은 접선의 기울기가 $\dfrac{1}{2}$일 때, 상수 a, b에 대하여 a^2+b^2의 값은?

① 4   ② 6   ③ 8
④ 10   ⑤ 12

131 하

타원 $x^2+3y^2=6$ 위의 점 $(\sqrt{3}, 1)$에서의 접선에 수직이고, 점 $(-\sqrt{3}, 0)$을 지나는 직선의 y절편은?

① $\sqrt{3}$ ② 3   ③ $2\sqrt{3}$
④ $3\sqrt{3}$ ⑤ 6

132 중

타원 $\dfrac{x^2}{16}+\dfrac{y^2}{8}=1$ 위의 한 점 P에서 x축에 내린 수선의 발을 H, 점 P에서의 접선이 x축과 만나는 점을 Q라 할 때, $\overline{OH}\times\overline{OQ}$의 값을 구하여라. (단, O는 원점이고, 점 P는 제 1사분면 위의 점이다.)

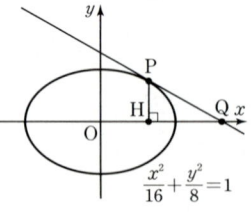

유형 019 **기울기**가 주어질 때 **쌍곡선의 접선**의 방정식은 축에 따라 공식이 다르다는 걸 **주의**하자!

① 쌍곡선 $\dfrac{x^2}{a^2}-\dfrac{y^2}{b^2}=1$에 접하고 기울기가 m인 직선의 방정식은 ➡ $y=mx\pm\sqrt{a^2m^2-b^2}$ (단, $a^2m^2-b^2>0$)

② 쌍곡선 $\dfrac{x^2}{a^2}-\dfrac{y^2}{b^2}=-1$에 접하고 기울기가 m인 직선의 방정식은 ➡ $y=mx\pm\sqrt{b^2-a^2m^2}$ (단, $b^2-a^2m^2>0$)

133 BOB 대표

쌍곡선 $x^2-y^2=1$에 접하고 기울기가 $\sqrt{3}$인 두 직선 사이의 거리는?

① 1   ② $\sqrt{2}$ ③ $\sqrt{3}$
④ 2   ⑤ $\sqrt{5}$

134 하

쌍곡선 $\dfrac{x^2}{9}-\dfrac{y^2}{5}=1$에 접하고 기울기가 1인 두 직선과 y축이 만나는 점을 각각 A, B라 할 때, 선분 AB의 길이는?

① 2   ② 3   ③ 4
④ 5   ⑤ 6

135 중

쌍곡선 $kx^2-y^2=-k$에 접하고 기울기가 2인 직선의 방정식이 $y=2x+1$일 때, 이 쌍곡선의 주축의 길이를 구하여라. (단, k는 양수이다.)

접점 $P(x_1, y_1)$이 주어질 때, **쌍곡선**의 **접선**의 방정식은 x^2, y^2 대신에 각각 x_1x, y_1y를 대입한다!

쌍곡선 $\dfrac{x^2}{a^2} - \dfrac{y^2}{b^2} = \pm 1$ 위의 점 $P(x_1, y_1)$에서의 접선의 방정식은

$$\dfrac{x_1x}{a^2} - \dfrac{y_1y}{b^2} = \pm 1$$

136 BOB 대표

쌍곡선 $x^2 - \dfrac{y^2}{4} = 1$ 위의 점 (a, b)에서의 접선의 기울기가 4일 때, $a^2 + b^2$의 값은?

① 2   ② $\dfrac{8}{3}$ ③ $\dfrac{10}{3}$

④ 4   ⑤ $\dfrac{14}{3}$

137 하

쌍곡선 $2x^2 - y^2 = 1$ 위의 점 $(1, 1)$에서의 접선에 수직이고, 원점을 지나는 직선의 방정식은?

① $y = -\dfrac{1}{2}x$ ② $y = -\dfrac{1}{3}x$ ③ $y = \dfrac{1}{4}x$

④ $y = \dfrac{1}{3}x$ ⑤ $y = \dfrac{1}{2}x$

138 중

쌍곡선 $\dfrac{x^2}{5} - \dfrac{y^2}{5} = -1$ 위의 점 $P(-2, 3)$에서의 접선이 쌍곡선의 두 점근선과 만나는 점을 각각 A, B라 할 때, 삼각형 OAB의 넓이를 구하여라. (단, O는 원점이다.)

이차곡선 밖의 점이 주어질 때, 접선의 방정식은 접점의 좌표를 (x_1, y_1)로 놓고 다음 순서로 구하면 돼!

이차곡선 밖의 한 점 P에서 이차곡선에 그은 접선의 방정식은 다음 순서로 구한다.

step 1 접점의 좌표를 (x_1, y_1)로 놓고 접선 공식을 이용하여 접선의 방정식을 구한다.

step 2 점 P가 접선 위의 점이고, 접점이 이차곡선 위의 점임을 이용하여 x_1, y_1의 값을 구한다.

step 3 접선의 방정식을 구한다.

139 BOB 대표   보충 설명

점 $(0, 2)$에서 타원 $x^2 + \dfrac{y^2}{2} = 1$에 그은 접선의 기울기를 m이라 할 때, m^2의 값은?

① 1   ② 2   ③ 3

④ 4   ⑤ 5

140 중

점 $P(0, 1)$에서 쌍곡선 $\dfrac{x^2}{4} - y^2 = 1$에 그은 두 접선의 접점을 각각 A, B라 할 때, 삼각형 PAB의 넓이는?

① $\sqrt{2}$ ② $2\sqrt{2}$ ③ $3\sqrt{2}$

④ $4\sqrt{2}$ ⑤ $5\sqrt{2}$

141 중   서술형

점 $(-2, -4)$에서 포물선 $x^2 = 8y$에 그은 두 접선의 기울기의 곱을 구하여라.

142

직선 $y=-x+k$가 포물선 $y^2=2x$와 만나고, 타원 $\dfrac{x^2}{3}+\dfrac{y^2}{2}=1$ 과는 만나지 않도록 하는 정수 k의 최솟값을 구하여라.

143

좌표평면에서 포물선 $y^2=8x$에 접하는 두 직선 l_1, l_2의 기울기가 각각 m_1, m_2이다. m_1, m_2가 방정식 $2x^2-3x+1=0$의 서로 다른 두 실근일 때, l_1과 l_2의 교점의 x좌표는?

① 1   ② 2   ③ 3

④ 4   ⑤ 5

144

포물선 $y^2=-2x$ 위의 두 점 $(-2, 2)$, $(-8, -4)$에서의 접선의 교점의 좌표가 (a, b)일 때, ab의 값은?

① -5 ② -4 ③ 2

④ 4   ⑤ 5

145

포물선 $y^2=4px$ $(p>0)$ 위의 점 $A(p, 2p)$에서 이 포물선의 준선까지의 거리가 4일 때, 점 A에서의 접선의 방정식은 $y=mx+n$이다. 상수 m, n에 대하여 $m+n$의 값은?

① -1 ② 1   ③ 3

④ 5   ⑤ 7

146

포물선 $y^2=4x$ 위의 꼭짓점이 아닌 점 $P(a, b)$에서의 접선이 x축과 만나는 점을 Q라 하자. $\overline{PQ}=4\sqrt{3}$일 때, a^2+b^2의 값은?

① 12   ② 15   ③ 18

④ 21   ⑤ 24

147

포물선 $y^2=12x$ 위의 점 P에서 직선 $x-y+8=0$에 이르는 거리가 최소일 때, 점 P의 좌표는 (a, b)이다. $a+b$의 값을 구하여라.

148

직선 $y=2x+3$에 평행하고 타원 $4x^2+3y^2=12$에 접하는 두 직선이 있다. 이 두 직선에 동시에 접하는 원의 넓이는?

① 3π ② $\dfrac{16}{5}\pi$ ③ $\dfrac{17}{5}\pi$

④ $\dfrac{18}{5}\pi$ ⑤ $\dfrac{19}{5}\pi$

149

포물선 $y^2=2x$와 타원 $\dfrac{x^2}{16}+\dfrac{y^2}{a}=1$의 교점에서의 접선이 서로 수직일 때, 양수 a의 값은?

① 12   ② 18   ③ 24

④ 32   ⑤ 40

150

타원 $x^2+4y^2=4$의 네 꼭짓점을 연결하여 만든 사각형에 내접하는 타원 $\dfrac{x^2}{a^2}+\dfrac{y^2}{b^2}=1$이 있다. 타원 $\dfrac{x^2}{a^2}+\dfrac{y^2}{b^2}=1$의 두 초점이 $\mathrm{F}(b, 0)$, $\mathrm{F}'(-b, 0)$일 때, a^2+b^2의 값을 구하여라.

(단, $a>0$, $b>0$)

151

직선 $y=3x+5$가 쌍곡선 $\dfrac{x^2}{a}-\dfrac{y^2}{2}=1$에 접할 때, 이 쌍곡선의 두 초점 사이의 거리는? (단, a는 양수이다.)

① 4 　　　② $3\sqrt{2}$ 　　　③ $2\sqrt{5}$
④ 6 　　　⑤ $2\sqrt{10}$

152

쌍곡선 $\dfrac{x^2}{16}-\dfrac{y^2}{9}=1$ 위의 점 (a, b)에서의 접선과 x축 및 y축으로 둘러싸인 삼각형의 넓이가 12일 때, ab의 값은?

(단, $a>0$, $b>0$)

① 6 　　　② 8 　　　③ 9
④ 10 　　　⑤ 12

153

오른쪽 그림과 같이 쌍곡선 $x^2-y^2=8$ 위의 한 점 $\mathrm{P}(3, 1)$에서의 접선이 쌍곡선의 두 점근선과 만나는 점을 각각 A, B라 할 때, 삼각형 OAB의 넓이는?

(단, O는 원점이다.)

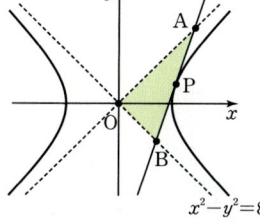

① 4 　　　② $4\sqrt{2}$
③ 6 　　　④ $6\sqrt{2}$
⑤ 8

154

점 $\mathrm{P}(1, 0)$에서 포물선 $x^2=4y$에 그은 두 접선의 접점 중 제 1사분면 위의 점을 A라 할 때, 점 A에서의 접선이 y축과 만나는 점을 B, 점 A를 지나고 점 A에서의 접선에 수직인 직선이 y축과 만나는 점을 C라 하자. 이때, 삼각형 ABC의 넓이를 구하여라.

155

점 $\mathrm{A}(1, 2)$에서 쌍곡선 $\dfrac{x^2}{2}-\dfrac{y^2}{3}=-1$에 그은 두 접선의 접점을 각각 P, Q라 할 때, 선분 PQ의 길이를 구하여라.

156　　　서술형

오른쪽 그림과 같이 점 $(0, 2)$에서 타원 $\dfrac{x^2}{8}+\dfrac{y^2}{2}=1$에 그은 두 접선의 접점을 각각 P, Q라 하고, 타원의 두 초점 중 한 점을 F라 할 때, 삼각형 PFQ의 둘레의 길이를 구하여라.

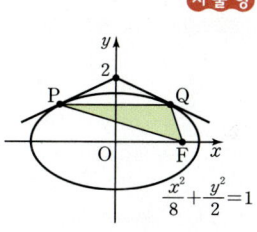

157　　　서술형

쌍곡선 $x^2-y^2=1$ 위의 점 P와 원 $x^2+(y-4)^2=1$ 위의 점 Q에 대하여 선분 PQ의 길이의 최솟값을 구하여라.

II

평면벡터

05 평면벡터

개념 plus

개념 ❶ 벡터의 뜻

(1) 벡터의 뜻

　① **벡터** : 크기와 방향을 함께 갖는 양

　② **벡터 AB($\overrightarrow{AB}$)** : 점 A에서 점 B로 향하는 방향과 크기가
　　주어진 선분 AB

　③ **벡터 $\overrightarrow{AB}$의 크기($|\overrightarrow{AB}|$)** : 선분 AB의 길이

　④ **영벡터($\vec{0}$)** : 시점과 종점이 일치하는 벡터

　⑤ **단위벡터** : 크기가 1인 벡터

(2) 서로 같은 벡터

　두 벡터 $\vec{a}$, $\vec{b}$의 크기와 방향이 각각 같을 때 두 벡터 $\vec{a}$, $\vec{b}$는 서로 같다고 하고, 이것을 기호로 $\vec{a}=\vec{b}$와 같이 나타낸다.

(3) 크기가 같고 방향이 반대인 벡터

　벡터 $\vec{a}$와 크기는 같지만 방향이 반대인 벡터를 기호로 $-\vec{a}$와 같이 나타낸다.

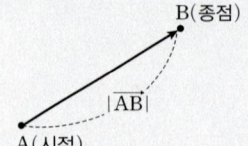

⊙ 평면에서의 벡터를 평면벡터, 공간에서의 벡터를 공간벡터라 한다.

◐ 점 A를 $\overrightarrow{AB}$의 시점, 점 B를 $\overrightarrow{AB}$의 종점이라 한다.

◐ 벡터를 한 문자로 $\vec{a}$, $\vec{b}$, $\vec{c}$와 같이 나타내기도 한다. 또한 벡터 $\vec{a}$의 크기는 $|\vec{a}|$와 같이 나타낸다.

ⓒ 영벡터의 크기는 0이고 방향은 생각하지 않는다.

◐ 벡터 $\overrightarrow{AB}$에 대하여 $\overrightarrow{BA}=-\overrightarrow{AB}$

개념 ❷ 벡터의 연산 　유형 022~025

(1) 벡터의 덧셈과 뺄셈

　① $\vec{a}=\overrightarrow{AB}$, $\vec{b}=\overrightarrow{BC}$일 때
　　$\vec{a}+\vec{b}=\overrightarrow{AB}+\overrightarrow{BC}=\overrightarrow{AC}$

　② $\vec{a}=\overrightarrow{AB}$, $\vec{b}=\overrightarrow{AC}$일 때
　　$\vec{a}-\vec{b}=\overrightarrow{AB}-\overrightarrow{AC}=\overrightarrow{CB}$

(2) 벡터의 실수배

　실수 k와 벡터 $\vec{a}$에 대하여

　① $\vec{a}\neq\vec{0}$일 때,

　　(ⅰ) $k>0$이면 $k\vec{a}$는 $\vec{a}$와 방향이 같고 크기가 $k|\vec{a}|$인 벡터이다.

　　(ⅱ) $k<0$이면 $k\vec{a}$는 $\vec{a}$와 방향이 반대이고 크기가 $|k||\vec{a}|$인 벡터이다.

　　(ⅲ) $k=0$이면 $k\vec{a}=\vec{0}$

　② $\vec{a}=\vec{0}$일 때, $k\vec{a}=\vec{0}$

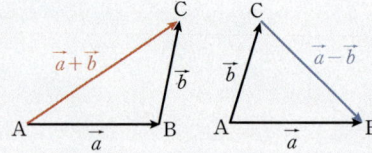

◐ **벡터의 덧셈**

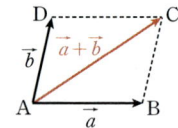

평행사변형 ABCD에서 $\vec{a}=\overrightarrow{AB}$, $\vec{b}=\overrightarrow{AD}$일 때, $\vec{a}+\vec{b}=\overrightarrow{AB}+\overrightarrow{AD}=\overrightarrow{AC}$

◐ **벡터의 덧셈에 대한 성질**

세 벡터 $\vec{a}$, $\vec{b}$, $\vec{c}$에 대하여

① 교환법칙 : $\vec{a}+\vec{b}=\vec{b}+\vec{a}$

② 결합법칙 : $(\vec{a}+\vec{b})+\vec{c}=\vec{a}+(\vec{b}+\vec{c})$

③ $\vec{a}+\vec{0}=\vec{0}+\vec{a}=\vec{a}$

④ $\vec{a}+(-\vec{a})=(-\vec{a})+\vec{a}=\vec{0}$

◐ **벡터의 실수배에 대한 연산법칙**

실수 k, l과 두 벡터 $\vec{a}$, $\vec{b}$에 대하여

① 결합법칙 : $k(l\vec{a})=(kl)\vec{a}$

② 분배법칙 : $(k+l)\vec{a}=k\vec{a}+l\vec{a}$
　　　　　　$k(\vec{a}+\vec{b})=k\vec{a}+k\vec{b}$

ⓒ 영벡터가 아닌 두 벡터 $\vec{a}$, $\vec{b}$의 방향이 같거나 반대일 때 $\vec{a}$와 $\vec{b}$는 서로 평행하다고 하고, 이것을 기호로 $\vec{a}\,/\!/\,\vec{b}$와 같이 나타낸다.

개념 ❸ 벡터의 평행 　유형 026~027

(1) 영벡터가 아닌 두 벡터 $\vec{a}$, $\vec{b}$에 대하여
　$\vec{a}\,/\!/\,\vec{b}\iff\vec{a}=k\vec{b}$ (단, $k\neq0$인 실수)

(2) 서로 다른 세 점 A, B, C가 한 직선 위에 있다. $\iff\overrightarrow{AC}\,/\!/\,\overrightarrow{AB}$
　　　　　　　　　　　　　　　　　　　$\iff\overrightarrow{AC}=k\overrightarrow{AB}$ (단, $k\neq0$인 실수)

개념 ❹ 위치벡터 　유형 028~031

(1) 한 점 O를 시점으로 하는 벡터 $\overrightarrow{OA}$를 점 O에 대한 점 A의 **위치벡터**라 한다.

(2) 선분의 내분점과 외분점의 위치벡터

　두 점 A, B의 위치벡터를 각각 $\vec{a}$, $\vec{b}$라 할 때, 선분 AB를 $m:n$ ($m>0$, $n>0$)으로 내분하는 점 P와 외분하는 점 Q의 위치벡터를 각각 $\vec{p}$, $\vec{q}$라 하면

$$\vec{p}=\frac{m\vec{b}+n\vec{a}}{m+n},\ \vec{q}=\frac{m\vec{b}-n\vec{a}}{m-n}\ (단,\ m\neq n)$$

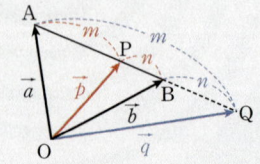

◐ 두 점 A, B의 위치벡터를 각각 $\vec{a}$, $\vec{b}$라 하면
$$\overrightarrow{AB}=\overrightarrow{OB}-\overrightarrow{OA}=\vec{b}-\vec{a}$$

◐ 세 점 A, B, C의 위치벡터를 각각 $\vec{a}$, $\vec{b}$, $\vec{c}$라 할 때, 삼각형 ABC의 무게중심 G의 위치벡터를 $\vec{g}$라 하면
$$\vec{g}=\frac{\vec{a}+\vec{b}+\vec{c}}{3}$$

개념 콕콕

1 벡터의 뜻

158
다음 벡터의 시점과 종점을 각각 말하여라.

(1) $\overrightarrow{BC}$ (2) $\overrightarrow{OD}$

159
오른쪽 그림과 같이 $\overline{AB}=3$, $\overline{AD}=4$인 직사각형 ABCD에서 두 벡터 $\overrightarrow{BD}$, $\overrightarrow{CD}$ 의 크기를 구하여라.

160
오른쪽 그림을 보고 다음을 구하여라.

(1) 서로 같은 벡터

(2) 크기가 같고 방향이 반대인 벡터

161
오른쪽 그림과 같이 한 변의 길이가 2인 정삼각형 ABC의 세 변 AB, BC, CA의 중점을 각각 D, E, F라 할 때, 6개의 점 A, B, C, D, E, F를 시점과 종점으로 하는 벡터에 대하여 다음을 구하여라.

(1) $\overrightarrow{AF}$와 같은 벡터

(2) $\overrightarrow{BD}$와 크기가 같고 방향이 반대인 벡터

(3) $|\overrightarrow{DF}|$

162
오른쪽 그림과 같이 한 변의 길이가 3인 정 육각형 ABCDEF에서 세 대각선 AD, BE, CF의 교점을 O라 할 때, 7개의 점 A, B, C, D, E, F, O를 시점과 종점으로 하는 벡터에 대하여 다음을 구하여라.

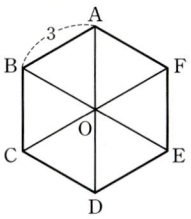

(1) $\overrightarrow{BO}$와 같은 벡터

(2) $\overrightarrow{DE}$와 크기가 같고 방향이 반대인 벡터

(3) $|\overrightarrow{AD}|$

2 벡터의 덧셈과 뺄셈

163
두 벡터 $\vec{a}$, $\vec{b}$가 다음 그림과 같을 때, $\vec{a}+\vec{b}$를 그려라.

(1) 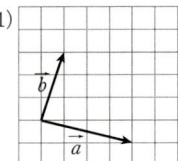   (2) 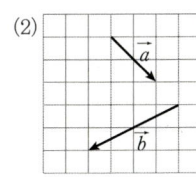   (3)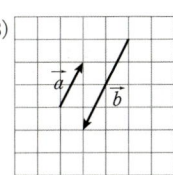

164
두 벡터 $\vec{a}$, $\vec{b}$가 다음 그림과 같을 때, $\vec{a}-\vec{b}$를 그려라.

(1) 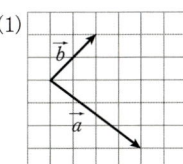   (2) 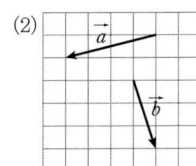   (3)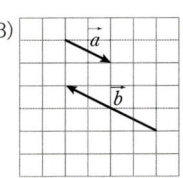

165
다음을 간단히 하여라.

(1) $\overrightarrow{AB}-\overrightarrow{CB}$

(2) $\overrightarrow{AB}+\overrightarrow{CA}+\overrightarrow{BC}$

(3) $\overrightarrow{AD}+\overrightarrow{BA}+\overrightarrow{CE}+\overrightarrow{DC}$

166

오른쪽 그림과 같이 평행사변형 ABCD의 두 대각선의 교점 O에 대하여 $\overrightarrow{\mathrm{OA}}=\vec{a}$, $\overrightarrow{\mathrm{OB}}=\vec{b}$라 할 때, 다음 벡터를 $\vec{a}$, $\vec{b}$로 나타내어라.

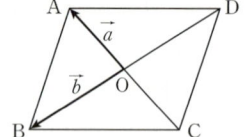

(1) $\overrightarrow{\mathrm{AB}}$　　　　　(2) $\overrightarrow{\mathrm{BC}}$

---

3 벡터의 실수배

167

두 벡터 $\vec{a}$, $\vec{b}$가 오른쪽 그림과 같을 때, 다음 벡터를 그려라.

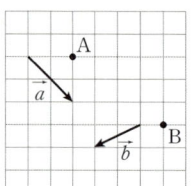

(1) 시점이 점 A인 벡터 $-\vec{a}$

(2) 시점이 점 B인 벡터 $2\vec{b}$

168

다음을 간단히 하여라.

(1) $2(\vec{a}+\vec{b})+3(2\vec{a}-\vec{b})$

(2) $\dfrac{1}{3}(\vec{a}+3\vec{b})+\dfrac{1}{2}(2\vec{a}-\vec{b})$

169

다음 등식을 만족시키는 벡터 $\vec{x}$를 $\vec{a}$, $\vec{b}$로 나타내어라.

(1) $2(\vec{x}-3\vec{a})=\vec{x}-5\vec{b}$

(2) $2(2\vec{b}+\vec{x})+2(\vec{x}-3\vec{a})=3\vec{b}$

---

4 벡터의 평행

170

오른쪽 그림과 같은 다섯 개의 벡터 $\vec{a}$, $\vec{b}$, $\vec{c}$, $\vec{d}$, $\vec{e}$ 중에서 벡터 $\vec{p}$와 평행한 벡터를 말하여라.

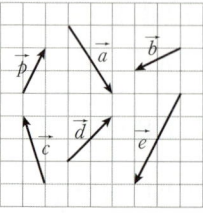

171

영벡터가 아니고 서로 평행하지 않은 두 벡터 $\vec{a}$, $\vec{b}$에 대하여 두 벡터 $-\vec{a}+k\vec{b}$와 $3\vec{a}-6\vec{b}$가 서로 평행할 때, 실수 k의 값을 구하여라.

172

한 평면 위의 서로 다른 네 점 O, A, B, C에 대하여
$$\overrightarrow{\mathrm{OA}}=\vec{a},\ \overrightarrow{\mathrm{OB}}=-2\vec{b},\ \overrightarrow{\mathrm{OC}}=-\vec{a}-4\vec{b}$$
일 때, 다음 물음에 답하여라.

(1) 벡터 $\overrightarrow{\mathrm{AB}}$를 $\vec{a}$, $\vec{b}$로 나타내어라.

(2) 벡터 $\overrightarrow{\mathrm{AC}}$를 $\vec{a}$, $\vec{b}$로 나타내어라.

(3) 세 점 A, B, C가 한 직선 위에 있음을 증명하여라.

---

5 위치벡터

173

세 점 A, B, C의 위치벡터를 각각 $\vec{a}$, $\vec{b}$, $2\vec{a}+\vec{b}$라 할 때, 다음 벡터를 $\vec{a}$, $\vec{b}$로 나타내어라.

(1) $\overrightarrow{\mathrm{AC}}$　　　　　(2) $\overrightarrow{\mathrm{CB}}$

174

두 점 A, B의 위치벡터를 각각 $\vec{a}$, $\vec{b}$라 할 때, 다음 위치벡터를 $\vec{a}$, $\vec{b}$로 나타내어라.

(1) 선분 AB를 $2:1$로 내분하는 점 P의 위치벡터 $\vec{p}$

(2) 선분 AB를 $1:3$으로 외분하는 점 Q의 위치벡터 $\vec{q}$

(3) 선분 AB의 중점 M의 위치벡터 $\vec{m}$

유형 콕콕

유형 022

벡터의 덧셈에 대하여 **교환법칙**과 **결합법칙**이 성립함을 이용하자!

벡터의 덧셈에 대하여 교환법칙과 결합법칙이 성립한다.

➡ 세 벡터 $\vec{a}$, $\vec{b}$, $\vec{c}$에 대하여

(1) 교환법칙 : $\vec{a}+\vec{b}=\vec{b}+\vec{a}$

(2) 결합법칙 : $(\vec{a}+\vec{b})+\vec{c}=\vec{a}+(\vec{b}+\vec{c})$

175 BOB 대표

평면 위의 서로 다른 네 점 A, B, C, D에 대하여 〈보기〉에서 옳은 것만을 있는 대로 고른 것은?

보기
ㄱ. $\overrightarrow{AB}-\overrightarrow{AD}+\overrightarrow{BD}=\vec{0}$
ㄴ. $\overrightarrow{BD}-\overrightarrow{BA}+\overrightarrow{DC}=\overrightarrow{AC}$
ㄷ. $\overrightarrow{CD}+\overrightarrow{AB}+\overrightarrow{DA}+\overrightarrow{BD}=\overrightarrow{DC}$

① ㄱ ② ㄴ ③ ㄱ, ㄴ
④ ㄱ, ㄷ ⑤ ㄱ, ㄴ, ㄷ

176 중

오른쪽 그림과 같은 정육각형에서 $\overrightarrow{AB}=\vec{a}$, $\overrightarrow{BC}=\vec{b}$, $\overrightarrow{CD}=\vec{c}$라 할 때, 다음 중 $-\vec{a}+\vec{b}+\vec{c}$와 같은 벡터는?

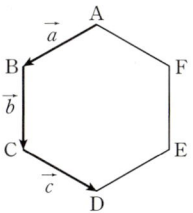

① $\overrightarrow{AB}$ ② $\overrightarrow{AC}$ ③ $\overrightarrow{BD}$
④ $\overrightarrow{BE}$ ⑤ $\overrightarrow{CF}$

177 중 서술형

평면 위의 사각형 ABCD와 임의의 점 P에 대하여

$$\overrightarrow{PA}+\overrightarrow{PC}=\overrightarrow{PB}+\overrightarrow{PD}$$

가 성립할 때, 사각형 ABCD는 어떤 사각형인지 말하여라.

유형 023

벡터의 실수배에 대하여 **결합법칙**과 **분배법칙**이 성립함을 이용하자!

벡터의 실수배에 대하여 결합법칙과 분배법칙이 성립한다.

➡ 실수 k, l과 두 벡터 $\vec{a}$, $\vec{b}$에 대하여

(1) 결합법칙 : $k(l\vec{a})=(kl)\vec{a}$

(2) 분배법칙 : $(k+l)\vec{a}=k\vec{a}+l\vec{a}$, $k(\vec{a}+\vec{b})=k\vec{a}+k\vec{b}$

178 BOB 대표

두 벡터 $\vec{a}$, $\vec{b}$에 대하여 $\vec{x}$, $\vec{y}$가 $\vec{x}+2\vec{y}=\vec{a}$, $2\vec{x}+3\vec{y}=\vec{b}$를 만족시킬 때, 벡터 $\vec{x}-2\vec{y}$를 $\vec{a}$, $\vec{b}$로 나타내면?

① $-7\vec{a}-4\vec{b}$ ② $-7\vec{a}+4\vec{b}$ ③ $-4\vec{a}+7\vec{b}$
④ $4\vec{a}+7\vec{b}$ ⑤ $7\vec{a}+4\vec{b}$

179 하

세 벡터 $\vec{a}$, $\vec{b}$, $\vec{c}$에 대하여

$$\vec{x}=\vec{a}-2\vec{b}-3\vec{c}, \vec{y}=-3\vec{a}+2\vec{b}+\vec{c}$$

일 때, 벡터 $3\vec{x}-2(\vec{x}+\vec{y})$를 $\vec{a}$, $\vec{b}$, $\vec{c}$로 나타내면 $p\vec{a}+q\vec{b}+r\vec{c}$이다. 실수 p, q, r에 대하여 $p+q+r$의 값은?

① -4 ② -1 ③ 1
④ 4 ⑤ 7

180 중 다른 풀이

두 벡터 $\vec{a}$, $\vec{b}$에 대하여 $\vec{x}$, $\vec{y}$가

$$3\vec{x}+\vec{y}=\vec{a}+5\vec{b}, \vec{x}-\vec{y}=3(\vec{a}+\vec{b})$$

를 만족시킬 때, $\vec{x}+\vec{y}=m\vec{a}+n\vec{b}$이다. 실수 m, n에 대하여 $m+n$의 값은?

① -4 ② -2 ③ 0
④ 2 ⑤ 4

유형 024 벡터의 연산을 이용하여 두 벡터를 하나로, 한 벡터를 둘로 나타낼 수 있다!

(1) 한 벡터의 종점과 다른 벡터의 시점이 일치하면 벡터의 덧셈을 이용한다.
　➡ $\overrightarrow{AB}=\overrightarrow{AC}+\overrightarrow{CB}$

(2) 두 벡터의 시점이 일치하면 벡터의 뺄셈을 이용한다.
　➡ $\overrightarrow{AB}=\overrightarrow{OB}-\overrightarrow{OA}$

181 BOB 대표

오른쪽 그림과 같은 정삼각형 ABC의 세 변 AB, BC, CA의 중점을 각각 D, E, F라 하고, $\overrightarrow{AD}=\vec{a}$, $\overrightarrow{AF}=\vec{b}$라 할 때, $\overrightarrow{BF}=m\vec{a}+n\vec{b}$를 만족시키는 실수 m, n에 대하여 $m-n$의 값은?

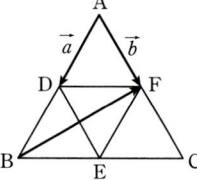

① -3　　② -1　　③ 0
④ 1　　⑤ 3

182 중

오른쪽 그림과 같은 정사각형 ABCD의 세 변 AB, CD, DA의 중점을 각각 E, F, G라 하고, $\overrightarrow{AG}=\vec{a}$, $\overrightarrow{FG}=\vec{b}$라 할 때, $\overrightarrow{ED}=m\vec{a}+n\vec{b}$를 만족시키는 실수 m, n에 대하여 $m+n$의 값은?

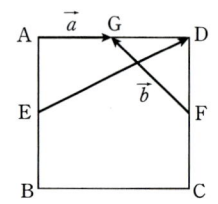

① 0　　② 1　　③ 2
④ 3　　⑤ 4

183 중

오른쪽 그림과 같은 삼각형 ABC의 세 중선 AQ, BR, CP의 교점을 G라 하자. $\overrightarrow{AB}=\vec{a}$, $\overrightarrow{AC}=\vec{b}$라 할 때, $\overrightarrow{GP}+\overrightarrow{GR}=m\vec{a}+n\vec{b}$를 만족시키는 실수 m, n에 대하여 $\dfrac{n}{m}$의 값은?

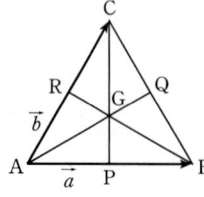

① $\dfrac{1}{3}$　　② $\dfrac{1}{2}$　　③ 1
④ 2　　⑤ 3

유형 025 벡터의 연산을 이용하여 하나의 벡터로 나타낸 후 벡터의 크기를 구한다!

벡터의 덧셈과 뺄셈을 이용하여 주어진 식을 하나의 벡터로 나타낸 다음 그 벡터의 크기를 구한다.

184 BOB 대표　　　다른 풀이

오른쪽 그림과 같은 정삼각형 ABC에서 $\overrightarrow{AB}=\vec{a}$, $\overrightarrow{BC}=\vec{b}$, $\overrightarrow{CA}=\vec{c}$라 할 때, $|\vec{a}+\vec{b}-3\vec{c}|=8$이다. 정삼각형 ABC의 한 변의 길이는?

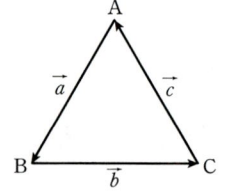

① 1　　　② 2
③ 3　　　④ 4
⑤ 5

185 중　　　다른 풀이

오른쪽 그림과 같이 한 변의 길이가 2인 정사각형 ABCD에서 $\overrightarrow{AB}=\vec{a}$, $\overrightarrow{AD}=\vec{b}$, $\overrightarrow{BD}=\vec{c}$라 할 때, $2\vec{a}+\vec{b}-\vec{c}$의 크기는?

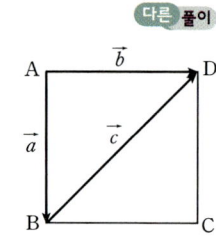

① 2　　　② 4
③ 6　　　④ 8
⑤ 10

186 중　　　서술형

오른쪽 그림과 같이 $\overline{OA}=\overline{OB}=2\sqrt{2}$, $\angle AOB=90°$인 직각이등변삼각형 OAB에서 빗변 AB의 중점을 C라 하자. $\overrightarrow{OA}=\vec{a}$, $\overrightarrow{OB}=\vec{b}$, $\overrightarrow{OC}=\vec{c}$라 할 때, $2\vec{a}+2\vec{b}-\vec{c}$의 크기를 구하여라.

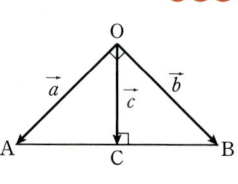

유형 026

두 벡터가 서로 같을 조건은 항등식의 성질과 유사하다!

영벡터가 아닌 두 벡터 $\vec{a}$, $\vec{b}$가 서로 평행하지 않을 때, 실수 m, n, m', n'에 대하여 다음이 성립한다.

(1) $m\vec{a}+n\vec{b}=\vec{0} \Longleftrightarrow m=0,\ n=0$

(2) $m\vec{a}+n\vec{b}=m'\vec{a}+n'\vec{b} \Longleftrightarrow m=m',\ n=n'$

187 BOB 대표

영벡터가 아닌 두 벡터 $\vec{a}$, $\vec{b}$가 서로 평행하지 않을 때,
$$(x^2-y)\vec{a}+(2x+y+6)\vec{b}=(12-y+y^2)\vec{a}+(x+2y)\vec{b}$$
를 만족시키는 실수 x, y에 대하여 xy의 값은?

① -8 ② -4 ③ 0

④ 4 ⑤ 8

188 하

영벡터가 아닌 두 벡터 $\vec{a}$, $\vec{b}$가 서로 평행하지 않을 때,
$$(m+2n)\vec{a}+(2m-n)\vec{b}=5\vec{a}-5\vec{b}$$
를 만족시키는 실수 m, n에 대하여 m^2+n^2의 값은?

① 5 ② 8 ③ 10

④ 13 ⑤ 18

189 중   서술형

영벡터가 아닌 두 벡터 $\vec{a}$, $\vec{b}$가 서로 평행하지 않을 때,
$$\overrightarrow{OA}=5\vec{a}-3\vec{b},\ \overrightarrow{OB}=4\vec{a}-2\vec{b},\ \overrightarrow{OP}=\vec{a}+m\vec{b}$$
이고 $\overrightarrow{AP}=n\overrightarrow{AB}$이다. 실수 m, n에 대하여 $m+n$의 값을 구하여라.

유형 027

두 벡터가 서로 평행하면 실수배하여 같아진다!

(1) $\vec{a}/\!/\vec{b} \Longleftrightarrow \vec{a}=k\vec{b}$ (단, $k\neq0$인 실수)

(2) 서로 다른 세 점 A, B, C가 한 직선 위에 있다.
$$\Longleftrightarrow \overrightarrow{AC}/\!/\overrightarrow{AB}$$
$$\Longleftrightarrow \overrightarrow{AC}=k\overrightarrow{AB}\ (단,\ k\neq0인\ 실수)$$

190 BOB 대표

영벡터가 아니고 서로 평행하지 않은 두 벡터 $\vec{a}$, $\vec{b}$에 대하여
$$\overrightarrow{OA}=\vec{a}+k\vec{b},\ \overrightarrow{OB}=2\vec{a}-\vec{b},\ \overrightarrow{OC}=5\vec{a}-k\vec{b}$$
일 때, 세 점 A, B, C가 한 직선 위에 있도록 하는 실수 k의 값은?

① -2 ② -1 ③ 1

④ 2 ⑤ 5

191 하

영벡터가 아니고 서로 평행하지 않은 두 벡터 $\vec{a}$, $\vec{b}$에 대하여 두 벡터 $2\vec{a}+k\vec{b}$, $k\vec{a}+\dfrac{9}{2}\vec{b}$가 서로 평행할 때, 양수 k의 값은?

① $\sqrt{2}$ ② $\sqrt{3}$ ③ 2

④ $2\sqrt{2}$ ⑤ 3

192 중   서술형

영벡터가 아니고 서로 평행하지 않은 두 벡터 $\vec{a}$, $\vec{b}$에 대하여
$$t\vec{a}+3\vec{x}=11\vec{a}+3\vec{b},\ \vec{x}+3\vec{a}=-5\vec{y}-\vec{b}$$
를 만족시키는 두 벡터 $\vec{x}$, $\vec{y}$가 서로 평행하도록 하는 실수 t의 값을 구하여라.

평면 위의 선분의 내분점과 외분점은 위치벡터로 표현할 수 있다!

(1) 선분 AB를 $m : n$ $(m>0,\ n>0)$으로 내분하는 점 P

➡ $\overrightarrow{OP}=\dfrac{m\overrightarrow{OB}+n\overrightarrow{OA}}{m+n}$

(2) 선분 AB를 $m : n$ $(m>0,\ n>0)$으로 외분하는 점 Q

➡ $\overrightarrow{OQ}=\dfrac{m\overrightarrow{OB}-n\overrightarrow{OA}}{m-n}$ (단, $m\neq n$)

(3) 세 점 A, B, C의 위치벡터가 각각 $\vec{a}$, $\vec{b}$, $\vec{c}$일 때, 삼각형 ABC의 무게중심 G의 위치벡터 $\vec{g}$

➡ $\vec{g}=\dfrac{\vec{a}+\vec{b}+\vec{c}}{3}$

193 BOB 대표

삼각형 OAB에서 $\overrightarrow{OA}=\vec{a}$, $\overrightarrow{OB}=\vec{b}$라 하자. 변 AB를 2 : 1로 내분하는 점을 P, 선분 OP를 2 : 1로 외분하는 점을 Q라 할 때, $\overrightarrow{OQ}$를 $\vec{a}$, $\vec{b}$로 나타내면?

① $-\dfrac{2}{3}\vec{a}-\dfrac{4}{3}\vec{b}$ ② $\dfrac{1}{3}\vec{a}-\dfrac{4}{3}\vec{b}$ ③ $\dfrac{1}{3}\vec{a}+\dfrac{2}{3}\vec{b}$

④ $\dfrac{1}{3}\vec{a}+\dfrac{4}{3}\vec{b}$ ⑤ $\dfrac{2}{3}\vec{a}+\dfrac{4}{3}\vec{b}$

194 중

세 점 A, B, C의 위치벡터를 각각 $\vec{a}$, $\vec{b}$, $\vec{c}$라 하고 삼각형 ABC의 무게중심을 G, 변 BC를 2 : 1로 내분하는 점을 P라 하자. $\overrightarrow{GP}=x\vec{a}+y\vec{b}+z\vec{c}$일 때, 실수 x, y, z에 대하여 $x+y+z$의 값을 구하여라.

195 중

오른쪽 그림과 같이 사각형 ABCD에서 두 변 AB와 DC를 1 : 3으로 내분하는 점을 각각 E, F라 하고 $\overrightarrow{AD}=\vec{a}$, $\overrightarrow{BC}=\vec{b}$라 하자. $\overrightarrow{EF}=m\vec{a}+n\vec{b}$를 만족시키는 실수 m, n에 대하여 $m-n$의 값을 구하여라.

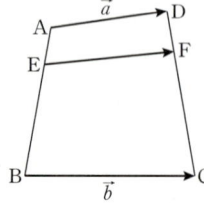

삼각형에서 내분점을 이용하여 넓이의 비를 구할 수 있다!

$\overrightarrow{PB}=-a\overrightarrow{PC}$ (단, $a>0$)

➡ 점 P는 변 BC를 $a : 1$로 내분하는 점

➡ $\triangle ABP : \triangle ACP=a : 1$

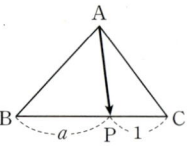

196 BOB 대표

평면 위의 점 P와 삼각형 ABC에 대하여

$$\overrightarrow{PA}+\overrightarrow{PB}+\overrightarrow{PC}=\overrightarrow{AC}$$

일 때, 삼각형 PAC와 삼각형 PBC의 넓이의 비가 $m : n$이다. 이때, 서로소인 두 자연수 m, n에 대하여 $m+n$의 값은?

① 3 ② 5 ③ 7
④ 8 ⑤ 10

197 중

평면 위의 점 P와 삼각형 ABC에 대하여

$$3\overrightarrow{PA}+2\overrightarrow{PB}=3\overrightarrow{CA}-3\overrightarrow{PC}$$

일 때, 점 P는 변 BC를 $m : n$으로 내분한다. 이때, 서로소인 두 자연수 m, n에 대하여 $m-n$의 값은?

① -3 ② -2 ③ -1
④ 1 ⑤ 2

198 중 서술형

삼각형 ABC와 그 내부의 한 점 P에 대하여

$$5\overrightarrow{PA}+3\overrightarrow{PB}+\overrightarrow{PC}=\vec{0}$$

가 성립하고, 삼각형 ABC의 넓이가 36일 때, 삼각형 ABP의 넓이를 구하여라.

유형 030

$\overrightarrow{OP}=s\overrightarrow{OA}+t\overrightarrow{OB}$ ($s+t=1$)를 만족시키는 점 P 가 나타내는 도형은 **직선 AB** 또는 **선분 AB**이다!

서로 다른 세 점 O, A, B에 대하여
$$\overrightarrow{OP}=s\overrightarrow{OA}+t\overrightarrow{OB} \text{ (s, t는 실수)}$$
를 만족시키는 점 P가 나타내는 도형은
① $s+t=1$이면 ➡ 직선 AB
② $s+t=1$, $s\geq0$, $t\geq0$이면 ➡ 선분 AB

199 BOB 대표

평면 위의 세 점 O, A, B에 대하여 $\overline{OA}=3$, $\overline{OB}=3$, $\angle AOB=60°$일 때,
$$\overrightarrow{OP}=m\overrightarrow{OB}+n\overrightarrow{OA} \text{ ($m\geq0$, $n\geq0$, $m+n=1$)}$$
를 만족시키는 점 P가 나타내는 도형의 길이는?

① 2   ② $2\sqrt{2}$ ③ 3
④ $3\sqrt{2}$ ⑤ $3\sqrt{3}$

200 중

한 변의 길이가 6인 정삼각형 ABC가 있다. $\overrightarrow{AP}=s\overrightarrow{AB}+t\overrightarrow{AC}$ 인 점 P에 대하여 $s+t=\dfrac{1}{3}$을 만족시키는 점 P가 나타내는 도형의 길이는? (단, $s\geq0$, $t\geq0$)

① 2   ② 3   ③ 4
④ 6   ⑤ 9

201 중

한 직선 위에 있지 않은 세 점 O, A, B에 대하여
$$\overrightarrow{OP}=s\overrightarrow{OA}+t\overrightarrow{OB}, \ 4s+6t=3$$
을 만족시키는 점 P가 나타내는 도형은?

① 두 점 A, B를 지나는 직선
② 선분 OA를 2 : 3으로 내분하는 점과 선분 OB의 중점을 지나는 직선
③ 선분 OA를 3 : 1로 내분하는 점과 선분 OB의 중점을 지나는 직선
④ 선분 OA를 2 : 3으로 내분하는 점과 선분 OB의 중점을 양 끝 점으로 하는 선분
⑤ 선분 OA를 3 : 1로 내분하는 점과 선분 OB의 중점을 양 끝 점으로 하는 선분

유형 031

삼각형 또는 평행사변형도 $\overrightarrow{OP}=s\overrightarrow{OA}+t\overrightarrow{OB}$를 만족시키는 점 P가 나타내는 도형으로 표현할 수 있다!

서로 다른 세 점 O, A, B에 대하여
$$\overrightarrow{OP}=s\overrightarrow{OA}+t\overrightarrow{OB} \text{ (s, t는 실수)}$$
를 만족시키는 점 P가 나타내는 도형은
① $s+t\leq1$, $s\geq0$, $t\geq0$이면 ➡ 삼각형 OAB의 내부와 그 둘레
② $0\leq s\leq1$, $0\leq t\leq1$이면 ➡ 두 선분 OA, OB를 이웃하는 두 변으로 하는 평행사변형의 내부와 그 둘레

202 BOB 대표

한 변의 길이가 2인 정삼각형 ABC에 대하여
$$\overrightarrow{AP}=s\overrightarrow{AB}+t\overrightarrow{AC}, \ s+t\leq1, \ s\geq0, \ t\geq0$$
을 만족시키는 점 P가 나타내는 도형의 넓이는?

① $\sqrt{3}$ ② $\dfrac{3\sqrt{3}}{2}$ ③ $2\sqrt{3}$
④ $\dfrac{5\sqrt{3}}{2}$ ⑤ $3\sqrt{3}$

203 중

좌표평면 위의 세 점 O, A, B에 대하여 $|\overrightarrow{OA}|=\sqrt{3}$, $|\overrightarrow{OB}|=2$, $\angle AOB=60°$일 때,
$$\overrightarrow{OP}=s\overrightarrow{OA}+t\overrightarrow{OB} \text{ ($3s+2t\leq6$, $s\geq0$, $t\geq0$)}$$
를 만족시키는 점 P가 나타내는 도형의 넓이는?

① 3   ② $3\sqrt{3}$ ③ 9
④ $6\sqrt{3}$ ⑤ 12

204 중

좌표평면 위의 세 점 O, A, B에 대하여
$$|\overrightarrow{OA}|=3, \ |\overrightarrow{OB}|=5, \ \angle AOB=30°$$
일 때, $\overrightarrow{OP}=m\overrightarrow{OA}+n\overrightarrow{OB}$, $0\leq m\leq4$, $0\leq n\leq2$를 만족시키는 점 P가 나타내는 도형의 넓이를 구하여라.

205

정오각형 ABCDE의 서로 다른 두 꼭짓점을 시점과 종점으로 하는 벡터의 집합을 S라 하자. 이때, 집합 $\{\vec{x} \mid \vec{x} = k\overrightarrow{\mathrm{AB}}, k < 0, \vec{x} \in S\}$의 원소의 개수는?

① 1   ② 2   ③ 3

④ 4   ⑤ 5

206

서로 다른 네 점 A, B, C, D에 대하여 다음 중
$$\overrightarrow{\mathrm{AB}} + \overrightarrow{\mathrm{DA}} + \overrightarrow{\mathrm{BD}} + \overrightarrow{\mathrm{AC}} - \overrightarrow{\mathrm{BC}}$$
와 서로 같은 벡터는?

① $\overrightarrow{\mathrm{AB}}$ ② $\overrightarrow{\mathrm{AC}}$ ③ $\overrightarrow{\mathrm{BC}}$

④ $\overrightarrow{\mathrm{CA}}$ ⑤ $\overrightarrow{\mathrm{DB}}$

207

두 벡터 $\vec{a}$, $\vec{b}$에 대하여 $\vec{x} + 3\vec{y} = -\vec{a} + 3\vec{b}$, $2\vec{x} + 5\vec{y} = 4\vec{b}$일 때, 벡터 $2\vec{x} + \vec{y}$를 $\vec{a}$, $\vec{b}$로 나타낸 것은?

① $-8\vec{a} + 4\vec{b}$ ② $-4\vec{a} - 8\vec{b}$ ③ $4\vec{a} - 8\vec{b}$

④ $8\vec{a} - 4\vec{b}$ ⑤ $8\vec{a} + 4\vec{b}$

208

오른쪽 그림과 같이 평행사변형 ABCD의 두 대각선의 교점 O에 대하여 $\overrightarrow{\mathrm{OA}} = \vec{a}$, $\overrightarrow{\mathrm{OB}} = \vec{b}$라 할 때, 다음 중 옳지 않은 것은?

① $\overrightarrow{\mathrm{CO}} = \vec{a}$ ② $\overrightarrow{\mathrm{OD}} = -\vec{b}$ ③ $\overrightarrow{\mathrm{AC}} = -2\vec{a}$

④ $\overrightarrow{\mathrm{AD}} = -\vec{a} + \vec{b}$ ⑤ $\overrightarrow{\mathrm{CD}} = \vec{a} - \vec{b}$

209

오른쪽 그림과 같은 정육각형 ABCDEF에서 $\overrightarrow{\mathrm{AB}} = \vec{a}$, $\overrightarrow{\mathrm{AF}} = \vec{b}$라 할 때,
$$\overrightarrow{\mathrm{AD}} + \overrightarrow{\mathrm{AE}} = m\vec{a} + n\vec{b}$$
이다. 이때, 실수 m, n에 대하여 mn의 값은?

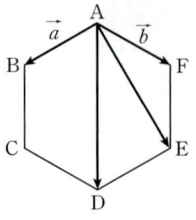

① 2   ② 4   ③ 6

④ 10   ⑤ 12

210

오른쪽 그림과 같이 직사각형 ABCD의 두 변 BC, CD의 중점을 각각 M, N이라 하자. $\overrightarrow{\mathrm{BD}} = m\overrightarrow{\mathrm{AM}} + n\overrightarrow{\mathrm{AN}}$일 때, 실수 m, n에 대하여 $m - n$의 값은?

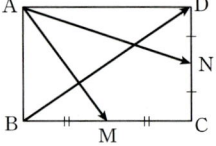

① -4 ② -2 ③ 1

④ 2   ⑤ 4

211

오른쪽 그림과 같이 한 변의 길이가 3인 정삼각형 ABC에 대하여 변 BC의 중점을 M이라 할 때, $|\overrightarrow{\mathrm{MA}} + 2\overrightarrow{\mathrm{MB}} - 3\overrightarrow{\mathrm{CM}}|$의 값은?

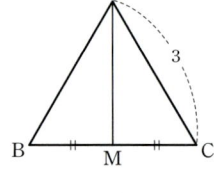

① $\dfrac{1}{2}$ ② 1   ③ $\dfrac{3}{2}$

④ 2   ⑤ 3

212

영벡터가 아닌 두 벡터 $\vec{a}$, $\vec{b}$가 서로 평행하지 않을 때,
$$(3x + y - 2)\vec{a} + (xy + y)\vec{b} = (2x - 3)\vec{a} + (y - 6)\vec{b}$$
를 만족시키는 실수 x, y에 대하여 $x^2 + y^2$의 값은?

① 5   ② 10   ③ 13

④ 20   ⑤ 26

213

영벡터가 아니고 서로 평행하지 않은 두 벡터 $\vec{a}$, $\vec{b}$에 대하여
$$\overrightarrow{AO}=3\vec{a}+\vec{b},\ \overrightarrow{OB}=\vec{a}+k\vec{b},\ \overrightarrow{CO}=-9\vec{a}+4\vec{b}$$
일 때, 세 점 A, B, C가 한 직선 위에 있도록 하는 실수 k의 값은?

① -2 ② -1 ③ 1

④ 2 ⑤ 3

214

오른쪽 그림과 같은 평행사변형 ABCD에서 대각선 AC를 $2:3$으로 내분하는 점을 P, 대각선 BD를 $5:3$으로 내분하는 점을 Q라 하자. $\overrightarrow{AB}=\vec{a}$, $\overrightarrow{AD}=\vec{b}$라 할 때, $\overrightarrow{PQ}=s\vec{a}+t\vec{b}$를 만족시키는 실수 s, t에 대하여 $s+t$의 값은?

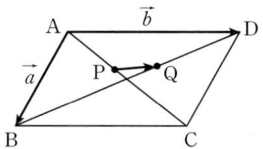

① $\dfrac{1}{40}$ ② $\dfrac{1}{8}$ ③ $\dfrac{1}{5}$

④ $\dfrac{1}{3}$ ⑤ $\dfrac{1}{2}$

215

오른쪽 그림과 같은 삼각형 ABC에서 $\overline{AB}=4$, $\overline{AC}=3$이고, $\angle A$의 이등분선이 변 BC와 만나는 점을 D라 하자. 세 점 A, B, C의 위치벡터를 각각 $\vec{a}$, $\vec{b}$, $\vec{c}$라 할 때, $\overrightarrow{AD}=x\vec{a}+y\vec{b}+z\vec{c}$를 만족시키는 실수 x, y, z에 대하여 $x+y+z$의 값은?

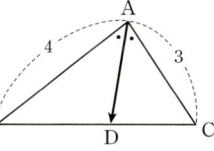

① $-\dfrac{1}{7}$ ② 0 ③ $\dfrac{1}{7}$

④ $\dfrac{2}{7}$ ⑤ $\dfrac{3}{7}$

216

넓이가 15인 삼각형 ABC의 내부의 한 점 P에 대하여
$$5\overrightarrow{PB}+3\overrightarrow{PC}=2\overrightarrow{CA}+7\overrightarrow{AP}$$
일 때, 삼각형 PAB의 넓이는?

① 5 ② 7 ③ 8

④ 10 ⑤ 12

217

삼각형 ABC와 그 내부의 한 점 P에 대하여 $\overrightarrow{BP}=2\overrightarrow{PA}+3\overrightarrow{PC}$일 때, 직선 BP와 변 AC의 교점을 D라 하면 $\overline{AD}:\overline{DC}=s:t$이다. 이때, 서로소인 두 자연수 s, t에 대하여 st의 값은?

① 6 ② 10 ③ 12

④ 14 ⑤ 15

218

한 변의 길이가 2인 정삼각형 AOB가 있다. $\overrightarrow{OP}=s\overrightarrow{OA}+t\overrightarrow{OB}$인 점 P에 대하여 $s+2t=2$를 만족시키는 점 P가 나타내는 도형의 길이는? (단, $s\geq0$, $t\geq0$)

① $\sqrt{3}$ ② $2\sqrt{3}$ ③ $3\sqrt{3}$

④ $4\sqrt{3}$ ⑤ $5\sqrt{3}$

219

직사각형 ABCD에 대하여
$$\overrightarrow{PA}+2\overrightarrow{PB}+\overrightarrow{PC}+2\overrightarrow{PD}=k\overrightarrow{AC}$$
를 만족시키는 점 P가 직사각형 ABCD의 내부에 있도록 하는 정수 k의 개수를 구하여라.

220

평면 위의 세 점 A, B, C에 대하여 $\overline{AB}=3$, $\overline{AC}=4$, $\angle BAC=30°$일 때,
$$\overrightarrow{AP}=m\overrightarrow{AB}+n\overrightarrow{AC}\ (0\leq m\leq3,\ 0\leq n\leq2)$$
를 만족시키는 점 P가 나타내는 도형의 넓이를 구하여라.

06 평면벡터의 성분과 내적

개념 plus

개념 ① 평면벡터의 성분 ▸ 유형 032~035

(1) 두 평면벡터 $\vec{a}=(a_1, a_2)$, $\vec{b}=(b_1, b_2)$에 대하여

① $\vec{e_1}=(1, 0)$, $\vec{e_2}=(0, 1)$일 때,

$$\vec{a}=a_1\vec{e_1}+a_2\vec{e_2} \ ^{\bigcirc}$$

이때, 실수 a_1, a_2를 벡터 $\vec{a}$의 성분이라 하고, a_1을 x성분, a_2를 y성분이라 한다.

② $\vec{a}=\vec{b} \iff a_1=b_1,\ a_2=b_2$ ③ $|\vec{a}|=\sqrt{a_1{}^2+a_2{}^2}$

(2) 평면벡터의 성분에 의한 연산

두 평면벡터 $\vec{a}=(a_1, a_2)$, $\vec{b}=(b_1, b_2)$에 대하여

① $\vec{a}\pm\vec{b}=(a_1\pm b_1, a_2\pm b_2)$ (복부호동순)   ② $k\vec{a}=(ka_1, ka_2)$ (단, k는 실수)

(3) 두 점에 대한 평면벡터의 성분과 크기

좌표평면 위의 두 점 $A(a_1, a_2)$, $B(b_1, b_2)$에 대하여

① $\overrightarrow{AB}=(b_1-a_1, b_2-a_2)$

② $|\overrightarrow{AB}|=\sqrt{(b_1-a_1)^2+(b_2-a_2)^2}$

○ 좌표평면 위의 두 점 $(1, 0)$, $(0, 1)$의 위치벡터를 각각 단위벡터 $\vec{e_1}$, $\vec{e_2}$로 나타낸다.

○ $\vec{a}=(a_1, a_2)$이면
$-\vec{a}=(-a_1, -a_2)$

개념 ② 평면벡터의 내적 ▸ 유형 036~038

(1) 평면벡터의 내적

영벡터가 아닌 두 평면벡터 $\vec{a}$, $\vec{b}$가 이루는 각의 크기가 θ ($0°\leq\theta\leq180°$)일 때

① $0°\leq\theta\leq90°$이면 $\vec{a}\cdot\vec{b}=|\vec{a}||\vec{b}|\cos\theta$

② $90°<\theta\leq180°$이면 $\vec{a}\cdot\vec{b}=-|\vec{a}||\vec{b}|\cos(180°-\theta)$

(2) 성분으로 표시된 평면벡터의 내적

두 평면벡터 $\vec{a}=(a_1, a_2)$, $\vec{b}=(b_1, b_2)$에 대하여

$$\vec{a}\cdot\vec{b}=a_1b_1+a_2b_2$$

(3) 평면벡터의 내적의 성질

세 평면벡터 $\vec{a}$, $\vec{b}$, $\vec{c}$와 실수 k에 대하여

① 교환법칙 : $\vec{a}\cdot\vec{b}=\vec{b}\cdot\vec{a}$

② 분배법칙 : $\vec{a}\cdot(\vec{b}+\vec{c})=\vec{a}\cdot\vec{b}+\vec{a}\cdot\vec{c}$, $(\vec{a}+\vec{b})\cdot\vec{c}=\vec{a}\cdot\vec{c}+\vec{b}\cdot\vec{c}$

③ 결합법칙 : $(k\vec{a})\cdot\vec{b}=\vec{a}\cdot(k\vec{b})=k(\vec{a}\cdot\vec{b})$

○ 두 평면벡터 $\vec{a}$, $\vec{b}$의 내적 $\vec{a}\cdot\vec{b}$는 실수이다.

○ ① $\vec{a}\cdot\vec{a}=|\vec{a}|^2$
② $\vec{a}=\vec{0}$ 또는 $\vec{b}=\vec{0}$일 때, $\vec{a}\cdot\vec{b}=0$

○ 평면벡터의 크기와 내적
두 평면벡터 $\vec{a}$, $\vec{b}$에 대하여
① $|\vec{a}+\vec{b}|^2=|\vec{a}|^2+2\vec{a}\cdot\vec{b}+|\vec{b}|^2$
② $|\vec{a}-\vec{b}|^2=|\vec{a}|^2-2\vec{a}\cdot\vec{b}+|\vec{b}|^2$
③ $(\vec{a}+\vec{b})\cdot(\vec{a}-\vec{b})=|\vec{a}|^2-|\vec{b}|^2$

개념 ③ 두 평면벡터가 이루는 각 ▸ 유형 039~041

(1) 두 평면벡터가 이루는 각

두 평면벡터 $\vec{a}=(a_1, a_2)$, $\vec{b}=(b_1, b_2)$가 이루는 각의 크기를 θ ($0°\leq\theta\leq180°$)라 하면

① $\vec{a}\cdot\vec{b}\geq0$일 때, $\cos\theta=\dfrac{\vec{a}\cdot\vec{b}}{|\vec{a}||\vec{b}|}=\dfrac{a_1b_1+a_2b_2}{\sqrt{a_1{}^2+a_2{}^2}\sqrt{b_1{}^2+b_2{}^2}}$

② $\vec{a}\cdot\vec{b}<0$일 때, $\cos(180°-\theta)=-\dfrac{\vec{a}\cdot\vec{b}}{|\vec{a}||\vec{b}|}=-\dfrac{a_1b_1+a_2b_2}{\sqrt{a_1{}^2+a_2{}^2}\sqrt{b_1{}^2+b_2{}^2}}$

(2) 두 평면벡터의 수직과 평행

영벡터가 아닌 두 평면벡터 $\vec{a}$, $\vec{b}$에 대하여

① $\vec{a}\perp\vec{b} \iff \vec{a}\cdot\vec{b}=0$ ② $\vec{a}\parallel\vec{b} \iff \vec{a}\cdot\vec{b}=\pm|\vec{a}||\vec{b}|$ ○

○ ① 평행한 두 평면벡터 $\vec{a}$, $\vec{b}$가 같은 방향
$\iff \vec{a}\cdot\vec{b}=|\vec{a}||\vec{b}|$
② 평행한 두 평면벡터 $\vec{a}$, $\vec{b}$가 반대 방향
$\iff \vec{a}\cdot\vec{b}=-|\vec{a}||\vec{b}|$

○ $\vec{a}=(a_1, a_2)$, $\vec{b}=(b_1, b_2)$일 때
① $\vec{a}\perp\vec{b} \iff a_1b_1+a_2b_2=0$
② $\vec{a}\parallel\vec{b} \iff \vec{b}=k\vec{a}$
$\iff b_1=ka_1, b_2=ka_2$
(단, $k\neq0$인 실수)

○ 두 평면벡터 $\vec{a}$, $\vec{b}$의 평행은 내적의 관계보다는 $\vec{b}=k\vec{a}$ ($k\neq0$인 실수)임을 이용하는 것이 더 간단하다.

✛ 개념 콕콕 ✛

1 평면벡터의 성분

221

$\vec{e_1}=(1,\ 0)$, $\vec{e_2}=(0,\ 1)$일 때, 다음 평면벡터를 성분으로 나타내어라.

(1) $\vec{a}=2\vec{e_1}+3\vec{e_2}$

(2) $\vec{b}=-\vec{e_1}+3\vec{e_2}$

(3) $\vec{c}=5\vec{e_1}-3\vec{e_2}$

222

좌표평면 위의 원점 O와 점 A$(3,\ -2)$에 대하여 벡터 $\overrightarrow{OA}$를 $\vec{e_1}=(1,\ 0)$, $\vec{e_2}=(0,\ 1)$로 나타내어라.

223

다음 두 평면벡터 $\vec{a}$, $\vec{b}$에 대하여 $\vec{a}=\vec{b}$일 때, 상수 m, n의 값을 각각 구하여라.

(1) $\vec{a}=(2,\ 3m)$, $\vec{b}=(n-2,\ 0)$

(2) $\vec{a}=(5,\ 2m+n)$, $\vec{b}=(m-n,\ 1)$

224

다음 벡터의 크기를 구하여라.

(1) $\vec{a}=(-2,\ 0)$

(2) $\vec{b}=(3,\ -4)$

225

벡터 $\vec{x}=(2a+1,\ 1)$이 단위벡터일 때, 실수 a의 값을 구하여라.

2 평면벡터의 성분에 의한 연산

226

두 평면벡터 $\vec{a}=(2,\ -3)$, $\vec{b}=(-3,\ 2)$에 대하여 다음 벡터를 성분으로 나타내고, 그 크기를 구하여라.

(1) $\vec{a}+\vec{b}$

(2) $-\vec{a}-2\vec{b}$

(3) $3\vec{a}+2\vec{b}$

227

두 평면벡터 $\vec{a}=3\vec{e_1}+2\vec{e_2}$, $\vec{b}=\vec{e_1}+2\vec{e_2}$일 때, 다음 벡터를 성분으로 나타내어라. (단, $\vec{e_1}=(1,\ 0)$, $\vec{e_2}=(0,\ 1)$)

(1) $2\vec{a}-5\vec{b}$

(2) $3(\vec{a}+\vec{b})-2(\vec{a}-\vec{b})$

228

다음 두 점 A, B에 대하여 벡터 $\overrightarrow{AB}$를 성분으로 나타내고, 그 크기를 구하여라.

(1) A$(-5,\ 4)$, B$(7,\ -1)$

(2) A$(-1,\ 5)$, B$(2,\ 1)$

개념 콕콕

3 평면벡터의 내적

229
$|\vec{a}|=2$, $|\vec{b}|=3$이고, 두 평면벡터 $\vec{a}$, $\vec{b}$가 이루는 각의 크기가 다음과 같을 때, $\vec{a} \cdot \vec{b}$의 값을 구하여라.

(1) $60°$

(2) $90°$

(3) $150°$

230
다음 두 벡터 $\vec{a}$, $\vec{b}$에 대하여 $\vec{a} \cdot \vec{b}$의 값을 구하여라.

(1) $\vec{a}=(1, 2)$, $\vec{b}=(-4, 3)$

(2) $\vec{a}=(-1, 3)$, $\vec{b}=(4, -2)$

231
다음 등식이 성립함을 증명하여라.

(1) $|\vec{a}-\vec{b}|^2=|\vec{a}|^2-2\vec{a} \cdot \vec{b}+|\vec{b}|^2$

(2) $(\vec{a}+\vec{b}) \cdot (\vec{a}-\vec{b})=|\vec{a}|^2-|\vec{b}|^2$

232
두 벡터 $\vec{a}$, $\vec{b}$에 대하여 $|\vec{a}|=\sqrt{3}$, $|\vec{b}|=\sqrt{5}$, $\vec{a} \cdot \vec{b}=-1$일 때, 다음 값을 구하여라.

(1) $|\vec{a}+\vec{b}|$

(2) $(\vec{a}-2\vec{b}) \cdot (2\vec{a}+\vec{b})$

4 두 평면벡터가 이루는 각

233
다음 두 벡터 $\vec{a}$, $\vec{b}$가 이루는 각의 크기가 θ $(0°<\theta<90°)$일 때, $\cos\theta$의 값을 구하여라.

(1) $\vec{a}=(1, 2)$, $\vec{b}=(4, 2)$

(2) $\vec{a}=(3, -4)$, $\vec{b}=(4, -3)$

234
다음 두 벡터 $\vec{a}$, $\vec{b}$가 이루는 각의 크기를 구하여라.

(1) $\vec{a}=(-2, 1)$, $\vec{b}=(1, -3)$

(2) $\vec{a}=(2, 4)$, $\vec{b}=(6, -3)$

235
다음 두 벡터 $\vec{a}$, $\vec{b}$가 서로 수직이 되도록 하는 실수 x의 값을 구하여라.

(1) $\vec{a}=(3, 2)$, $\vec{b}=(x, 3)$

(2) $\vec{a}=(2x, 3)$, $\vec{b}=(-1, 1)$

236 보충 설명
다음 두 벡터 $\vec{a}$, $\vec{b}$가 서로 평행하도록 하는 실수 x의 값을 구하여라.

(1) $\vec{a}=(1, 2)$, $\vec{b}=(2, x+1)$

(2) $\vec{a}=(3, -1)$, $\vec{b}=(x-1, x+3)$

⊕ 유형 콕콕 ⊕

유형

032

점의 좌표와 벡터의 성분 표시는 기호가 같음을 기억 하자!

두 벡터 $\vec{a}=(a_1, a_2), \vec{b}=(b_1, b_2)$와 실수 m, n에 대하여
(1) $m\vec{a}=(ma_1, ma_2)$
(2) $m\vec{a}\pm n\vec{b}=(ma_1\pm nb_1, ma_2\pm nb_2)$ (복부호동순)
(3) $|m\vec{a}\pm n\vec{b}|=\sqrt{(ma_1\pm nb_1)^2+(ma_2\pm nb_2)^2}$ (복부호동순)

237 BOB 대표

두 벡터 $\vec{a}=(2, -3), \vec{b}=(2, -1)$에 대하여 $5\vec{a}-2\vec{x}=3\vec{b}$를 만족시키는 벡터 $\vec{x}$의 크기는?

① $\sqrt{5}$ ② $\sqrt{10}$ ③ $2\sqrt{5}$
④ $2\sqrt{10}$ ⑤ $4\sqrt{5}$

238 하

세 벡터 $\vec{a}=(1, 0), \vec{b}=(2, 1), \vec{c}=(-1, -2)$에 대하여 $|\vec{a}-2\vec{b}-\vec{c}|$의 값은?

① 1   ② $\sqrt{2}$ ③ $\sqrt{3}$
④ 2   ⑤ $\sqrt{5}$

239 중   서술형

두 벡터 $\vec{a}=(1, -1), \vec{b}=(2, -1)$에 대하여 벡터 $\vec{x}=t\vec{a}+\vec{b}$일 때, 벡터 $\vec{x}$의 크기의 최솟값을 구하여라. (단, t는 실수이다.)

유형

033

대응하는 성분이 서로 같으면 두 벡터는 서로 같다!

세 벡터 $\vec{a}=(a_1, a_2), \vec{b}=(b_1, b_2), \vec{c}=(c_1, c_2)$에 대하여
$\vec{c}=m\vec{a}+n\vec{b}$
$\Longleftrightarrow c_1=ma_1+nb_1, c_2=ma_2+nb_2$ (단, m, n은 실수)

240 BOB 대표

세 벡터 $\vec{a}=(2, 5), \vec{b}=(x+2, 3), \vec{c}=(3, 2y-1)$에 대하여 $\vec{a}=\vec{b}-2\vec{c}$일 때, $x+y$의 값은?

① -6 ② -3 ③ 0
④ 3   ⑤ 6

241 하

세 벡터 $\vec{a}=(2, 3), \vec{b}=(2, -1), \vec{c}=(6, 1)$에 대하여 $x\vec{a}-\vec{c}=y\vec{b}$일 때, xy의 값은? (단, x, y는 실수이다.)

① -2 ② -1 ③ 0
④ 1   ⑤ 2

242 하

세 벡터 $\vec{a}=(1, x), \vec{b}=(y, -1), \vec{c}=(2, 1-y)$에 대하여 $\vec{a}+\vec{b}=2\vec{c}$일 때, 벡터 $\vec{a}-\vec{b}-\vec{c}$의 모든 성분의 합은?

① -4 ② -1 ③ 2
④ 5   ⑤ 8

034

평면벡터 $\overrightarrow{AB}$의 크기는 두 점 A, B 사이의 거리와 같음을 기억하자!

좌표평면 위의 두 점 $A(a_1, a_2)$, $B(b_1, b_2)$에 대하여
(1) $\overrightarrow{AB} = (b_1 - a_1, b_2 - a_2)$
(2) $|\overrightarrow{AB}| = \sqrt{(b_1 - a_1)^2 + (b_2 - a_2)^2}$

243 **BOB** 대표

좌표평면 위의 네 점 $A(2, x)$, $B(-5, 1)$, $C(y, -3)$, $D(-1, 2)$에 대하여 두 벡터 $\overrightarrow{AB}$, $\overrightarrow{CD}$가 서로 같은 벡터일 때, $x + y$의 값은?

① 1　　　　　② 2　　　　　③ 3
④ 4　　　　　⑤ 5

244 중

좌표평면 위의 세 점 $A(2, 3)$, $B(-1, -2)$, $C(1, 3)$에 대하여
$$\overrightarrow{PA} + \overrightarrow{PB} + \overrightarrow{PC} = 3\overrightarrow{AB}$$
를 만족시키는 점 P의 좌표를 (a, b)라 할 때, $a + b$의 값은?

① -10　　　② -3　　　③ 0
④ 3　　　　　⑤ 10

245 중

좌표평면 위의 두 점 $A(1, 3)$, $B(2, 4)$와 직선 $y = x + 1$ 위를 움직이는 점 P에 대하여 $|\overrightarrow{AP} - \overrightarrow{PB}|$의 최솟값을 구하여라.

035

움직이는 점의 좌표를 (x, y)로 놓고 주어진 조건에 대입해 보자!

평면 위를 움직이는 점 P가 나타내는 도형의 방정식은 다음과 같은 순서로 구한다.
step1 점 P의 좌표를 (x, y)로 놓는다.
step2 주어진 등식에 대입하여 x, y 사이의 관계식을 세운다.

246 **BOB** 대표

좌표평면 위의 두 점 $A(0, 1)$, $B(1, 2)$에 대하여 $|\overrightarrow{AP}| = |\overrightarrow{BP}|$를 만족시키는 점 P가 나타내는 도형이 점 $C(1, a)$를 지날 때, a의 값은?

① 1　　　　　② 2　　　　　③ 3
④ 4　　　　　⑤ 5

247 중

좌표평면 위의 두 점 $A(1, 5)$, $B(3, 1)$에 대하여 $|\overrightarrow{PB} - \overrightarrow{AP}| = 6$을 만족시키는 점 P가 나타내는 도형의 둘레의 길이를 구하여라.

248 중

좌표평면 위의 두 점 $A(2, 3)$, $B(-3, 4)$에 대하여 $2|\overrightarrow{AP}| = |\overrightarrow{BP}|$를 만족시키는 점 P가 나타내는 도형의 방정식은?

① $3x^2 + 3y^2 - 22x + 16y = 0$
② $3x^2 + 3y^2 - 22x - 16y + 27 = 0$
③ $3x^2 + 3y^2 - 22x + 16y + 27 = 0$
④ $3x^2 + 3y^2 + 22x - 16y + 27 = 0$
⑤ $3x^2 + 3y^2 + 22x + 16y + 27 = 0$

정답과 풀이 p.41

유형 036

$\vec{a} \cdot \vec{b}$는 $\vec{a}$, $\vec{b}$가 이루는 각의 크기 θ가 $0° \leq \theta \leq 90°$일 때와 $90° < \theta \leq 180°$일 때로 나누어 생각하자!

도형에서의 평면벡터의 내적은 다음과 같은 순서로 구한다.

step 1 도형의 성질을 이용하여 두 벡터 $\vec{a}$, $\vec{b}$가 이루는 각의 크기 θ ($0° \leq \theta \leq 180°$)를 구한다.

step 2 $0° \leq \theta \leq 90°$이면 $\vec{a} \cdot \vec{b} = |\vec{a}||\vec{b}|\cos\theta$, $90° < \theta \leq 180°$이면 $\vec{a} \cdot \vec{b} = -|\vec{a}||\vec{b}|\cos\theta(180° - \theta)$임을 이용하여 내적을 구한다.

249 BOB 대표

오른쪽 그림과 같이 한 변의 길이가 2인 정육각형 ABCDEF에서 대각선의 교점은 O이다. $\overrightarrow{AB} \cdot \overrightarrow{FE}$의 값은?

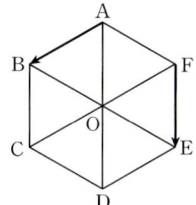

① -3 ② -2
③ -1 ④ 1
⑤ 2

250 하

오른쪽 그림과 같이 삼각형 ABC에서 점 A는 선분 BC를 지름으로 하는 반원 위의 점이다. $\overline{BC} = 5$, $\overline{AC} = 4$일 때, $\overrightarrow{BA} \cdot \overrightarrow{BC}$의 값을 구하여라.

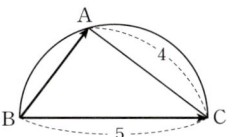

251 중

오른쪽 그림과 같이 $\overline{AB} = 3\sqrt{2}$인 직각이등변삼각형 ABC에서 변 BC를 $1:2$로 내분하는 점을 D라 할 때, $\overrightarrow{AC} \cdot \overrightarrow{AD}$의 값을 구하여라.

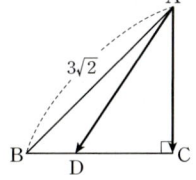

유형 037

성분으로 주어진 두 평면벡터의 내적은 같은 성분끼리의 곱들의 합이다!

두 벡터 $\vec{a} = (a_1, a_2)$, $\vec{b} = (b_1, b_2)$에 대하여
$$\vec{a} \cdot \vec{b} = a_1 b_1 + a_2 b_2$$

252 BOB 대표

두 벡터 $\vec{a} = (1, k+1)$, $\vec{b} = (-k, k-1)$에 대하여 $\vec{a} \cdot \vec{b} = 5$일 때, 양수 k의 값은?

① 1 ② 2 ③ 3
④ 4 ⑤ 5

253 중

두 벡터 $\vec{a} = (x, y)$, $\vec{b} = (1, -4)$에 대하여 $\vec{a} \cdot \vec{b} = -5$, $|\vec{a}| = \sqrt{13}$일 때, $x - y$의 값은? (단, x, y는 정수이다.)

① -2 ② -1 ③ 1
④ 2 ⑤ 3

254 중

좌표평면에서 벡터 $\vec{a} = (\sqrt{3}, 1)$과 단위벡터 $\vec{b}$가 이루는 각의 크기가 $120°$일 때, 모든 벡터 $\vec{b}$를 성분으로 나타내어라.

038

평면벡터의 내적은 교환법칙과 분배법칙이 성립함을 기억해 두자!

세 벡터 $\vec{a}$, $\vec{b}$, $\vec{c}$와 실수 k에 대하여

(1) 교환법칙 : $\vec{a} \cdot \vec{b} = \vec{b} \cdot \vec{a}$

(2) 분배법칙 : $\vec{a} \cdot (\vec{b} + \vec{c}) = \vec{a} \cdot \vec{b} + \vec{a} \cdot \vec{c}$
$(\vec{a} + \vec{b}) \cdot \vec{c} = \vec{a} \cdot \vec{c} + \vec{b} \cdot \vec{c}$

(3) 결합법칙 : $(k\vec{a}) \cdot \vec{b} = \vec{a} \cdot (k\vec{b}) = k(\vec{a} \cdot \vec{b})$

255 [BOB 대표]

두 벡터 $\vec{a}$, $\vec{b}$에 대하여 $|\vec{a}| = \sqrt{2}$, $|\vec{b}| = 2$, $\vec{a} \cdot \vec{b} = \dfrac{2}{3}$일 때, $(3\vec{a} + \vec{b}) \cdot (-3\vec{a} + 2\vec{b})$의 값은?

① -10 ② -8 ③ -6

④ 2 ⑤ 4

256 (하)

두 벡터 $\vec{a}$, $\vec{b}$에 대하여 $|\vec{a}| = 1$, $|\vec{b}| = 3$, $(\vec{a} - \vec{b}) \cdot (\vec{a} - \vec{b}) = 4$일 때, $(\vec{a} - 2\vec{b}) \cdot (2\vec{a} - \vec{b})$의 값은?

① 3 ② 5 ③ 7

④ 9 ⑤ 11

257 (중)

좌표평면 위의 두 점 $A(a, 0)$, $B_n(0, n)$과 원점 O에 대하여
$$\overrightarrow{AO} \cdot (\overrightarrow{AB_1} + \overrightarrow{AB_2} + \cdots + \overrightarrow{AB_9}) = 81$$
일 때, 양수 a의 값을 구하여라. (단, n은 자연수이다.)

039

두 벡터 $\vec{a}$, $\vec{b}$가 이루는 각의 크기를 구할 때, $|\vec{a} \pm \vec{b}|$의 값이 주어지면 제곱하여 $\vec{a} \cdot \vec{b}$부터 구한다!

영벡터가 아닌 두 벡터 $\vec{a}$, $\vec{b}$에 대하여
$$|\vec{a} \pm \vec{b}|^2 = |\vec{a}|^2 \pm 2\vec{a} \cdot \vec{b} + |\vec{b}|^2 \text{ (복부호동순)}$$
이때, 두 벡터 $\vec{a}$, $\vec{b}$가 이루는 각의 크기 θ에 대하여

(1) $\vec{a} \cdot \vec{b} \geq 0$이면 $\cos\theta = \dfrac{\vec{a} \cdot \vec{b}}{|\vec{a}||\vec{b}|}$

(2) $\vec{a} \cdot \vec{b} < 0$이면 $\cos(180° - \theta) = -\dfrac{\vec{a} \cdot \vec{b}}{|\vec{a}||\vec{b}|}$

258 [BOB 대표]

두 벡터 $\vec{a}$, $\vec{b}$에 대하여 $|\vec{b}| = 2$, $|\vec{a} + \vec{b}| = \sqrt{13}$, $|\vec{a} - \vec{b}| = 1$일 때, 두 벡터 $\vec{a}$, $\vec{b}$가 이루는 각의 크기는?

① $30°$ ② $45°$ ③ $60°$

④ $90°$ ⑤ $120°$

259 (중)

영벡터가 아닌 두 벡터 $\vec{a}$, $\vec{b}$에 대하여 두 벡터 $\vec{a} + \vec{b}$, $\vec{a} - \vec{b}$가 이루는 각의 크기가 $60°$이고 $|\vec{a} + \vec{b}| = 4$, $|\vec{a} - \vec{b}| = 2$이다. 두 벡터 $\vec{a}$, $\vec{b}$가 이루는 각의 크기가 θ $(0° \leq \theta \leq 90°)$일 때, $\cos\theta$의 값은?

① $\dfrac{1}{7}$ ② $\dfrac{\sqrt{6}}{7}$ ③ $\dfrac{\sqrt{15}}{7}$

④ $\dfrac{\sqrt{21}}{7}$ ⑤ $\dfrac{\sqrt{34}}{7}$

260 (중)

서술형

세 벡터 $\vec{a}$, $\vec{b}$, $\vec{c}$에 대하여
$$\vec{a} + \vec{b} + \vec{c} = \vec{0}, \quad |\vec{a}| = 1, \quad |\vec{b}| = 2, \quad |\vec{c}| = \sqrt{3}$$
일 때, 두 벡터 $\vec{a}$, $\vec{b}$가 이루는 각의 크기를 구하여라.

유형 040

두 벡터가 수직이면 내적은 0이고, 평행하면 한 벡터는 다른 벡터의 실수배이다!

영벡터가 아닌 두 벡터 $\vec{a}=(a_1, a_2)$, $\vec{b}=(b_1, b_2)$에 대하여

(1) $\vec{a}\perp\vec{b} \iff \vec{a}\cdot\vec{b}=0$
$\iff a_1b_1+a_2b_2=0$

(2) $\vec{a}/\!/\vec{b} \iff \vec{a}\cdot\vec{b}=\pm|\vec{a}||\vec{b}|=\pm\sqrt{a_1^2+a_2^2}\sqrt{b_1^2+b_2^2}$
$\iff \vec{a}=k\vec{b}$
$\iff a_1=kb_1,\ a_2=kb_2$ (단, $k\neq0$인 실수)

261 BOB 대표

두 벡터 $\vec{a}=(2t-3,\ -t)$, $\vec{b}=\left(1,\ \dfrac{1}{t}\right)$이 서로 수직일 때, $|\vec{a}+2\vec{b}|$의 값은?

① $\sqrt{2}$ ② 2 ③ $\sqrt{5}$
④ 3 ⑤ $\sqrt{10}$

262 중

세 벡터 $\vec{p}=(a-2,\ 1)$, $\vec{q}=(2,\ b)$, $\vec{r}=(-2,\ 4)$에 대하여 $\vec{p}$와 $\vec{q}$가 서로 수직이고, $\vec{q}$와 $\vec{r}$가 평행할 때, $a+b$의 값은?

① -2 ② -1 ③ 0
④ 1 ⑤ 2

263 중

두 벡터 $\vec{a}$, $\vec{b}$에 대하여 $|\vec{a}|=5$, $|\vec{b}|=3$, $|\vec{a}+\vec{b}|=6$이고, $\vec{a}+\vec{b}$와 $\vec{a}-k\vec{b}$가 서로 수직일 때, 실수 k의 값을 구하여라.

유형 041

내적을 이용하면 삼각형의 넓이를 구할 수 있다!

$\overrightarrow{OA}=\vec{a}$, $\overrightarrow{OB}=\vec{b}$일 때, 삼각형 OAB의 넓이 S는

$$S=\dfrac{1}{2}\sqrt{|\vec{a}|^2|\vec{b}|^2-(\vec{a}\cdot\vec{b})^2}$$

특히, $\vec{a}=(a_1, a_2)$, $\vec{b}=(b_1, b_2)$이면

$$S=\dfrac{1}{2}|a_1b_2-a_2b_1|$$

보충 설명

세 꼭짓점 중에서 어느 것도 원점이 아닌 삼각형의 넓이는 어느 한 꼭짓점을 시점으로 하여 구한다.

264 BOB 대표 다른 풀이

좌표평면에서 세 점 O(0, 0), A(2, 4), B(4, 2)를 꼭짓점으로 하는 삼각형 OAB의 넓이는?

① 2 ② 3 ③ 5
④ 6 ⑤ 8

265 하 다른 풀이

오른쪽 그림과 같은 삼각형 ABC에서 $|\overrightarrow{AB}|=5$, $|\overrightarrow{AC}|=4$, $\overrightarrow{AB}\cdot\overrightarrow{AC}=10\sqrt{2}$일 때, 삼각형 ABC의 넓이는?

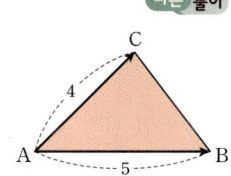

① 5 ② $5\sqrt{2}$ ③ $5\sqrt{3}$
④ 10 ⑤ $10\sqrt{2}$

266 중 다른 풀이

오른쪽 그림과 같은 평행사변형 ABCD에서 $|\overrightarrow{BC}|=6$, $\angle BCD=120°$, $\overrightarrow{BC}\cdot\overrightarrow{CD}=15$일 때, 평행사변형 ABCD의 넓이는?

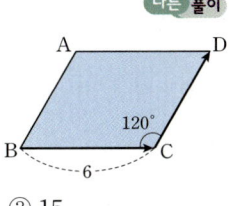

① 10 ② $10\sqrt{3}$ ③ 15
④ $15\sqrt{2}$ ⑤ $15\sqrt{3}$

267

두 벡터 $\vec{a}=(2, 1)$, $\vec{b}=(1, -2)$에 대하여 벡터
$\vec{x}=\cos\theta\vec{a}+(1-\sin\theta)\vec{b}$일 때, $|\vec{x}-\vec{b}|$의 값은?

(단, $0°<\theta<90°$)

① $\sqrt{2}$ ② $\sqrt{3}$ ③ $\sqrt{5}$

④ $\sqrt{6}$ ⑤ $\sqrt{7}$

268

$\overline{AB}=\overline{AC}$인 이등변삼각형 ABC에서 $\overline{BC}=4$일 때, $\overrightarrow{CA}\cdot\overrightarrow{CB}$의 값은?

① 4 ② 6 ③ 8

④ 10 ⑤ 12

269

좌표평면 위의 세 점 $O(0, 0)$, $A(3, 1)$, $B(-1, 2)$에 대하여 $|\overrightarrow{PO}-\overrightarrow{AP}+\overrightarrow{PB}|=3$일 때, 점 P가 나타내는 도형의 넓이를 구하여라.

270

포물선 $y^2=2x$ 위의 두 점 P, Q와 원점 O에 대하여 두 벡터 $\overrightarrow{OP}$, $\overrightarrow{OQ}$의 내적 $\overrightarrow{OP}\cdot\overrightarrow{OQ}$의 최솟값은?

① -2 ② -1 ③ $-\dfrac{1}{2}$

④ $-\dfrac{1}{4}$ ⑤ 0

271

반지름의 길이가 4인 원 C 밖의 한 점 P에서 그은 직선이 원 C와 점 Q에서 접한다. 점 P를 지나고 원의 중심 C를 지나는 직선이 원 C와 만나는 두 점을 각각 A, B라 하자. $\overline{PQ}=3$일 때, $\overrightarrow{PB}\cdot\overrightarrow{PQ}$의 값은? (단, $\overline{PA}<\overline{PB}$)

① $\dfrac{3}{5}$ ② $\dfrac{9}{5}$ ③ $\dfrac{18}{5}$

④ $\dfrac{27}{5}$ ⑤ $\dfrac{81}{5}$

272

오른쪽 그림과 같이 한 변의 길이가 2인 정사각형 ABCD에서 세 변 BC, CD, DA의 중점을 각각 P, Q, R라 할 때, $\overrightarrow{BR}\cdot\overrightarrow{PQ}$의 값은?

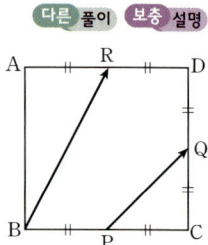

① 2 ② $2\sqrt{2}$

③ 3 ④ $2\sqrt{3}$

⑤ 4

273

한 변의 길이가 2인 정삼각형 ABC에서 $\overrightarrow{AB}=\vec{x}$, $\overrightarrow{AC}=\vec{y}$일 때, $|2\vec{x}-3\vec{y}|$의 값은?

① 2 ② $2\sqrt{3}$ ③ $2\sqrt{5}$

④ $2\sqrt{7}$ ⑤ 6

274

두 벡터 $\vec{a}$, $\vec{b}$에 대하여 $|\vec{a}+2\vec{b}|=4$, $|2\vec{a}-\vec{b}|=3$일 때, $|\vec{a}+\vec{b}|^2+|\vec{a}-\vec{b}|^2$의 값은?

① 2 ② 4 ③ 6

④ 8 ⑤ 10

275

영벡터가 아닌 두 벡터 $\vec{a}$, $\vec{b}$가 이루는 각의 크기가 $30°$이고 $|\vec{a}|=2$, $|2\vec{a}-\vec{b}|=4$일 때, $|\vec{b}|$의 값은?

① $\sqrt{2}$ ② $\sqrt{3}$ ③ $2\sqrt{2}$

④ $2\sqrt{3}$ ⑤ $4\sqrt{3}$

276

벡터 $\vec{a}=(-1,\ \sqrt{3})$과 $|\vec{b}|=\sqrt{7}$, $|\vec{c}|=1$인 두 벡터 $\vec{b}$, $\vec{c}$에 대하여 $\vec{a}+\vec{b}+\vec{c}=\vec{0}$일 때, 두 벡터 $\vec{a}$, $\vec{c}$가 이루는 각의 크기는?

① $45°$ ② $60°$ ③ $90°$

④ $120°$ ⑤ $135°$

277

두 벡터 $\vec{a}=(3x-1,\ 5-x)$, $\vec{b}=(2x-1,\ x+7)$에 대하여 $\vec{a}-\vec{b}$의 크기가 13이다. 두 벡터 $\vec{a}$, $\vec{b}$가 이루는 각의 크기를 θ라 할 때, $\sin\theta$의 값을 구하여라. (단, $0°\leq\theta\leq90°$이고 x는 정수이다.)

278

$\vec{a}=(-1,\ 2)$, $\vec{b}=(x,\ -1)$에 대하여 두 벡터 $\vec{a}+3\vec{b}$, $2\vec{a}-\vec{b}$가 평행할 때, 실수 x의 값은?

① -2 ② -1 ③ $\dfrac{1}{2}$

④ 1 ⑤ $\dfrac{3}{2}$

279

두 벡터 $\vec{a}$, $\vec{b}$에 대하여 $|\vec{a}+2\vec{b}|=2\sqrt{3}$, $|\vec{b}|=\sqrt{2}$이고 두 벡터 $\vec{a}-\vec{b}$, $2\vec{a}+\vec{b}$는 서로 수직이다. 두 벡터 $\vec{a}$, $\vec{b}$가 이루는 각의 크기가 $\theta\ (0°\leq\theta\leq90°)$일 때, $\cos\theta$의 값은?

① $-\dfrac{\sqrt{6}}{6}$ ② $-\dfrac{1}{2}$ ③ $-\dfrac{\sqrt{2}}{2}$

④ $\dfrac{\sqrt{6}}{6}$ ⑤ $\dfrac{\sqrt{2}}{2}$

280

평행사변형 ABCD에서
$$\overrightarrow{AB}\cdot\overrightarrow{AD}=2,\ \overrightarrow{AB}\cdot\overrightarrow{AC}=\overrightarrow{AC}\cdot\overrightarrow{AD}=7$$
일 때, 평행사변형 ABCD의 넓이를 구하여라.

281 서술형

벡터 $\vec{a}=(1,\ -\sqrt{3})$과 단위벡터 $\vec{p}$에 대하여 두 벡터 $\vec{a}$, $\vec{p}$가 이루는 각의 크기가 $60°$이다. 두 벡터 $\vec{a}+2\vec{p}$와 $\vec{a}-\vec{p}$가 이루는 각의 크기를 θ라 할 때, $\cos\theta$의 값을 구하여라. (단, $0°\leq\theta\leq90°$)

282 서술형

오른쪽 그림과 같이 한 변의 길이가 6인 정삼각형 ABC에서 변 BC를 삼등분하는 점을 점 B에서 가까운 순으로 P, Q라 할 때, $\overrightarrow{AP}\cdot\overrightarrow{AQ}$의 값을 구하시오.

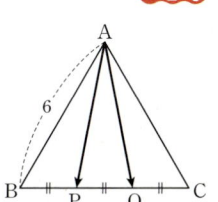

개념 plus

개념 ① 직선의 방정식 〈유형 042~043〉

(1) 방향벡터를 이용하여 나타낸 직선의 방정식

　① 점 A를 지나고 영벡터가 아닌 벡터 $\vec{u}$에 평행한 직선 l 위의 한 점을 P라 하고, 두 점 A, P의 위치벡터를 각각 $\vec{a}$, $\vec{p}$라 하면 $\overrightarrow{\mathrm{AP}} /\!/ \vec{u}$이므로

$$\overrightarrow{\mathrm{AP}} = t\vec{u} \Longleftrightarrow \vec{p} = \vec{a} + t\vec{u} \text{ (단, } t\text{는 실수)}$$

　　이때, 벡터 $\vec{u}$를 직선 l의 방향벡터라 한다.

　② 점 $\mathrm{A}(x_1, y_1)$을 지나고 방향벡터가 $\vec{u} = (u_1, u_2)$인 직선의 방정식은

$$\frac{x - x_1}{u_1} = \frac{y - y_1}{u_2} \text{ (단, } u_1 u_2 \neq 0)$$

(2) 두 점을 지나는 직선의 방정식

　두 점 $\mathrm{A}(x_1, y_1)$, $\mathrm{B}(x_2, y_2)$를 지나는 직선의 방정식은

$$\frac{x - x_1}{x_2 - x_1} = \frac{y - y_1}{y_2 - y_1} \text{ (단, } x_1 \neq x_2, \, y_1 \neq y_2)$$

(3) 법선벡터를 이용하여 나타낸 직선의 방정식

　① 점 A를 지나고 영벡터가 아닌 벡터 $\vec{n}$에 수직인 직선 l 위의 한 점을 P라 하고, 두 점 A, P의 위치벡터를 각각 $\vec{a}$, $\vec{p}$라 하면 $\overrightarrow{\mathrm{AP}} \perp \vec{n}$이므로

$$\overrightarrow{\mathrm{AP}} \cdot \vec{n} = 0 \Longleftrightarrow (\vec{p} - \vec{a}) \cdot \vec{n} = 0$$

　　이때, 벡터 $\vec{n}$을 직선 l의 법선벡터라 한다.

　② 점 $\mathrm{A}(x_1, y_1)$을 지나고 법선벡터가 $\vec{n} = (a, b)$인 직선의 방정식은

$$a(x - x_1) + b(y - y_1) = 0$$

- 점 $\mathrm{A}(x_1, y_1)$을 지나고 벡터 $\vec{u} = (u_1, u_2)$ $(\vec{u} \neq \vec{0})$에 평행한 직선에 대하여
  ① $u_1 = 0$일 때, 직선의 방정식은 $x = x_1$
  ② $u_2 = 0$일 때, 직선의 방정식은 $y = y_1$

- 두 점 $\mathrm{A}(x_1, y_1)$, $\mathrm{B}(x_2, y_2)$를 지나는 직선 AB의 방향벡터는
  $\overrightarrow{\mathrm{AB}} = (x_2 - x_1, y_2 - y_1)$

개념 ② 두 직선이 이루는 각의 크기 〈유형 044~047〉

(1) 두 직선 l_1, l_2의 방향벡터가 각각 $\vec{u_1} = (p_1, q_1)$, $\vec{u_2} = (p_2, q_2)$일 때, 두 직선 l_1, l_2가 이루는 각의 크기를 θ $(0° \leq \theta \leq 90°)$라 하면

$$\cos\theta = \frac{|\vec{u_1} \cdot \vec{u_2}|}{|\vec{u_1}||\vec{u_2}|} = \frac{|p_1 p_2 + q_1 q_2|}{\sqrt{p_1^2 + q_1^2}\sqrt{p_2^2 + q_2^2}}$$

(2) 두 직선 l_1, l_2의 법선벡터가 각각 $\vec{n_1} = (a_1, b_1)$, $\vec{n_2} = (a_2, b_2)$일 때, 두 직선 l_1, l_2가 이루는 각의 크기를 θ $(0° \leq \theta \leq 90°)$라 하면

$$\cos\theta = \frac{|\vec{n_1} \cdot \vec{n_2}|}{|\vec{n_1}||\vec{n_2}|} = \frac{|a_1 a_2 + b_1 b_2|}{\sqrt{a_1^2 + b_1^2}\sqrt{a_2^2 + b_2^2}}$$

- 두 직선 l_1, l_2가 이루는 각의 크기를 θ $(0° \leq \theta \leq 90°)$, 두 직선의 방향벡터 $\vec{u_1}$, $\vec{u_2}$가 이루는 각의 크기를 α $(0° \leq \alpha \leq 180°)$라 하면 θ는 α와 $180° - \alpha$ 중에서 크지 않은 쪽과 같고, $\vec{u_1} \cdot \vec{u_2} = |\vec{u_1}||\vec{u_2}|\cos\theta$ 또는 $\vec{u_1} \cdot \vec{u_2} = -|\vec{u_1}||\vec{u_2}|\cos\theta$이므로
  $$\cos\theta = \frac{|\vec{u_1} \cdot \vec{u_2}|}{|\vec{u_1}||\vec{u_2}|}$$

- **두 직선의 평행과 수직**
  방향벡터가 각각 $\vec{u_1}$, $\vec{u_2}$인 두 직선 l_1, l_2가
  ① 평행할 조건
  　$l_1 /\!/ l_2 \Longleftrightarrow \vec{u_1} /\!/ \vec{u_2}$
  　$\Longleftrightarrow \vec{u_1} = k\vec{u_2}$ (단, $k \neq 0$인 실수)
  ② 수직일 조건
  　$l_1 \perp l_2 \Longleftrightarrow \vec{u_1} \perp \vec{u_2} \Longleftrightarrow \vec{u_1} \cdot \vec{u_2} = 0$

개념 ③ 원의 방정식 〈유형 048~049〉

(1) 점 C를 중심으로 하고 반지름의 길이가 r인 원 위의 임의의 한 점 P에 대하여 두 점 C, P의 위치벡터를 각각 $\vec{c}$, $\vec{p}$라 할 때, 이 원을 벡터로 나타낸 방정식은

$$|\overrightarrow{\mathrm{CP}}| = r \Longleftrightarrow |\vec{p} - \vec{c}| = r \text{ 또는 } (\vec{p} - \vec{c}) \cdot (\vec{p} - \vec{c}) = r^2$$

(2) 두 점 A, B를 지름의 양 끝 점으로 하는 원 위의 임의의 한 점 P에 대하여 세 점 A, B, P의 위치벡터를 각각 $\vec{a}$, $\vec{b}$, $\vec{p}$라 할 때, 이 원을 벡터로 나타낸 방정식은

$$\overrightarrow{\mathrm{AP}} \cdot \overrightarrow{\mathrm{BP}} = 0 \Longleftrightarrow (\vec{p} - \vec{a}) \cdot (\vec{p} - \vec{b}) = 0$$

- $\mathrm{C}(a, b)$, $\mathrm{P}(x, y)$라 하면
  $\vec{p} - \vec{c} = (x - a, y - b)$이므로
  $(\vec{p} - \vec{c}) \cdot (\vec{p} - \vec{c}) = r^2$에서
  $(x - a, y - b) \cdot (x - a, y - b) = r^2$
  $\therefore (x - a)^2 + (y - b)^2 = r^2$

⊕ 개념 콕콕 ⊕

1 직선의 방정식

283
다음 직선의 방정식을 구하여라.

(1) 점 $(1, -1)$을 지나고 벡터 $\vec{u}=(2, 3)$에 평행한 직선

(2) 점 $(-4, 5)$를 지나고 방향벡터가 $\vec{u}=(6, -1)$인 직선

284
다음 직선의 방정식을 구하여라.

(1) 점 $(1, 3)$을 지나고 벡터 $\vec{u}=(0, -2)$에 평행한 직선

(2) 점 $(-1, -2)$를 지나고 방향벡터가 $\vec{u}=(-5, 0)$인 직선

285
다음 두 점을 지나는 직선의 방정식을 구하여라.

(1) $A(-2, -1)$, $B(2, -4)$

(2) $A(3, 2)$, $B(-1, 2)$

(3) $A(-4, 2)$, $B(-4, 7)$

286
다음 직선의 방정식을 구하여라.

(1) 점 $(2, 1)$을 지나고 벡터 $\vec{n}=(-1, 2)$에 수직인 직선

(2) 점 $(-1, -2)$를 지나고 법선벡터가 $\vec{n}=(2, -3)$인 직선

(3) 점 $(2, 3)$을 지나고 x축에 수직인 직선

(4) 점 $(4, -3)$을 지나고 y축에 수직인 직선

2 두 직선의 위치 관계

287
다음 두 직선 l, m이 이루는 각의 크기를 θ $(0° \leq \theta \leq 90°)$라 할 때, $\cos\theta$의 값을 구하여라.

(1) $l : \dfrac{x+3}{2}=\dfrac{y-4}{-3}$, $m : \dfrac{x+2}{-3}=\dfrac{y-2}{2}$

(2) $l : x-y+2=0$, $m : -x+7y+5=0$

288
세 직선
$$l : \frac{x-1}{3}=\frac{y+2}{4}, \quad m : \frac{2-x}{a}=\frac{y+3}{4}, \quad n : x=\frac{1-y}{b}$$
에 대하여 다음을 구하여라. (단, $ab \neq 0$)

(1) 두 직선 l, m이 서로 평행하도록 하는 실수 a의 값

(2) 두 직선 l, n이 서로 수직이 되도록 하는 실수 b의 값

3 원의 방정식

289

점 $C(1, -2)$와 점 P의 위치벡터를 각각 $\vec{c}$, $\vec{p}$라 할 때, 다음을 만족시키는 점 P가 나타내는 도형의 방정식을 구하여라.

(1) $|\vec{p}-\vec{c}|=2$

(2) $|\vec{p}|=3$

290

점 $C(4, -1)$에 대하여 $|\overrightarrow{CP}|=3$을 만족시키는 점 P가 나타내는 도형의 방정식을 구하여라.

유형

042 직선이 지나는 **한 점**과 **방향벡터**가 주어지면
직선의 방정식을 구할 수 있다!

(1) 점 $A(x_1, y_1)$을 지나고 방향벡터가 $\vec{u}=(u_1, u_2)$인 직선
의 방정식은 $\dfrac{x-x_1}{u_1}=\dfrac{y-y_1}{u_2}$ (단, $u_1u_2\neq0$)

(2) 두 점 $A(x_1, y_1)$, $B(x_2, y_2)$를 지나는 직선의 방정식은
$\dfrac{x-x_1}{x_2-x_1}=\dfrac{y-y_1}{y_2-y_1}$ (단, $x_1\neq x_2$, $y_1\neq y_2$)
특히, $\overrightarrow{AB}=(x_2-x_1, y_2-y_1)=k(a, b)$($a, b$는 서로소인
정수)일 때에는 방향벡터를 $\vec{u}=(a, b)$로 사용할 수 있다.

291 BOB 대표

점 $(-1, 2)$를 지나고 직선 $\dfrac{x+2}{2}=\dfrac{y-1}{3}$에 평행한 직선이 점
$(a, 5)$를 지날 때, a의 값은?

① -3 ② -2 ③ -1
④ 1 ⑤ 3

292 중

두 점 $A(-6, -1)$, $B(2, -5)$에 대하여 선분 AB를 $3:1$로 내
분하는 점 P를 지나고 직선 $\dfrac{5-x}{4}=y+9$에 평행한 직선이 두 점
$C(a, -2)$, $D(8, b)$를 지날 때, $|a|+|b|$의 값을 구하여라.

293 중

좌표평면에서 점 $(a, 0)$을 지나고 두 점 $A(-4, 3)$, $B(-1, 2)$
를 지나는 직선에 평행한 직선의 y절편이 2일 때, a의 값은?

① $\dfrac{1}{6}$ ② $\dfrac{1}{3}$ ③ 1
④ 3 ⑤ 6

유형

043 직선이 지나는 **한 점**과 **법선벡터**가 주어지면
직선의 방정식을 구할 수 있다!

점 $A(x_1, y_1)$을 지나고 법선벡터가 $\vec{n}=(a, b)$인 직선의 방
정식은
$$a(x-x_1)+b(y-y_1)=0$$

294 BOB 대표

두 점 $A(1, 2)$, $B(2, 3)$을 지나는 직선에 수직이고, 점 $(1, -2)$
를 지나는 직선과 x축 및 y축으로 둘러싸인 도형의 넓이는?

① $\dfrac{1}{4}$ ② $\dfrac{1}{2}$ ③ $\dfrac{3}{4}$
④ $\dfrac{3}{2}$ ⑤ $\dfrac{5}{2}$

295 하

두 벡터 $\vec{a}=(-1, 1)$, $\vec{b}=(4, 5)$에 대하여 벡터 $\vec{a}+\vec{b}$에 수직이
고 점 $(0, 2)$를 지나는 직선이 점 $(k, 1)$을 지날 때, k의 값은?

① -1 ② 0 ③ 1
④ 2 ⑤ 4

296 중 서술형

점 $A(-2, 1)$을 지나고 벡터 $\vec{n}=(2, 1)$에 수직인 직선 l과 두
점 $B(2, -1)$, $C(4, 3)$을 지나는 직선 m이 한 점에서 만난다.
두 직선 l, m의 교점의 좌표를 구하여라.

유형 044

두 직선이 이루는 각의 크기는 방향벡터의 내적을 이용하여 구할 수 있다!

두 직선 l_1, l_2의 방향벡터가 각각 $\vec{u_1}=(p_1, q_1)$, $\vec{u_2}=(p_2, q_2)$일 때, 두 직선 l_1, l_2가 이루는 각의 크기를 θ $(0° \leq \theta \leq 90°)$라 하면

$$\cos\theta = \frac{|\vec{u_1} \cdot \vec{u_2}|}{|\vec{u_1}||\vec{u_2}|} = \frac{|p_1p_2+q_1q_2|}{\sqrt{p_1^2+q_1^2}\sqrt{p_2^2+q_2^2}}$$

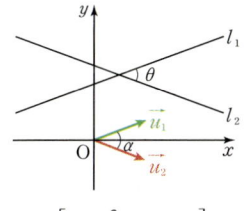
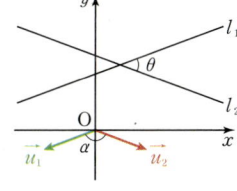

$[\cos\theta = \cos\alpha]$ $\qquad$ $[\cos\theta = \cos(180°-\alpha)]$

297 BOB 대표

두 점 A(2, 6), B(3, 7)을 지나는 직선과 점 B를 지나고 벡터 $\vec{u}=(1, -1)$에 평행한 직선이 이루는 각의 크기는?

① 15° ② 30° ③ 45°
④ 60° ⑤ 90°

298 하 〔보충 설명〕

두 직선 $x-2=\dfrac{y+3}{k}$, $x=ky$가 이루는 각의 크기가 60°일 때, 모든 양수 k의 값의 합은?

① 1 ② 2 ③ 3
④ 4 ⑤ 5

299 중

직선 $\dfrac{x-2}{-1}=\dfrac{y-5}{2}$가 x축, y축과 이루는 예각의 크기를 각각 α, β라 할 때, $\cos\alpha+\cos\beta$의 값은?

① $\dfrac{\sqrt{5}}{5}$ ② $\dfrac{2\sqrt{5}}{5}$ ③ $\dfrac{3\sqrt{5}}{5}$
④ $\dfrac{4\sqrt{5}}{5}$ ⑤ $\dfrac{5\sqrt{5}}{6}$

유형 045

두 직선이 이루는 각의 크기는 법선벡터의 내적을 이용하여 구할 수도 있다!

두 직선 l_1, l_2의 법선벡터가 각각 $\vec{n_1}=(a_1, b_1)$, $\vec{n_2}=(a_2, b_2)$일 때, 두 직선 l_1, l_2가 이루는 각의 크기를 θ $(0° \leq \theta \leq 90°)$라 하면

$$\cos\theta = \frac{|\vec{n_1} \cdot \vec{n_2}|}{|\vec{n_1}||\vec{n_2}|} = \frac{|a_1a_2+b_1b_2|}{\sqrt{a_1^2+b_1^2}\sqrt{a_2^2+b_2^2}}$$

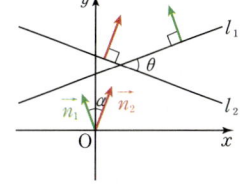
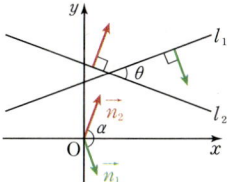

$[\cos\theta = \cos\alpha]$ $\qquad$ $[\cos\theta = \cos(180°-\alpha)]$

300 BOB 대표

두 직선 $x+ay+1=0$, $2x+y=3$이 이루는 각의 크기가 60°가 되도록 하는 모든 실수 a의 값의 합은?

① 0 ② 4 ③ 8
④ 12 ⑤ 16

301 중

두 직선 $x+2y-4=0$, $2x+y=0$이 이루는 각의 크기를 θ라 할 때, $\sin\theta$의 값은? (단, $0° \leq \theta \leq 90°$)

① $\dfrac{1}{5}$ ② $\dfrac{1}{3}$ ③ $\dfrac{2}{5}$
④ $\dfrac{1}{2}$ ⑤ $\dfrac{3}{5}$

302 중 〔서술형〕

두 직선 $g_1 : \dfrac{x-1}{3}=y+1$, $g_2 : \dfrac{x+2}{-1}=\dfrac{y-1}{2}$에 각각 수직인 두 직선 l_1, l_2가 이루는 각의 크기를 θ $(0° \leq \theta \leq 90°)$라 할 때, $\cos\theta$의 값을 구하여라.

유형 **046** 두 직선이 평행하면 방향벡터의 실수배가 서로 같다!

(1) 두 직선 l_1, l_2의 방향벡터가 각각 $\vec{u_1}=(p_1, q_1)$,
$\vec{u_2}=(p_2, q_2)$일 때
$$l_1 /\!/ l_2 \Longleftrightarrow \vec{u_1} /\!/ \vec{u_2} \Longleftrightarrow \vec{u_1}=k\vec{u_2} \ (k \neq 0)$$
$$\Longleftrightarrow p_1=kp_2, \ q_1=kq_2$$
(2) 두 직선 l_1, l_2의 법선벡터가 각각 $\vec{n_1}=(a_1, b_1)$,
$\vec{n_2}=(a_2, b_2)$일 때
$$l_1 /\!/ l_2 \Longleftrightarrow \vec{n_1} /\!/ \vec{n_2} \Longleftrightarrow \vec{n_1}=k\vec{n_2} \ (k \neq 0)$$
$$\Longleftrightarrow a_1=ka_2, \ b_1=kb_2$$

303 BOB 대표

두 점 $A(-6, 3)$, $B(a, -1)$을 지나는 직선과 직선 $x-1=\dfrac{y+3}{2}$이 평행할 때, a의 값은?

① -10 ② -8 ③ -6

④ -4 ⑤ -2

304 하

두 직선 $l_1: \dfrac{x}{a}=\dfrac{4-y}{2}$, $l_2: \dfrac{x+3}{2}=\dfrac{5-y}{b}$가 평행할 때, 상수 a, b에 대하여 ab의 값은? (단, $ab \neq 0$)

① -4 ② -2 ③ 1

④ 2 ⑤ 4

305 중

세 직선
$$l_1: \dfrac{x+1}{a}=\dfrac{y-a}{6}, \ l_2: \dfrac{x-3}{2}=\dfrac{y+2}{3}, \ l_3: \dfrac{b-x}{2}=\dfrac{y}{b}$$
에 대하여 $l_1 /\!/ l_2$, $l_2 /\!/ l_3$일 때, 상수 a, b에 대하여 $a+b$의 값은?
(단, $ab \neq 0$)

① -3 ② -1 ③ 1

④ 3 ⑤ 5

유형 **047** 두 직선이 수직이면 방향벡터의 내적이 0이다!

(1) 두 직선 l_1, l_2의 방향벡터가 각각 $\vec{u_1}=(p_1, q_1)$,
$\vec{u_2}=(p_2, q_2)$일 때
$$l_1 \perp l_2 \Longleftrightarrow \vec{u_1} \cdot \vec{u_2}=0$$
(2) 두 직선 l_1, l_2의 법선벡터가 각각 $\vec{n_1}=(a_1, b_1)$,
$\vec{n_2}=(a_2, b_2)$일 때
$$l_1 \perp l_2 \Longleftrightarrow \vec{n_1} \cdot \vec{n_2}=0$$

보충 설명

직선 l_1의 방향벡터가 $\vec{u}=(p, q)$, 직선 l_2의 법선벡터가 $\vec{n}=(a, b)$일 때
(1) $l_1 /\!/ l_2 \Longleftrightarrow \vec{u} \perp \vec{n} \Longleftrightarrow \vec{u} \cdot \vec{n}=0$
(2) $l_1 \perp l_2 \Longleftrightarrow \vec{u} /\!/ \vec{n} \Longleftrightarrow \vec{u}=k\vec{n} \ (k \neq 0)$
$$\Longleftrightarrow p=ka, \ q=kb$$

306 BOB 대표   서술형

세 직선
$$l: \dfrac{x+2}{2}=y+1, \ m: \dfrac{x-1}{p}=\dfrac{1-y}{4}, \ n: \dfrac{5-x}{2}=\dfrac{y-1}{q}$$
에 대하여 직선 l과 m은 서로 평행하고, 직선 m과 n은 서로 수직일 때, 상수 p, q에 대하여 $p+q$의 값을 구하여라. (단, $pq \neq 0$)

307 하

두 직선 $\dfrac{x-1}{k}=\dfrac{y+2}{k+1}$, $\dfrac{x+6}{1-k^2}=\dfrac{y-5}{k}$가 서로 수직일 때, 상수 k의 값은? (단, $k \neq -1$, $k \neq 0$, $k \neq 1$)

① $\dfrac{3}{2}$ ② 2 ③ $\dfrac{5}{2}$

④ 3 ⑤ $\dfrac{7}{2}$

308 중

두 직선 $\dfrac{x-2}{a}=\dfrac{y-a}{2}$, $3x-2y+a=0$이 서로 수직일 때, 상수 a에 대하여 a^2의 값을 구하여라. (단, $a \neq 0$)

유형 048 위치벡터를 이용하여 원의 방정식을 나타낼 수 있다!

점 C를 중심으로 하고 반지름의 길이가 r인 원 위의 임의의 점 P에 대하여 두 점 C, P의 위치벡터를 각각 $\vec{c}$, $\vec{p}$라 할 때, 이 원을 벡터로 나타낸 방정식은

$$|\vec{p}-\vec{c}|=r \text{ 또는 } (\vec{p}-\vec{c})\cdot(\vec{p}-\vec{c})=r^2$$

특히, 점 C가 원점일 때 이 원을 벡터로 나타낸 방정식은

$$|\vec{p}|=r \Longleftrightarrow \vec{p}\cdot\vec{p}=r^2$$

309 BOB 대표

점 A$(2, 4)$에 대하여 $|\overrightarrow{AP}|=5$를 만족시키는 점 P가 나타내는 도형이 x축과 만나는 두 점을 각각 B, C라 할 때, 삼각형 ABC의 넓이는?

① 8   ② 10   ③ 12

④ 14   ⑤ 16

310 하

점 C$(5, 8)$과 점 P의 위치벡터를 각각 $\vec{c}$, $\vec{p}$라 할 때, $|\vec{p}-\vec{c}|=5$를 만족시키는 점 P가 나타내는 도형의 둘레의 길이는?

① 8π ② 9π ③ 10π

④ 11π ⑤ 12π

311 중

좌표평면에서 두 점 C$(0, 5)$, P(x, y)의 위치벡터를 각각 $\vec{c}$, $\vec{p}$라 할 때, $|\vec{p}-\vec{c}|^2=r$를 만족시키는 점 P가 나타내는 도형이 점 $(4, 2)$를 지난다. 양수 r의 값을 구하여라.

유형 049 $\overrightarrow{AP}\cdot\overrightarrow{BP}=0$인 점 P가 나타내는 도형은 원이다!

두 점 A, B를 지름의 양 끝 점으로 하는 원 위의 임의의 점 P에 대하여 세 점 A, B, P의 위치벡터를 각각 $\vec{a}$, $\vec{b}$, $\vec{p}$라 할 때, 이 원을 벡터로 나타낸 방정식은

$$(\vec{p}-\vec{a})\cdot(\vec{p}-\vec{b})=0$$

보충 설명

$(\vec{p}-\vec{a})\cdot(\vec{p}-\vec{b})=0$에서 $\overrightarrow{AP}\cdot\overrightarrow{BP}=0$이므로 $\overrightarrow{AP}\perp\overrightarrow{BP}$이다. 따라서 $\angle APB=90°$이므로 점 P가 나타내는 도형은 두 점 A, B를 지름의 양 끝 점으로 하는 원이다.

312 BOB 대표   다른 풀이

좌표평면 위의 두 점 A$(4, -2)$, B$(0, -4)$의 위치벡터를 각각 $\vec{a}$, $\vec{b}$라 하고, 점 P의 위치벡터를 $\vec{p}$라 할 때, $(\vec{p}-\vec{a})\cdot(\vec{p}-\vec{b})=0$을 만족시키는 점 P가 나타내는 도형의 넓이는 $k\pi$이다. 실수 k의 값을 구하여라.

313 하

좌표평면 위의 점 P와 두 점 A$(4, 2)$, B$(6, 4)$에 대하여 $\overrightarrow{AP}\cdot\overrightarrow{BP}=0$이 성립할 때, 점 P가 나타내는 도형의 둘레의 길이는?

① $\dfrac{\sqrt{2}}{2}\pi$ ② π ③ $\sqrt{2}\pi$

④ $2\sqrt{2}\pi$ ⑤ 3π

314 중

좌표평면에서 점 P의 위치벡터를 $\vec{p}$라 할 때, 두 벡터 $\vec{a}=(1, 3)$, $\vec{b}=(5, 1)$에 대하여 $|\vec{p}|^2+\vec{a}\cdot\vec{p}=\vec{b}\cdot\vec{p}$를 만족시키는 점 P가 나타내는 도형의 길이는?

① $\sqrt{5}\pi$ ② $\sqrt{10}\pi$ ③ $2\sqrt{5}\pi$

④ 5π ⑤ $2\sqrt{10}\pi$

315

점 $(2, -1)$을 지나고 직선 $x+1=2(y+2)$에 평행한 직선이 점 $(1, a)$를 지날 때, 실수 a의 값은?

① $-\dfrac{3}{2}$ ② $-\dfrac{3}{4}$ ③ $-\dfrac{1}{2}$

④ $\dfrac{1}{2}$ ⑤ $\dfrac{3}{4}$

316

점 $(2, 3)$을 지나고 직선 $2(x+3)=-(y-2)$에 수직인 직선이 두 점 $(a, 2)$, $(-2, b)$를 지날 때, $a+b$의 값은?

① -3 ② -1 ③ 0
④ 1 ⑤ 3

317

점 $(1, 3)$을 지나고 벡터 $\vec{n}=(3, 1)$에 수직인 직선과 점 $(1, -2)$를 지나고 벡터 $\vec{u}=(2, -1)$에 평행한 직선이 점 (a, b)에서 만날 때, $a-b$의 값은?

① -6 ② -3 ③ 0
④ 3 ⑤ 6

318

두 점 $A(-2, 4)$, $B(0, 2)$에 대하여 선분 AB의 수직이등분선과 x축 및 y축으로 둘러싸인 삼각형의 넓이는?

① 2 ② 4 ③ 6
④ 8 ⑤ 10

319

두 점 $A(3, -2)$, $B(5, -1)$을 지나는 직선과 직선 $\dfrac{x+3}{2}=\dfrac{y+1}{-3}$의 교점의 좌표를 (a, b)라 할 때, ab의 값은?

① -5 ② -4 ③ -1
④ 1 ⑤ 4

320

직선 $\dfrac{x-2}{4}=\dfrac{y+1}{3}$이 x축과 이루는 예각의 크기를 α, y축과 이루는 예각의 크기를 β라 할 때, $\dfrac{\cos\alpha}{\cos\beta}$의 값은?

① $\dfrac{1}{2}$ ② $\dfrac{3}{4}$ ③ $\dfrac{4}{3}$

④ $\dfrac{5}{3}$ ⑤ $\dfrac{7}{3}$

321

두 점 $A(-2, t)$, $B(3, -t)$를 지나는 직선과 직선 $\dfrac{x+5}{-4}=\dfrac{y-3}{5}$이 서로 수직일 때, t의 값은?

① -2 ② -1 ③ 0
④ 1 ⑤ 2

322

두 직선 $x+2y+2=0$, $3x-6y-10=0$이 이루는 각의 크기를 θ $(0° \leq \theta \leq 90°)$라 할 때, $10(\sin\theta+\cos\theta)$의 값을 구하여라.

323

점 $A(-4, 6)$에서 직선 $l : \dfrac{x-3}{5} = \dfrac{y-1}{7}$에 내린 수선의 발을 H라 할 때, 점 H의 좌표는 (a, b)이다. $a+b$의 값은?

① $\dfrac{3}{2}$ 　　　② 2 　　　③ $\dfrac{5}{2}$

④ 3 　　　⑤ 4

324

두 점 $A(0, 6)$, $B(2, 8)$과 점 P의 위치벡터를 각각 $\vec{a}, \vec{b}, \vec{p}$라 할 때, $(\vec{p}-\vec{a}) \boldsymbol{\cdot} (\vec{p}-\vec{b}) = 0$을 만족시키는 점 P가 나타내는 도형의 넓이는?

① $\dfrac{\pi}{2}$ 　　　② $\dfrac{2}{3}\pi$ 　　　③ π

④ $\dfrac{3}{2}\pi$ 　　　⑤ 2π

325

점 $A(4, 10)$과 점 P의 위치벡터를 각각 $\vec{a}, \vec{p}$라 할 때, $\vec{p} \boldsymbol{\cdot} (\vec{p}-\vec{a}) = 0$을 만족시키는 점 P가 나타내는 도형이 x축과 만나는 두 점을 각각 B, C라 하자. 삼각형 ABC의 넓이는?

① 20 　　　② 24 　　　③ 28

④ 32 　　　⑤ 36

326

세 점 $A(0, 2)$, $B(6, 2)$, $C(3, 5)$와 점 P의 위치벡터를 각각 $\vec{a}, \vec{b}, \vec{c}, \vec{p}$라 할 때,
$$(\vec{p}-\vec{a}) \boldsymbol{\cdot} (\vec{p}-\vec{b}) = 0$$
을 만족시키는 점 P가 나타내는 도형의 넓이를 이등분하는 직선 중 직선 AC와 평행한 직선을 l이라 하자. 직선 l과 직선 AC 사이의 거리를 d라 할 때, d의 값은?

① $\sqrt{2}$ 　　　② $\dfrac{3}{2}$ 　　　③ 2

④ $\dfrac{3\sqrt{2}}{2}$ 　　　⑤ $3\sqrt{2}$

327

두 점 $A(-2, 2)$, $B(2, 2)$와 점 P의 위치벡터를 각각 $\vec{a}, \vec{b}, \vec{p}$라 할 때, $|\vec{p}-\vec{a}| = 3$이 성립한다. $|\vec{p}-\vec{b}|$의 최댓값을 M, 최솟값을 m이라 할 때, $M+m$의 값은?

① $\sqrt{2}$ 　　　② 3 　　　③ $2\sqrt{2}$

④ 6 　　　⑤ 8

328

점 $C(2, 1)$과 점 P의 위치벡터를 각각 $\vec{c}, \vec{p}$라 할 때,
$$(\vec{p}-\vec{c}) \boldsymbol{\cdot} (\vec{p}-\vec{c}) = 16$$
을 만족시키는 점 P에 대하여 $|\vec{p}|$의 최댓값은 $a+b\sqrt{5}$이다. 유리수 a, b에 대하여 $a+b$의 값은?

① 3 　　　② 5 　　　③ 7

④ 9 　　　⑤ 11

329

두 점 $A(-1, 2)$, $B(2, 1)$을 지나는 직선 l이 있다. 점 $C(2, -1)$에서 직선 l에 내린 수선의 발을 H라 할 때, 두 점 C, H를 지나는 직선의 방정식은 $ax-y-b=0$이다. 상수 a, b에 대하여 $a+b$의 값을 구하여라.

330

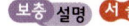

점 $A(2, 3)$에 대하여 점 P가 $|\overrightarrow{AP}| = \sqrt{2}$를 만족시킨다. $\overrightarrow{OA} \boldsymbol{\cdot} \overrightarrow{OP}$의 최댓값을 M, 최솟값을 m이라 할 때, Mm의 값을 구하여라. (단, O는 원점이다.)

Ⅲ 공간도형과 공간좌표

➕ 개념 plus

◆ 평면의 결정 조건
① 한 직선 위에 있지 않은 세 점
② 한 직선과 그 직선 위에 있지 않은 한 점
③ 한 점에서 만나는 두 직선
④ 평행한 두 직선

㉠ 공간에서 두 직선이 만나지도 않고 평행하지도 않은 경우에 두 직선이 꼬인 위치에 있다고 한다.

◆ 꼬인 위치에 있는 두 직선이 이루는 각
두 직선 l, m이 꼬인 위치에 있을 때, 직선 l을 직선 m과 한 점에서 만나도록 평행이동한 직선 l'과 직선 m이 이루는 각 중 크기 않은 것을 두 직선 l, m이 이루는 각이라 한다.

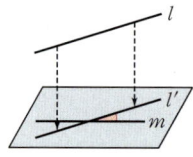

㉡ 직선 l이 평면 α와 수직임을 보이려면 직선 l이 평면 α 위의 평행하지 않은 두 직선과 수직임을 보이면 된다.

◆ 직선과 평면이 이루는 각
직선 l이 평면 α와 만나는 점을 O, 직선 l 위의 임의의 점 P에서 평면 α에 내린 수선의 발을 H라 할 때, $\angle POH$를 직선 l과 평면 α가 이루는 각이라 한다.

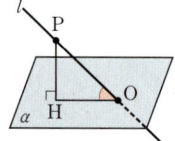

◆ 위치 관계 〔유형 050~051〕

(1) 서로 다른 두 직선의 위치 관계
　① 한 점에서 만난다.　② 평행하다.　③ 꼬인 위치에 있다. ㉠
(2) 직선과 평면의 위치 관계
　① 포함된다.　② 한 점에서 만난다.　③ 평행하다.
(3) 서로 다른 두 평면의 위치 관계
　① 만난다.　② 평행하다.

◆ 평행과 수직 〔유형 052~053, 055〕

(1) 직선과 평면의 평행
　① 두 직선 l, m이 평행할 때, 직선 l을 포함하고 직선 m을 포함하지 않는 평면 α는 직선 m과 평행하다.
　② 직선 l과 평면 α가 평행할 때, 직선 l을 포함하는 평면 β와 평면 α의 교선 m은 직선 l과 평행하다.
　③ 평면 α 위에 있지 않은 한 점 P를 지나고 평면 α에 평행한 두 직선 l, m에 의하여 결정되는 평면 β는 평면 α와 평행하다.
(2) 직선과 평면의 수직
　직선 l이 평면 α와 점 O에서 만나고, 점 O를 지나는 평면 α 위의 모든 직선이 직선 l과 수직일 때, 직선 l과 평면 α는 수직이라 하고, 이것을 기호로 $l \perp \alpha$와 같이 나타낸다. ㉡

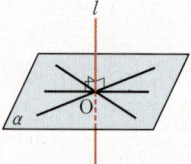

◆ 삼수선의 정리 〔유형 054〕

평면 α 위에 있지 않은 한 점 P와 평면 α 위의 점 O를 지나지 않는 직선 l, 직선 l 위의 한 점 H에 대하여 다음이 성립한다.
① $\overline{PO} \perp \alpha$, $\overline{OH} \perp l$이면 $\overline{PH} \perp l$
② $\overline{PO} \perp \alpha$, $\overline{PH} \perp l$이면 $\overline{OH} \perp l$
③ $\overline{PH} \perp l$, $\overline{OH} \perp l$, $\overline{PO} \perp \overline{OH}$이면 $\overline{PO} \perp \alpha$

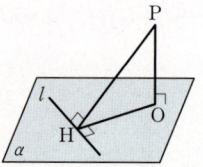

◆ 이면각 〔유형 056〕

이면각의 변 l 위의 한 점 O를 지나고 직선 l에 수직인 반직선 OA, OB를 반평면 α, β 위에 각각 그었을 때, $\angle AOB$의 크기를 이면각의 크기라 한다.

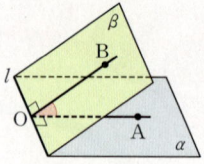

◆ 직선 l을 공유하는 두 반평면 α, β로 이루어진 도형을 이면각이라 하고, 직선 l을 이면각의 변, 두 반평면 α, β를 각각 이면각의 면이라 한다.

◆ 두 평면이 만나면 크기가 같은 두 쌍의 이면각이 생긴다. 이 중에서 크기가 크지 않은 쪽의 각을 두 평면이 이루는 각이라 한다.

◆ 정사영 〔유형 057~060〕

(1) 선분 AB의 평면 α 위로의 정사영을 선분 $A'B'$이라 하고, 직선 AB와 평면 α가 이루는 각의 크기를 θ $(0° \leq \theta \leq 90°)$라 하면
$$\overline{A'B'} = \overline{AB}\cos\theta$$

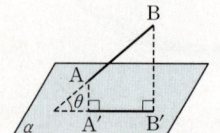

(2) 평면 β 위에 있는 도형의 넓이를 S, 이 도형의 평면 α 위로의 정사영의 넓이를 S'이라 하고, 두 평면 α, β가 이루는 각의 크기를 θ $(0° \leq \theta \leq 90°)$라 하면
$$S' = S\cos\theta$$

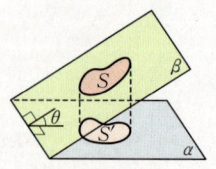

◆ 평면 α 위에 있지 않은 한 점 P에서 평면 α에 내린 수선의 발을 P'이라 할 때, 점 P'을 점 P의 평면 α 위로의 정사영이라 한다. 일반적으로 직선의 평면 위로의 정사영은 한 점 또는 직선이고, 다각형의 평면 위로의 정사영은 선분 또는 다각형이다.

✚ 개념 콕콕 ✚

1 위치 관계

331

공간에서 어느 네 점도 한 평면 위에 있지 않고, 어느 세 점도 한 직선 위에 있지 않은 서로 다른 여섯 개의 점으로 만들 수 있는 서로 다른 평면의 개수를 구하여라.

332

오른쪽 그림과 같은 삼각기둥에서 다음을 구하여라.

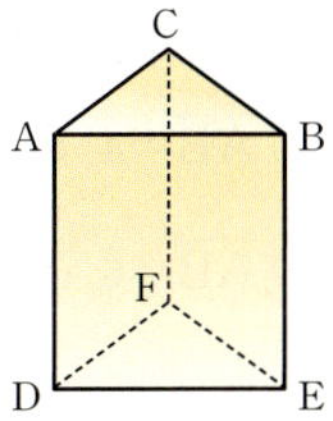

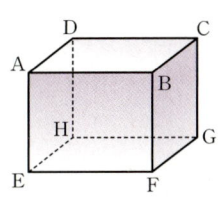

(1) 모서리 AB와 한 점에서 만나는 모서리

(2) 모서리 AB와 평행한 모서리

(3) 모서리 AB와 꼬인 위치에 있는 모서리

333

오른쪽 그림과 같은 직육면체에서 다음을 구하여라.

(1) 모서리 BF를 포함하는 면

(2) 모서리 BF와 한 점에서 만나는 면

(3) 모서리 BF와 평행한 면

(4) 면 AEFB와 만나는 면

(5) 면 AEFB와 평행한 면

2 평행과 수직

334

오른쪽 그림과 같은 정육면체에서 다음 두 직선이 이루는 각의 크기를 구하여라.

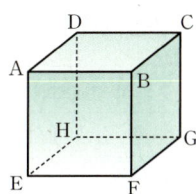

(1) 직선 AB와 직선 DH

(2) 직선 AD와 직선 FH

(3) 직선 AF와 직선 ED

335

오른쪽 그림과 같은 정육면체에서 모서리 AE와 면 EFGH가 이루는 각의 크기를 구하여라.

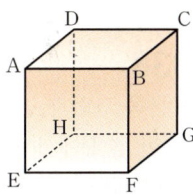

336

다음은 오른쪽 그림과 같은 정사면체에서 모서리 AB의 중점을 M이라 할 때, $\overline{AB} \perp \overline{CD}$임을 증명하는 과정이다.

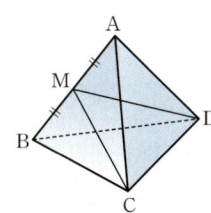

△ABC, △ABD는 정삼각형이고, 점 M은 $\overline{AB}$의 중점이므로
$\overline{AB} \perp \overline{CM}$, $\overline{AB} \perp$ [(가)]
즉, $\overline{AB}$는 평면 MCD 위의 평행하지 않은 두 직선과 각각 수직이므로
$\overline{AB} \perp$ (평면 [(나)])
그런데 $\overline{CD}$는 평면 [(나)] 위에 있으므로
$\overline{AB} \perp \overline{CD}$

이때, (가), (나)에 들어갈 알맞은 것을 구하여라.

개념 콕콕

3 삼수선의 정리

337

다음은 삼수선의 정리를 증명하는 과정이다.

> 오른쪽 그림과 같이 평면 α 위에 있지 않 은 한 점 P에서 평면 α에 내린 수선의 발 을 O라 하고, 점 O에서 평면 α 위의 점 O 를 지나지 않는 직선 l에 내린 수선의 발 을 H라 하자.
>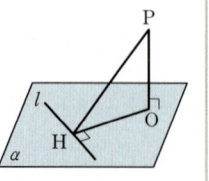
> 이때, $\overline{PO} \perp \alpha$이고, 직선 l은 평면 α 위의 직선이므로
> $\boxed{(가)} \perp l$
> 또한 $\overline{OH} \perp l$이므로 $l \perp$ (평면 $\boxed{(나)}$)
> 그런데 $\overline{PH}$는 평면 $\boxed{(나)}$ 위에 있으므로
> $\overline{PH} \perp l$

이때, (가), (나)에 들어갈 알맞을 것을 구하여라.

338

오른쪽 그림과 같이 평면 α 위에 있지 않 은 한 점 P에서 평면 α에 내린 수선의 발 을 O, 점 O에서 평면 α 위의 직선 AB에 내린 수선의 발을 H라 하자. $\overline{PO}=3$, $\overline{OH}=2$, $\overline{AH}=3$일 때, $\overline{PA}$의 길이를 구하 여라.

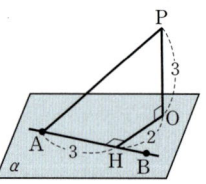

4 이면각

339

다음은 정사면체의 이웃한 두 면이 이루는 각의 크기 θ에 대하여 $\cos\theta$의 값을 구하는 과정이다.

> 오른쪽 그림과 같이 꼭짓점 A에서 밑면 BCD에 내린 수선의 발을 H라 하면 점 H는 삼각형 BCD의 무게중심이다.
> 모서리 BC의 중점을 M이라 하면
> $\overline{AM} \perp \overline{BC}$, $\overline{HM} \perp \overline{BC}$
>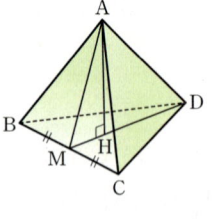
> 이므로 $\theta = \boxed{(가)}$
> 정사면체의 한 모서리의 길이를 a라 하면
> $\overline{AM}=\overline{DM}=\boxed{(나)}$, $\overline{HM}=\dfrac{1}{3}\overline{DM}=\boxed{(다)}$
> 이므로 직각삼각형 AMH에서
> $\cos\theta = \boxed{(라)}$

이때, (가)~(라)에 들어갈 알맞은 것을 구하여라.

5 정사영

340

오른쪽 그림과 같은 직육면체에서 다음 을 구하여라.

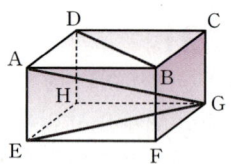

(1) 점 C의 평면 AEFB 위로의 정사영

(2) 선분 BD의 평면 EFGH 위로의 정사영

(3) 삼각형 AEG의 평면 AEHD 위로의 정사영

341

선분 AB의 평면 α 위로의 정사영을 선분 A′B′이라 하고, 직선 AB가 평면 α와 이루는 각의 크기를 θ라 할 때, 다음을 구하여라.

(1) $\overline{AB}=4$, $\theta=60°$일 때, $\overline{A'B'}$의 길이

(2) $\overline{AB}=6$, $\overline{A'B'}=3\sqrt{3}$일 때, θ의 크기

342

두 평면 α, β가 이루는 각의 크기가 30°이고 평면 β 위에 반지름 의 길이가 2인 원이 있다. 이 원의 평면 α 위로의 정사영의 넓이 를 구하여라.

343

평면 β 위에 한 변의 길이가 4인 정삼각형이 있다. 이 정삼각형의 평면 α 위로의 정사영의 넓이가 $2\sqrt{6}$일 때, 두 평면 α, β가 이루는 각의 크기를 구하여라.

⊕ 유형 콕콕 ⊕

050
한 직선 위에 있지 않은 **세 점**을 포함하는 **평면**은 **단 하나**로 결정된다!

다음과 같은 경우에 평면이 단 하나로 결정된다.

(1) 한 직선 위에 있지 않은 세 점

(2) 한 직선과 그 직선 위에 있지 않은 한 점

(3) 한 점에서 만나는 두 직선

(4) 평행한 두 직선

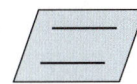

---

344 **BOB 대표**

오른쪽 그림과 같은 정육면체에서 네 꼭짓점 A, C, E, G와 두 직선 DF, FH로 결정되는 서로 다른 평면의 개수는?

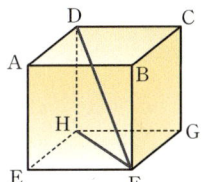

① 5   ② 6   ③ 7
④ 8   ⑤ 9

---

345 **하**

오른쪽 그림과 같은 삼각기둥에 대하여 〈보기〉에서 한 평면을 결정하는 것만을 있는 대로 고른 것은?

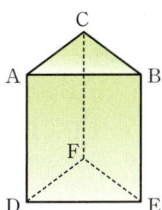

보기

ㄱ. 세 점 A, B, F
ㄴ. 점 B와 직선 CD
ㄷ. 직선 AB와 직선 EF

① ㄱ   ② ㄷ   ③ ㄱ, ㄴ
④ ㄴ, ㄷ   ⑤ ㄱ, ㄴ, ㄷ

---

346 **중**   서술형

공간에 7개의 점이 있다. 직선 l 위에 있는 3개의 점을 제외한 어느 네 점도 한 평면 위에 있지 않고, 어느 세 점도 한 직선 위에 있지 않을 때, 이들 서로 다른 7개의 점으로 만들 수 있는 서로 다른 평면의 개수를 구하여라.

051
만나지도 않고 평행하지도 않은 두 직선은 **꼬인 위치**에 있다!

공간에서 서로 다른 두 직선의 위치 관계는 다음과 같다.

(1) 한 점에서 만난다.

(2) 평행하다. ($l /\!/ m$)

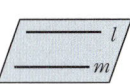

(3) 꼬인 위치에 있다.

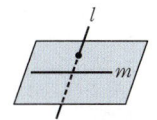

└── 한 평면 위에 있다. ──┘   한 평면 위에 있지 않다.

---

347 **BOB 대표**   보충 설명

오른쪽 그림과 같은 삼각기둥의 6개의 꼭짓점 중 서로 다른 두 점을 지나는 직선은 모두 a개이고, 그중에서 직선 AB와 꼬인 위치에 있는 직선은 b개이다. 이때, $a+b$의 값을 구하여라.

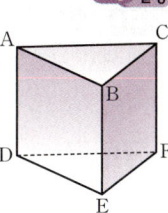

---

348 **중**

오른쪽 그림과 같은 사면체에서 면 ABC, 면 ACD의 무게중심을 각각 P, Q라 하자. 〈보기〉에서 두 직선이 꼬인 위치에 있는 것만을 있는 대로 골라라.

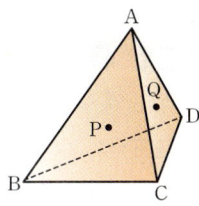

보기

ㄱ. 직선 AD와 직선 BC
ㄴ. 직선 CD와 직선 BQ
ㄷ. 직선 PQ와 직선 BD

---

349 **중**

오른쪽 그림과 같이 모든 모서리의 길이가 같은 정사각뿔에서 면 ABE, 면 ACD의 무게중심을 각각 F, G라 하자. 이 정사각뿔의 각 모서리의 연장선 중에서 직선 FG와 꼬인 위치에 있는 직선의 개수를 구하여라.

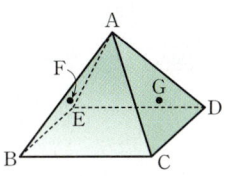

유형 052 직선과 평면의 위치 관계는 직육면체에서 생각하자!

공간에서 직선과 평면의 위치 관계는 다음과 같다.

(1) 포함된다.　(2) 한 점에서 만난다.　(3) 평행하다. $(l /\!/ \alpha)$

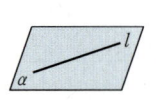　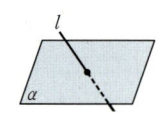　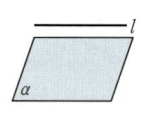

만난다.　만나지 않는다.

350 BOB 대표

공간에서 서로 다른 두 직선 l, m과 서로 다른 세 평면 α, β, γ에 대하여 〈보기〉에서 옳은 것만을 있는 대로 고른 것은?

보기

ㄱ. $l \perp \alpha$, $m \perp \alpha$이면 $l /\!/ m$

ㄴ. $\alpha \perp \beta$, $\alpha \perp \gamma$이면 $\beta /\!/ \gamma$

ㄷ. $l /\!/ \alpha$, $\alpha \perp \beta$이면 $l \perp \beta$

① ㄱ　　② ㄴ　　③ ㄷ

④ ㄱ, ㄴ　　⑤ ㄴ, ㄷ

351 중

〈보기〉에서 옳은 것만을 있는 대로 고른 것은?

보기

ㄱ. 한 직선에 평행한 서로 다른 두 직선은 서로 평행하다.

ㄴ. 한 직선에 수직인 서로 다른 두 평면은 서로 평행하다.

ㄷ. 한 평면에 평행한 서로 다른 두 직선은 서로 수직이다.

① ㄱ　　② ㄴ　　③ ㄱ, ㄴ

④ ㄱ, ㄷ　　⑤ ㄱ, ㄴ, ㄷ

352 상

꼬인 위치에 있는 두 직선 l, m에 대하여 〈보기〉에서 옳은 것만을 있는 대로 고른 것은?

보기

ㄱ. 두 직선 l, m에 모두 평행한 서로 다른 두 평면은 서로 평행하다.

ㄴ. 직선 l과 수직인 직선은 직선 m과도 수직이다.

ㄷ. 직선 l과 수직인 평면은 직선 m과도 수직이다.

① ㄱ　　② ㄷ　　③ ㄱ, ㄴ

④ ㄴ, ㄷ　　⑤ ㄱ, ㄴ, ㄷ

유형 053 꼬인 위치에 있는 두 직선이 이루는 각은 평행이동하여 생각하자!

꼬인 위치에 있는 두 직선 l, m이 이루는 각의 크기를 구할 때에는 직선 l을 직선 m과 한 점에서 만나도록 평행이동한 직선 l'을 찾아 두 직선 l', m이 이루는 각의 크기를 구한다.

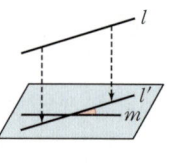

353 BOB 대표

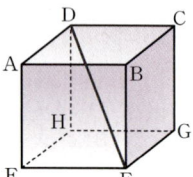

오른쪽 그림과 같은 정육면체에서 직선 DF와 직선 HG가 이루는 각의 크기를 θ라 할 때, $\cos\theta$의 값은?

① $\dfrac{1}{4}$　　② $\dfrac{1}{3}$　　③ $\dfrac{1}{2}$

④ $\dfrac{\sqrt{2}}{2}$　　⑤ $\dfrac{\sqrt{3}}{3}$

354 하

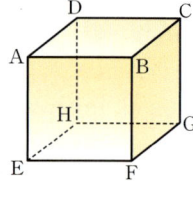

오른쪽 그림과 같은 정육면체에 대하여 〈보기〉에서 옳은 것만을 있는 대로 골라라.

보기

ㄱ. $\overline{AB} \perp \overline{CG}$　　ㄴ. $\overline{AC} \perp \overline{HF}$

ㄷ. $\overline{CF} \perp \overline{EG}$　　ㄹ. $\overline{DE} \perp \overline{HG}$

355 중　다른 풀이

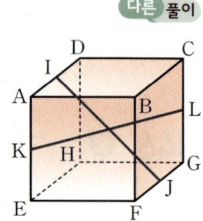

오른쪽 그림과 같은 정육면체에서 네 모서리 AD, FG, AE, CG의 중점을 각각 I, J, K, L이라 하자. 이때, 두 직선 IJ, KL이 이루는 각의 크기를 구하여라.

유형

054

공간에서 **수선의 발**을 내릴 때에는 **삼수선의 정리**를 떠올리자!

평면 α 위에 있지 않은 한 점 P와 평면 α 위의 점 O를 지나지 않는 직선 l, 직선 l 위의 한 점 H에 대하여 다음이 성립한다.

(1) $\overline{PO}\perp\alpha$, $\overline{OH}\perp l$ ➡ $\overline{PH}\perp l$
(2) $\overline{PO}\perp\alpha$, $\overline{PH}\perp l$ ➡ $\overline{OH}\perp l$
(3) $\overline{PH}\perp l$, $\overline{OH}\perp l$, $\overline{PO}\perp\overline{OH}$ ➡ $\overline{PO}\perp\alpha$

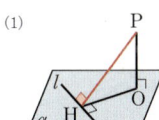 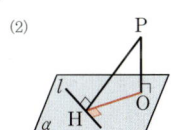 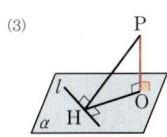

356 [BOB 대표]

오른쪽 그림과 같이 평면 α 위에 길이가 3인 선분 AB가 있다. 평면 α 위에 있지 않은 한 점 P에서 평면 α에 내린 수선의 발이 H이고, 점 H에서 선분 AB에 내린 수선의 발이 점 B와 일치하였다. $\overline{PH}=5$, $\overline{HB}=2$일 때, $\overline{PA}$의 길이는?

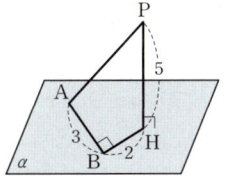

① $2\sqrt{5}$ ② $\sqrt{26}$ ③ $4\sqrt{2}$
④ $\sqrt{38}$ ⑤ $5\sqrt{2}$

357 [하]

오른쪽 그림과 같이 평면 α 위에 있지 않은 한 점 P에서 평면 α에 내린 수선의 발을 O, 점 O에서 평면 α 위의 직선 AB에 내린 수선의 발을 H라 하자. $\overline{PA}=5$, $\overline{PO}=3$, $\overline{AH}=2$일 때, $\overline{OH}$의 길이를 구하여라.

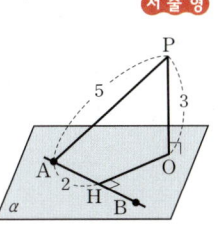

358 [하]

오른쪽 그림과 같이 공간에서 세 선분 OA, OB, OC가 서로 수직으로 만나고 그 길이가 각각 20, 15, 5이다. 점 C에서 선분 AB에 내린 수선의 발을 H라 할 때, $\overline{CH}$의 길이는?

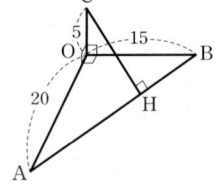

① 13   ② 14
③ 15   ④ 16   ⑤ 17

359 [중]

오른쪽 그림과 같이 $\overline{AB}=4$, $\overline{AD}=3$, $\overline{AE}=1$인 직육면체에서 삼각형 DEG의 넓이는?

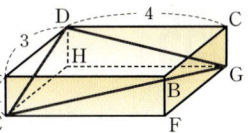

① $\dfrac{11}{2}$ ② 6
③ $\dfrac{13}{2}$ ④ 7   ⑤ $\dfrac{15}{2}$

360 [중]

평면 α 위에 $\angle A=90°$이고 $\overline{BC}=8$인 직각이등변삼각형 ABC가 있다. 평면 α 위에 있지 않은 한 점 P에서 평면 α에 내린 수선의 발이 점 A이고, 점 P에서 평면 α까지의 거리가 3일 때, 점 P에서 직선 BC까지의 거리는?

① $3\sqrt{2}$ ② 5   ③ $3\sqrt{3}$
④ $4\sqrt{2}$ ⑤ 6

361 [중]

오른쪽 그림과 같이 두 평면 α, β는 서로 수직이고, 두 평면의 교선은 직선 l이다. 이때, 평면 α 위의 직선 m과 평면 β 위의 직선 n이 직선 l 위의 점 P에서 만나고 직선 l과 이루는 각의 크기가 각각 60°, 45°이다. 두 직선 m, n이 이루는 각의 크기를 θ라 할 때, $\cos\theta$의 값을 구하여라.

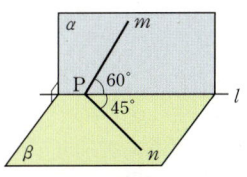

유형
055
직선과 평면이 이루는 각은 직선 위의 점에서 평면에 수선의 발을 내려라!

직선 AB와 평면 α가 이루는 각의 크기를 θ, 점 B에서 평면 α에 내린 수선의 발을 H라 하면
$$\theta = \angle BAH$$

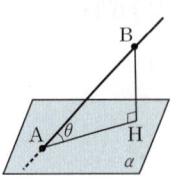

362 BOB 대표

오른쪽 그림과 같은 정사면체에서 직선 AD와 평면 BCD가 이루는 각의 크기를 θ라 할 때, $\cos\theta$의 값은?

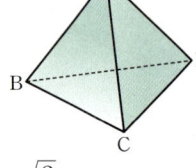

① $\dfrac{1}{3}$ ② $\dfrac{\sqrt{6}}{6}$

③ $\dfrac{1}{2}$ ④ $\dfrac{\sqrt{3}}{3}$ ⑤ $\dfrac{\sqrt{2}}{2}$

363 중

오른쪽 그림과 같이 밑면이 정사각형인 정사각뿔에서 $\overline{AD}=a$, $\overline{CD}=1$이다. 직선 AC와 평면 BCDE가 이루는 각의 크기가 60°일 때, a의 값은?

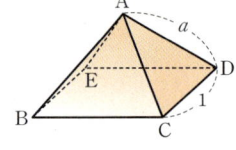

① $\dfrac{\sqrt{2}}{4}$ ② $\dfrac{\sqrt{2}}{2}$ ③ $\sqrt{2}$

④ $\dfrac{3\sqrt{2}}{2}$ ⑤ $2\sqrt{2}$

364 중

오른쪽 그림과 같이 모든 모서리의 길이가 2인 정사각뿔에서 모서리 AD의 중점을 M이라 하자. 직선 CM과 평면 BCDE가 이루는 각의 크기를 θ라 할 때, $\cos\theta$의 값을 구하여라.

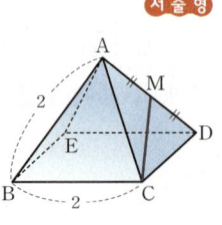

유형
056
교선에 수직인 두 반직선이 이루는 각의 크기가 이면각의 크기이다!

두 평면 α, β가 이루는 각의 크기 θ
➡ 두 평면 α, β의 교선 위의 한 점 H에서 교선과 수직으로 각 평면에 직선 AH, BH를 그으면
$$\theta = \angle AHB$$

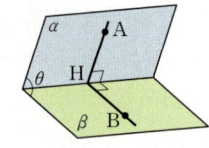

365 BOB 대표

오른쪽 그림과 같은 직육면체에서 $\overline{AD}=2$, $\overline{AE}=1$, $\overline{EF}=3$이다. 평면 DEG와 평면 EFGH가 이루는 각의 크기를 θ라 할 때, $\cos\theta$의 값은?

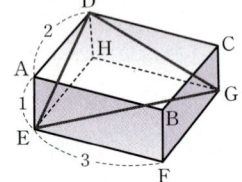

① $\dfrac{3}{4}$ ② $\dfrac{4}{5}$

③ $\dfrac{5}{6}$ ④ $\dfrac{6}{7}$ ⑤ $\dfrac{7}{8}$

366 중

오른쪽 그림과 같이 밑면이 정사각형이고 옆면이 모두 정삼각형인 정사각뿔에서 평면 ABC와 평면 BCDE가 이루는 각의 크기를 θ라 할 때, $\cos\theta$의 값은?

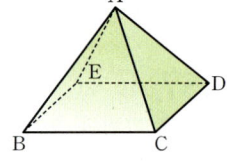

① $\dfrac{\sqrt{2}}{2}$ ② $\dfrac{\sqrt{3}}{3}$

③ $\dfrac{1}{2}$ ④ $\dfrac{\sqrt{5}}{5}$ ⑤ $\dfrac{\sqrt{6}}{6}$

367 상 서술형

오른쪽 그림과 같은 정육면체에서 평면 AFC와 평면 AHC가 이루는 각의 크기를 θ라 할 때, $\cos\theta$의 값을 구하여라.

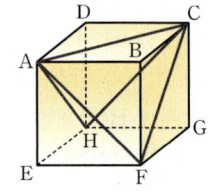

유형

057 정사영은 그림자가 아니라 수선의 발이다!

선분 AB의 평면 α 위로의 정사영을 선분 A′B′이라 하고, 직선 AB와 평면 α가 이루는 각의 크기를 θ $(0° \le \theta \le 90°)$라 하면

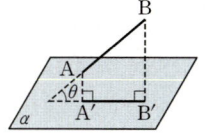

$$\overline{A'B'} = \overline{AB}\cos\theta, \quad \cos\theta = \frac{\overline{A'B'}}{\overline{AB}}$$

368 BOB 대표

오른쪽 그림과 같이 한 모서리의 길이가 2인 정육면체에서 선분 MF는 선분 AF의 평면 DHFB 위로의 정사영이다. 각 AFM의 크기를 구하여라.

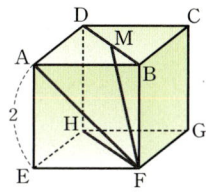

369 하

오른쪽 그림과 같이 밑면의 반지름의 길이가 1이고 높이가 4인 원기둥에서 선분 AB의 밑면 위로의 정사영은 밑면의 지름 AC이다. 직선 AB와 밑면이 이루는 각의 크기를 θ라 할 때, $\cos\theta$의 값은?
(단, 점 B는 밑면인 원 위의 점이다.)

① $\dfrac{1}{5}$ ② $\dfrac{\sqrt{2}}{5}$ ③ $\dfrac{\sqrt{3}}{5}$

④ $\dfrac{2}{5}$ ⑤ $\dfrac{\sqrt{5}}{5}$

370 중

오른쪽 그림과 같이 한 모서리의 길이가 3인 정사면체에서 모서리 BC, AD의 중점을 각각 M, N이라 하자. 선분 MN의 평면 BCD 위로의 정사영의 길이를 구하여라.

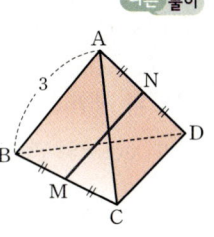
다른 풀이

유형

058 두 평면이 이루는 각의 크기를 알면 정사영의 넓이를 구할 수 있다!

평면 β 위에 있는 도형의 넓이를 S, 이 도형의 평면 α 위로의 정사영의 넓이를 S'이라 하고, 두 평면 α, β가 이루는 각의 크기를 θ $(0° \le \theta \le 90°)$라 하면

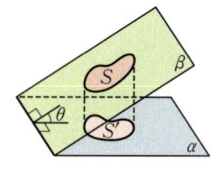

$$S' = S\cos\theta$$

371 BOB 대표

오른쪽 그림과 같이 한 모서리의 길이가 2인 정육면체에서 모서리 CG의 중점을 I라 할 때, 삼각형 FGH의 평면 FIH 위로의 정사영의 넓이는?

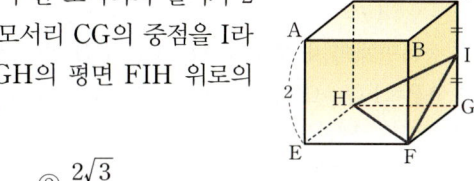
다른 풀이

① $\dfrac{\sqrt{3}}{2}$ ② $\dfrac{2\sqrt{3}}{3}$

③ $\dfrac{2\sqrt{6}}{3}$ ④ $\sqrt{6}$ ⑤ 3

372 중

오른쪽 그림과 같이 한 모서리의 길이가 2인 정사면체에서 모서리 AD의 중점을 M이라 할 때, 삼각형 MBC의 평면 ABC 위로의 정사영의 넓이는?

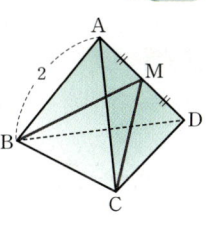
다른 풀이

① $\dfrac{\sqrt{3}}{3}$ ② $\dfrac{\sqrt{6}}{3}$

③ 1 ④ $\dfrac{2\sqrt{3}}{3}$ ⑤ $\dfrac{4\sqrt{3}}{3}$

373 중

밑면의 반지름의 길이가 4, 높이가 12인 원기둥 모양의 컵에 높이가 9만큼 물이 채워져 있다. 이 컵을 천천히 기울일 때, 컵에 들어 있는 물이 쏟아지기 직전의 수면의 넓이를 구하여라.
(단, 컵의 두께는 무시한다.)

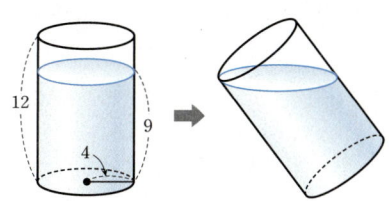

유형 059
정사영의 넓이를 이용하여 두 평면이 이루는 각의 크기를 구할 수 있다!

두 평면 α, β가 이루는 각의 크기가 θ이고, 평면 β 위의 도형 F의 평면 α 위로의 정사영을 F'이라 하면

$$(F'의 넓이) = (F의 넓이) \times \cos\theta$$
$$\therefore \cos\theta = \frac{(F'의 넓이)}{(F의 넓이)}$$

374 BOB 대표

오른쪽 그림과 같이 한 모서리의 길이가 3인 정육면체의 세 모서리 AB, EF, CD 위에 $\overline{AP}=\overline{FQ}=\overline{CR}=1$인 세 점 P, Q, R가 있다. 평면 PQR와 평면 BFGC가 이루는 각의 크기를 θ라 할 때, $\cos\theta$의 값은?

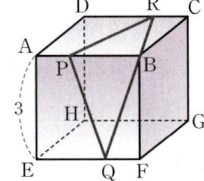

① $\dfrac{\sqrt{11}}{33}$ ② $\dfrac{\sqrt{11}}{22}$ ③ $\dfrac{\sqrt{11}}{11}$

④ $\dfrac{2\sqrt{11}}{11}$ ⑤ $\dfrac{3\sqrt{11}}{11}$

375 하

오른쪽 그림과 같은 정육면체에서 평면 BDH와 평면 AEHD가 이루는 각의 크기를 θ라 할 때, $\cos\theta$의 값은?

다른 풀이

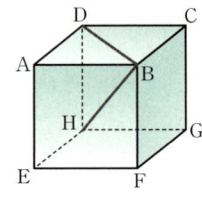

① $\dfrac{1}{3}$ ② $\dfrac{1}{2}$

③ $\dfrac{\sqrt{3}}{3}$ ④ $\dfrac{\sqrt{2}}{2}$

⑤ $\dfrac{\sqrt{3}}{2}$

376 하

오른쪽 그림과 같이 $\overline{AB}=\overline{AD}=2$, $\overline{AE}=1$인 직육면체에서 평면 AFC와 평면 AEFB가 이루는 각의 크기를 θ라 할 때, $\cos\theta$의 값은?

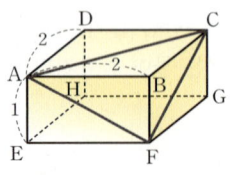

① $\dfrac{\sqrt{6}}{6}$ ② $\dfrac{\sqrt{6}}{5}$ ③ $\dfrac{\sqrt{6}}{4}$

④ $\dfrac{\sqrt{6}}{3}$ ⑤ $\dfrac{2\sqrt{6}}{5}$

377 중

오른쪽 그림과 같이 한 모서리의 길이가 6인 정사면체에서 $\overline{AB}$, $\overline{BC}$, $\overline{CD}$, $\overline{AD}$의 중점을 각각 P, Q, R, S라 하자. 평면 PQRS와 평면 BCD가 이루는 각의 크기를 θ라 할 때, $\cos\theta$의 값은?

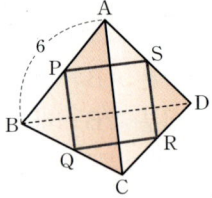

① $\dfrac{\sqrt{3}}{2}$ ② $\dfrac{\sqrt{3}}{3}$ ③ $\dfrac{\sqrt{3}}{6}$

④ $\dfrac{\sqrt{3}}{9}$ ⑤ $\dfrac{\sqrt{3}}{18}$

378 중

오른쪽 그림과 같이 밑면이 한 변의 길이가 2인 정삼각형인 삼각기둥의 세 모서리 AD, BE, CF 위에 각각 세 점 P, Q, R를 $\overline{AP}=2$, $\overline{BQ}=3$, $\overline{CR}=4$가 되도록 잡는다. 평면 PQR와 평면 ABC가 이루는 각의 크기를 θ라 할 때, $\cos\theta$의 값은?

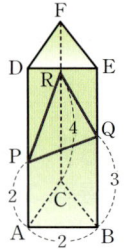

① $\dfrac{\sqrt{2}}{2}$ ② $\dfrac{\sqrt{3}}{3}$

③ $\dfrac{1}{2}$ ④ $\dfrac{\sqrt{5}}{5}$ ⑤ $\dfrac{\sqrt{6}}{6}$

379 중

서술형

오른쪽 그림과 같이 평면 α 밖에 $\overline{AB}=\overline{AC}=4$, $\overline{BC}=2$인 이등변삼각형 ABC가 있다. 이때, 변 BC가 평면 α와 평행하고, 삼각형 ABC의 평면 α 위로의 정사영은 정삼각형이 된다고 한다. 삼각형 ABC와 평면 α가 이루는 각의 크기를 θ라 할 때, $\cos\theta$의 값을 구하여라.

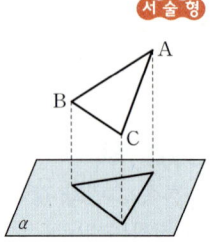

060
빛이 비추는 방향과 수직인 평면을 기준으로 정사영을 생각하자!

지면 위에 반지름의 길이가 r인 구가 있고, 이 구에 지면과 $\theta\,(0°<\theta<90°)$인 각도로 태양광선이 비추고 있다. 이때, 지면에 생기는 구의 그림자의 넓이를 S'이라 하면

$$S'\cos(90°-\theta)=\pi r^2$$

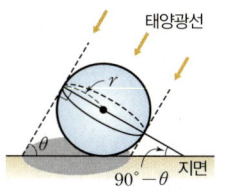

380 BOB 대표

오른쪽 그림과 같이 반지름의 길이가 10인 구가 공중에 떠 있다. 태양광선이 지면과 30°의 각을 이루면서 구를 비출 때, 지면에 생기는 구의 그림자의 넓이는?

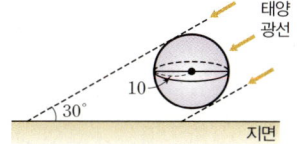

① $100\sqrt{2}\,\pi$ ② $100\sqrt{3}\,\pi$ ③ 200π
④ 240π ⑤ 300π

381 중

오른쪽 그림과 같이 햇빛이 지면과 60°의 각을 이루면서 반지름의 길이가 12 cm인 농구공을 비추고 있다. 이때, 지면에 생기는 농구공의 그림자의 넓이는?

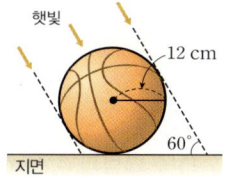

① $150\pi\,\mathrm{cm}^2$ ② $92\sqrt{3}\,\pi\,\mathrm{cm}^2$
③ $160\pi\,\mathrm{cm}^2$ ④ $96\sqrt{3}\,\pi\,\mathrm{cm}^2$
⑤ $180\pi\,\mathrm{cm}^2$

382 중

다음 그림과 같이 길이가 m인 막대를 평면 α 위에 수직이 되도록 놓은 후 평면 α와 30°의 각을 이루는 빛으로 막대를 비춘 그림자의 길이가 12이었다. 이 막대를 그림자의 길이가 0이 되도록 기울였을 때, 막대의 평면 α 위로의 정사영의 길이를 구하여라.

(단, 막대의 두께는 무시한다.)

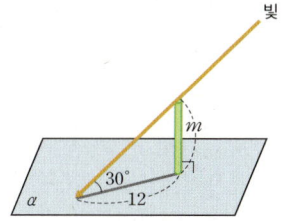

061
공간도형에서 최단 거리는 전개도를 이용하자!

공간도형의 면 위를 움직이는 점이 이동한 최단 거리는 공간도형의 전개도에서 시작점과 끝점을 직선으로 연결한 거리임을 이용한다.

383 BOB 대표

오른쪽 그림과 같이 $\overline{OA}=\overline{OB}=\overline{OC}=2$, $\angle AOB=30°$인 정삼각뿔에서 모서리 OB의 중점을 M이라 하자. 점 B에서 출발하여 두 모서리 OA, OC를 차례대로 거쳐 점 M에 도달하는 최단 거리는?

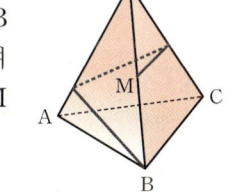

① 2 ② $\sqrt{5}$
③ $\sqrt{6}$ ④ $2\sqrt{2}$ ⑤ 3

384 하

오른쪽 그림과 같이 $\overline{AD}=2$, $\overline{AE}=6$, $\overline{CD}=3$인 직육면체의 꼭짓점 E에서 출발하여 두 모서리 BF, CG를 차례대로 거쳐 꼭짓점 D에 도달하는 최단 거리는?

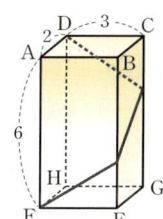

① 8 ② 9
③ 10 ④ 11
⑤ 12

385 중

오른쪽 그림과 같이 밑면의 반지름의 길이가 2이고, 모선의 길이가 8인 원뿔이 있다. 밑면의 둘레 위의 점 A에서 출발하여 원뿔의 옆면을 한 바퀴 돌아 모선 OA를 $1:3$으로 내분하는 점 B에 도달하는 최단 거리를 구하여라.

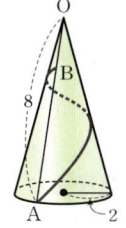

386

오른쪽 그림과 같은 정삼각기둥에서 꼬인 위치에 있는 모서리는 모두 a쌍이다. 또한 모서리 AD의 중점을 M이라 하고 점 M에서 면 BCFE에 내린 수선의 발을 N이라 할 때, 선분 MN과 수직인 모서리는 b개이다. $a+b$의 값을 구하여라.

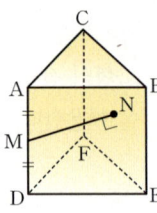

387

공간에서 서로 다른 세 직선 l, m, n과 서로 다른 세 평면 α, β, γ에 대하여 〈보기〉에서 옳은 것만을 있는 대로 고른 것은?

보기
ㄱ. $l \perp m$, $l \perp n$이면 $m /\!/ n$
ㄴ. $l \perp \alpha$, $l /\!/ \beta$이면 $\alpha \perp \beta$
ㄷ. $\alpha \perp \beta$, $\alpha /\!/ \gamma$이면 $\beta \perp \gamma$

① ㄱ   ② ㄴ   ③ ㄷ
④ ㄴ, ㄷ   ⑤ ㄱ, ㄴ, ㄷ

388

오른쪽 그림은 $\overline{AC} = \overline{AE} = \overline{BE}$이고 $\angle DAC = \angle CAB = 90°$인 사면체의 전개도이다. 이 전개도로 사면체를 만들 때, 세 점 D, E, F가 합쳐지는 점을 P라 하자. 사면체 PABC에 대하여 〈보기〉에서 옳은 것만을 있는 대로 고른 것은?

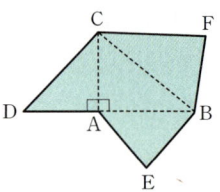

보기
ㄱ. $\overline{CP} = \sqrt{2} \times \overline{BP}$
ㄴ. 직선 AB와 직선 CP는 꼬인 위치에 있다.
ㄷ. 선분 AB의 중점을 M이라 할 때, 직선 PM과 직선 BC는 서로 수직이다.

① ㄱ   ② ㄷ   ③ ㄱ, ㄴ
④ ㄴ, ㄷ   ⑤ ㄱ, ㄴ, ㄷ

389

평면 α 위에 거리가 4인 두 점 A, C와 중심이 C이고 반지름의 길이가 2인 원이 있다. 점 A에서 이 원에 그은 접선의 접점을 B라 하고 점 B를 지나고 평면 α와 수직인 직선 위에 $\overline{BP}=2$가 되는 점을 P라 할 때, 점 C와 직선 AP 사이의 거리를 구하여라.

390

오른쪽 그림과 같이 평면 α 위에 한 변의 길이가 2인 정삼각형 ABC가 있다. 선분 BC의 중점 D와 평면 α 위에 있지 않은 점 E가 다음 조건을 만족시킨다.

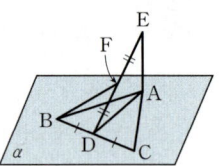

(가) $\overline{AD} = \overline{AE}$
(나) $\overline{AE} \perp \overline{AB}$, $\overline{AE} \perp \overline{AC}$

선분 DE의 중점을 F라 할 때, $\overline{BF}$의 길이를 구하여라.

391

오른쪽 그림과 같이 한 모서리의 길이가 20인 정육면체에서 모서리 AD를 $1 : 3$으로 내분하는 점을 L, 모서리 FG의 중점을 M이라 하자. 점 M에서 선분 LC에 내린 수선의 발을 N이라 할 때, 선분 MN의 길이는?

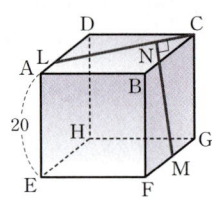

① $8\sqrt{7}$ ② $15\sqrt{2}$ ③ $4\sqrt{29}$
④ $4\sqrt{30}$ ⑤ $7\sqrt{10}$

392

오른쪽 그림과 같은 사면체에서 모서리 CD의 길이는 10, 삼각형 ACD의 넓이는 80이고, 면 BCD와 면 ACD가 이루는 각의 크기는 30°이다. 점 A에서 평면 BCD에 내린 수선의 발을 H라 할 때, 선분 AH의 길이를 구하여라.

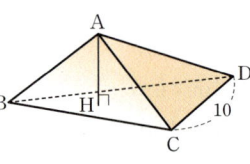

393

오른쪽 그림과 같은 정사면체에서 모서리 AC의 중점을 M이라 하자. 직선 BM과 평면 BCD가 이루는 각의 크기를 θ라 할 때, $\cos\theta$의 값은?

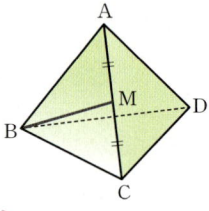

① $\dfrac{\sqrt{7}}{3}$ ② $\dfrac{\sqrt{6}}{3}$
③ $\dfrac{2}{3}$ ④ $\dfrac{\sqrt{3}}{3}$ ⑤ $\dfrac{\sqrt{2}}{3}$

394

오른쪽 그림과 같이 한 모서리의 길이가 1
인 정육면체 ABCD−EFGH와 각 모서
리의 길이가 1인 정사각뿔 P−EFGH가
있다. 평면 PEF와 평면 AEFB가 이루는
각의 크기를 θ라 할 때, $\sin\theta$의 값은?

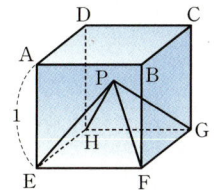

① $\frac{1}{4}$ ② $\frac{1}{3}$ ③ $\frac{\sqrt{2}}{4}$

④ $\frac{\sqrt{2}}{3}$ ⑤ $\frac{\sqrt{3}}{3}$

395

오른쪽 그림과 같이 $\overline{AB}=\overline{AC}=7$, $\overline{BC}=4$,
$\overline{AD}=14$인 삼각기둥에서 사각형 ADFC의 평
면 ADEB 위로의 정사영의 넓이는?

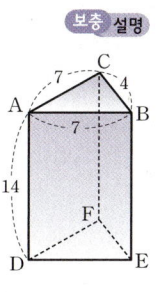

① 78   ② 82   ③ 86
④ 90   ⑤ 94

396

오른쪽 그림과 같이 한 모서리의 길이가 2
인 정사면체에서 세 선분 OA, AB, OC
의 중점을 각각 P, Q, R라 하자. 평면
PQR와 평면 ABC가 이루는 각의 크기를
θ라 할 때, $\cos\theta$의 값을 구하여라.

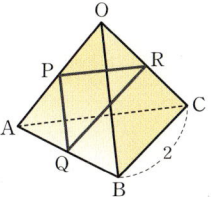

397

오른쪽 그림과 같이 $\overline{AB}=4$, $\overline{AD}=6$인
직사각형 모양의 종이가 있다. 대각선 BD
를 접는 선으로 하여 점 A의 평면 BCD
위로의 정사영이 선분 BC 위에 있도록 접
었을 때, 평면 ABD와 평면 BCD가 이루
는 각의 크기 θ에 대하여 $\cos\theta$의 값을 구하여라.

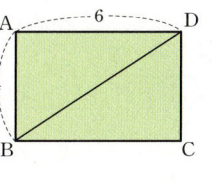

398

오른쪽 그림과 같은 삼각형 모양의 종이에
서 변 AB를 사등분하는 점 중 점 B에 가
장 가까운 점을 D라 하자. 선분 CD를 접
는 선으로 하여 꼭짓점 A의 평면 BCD 위
로의 정사영이 변 BC를 사등분하는 점
중 점 C에 가장 가까운 점이 되도록 접을 때, 평면 ADC와 평면
BCD가 이루는 각의 크기 θ에 대하여 $\cos\theta$의 값은?

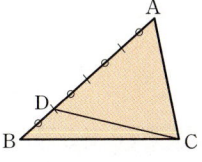

① $\frac{1}{2}$ ② $\frac{1}{3}$ ③ $\frac{1}{6}$

④ $\frac{1}{12}$ ⑤ $\frac{1}{24}$

399

오른쪽 그림과 같이 반지름의 길이가
1, 중심이 O인 원을 밑면으로 하고 높
이가 $2\sqrt{2}$인 원뿔이 평면 α 위에 놓여
있다. 태양광선이 평면 α에 수직인 방
향으로 비출 때, 원뿔의 밑면에 의하
여 평면 α에 생기는 그림자의 넓이를 구하여라.

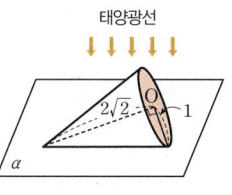

(단, 원뿔의 한 모선이 평면 α에 포함된다.)

400   서술형

오른쪽 그림과 같은 직육면체에서 삼각형
DEG를 직육면체의 각 면으로 정사영시킨
도형의 넓이의 집합 S가 $S=\{3,\ 6,\ 9\}$일
때, 이 직육면체의 부피를 구하여라.

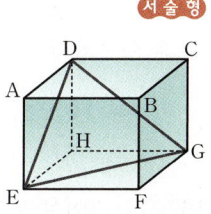

401   서술형

오른쪽 그림과 같이 한 모서리의 길이가
6인 정사면체가 있다. 세 삼각형 OAB,
OBC, OCA에 각각 내접하는 세 원의
평면 ABC 위로의 정사영을 각각 S_1,
S_2, S_3이라 하자. 이때, 세 도형 S_1, S_2,
S_3으로 둘러싸인 색칠된 부분의 넓이를
S라 할 때, $(S+\pi)^2$의 값을 구하여라.

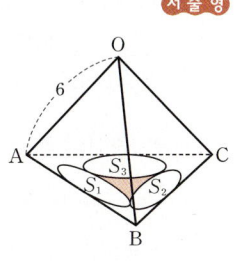

개념 ① **좌표공간에서의 점의 좌표** `유형 062`

(1) 수선의 발의 좌표 : 좌표공간의 점 (a, b, c)에서

  ① x축, y축, z축에 내린 수선의 발의 좌표는 각각

    $(a, 0, 0), (0, b, 0), (0, 0, c)$

  ② xy평면, yz평면, zx평면에 내린 수선의 발의 좌표는 각각

    $(a, b, 0), (0, b, c), (a, 0, c)$

(2) 대칭점의 좌표 : 좌표공간의 점 (a, b, c)를

  ① x축, y축, z축에 대하여 대칭이동한 점의 좌표는 각각

    $(a, -b, -c), (-a, b, -c), (-a, -b, c)$

  ② xy평면, yz평면, zx평면에 대하여 대칭이동한 점의 좌표는 각각

    $(a, b, -c), (-a, b, c), (a, -b, c)$

  ③ 원점에 대하여 대칭이동한 점의 좌표는 $(-a, -b, -c)$

개념 ② **좌표공간에서 두 점 사이의 거리** `유형 063~065`

좌표공간에서 두 점 $A(x_1, y_1, z_1)$, $B(x_2, y_2, z_2)$ 사이의 거리는

$$\overline{AB} = \sqrt{(x_2-x_1)^2 + (y_2-y_1)^2 + (z_2-z_1)^2}$$

개념 ③ **선분의 내분점과 외분점** `유형 066~068`

좌표공간에서 두 점 $A(x_1, y_1, z_1)$, $B(x_2, y_2, z_2)$에 대하여

(1) 선분 AB를 $m : n \, (m>0, \, n>0)$으로 내분하는 점 P의 좌표는

$$P\left(\frac{mx_2+nx_1}{m+n}, \frac{my_2+ny_1}{m+n}, \frac{mz_2+nz_1}{m+n}\right)$$

(2) 선분 AB를 $m : n \, (m>0, \, n>0, \, m\neq n)$으로 외분하는 점 Q의 좌표는

$$Q\left(\frac{mx_2-nx_1}{m-n}, \frac{my_2-ny_1}{m-n}, \frac{mz_2-nz_1}{m-n}\right)$$

개념 ④ **구의 방정식** `유형 069~075`

(1) 구의 방정식

  중심이 $C(a, b, c)$이고 반지름의 길이가 r인 구의 방정식은

  $(x-a)^2 + (y-b)^2 + (z-c)^2 = r^2$

(2) 이차방정식 $x^2+y^2+z^2+Ax+By+Cz+D=0$이 나타내는 도형

  x, y, z에 대한 이차방정식

  $x^2+y^2+z^2+Ax+By+Cz+D=0$ (단, $A^2+B^2+C^2-4D>0$)

  은 중심의 좌표가 $\left(-\dfrac{A}{2}, -\dfrac{B}{2}, -\dfrac{C}{2}\right)$이고 반지름의 길이가 $\dfrac{\sqrt{A^2+B^2+C^2-4D}}{2}$인

  구를 나타낸다.

(3) 좌표평면에 접하는 구의 방정식

  중심이 $C(a, b, c)$이고

  ① xy평면에 접하는 구의 방정식은 $(x-a)^2+(y-b)^2+(z-c)^2=c^2$ ⊙

  ② yz평면에 접하는 구의 방정식은 $(x-a)^2+(y-b)^2+(z-c)^2=a^2$

  ③ zx평면에 접하는 구의 방정식은 $(x-a)^2+(y-b)^2+(z-c)^2=b^2$

● 공간의 한 점 O에서 서로 직교하는 세 수직선을 그어 각각 x축, y축, z축이라 하고, 점 O를 원점이라 한다. 이때, 세 축을 통틀어 좌표축이라 하고 좌표축이 정해진 공간을 좌표공간이라 한다. 또한, xy평면, yz평면, zx평면을 통틀어 좌표평면이라 한다.

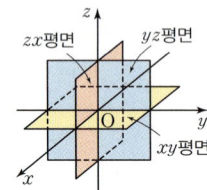

● 좌표공간의 한 점 P에 대응하는 세 실수의 순서쌍 (a, b, c)를 점 P의 공간좌표라 하고, 이것을 기호로 $P(a, b, c)$와 같이 나타낸다.

● 원점 O와 점 $A(x_1, y_1, z_1)$ 사이의 거리는

$$\overline{OA} = \sqrt{x_1^2+y_1^2+z_1^2}$$

● 좌표공간에서 두 점 $A(x_1, y_1, z_1)$, $B(x_2, y_2, z_2)$에 대하여 선분 AB의 중점 M의 좌표는

$$M\left(\frac{x_1+x_2}{2}, \frac{y_1+y_2}{2}, \frac{z_1+z_2}{2}\right)$$

● 좌표공간에서 세 점 $A(x_1, y_1, z_1)$, $B(x_2, y_2, z_2)$, $C(x_3, y_3, z_3)$를 꼭짓점으로 하는 삼각형 ABC의 무게중심 G의 좌표는

$$G\left(\frac{x_1+x_2+x_3}{3}, \frac{y_1+y_2+y_3}{3}, \frac{z_1+z_2+z_3}{3}\right)$$

● 중심이 원점이고 반지름의 길이가 r인 구의 방정식은

$$x^2+y^2+z^2=r^2$$

⊙ (구의 반지름의 길이)
  =(중심의 z좌표의 절댓값)

● **좌표축에 접하는 구의 방정식**

중심이 $C(a, b, c)$이고

① x축에 접하는 구의 방정식은

  $(x-a)^2+(y-b)^2+(z-c)^2=b^2+c^2$

② y축에 접하는 구의 방정식은

  $(x-a)^2+(y-b)^2+(z-c)^2=a^2+c^2$

③ z축에 접하는 구의 방정식은

  $(x-a)^2+(y-b)^2+(z-c)^2=a^2+b^2$

개념 콕콕

1 좌표공간에서의 점의 좌표

402

오른쪽 그림과 같이 좌표공간에 놓인 직육면체에 대하여 다음 점의 좌표를 구하여라.

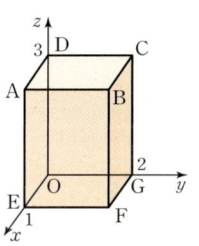

(1) 점 B

(2) 점 C

(3) 점 E

403

점 $P(-2, 5, 3)$에 대하여 다음 점의 좌표를 구하여라.

(1) 점 P에서 xy평면에 내린 수선의 발

(2) 점 P에서 yz평면에 내린 수선의 발

(3) 점 P에서 zx평면에 내린 수선의 발

404

오른쪽 그림과 같이 좌표공간에 놓인 직육면체의 꼭짓점 B에 대하여 다음 점의 좌표를 구하여라.

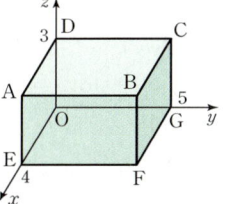

(1) yz평면에 대하여 대칭이동한 점

(2) y축에 대하여 대칭이동한 점

(3) 원점에 대하여 대칭이동한 점

405

점 $P(1, 3, -2)$를 다음에 대하여 대칭이동한 점의 좌표를 구하여라.

(1) x축

(2) y축

(3) z축

406

점 $P(4, -5, 2)$를 다음에 대하여 대칭이동한 점의 좌표를 구하여라.

(1) xy평면

(2) yz평면

(3) zx평면

2 좌표공간에서 두 점 사이의 거리

407

다음 두 점 사이의 거리를 구하여라.

(1) $O(0, 0, 0)$, $A(1, -3, 2)$

(2) $A(1, 0, 3)$, $B(2, -2, 5)$

(3) $P(4, -1, 1)$, $Q(2, 3, -3)$

408

점 $A(-3, 0, 4)$와 xy평면에 대하여 대칭인 점을 B라 할 때, 다음을 구하여라.

(1) 점 B의 좌표

(2) 선분 AB의 길이

409

점 $A(2, 4, -5)$와 z축에 대하여 대칭인 점을 B라 할 때, 다음을 구하여라.

(1) 점 B의 좌표

(2) 선분 AB의 길이

개념 콕콕

3 선분의 내분점과 외분점

410

두 점 $A(3, 0, -6)$, $B(-1, -4, 2)$에 대하여 다음을 구하여라.

(1) 선분 AB를 $1:3$으로 내분하는 점 P의 좌표

(2) 선분 AB의 중점 M의 좌표

411

두 점 $A(-1, 1, 2)$, $B(2, 4, 5)$에 대하여 다음을 구하여라.

(1) 선분 AB를 $2:1$로 외분하는 점 Q_1의 좌표

(2) 선분 AB를 $1:2$로 외분하는 점 Q_2의 좌표

412

삼각형 ABC의 세 꼭짓점이 $A(-3, -4, 0)$, $B(-6, 0, 5)$, $C(3, -5, 7)$일 때, 삼각형 ABC의 무게중심 G의 좌표를 구하여라.

4 구의 방정식

413

다음 방정식이 나타내는 구의 중심의 좌표와 반지름의 길이를 구하여라.

(1) $(x+2)^2+(y-1)^2+z^2=16$

(2) $(x-1)^2+(y-2)^2+(z+3)^2=9$

414

다음 구의 방정식을 구하여라.

(1) 중심이 원점이고 반지름의 길이가 2인 구

(2) 중심의 좌표가 $(3, -2, 1)$이고 반지름의 길이가 5인 구

415

다음 구의 방정식을 구하여라.

(1) 중심의 좌표가 $(2, -3, 0)$이고 원점을 지나는 구

(2) 중심의 좌표가 $(3, 4, -5)$이고 점 $(4, 0, -6)$을 지나는 구

416

다음 방정식이 나타내는 구의 중심의 좌표와 반지름의 길이를 구하여라.

(1) $x^2+y^2+z^2-2y-4z=25$

(2) $x^2+y^2+z^2+4x-6y+2z=0$

417

두 점 $A(4, -6, 5)$, $B(0, -2, 11)$을 지름의 양 끝 점으로 하는 구의 방정식을 구하여라.

유형 콕콕

유형

062

좌표공간의 점을 좌표축이나 좌표평면에 대하여 대칭이동한 점의 좌표를 기억하자!

좌표공간의 점 $P(a, b, c)$를

(1) x축에 대하여 대칭이동한 점 ➡ $(a, -b, -c)$

(2) y축에 대하여 대칭이동한 점 ➡ $(-a, b, -c)$

(3) z축에 대하여 대칭이동한 점 ➡ $(-a, -b, c)$

(4) xy평면에 대하여 대칭이동한 점 ➡ $(a, b, -c)$

(5) yz평면에 대하여 대칭이동한 점 ➡ $(-a, b, c)$

(6) zx평면에 대하여 대칭이동한 점 ➡ $(a, -b, c)$

(7) 원점에 대하여 대칭이동한 점 ➡ $(-a, -b, -c)$

418 대표

오른쪽 그림과 같이 좌표공간에 놓인 직육면체의 꼭짓점 B를 x축에 대하여 대칭이동한 점의 좌표를 (a, b, c)라 할 때, $a+b+c$의 값은?

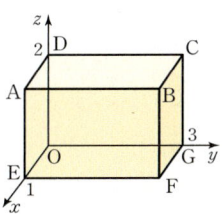

① -4 ② -2 ③ 0
④ 4 ⑤ 6

419 하

점 $A(5, -3, 6)$을 xy평면에 대하여 대칭이동한 점을 B, 점 B를 z축에 대하여 대칭이동한 점을 $C(a, b, c)$라 할 때, $a+b-c$의 값은?

① -2 ② 0 ③ 2
④ 4 ⑤ 6

420 중

오른쪽 그림과 같이 좌표공간에 놓인 직육면체의 꼭짓점 A의 좌표는 $(a, 0, 1)$이고, 꼭짓점 B와 yz평면에 대하여 대칭인 점의 좌표는 $(-4, 2, b)$이다. 이때, $a+b$의 값을 구하여라.

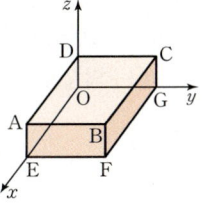

유형

063

피타고라스 정리를 이용하면 좌표공간에서 두 점 사이의 거리를 구할 수 있다!

좌표공간에서 두 점 $A(x_1, y_1, z_1)$, $B(x_2, y_2, z_2)$ 사이의 거리

➡ $\overline{AB} = \sqrt{(x_2-x_1)^2 + (y_2-y_1)^2 + (z_2-z_1)^2}$

421 대표

점 $A(1, -3, 2)$와 x축에 대하여 대칭인 점 P, yz평면에 대하여 대칭인 점을 Q라 할 때, 두 점 P, Q 사이의 거리는?

① $2\sqrt{10}$ ② $4\sqrt{3}$ ③ $5\sqrt{2}$
④ $2\sqrt{14}$ ⑤ $2\sqrt{15}$

422 하

좌표공간에서 점 $A(1, -1, 0)$과 점 $B(-1, 5, a)$ 사이의 거리는 점 A와 점 $C(2, -4, -3)$ 사이의 거리의 2배이다. 이때, 양수 a의 값은?

① 2 ② 4 ③ 6
④ 8 ⑤ 10

423 중

좌표공간의 두 점

$P(t+1, t, t+3)$, $Q(0, 2t, -t+2)$

에 대하여 선분 PQ의 길이의 최솟값을 구하여라.

(단, t는 실수이다.)

유형 064
같은 거리에 있는 점의 좌표는 먼저 구하는 점의 좌표를 **미지수**로 놓아야 해!

x축 위의 점은 y좌표와 z좌표가 모두 0이므로 그 좌표를 $(a, 0, 0)$으로, xy평면 위의 점은 z좌표가 0이므로 그 좌표를 $(a, b, 0)$으로 놓을 수 있다.
마찬가지 방법으로 y축, z축 위의 점의 좌표는 각각 $(0, b, 0)$, $(0, 0, c)$로, yz평면, zx평면 위의 점의 좌표는 각각 $(0, b, c)$, $(a, 0, c)$로 놓을 수 있다.

424 **BOB 대표**
두 점 $A(-2, 0, -2)$, $B(1, 4, -3)$에서 같은 거리에 있는 x축 위의 점을 P라 할 때, 선분 AP의 길이는?

① 5   ② $\sqrt{26}$ ③ $\sqrt{29}$
④ $4\sqrt{2}$ ⑤ 6

425 **중**
두 점 $A(-1, -2, -1)$, $B(1, -3, -2)$와 yz평면 위의 점 C에 대하여 삼각형 ABC가 정삼각형일 때, 점 C의 좌표를 모두 구하여라.

유형 065
선분의 길이의 합의 최솟값은 좌표평면을 기준으로 **같은 쪽**에 있는지 확인하자!

좌표평면 위의 점 P에 대하여 $\overline{AP} + \overline{PB}$의 최솟값은
(1) 두 점 A, B가 좌표평면을 기준으로 같은 쪽에 있으면
  ➡ 점 A를 좌표평면에 대하여 대칭이동한 점을 A′이라 할 때, 최솟값 : 선분 A′B의 길이
(2) 두 점 A, B가 좌표평면을 기준으로 서로 반대편에 있으면
  ➡ 최솟값 : 선분 AB의 길이

426 **BOB 대표**
두 점 $A(-1, 1, -3)$, $B(2, 3, -3)$과 xy평면 위를 움직이는 점 P에 대하여 $\overline{AP} + \overline{PB}$의 최솟값은?

① 6   ② 7   ③ 8
④ 9   ⑤ 10

427 **중**
두 점 $A(-1, 0, 2)$, $B(3, 0, 4)$와 x축 위를 움직이는 점 P에 대하여 $\overline{AP} + \overline{PB}$의 최솟값을 구하여라.

유형 066
좌표공간 위의 두 점 A, B에 대하여 선분 AB의 **내분점**과 **외분점**을 구할 수 있다!

두 점 $A(x_1, y_1, z_1)$, $B(x_2, y_2, z_2)$를 이은 선분 AB를
(1) $m : n \ (m > 0, n > 0)$으로 내분하는 점 P의 좌표
  ➡ $P\left(\dfrac{mx_2 + nx_1}{m+n}, \dfrac{my_2 + ny_1}{m+n}, \dfrac{mz_2 + nz_1}{m+n}\right)$
(2) $m : n \ (m > 0, n > 0, m \neq n)$으로 외분하는 점 Q의 좌표
  ➡ $Q\left(\dfrac{mx_2 - nx_1}{m-n}, \dfrac{my_2 - ny_1}{m-n}, \dfrac{mz_2 - nz_1}{m-n}\right)$

428 **BOB 대표**
두 점 $A(2, -1, 3)$, $B(7, 4, -2)$에 대하여 선분 AB를 $3 : 2$로 내분하는 점을 P, $1 : 2$로 외분하는 점을 Q라 할 때, 선분 PQ의 길이는?

① $4\sqrt{2}$ ② $4\sqrt{3}$ ③ 8
④ $8\sqrt{2}$ ⑤ $8\sqrt{3}$

429 **하**
두 점 $A(3, -3, 6)$, $B(4, k, 3)$에 대하여 선분 AB가 zx평면에 의하여 $3 : 2$로 내분될 때, k의 값은?

① -2 ② 0   ③ 1
④ 2   ⑤ 4

430 **중** 서술형
두 점 $A(a, 6, c)$, $B(2, b, 9)$를 이은 선분 AB가 xy평면에 의하여 $2 : 3$으로 내분되고, z축에 의하여 $3 : 2$로 외분될 때, $a + b + c$의 값을 구하여라.

유형 067

평행사변형의 두 대각선은 서로 다른 것을 이등분하는 성질에 주목하자!

네 점 A, B, C, D를 꼭짓점으로 하는 □ABCD가 평행사변형이다.
➡ 선분 AC의 중점과 선분 BD의 중점이 일치한다.

431 BOB 대표

평행사변형 ABCD에서 A$(1, -11, -3)$, B$(5, 5, -5)$이고 두 대각선의 교점의 좌표가 $(3, -1, -1)$일 때, 선분 BC의 길이는?

① $2\sqrt{10}$ ② $2\sqrt{13}$ ③ 8
④ $2\sqrt{19}$ ⑤ $2\sqrt{22}$

432 중

네 점 A, B, C, D를 꼭짓점으로 하는 평행사변형 ABCD에서 A$(-2, -3, -5)$, B$(2, -6, 5)$, C$(-1, 1, 4)$일 때, 선분 BD의 길이를 구하여라.

유형 068

삼각형의 무게중심의 좌표는 세 꼭짓점의 x좌표, y좌표, z좌표끼리의 평균이다!

세 점 A(x_1, y_1, z_1), B(x_2, y_2, z_2), C(x_3, y_3, z_3)을 꼭짓점으로 하는 삼각형 ABC의 무게중심 G의 좌표
➡ G$\left(\dfrac{x_1+x_2+x_3}{3}, \dfrac{y_1+y_2+y_3}{3}, \dfrac{z_1+z_2+z_3}{3}\right)$

433 BOB 대표

세 점 A, B, C를 꼭짓점으로 하는 삼각형 ABC에서 A$(0, 1, -6)$, B$(-2, 3, 4)$이고, 삼각형 ABC의 무게중심이 G$(1, 2, -2)$일 때, 점 C의 좌표는?

① $(-5, -2, -4)$ ② $(-5, 2, -4)$
③ $(-5, 2, 4)$ ④ $(5, 2, -4)$
⑤ $(5, 2, 4)$

434 중

좌표공간에서 점 P$(6, -3, 9)$와 xy평면에 대하여 대칭인 점을 A, yz평면에 대하여 대칭인 점을 B, zx평면에 대하여 대칭인 점을 C라 할 때, 삼각형 ABC의 무게중심의 좌표를 구하여라.

유형 069

중심의 좌표와 반지름의 길이를 알면 구의 방정식을 구할 수 있다!

⑴ 중심의 좌표 또는 반지름의 길이를 알 때
➡ $(x-a)^2+(y-b)^2+(z-c)^2=r^2$에 대입한다.
⑵ 지름의 양 끝 점 A, B의 좌표를 알 때
➡ 중심이 선분 AB의 중점이고, 반지름의 길이가 $\dfrac{1}{2}\overline{AB}$임을 이용한다.

435 BOB 대표

두 점 A$(1, 3, -1)$, B$(4, 0, 5)$에 대하여 선분 AB를 $2 : 1$로 내분하는 점과 $2 : 1$로 외분하는 점을 지름의 양 끝 점으로 하는 구의 방정식은?

① $(x-5)^2+(y+1)^2+(z-7)^2=12$
② $(x+5)^2+(y+1)^2+(z-7)^2=12$
③ $(x-5)^2+(y-1)^2+(z-7)^2=24$
④ $(x-5)^2+(y+1)^2+(z-7)^2=24$
⑤ $(x+5)^2+(y+1)^2+(z-7)^2=24$

436 하

중심의 좌표가 $(3, 1, 2)$이고 원점을 지나는 구의 방정식이 $x^2+y^2+z^2-ax+by-cz=0$일 때, 상수 a, b, c에 대하여 $a+b+c$의 값은?

① -8 ② -4 ③ 0
④ 4 ⑤ 8

437 중

점 A$(0, 0, 6)$과 구 $x^2+y^2+z^2=8$ 위의 점 B에 대하여 선분 AB의 중점이 나타내는 도형의 방정식을 구하여라.

유형 070

좌표평면 또는 좌표축에 접하는 구는 구의 반지름의 길이를 먼저 생각해야 해!

중심의 좌표가 (a, b, c)이고 좌표평면 또는 좌표축에 접하는 구의 반지름의 길이 r는

(1) xy평면에 접하면 $r=|c|$

    yz평면에 접하면 $r=|a|$

    zx평면에 접하면 $r=|b|$

(2) x축에 접하면 $r=\sqrt{b^2+c^2}$

    y축에 접하면 $r=\sqrt{a^2+c^2}$

    z축에 접하면 $r=\sqrt{a^2+b^2}$

438 BOB 대표

구 $x^2+y^2+z^2+2ax-6by-12z+45=0$이 xy평면과 zx평면에 동시에 접하도록 하는 양수 a, b에 대하여 $a-b$의 값은?

① -1 ② 0 ③ 1

④ 2 ⑤ 3

439 하

중심의 좌표가 $(3, 5, -4)$이고 y축에 접하는 구의 반지름의 길이는?

① 5 ② $\sqrt{34}$ ③ 6

④ $\sqrt{41}$ ⑤ 7

440 중

반지름의 길이가 $4\sqrt{2}$이고 x축, y축, z축에 동시에 접하는 구의 중심의 좌표를 (a, b, c)라 할 때, $a^2+b^2+c^2$의 값은? (단, $a>0$, $b>0$, $c>0$)

① 46 ② 48 ③ 50

④ 52 ⑤ 54

441 중   서술형

점 $(-1, 1, -2)$를 지나고 xy평면, yz평면, zx평면에 동시에 접하는 구는 2개 존재한다. 이 두 구의 반지름의 길이의 합을 구하여라.

유형 071

구와 평면의 교선의 모양은 원이야!

구와 평면의 교선의 모양은 오른쪽 그림과 같이 원이다. 이때, 구

$(x-a)^2+(y-b)^2+(z-c)^2=r^2$
         …… ㉠

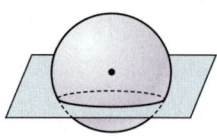

과 좌표평면의 교선의 방정식은

(1) 평면이 xy평면일 때 ➡ ㉠에 $z=0$을 대입하면
    $(x-a)^2+(y-b)^2=r^2-c^2$ (단, $r^2>c^2$)

(2) 평면이 yz평면일 때 ➡ ㉠에 $x=0$을 대입하면
    $(y-b)^2+(z-c)^2=r^2-a^2$ (단, $r^2>a^2$)

(3) 평면이 zx평면일 때 ➡ ㉠에 $y=0$을 대입하면
    $(x-a)^2+(z-c)^2=r^2-b^2$ (단, $r^2>b^2$)

442 BOB 대표

반지름의 길이가 10이고 중심의 x좌표가 양수인 구와 yz평면이 만나서 생기는 원의 중심의 좌표는 $(0, -2, 4)$이고 반지름의 길이가 6일 때, 이 구의 중심의 x좌표는?

① 6 ② 7 ③ 8

④ 9 ⑤ 10

443 중

반지름의 길이가 4이고 중심의 z좌표가 양수인 구를 xy평면으로 자른 단면이 원 $(x-3)^2+(y-1)^2=7$일 때, 이 구와 zx평면이 만나서 생기는 도형의 넓이는?

① 4π ② 7π ③ 9π

④ 15π ⑤ 16π

444 중

yz평면 위의 원 $(y+2)^2+(z-3)^2=5$를 포함하고 점 $(3, 0, 2)$를 지나는 구의 방정식을 구하여라.

유형

072
구와 좌표축의 교점은 이차방정식의 해를 구해 봐!

구 $(x-a)^2+(y-b)^2+(z-c)^2=r^2$과
(1) x축의 교점 ➡ $y=0$, $z=0$을 대입 ⎤
(2) y축의 교점 ➡ $x=0$, $z=0$을 대입 ⎬ 이차방정식을 푼다.
(3) z축의 교점 ➡ $x=0$, $y=0$을 대입 ⎦

445 BOB 대표
구 $(x-2)^2+(y+4)^2+(z-3)^2=r^2$과 x축이 만나는 두 점 사이의 거리가 6일 때, 양수 r의 값은?

① $4\sqrt{2}$ 　　　② $\sqrt{33}$ 　　　③ $\sqrt{34}$
④ $\sqrt{35}$ 　　　⑤ 6

446 중 　　　　　　　　　　　　　　　다른 풀이
구 $x^2+y^2+z^2-4x+2y-6z-3=0$이 y축과 서로 다른 두 점 A, B에서 만날 때, 선분 AB의 길이는?

① $\sqrt{3}$ 　　　② 2 　　　③ $2\sqrt{2}$
④ $2\sqrt{3}$ 　　　⑤ 4

유형

073
구 밖의 한 점에서 구에 그은 접선의 길이는 점과 구의 중심 사이의 거리를 이용하자!

구 밖의 한 점 A에서 중심이 C이고 반지름의 길이가 r인 구에 그은 접선의 접점을 P라 할 때,

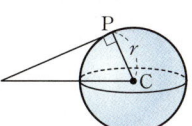

$$\overline{AP}=\sqrt{\overline{AC}^2-\overline{CP}^2}=\sqrt{\overline{AC}^2-r^2}$$

447 BOB 대표
점 P(1, 5, 3)에서 구 $x^2+y^2+z^2-10x+2y-2z+11=0$에 그은 접선의 길이는?

① $2\sqrt{10}$ 　　　② $2\sqrt{11}$ 　　　③ $4\sqrt{3}$
④ $5\sqrt{2}$ 　　　⑤ $2\sqrt{13}$

448 중
점 A(4, 2, 1)에서 중심이 C(2, −3, 2)인 구에 그은 접선의 길이가 4일 때, 이 구의 반지름의 길이를 구하여라.

유형

074
점과 구 사이의 최단 거리는 점과 구의 중심 사이의 거리에서 구의 반지름의 길이를 뺀다!

중심이 C이고 반지름의 길이가 r인 구 위의 점 P와 구 밖의 점 A에 대하여
$$\overline{AC}-r\le\overline{AP}\le\overline{AC}+r$$

449 BOB 대표
구 $x^2+y^2+z^2=9$ 위의 점 P와 구 $(x-6)^2+(y+3)^2+(z-2)^2=4$ 위의 점 Q에 대하여 선분 PQ의 길이의 최솟값은?

① 1 　　　② 2 　　　③ 3
④ 4 　　　⑤ 5

450 하
원점 O와 구 $x^2+y^2+z^2-2y+4z+4=0$ 위를 움직이는 점 P에 대하여 선분 OP의 길이의 최댓값을 구하여라.

유형

075
두 구의 위치 관계는 중심 사이의 거리와 반지름의 길이의 합 또는 차를 비교하자!

두 구의 반지름의 길이를 각각 r, r'이라 하고, 두 구의 중심 사이의 거리를 d라 할 때
(1) 한 구가 다른 구의 외부에 있다. ➡ $d>r+r'$
(2) 두 구가 서로 외접한다. ➡ $d=r+r'$
(3) 두 구가 서로 내접한다. ➡ $d=|r-r'|$
(4) 한 구가 다른 구의 내부에 있다. ➡ $0\le d<|r-r'|$

451 BOB 대표
두 구 $x^2+y^2+z^2=16$과 $x^2+y^2+z^2-6x+8z+k=0$이 서로 외접할 때, 상수 k의 값은?

① 16 　　　② 18 　　　③ 20
④ 24 　　　⑤ 26

452 중
구 $x^2+y^2+z^2-4x+2y-6z-22=0$에 내접하고 중심의 좌표가 (5, 2, 0)인 구의 반지름의 길이를 구하여라.

453

오른쪽 그림과 같이 직육면체의 밑면 EFGH가 xy평면 위에 있고, 옆면 AEHD가 zx평면에 평행하게 놓여 있다. 점 F의 좌표가 $(5, 3, 0)$이고, $\overline{AB}=1$, $\overline{BC}=3$, $\overline{CG}=2$일 때, 점 D의 좌표는?

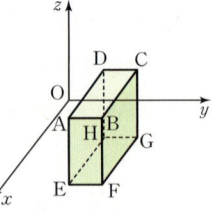

① $(1, 2, 2)$ ② $(2, 2, 2)$ ③ $(2, 3, 2)$
④ $(3, 2, 2)$ ⑤ $(3, 3, 3)$

454

다른 **풀이**

점 $P(1, 2, 2)$에서 xy평면 위의 직선 $y=x$에 내린 수선의 발을 H라 할 때, 선분 PH의 길이는?

① $\dfrac{\sqrt{2}}{2}$ ② $\dfrac{\sqrt{3}}{2}$ ③ $\sqrt{2}$
④ $\dfrac{3\sqrt{2}}{2}$ ⑤ $2\sqrt{3}$

455

점 $A(-2, 1, 3)$과 xy평면 위의 점 P에 대하여 $\overline{AP}=4$일 때, 점 P가 나타내는 도형의 길이는?

① 4π ② $2\sqrt{6}\pi$ ③ 5π
④ $2\sqrt{7}\pi$ ⑤ 6π

456

두 점 $A(2, 5, 3)$, $B(1, 3, 3)$과 xy평면 위를 움직이는 점 P, yz평면 위를 움직이는 점 Q에 대하여 $\overline{AP}+\overline{PQ}+\overline{QB}$의 최솟값을 구하여라.

457

두 점 $A(6, -2, 3)$, $B(1, 1, -1)$에 대하여 직선 AB와 yz평면이 이루는 예각의 크기를 θ라 할 때, $\cos\theta$의 값은?

① $\dfrac{1}{6}$ ② $\dfrac{1}{3}$ ③ $\dfrac{1}{2}$
④ $\dfrac{\sqrt{2}}{2}$ ⑤ $\dfrac{\sqrt{3}}{2}$

458

세 점 $A(10, 0, 0)$, $B(0, 5, 0)$, $C(0, 0, 10)$에 대하여 선분 AC를 $3 : 2$로 내분하는 점을 P, 선분 BC를 $2 : 3$으로 내분하는 점을 Q라 하자. 두 점 P, Q의 xy평면 위로의 정사영을 각각 P', Q'이라 할 때, 삼각형 $OP'Q'$의 넓이는? (단, O는 원점이다.)

① 2 ② 3 ③ 4
④ 5 ⑤ 6

459

네 점 $A(5, a, 3)$, $B(-1, b, 7)$, $C(-2, -4, 3)$, $D(4, -3, -1)$에 대하여 사각형 ABCD가 마름모일 때, $a+b$의 값은? (단, $a>0$)

① 3 ② 5 ③ 7
④ 9 ⑤ 11

460

다른 **풀이**

세 점 A, B, C를 꼭짓점으로 하는 삼각형 ABC에서 $A(3, 4, 5)$이고, 선분 AB의 중점 M의 좌표가 $(5, 4, 3)$, 삼각형 ABC의 무게중심 G의 좌표가 $(3, 1, 2)$이다. 점 C의 좌표를 (a, b, c)라 할 때, $a-b+c$의 값은?

① -2 ② 1 ③ 4
④ 7 ⑤ 10

461

구 $x^2+y^2+z^2+2x+2y-2z=6$ 위의 한 점 A$(-2, 1, 3)$과 구의 중심을 지나는 직선이 구와 만나는 다른 한 점 B의 좌표는?

① $(0, -3, -1)$ ② $(0, 1, 3)$ ③ $(1, 0, 3)$

④ $(-3, 1, 0)$ ⑤ $(1, -3, 0)$

462

반지름의 길이가 3이고, 점 A$(-1, 2, -2)$를 지나며 x축과 yz평면에 동시에 접하는 구가 있다. 이 구의 중심의 좌표를 (a, b, c)라 할 때, $a+b-c$의 값은?

① -4 ② -2 ③ 0

④ 1 ⑤ 3

463

구 $(x-3)^2+(y-2)^2+(z-4)^2=25$에 내접하고, 한 밑면이 xy평면 위에 있는 원기둥의 부피는?

① 36π ② 50π ③ 54π

④ 64π ⑤ 72π

464

점 P$(5, -\sqrt{2}, 3)$에서 구 $x^2+y^2+z^2=12$에 접선을 그었을 때, 접점들이 나타내는 도형의 길이는?

① 4π ② $4\sqrt{2}\pi$ ③ $4\sqrt{3}\pi$

④ 8π ⑤ $4\sqrt{5}\pi$

465

구 $x^2+y^2+z^2-8x-8y+4z+27=0$ 위의 임의의 점 P(x, y, z)에 대하여 $x^2+y^2+z^2$의 최댓값은?

① 25 ② 36 ③ 49

④ 64 ⑤ 81

466

두 구 $x^2+y^2+z^2=4$와 $x^2+y^2+z^2-12y+6z+44=0$이 점 P(a, b, c)에서 서로 외접할 때, $a+b+c$의 값은?

① -3 ② -1 ③ 1

④ 2 ⑤ 4

467 서술형

좌표공간의 두 점 P, Q에 대하여 선분 PQ의 xy평면, yz평면, zx평면 위로의 정사영의 길이가 각각 $2\sqrt{2}$, 4, $2\sqrt{3}$일 때, 선분 PQ의 길이를 구하여라.

468 서술형

점 A$(2, -4, 6)$과 구 $x^2+y^2+z^2=8$ 위의 점 B에 대하여 선분 AB의 중점이 나타내는 도형의 방정식을 구하여라.

MEMO

新 수학의 바이블 유형서

B
O
B
밥

新수학의 바이블 BOB(밥)은 Best of the 수학의 Bible의 약자로, 新수학의 바이블의 대표 예제와 고등 수학에서 꼭 알아야 할 필수 유형만 선정하여 수록한 유형서입니다.

75개 필수 유형
내신과 수능에 꼭 필요한 75개 유형만 수록

콕콕 시스템
3단계로 유형을 완성하는 개념(개념 확인) ▶ 유형(유형 파악) ▶ 실력(해결력 강화) 콕콕 시스템

학습 지원 서비스
QR코드를 통한 新수학의 바이블과의 연계 학습

新 **수학의 바이블** 유형서

BOB 밥

수학의 밥과 같은 존재,
유형!

이창희·민경도·김덕환 지음

기하

정답과 풀이

내신&수능에 출제되는 **필수 유형만 수록** | 개념 ▶ 유형 ▶ 실력 3단계 콕콕 시스템

이투스북

BOB
밥

기하

정 답 과 풀 이

I. 이차곡선

01 포물선 본문 p.9~13

001 (1) $y^2=12x$ (2) $y^2=-8x$ (3) $x^2=12y$ (4) $x^2=-2y$　　**002** 풀이 참조

003 (1) $y^2=20x$ (2) $y^2=-\dfrac{4}{3}x$ (3) $x^2=-16y$ (4) $x^2=6y$　　**004** (1) $(y-2)^2=8(x-1)$ (2) $(x-1)^2=-2(y-2)$

005 (1) $m=2$, $n=1$ (2) $m=-3$, $n=-3$　　**006** 풀이 참조　　**007** 풀이 참조　　**008** ①　　**009** ②

010 $x^2=6y$ 또는 $x^2=-6y$　　**011** ③　　**012** 20　　**013** ④　　**014** ①　　**015** ③　　**016** 12

017 14　　**018** 15　　**019** $\dfrac{5}{2}$　　**020** 3　　**021** ②　　**022** ③　　**023** ③　　**024** ④

025 ③　　**026** ②　　**027** ④　　**028** ②　　**029** 12　　**030** 15　　**031** 3　　**032** ⑤

033 ①　　**034** ②　　**035** 6　　**036** 8

02 타원 본문 p.15~19

037 (1) $\dfrac{x^2}{36}+\dfrac{y^2}{20}=1$ (2) $\dfrac{x^2}{7}+\dfrac{y^2}{16}=1$　　**038** 풀이 참조

039 (1) $\dfrac{x^2}{16}+\dfrac{y^2}{12}=1$ (2) $\dfrac{x^2}{3}+\dfrac{y^2}{4}=1$ (3) $\dfrac{x^2}{36}+\dfrac{y^2}{27}=1$ (4) $\dfrac{x^2}{25}+\dfrac{y^2}{32}=1$　　**040** (1) 10 (2) 20

041 풀이 참조　　**042** 풀이 참조　　**043** (1) $(2, -1)$ (2) $m=2$, $n=-1$ (3) $(-4, 0)$, $(4, 0)$　　**044** ③　　**045** ④

046 25　　**047** ④　　**048** ④　　**049** 13　　**050** ⑤　　**051** ④　　**052** 10　　**053** ①

054 ②　　**055** $\dfrac{x^2}{18}+\dfrac{y^2}{2}=1$　　**056** ④　　**057** ②　　**058** ⑤　　**059** ③　　**060** ④　　**061** ③

062 ③　　**063** ③　　**064** ①　　**065** 10　　**066** 6　　**067** ①　　**068** 25　　**069** ②

070 60　　**071** 8

03 쌍곡선 본문 p.21~25

072 풀이 참조　　**073** 풀이 참조　　**074** (1) $\dfrac{x^2}{4}-\dfrac{y^2}{21}=1$ (2) $\dfrac{x^2}{8}-y^2=-1$　　**075** (1) $\dfrac{x^2}{4}-\dfrac{y^2}{5}=1$ (2) $x^2-\dfrac{y^2}{3}=-1$

076 4　　**077** 풀이 참조

078 (1) $(-2, -1)$ (2) $(-2, 2)$, $(-2, -4)$ (3) $(-2, 4)$, $(-2, -6)$ (4) $y=\dfrac{3}{4}x+\dfrac{1}{2}$, $y=-\dfrac{3}{4}x-\dfrac{5}{2}$

079 (1) $(2, 2)$ (2) $m=2$, $n=2$ (3) $(-3, 0)$, $(3, 0)$　　**080** ②　　**081** ⑤　　**082** $x^2-y^2=1$　　**083** ②　　**084** ③

085 $\dfrac{(x-1)^2}{9}-\dfrac{(y-2)^2}{27}=-1$　　**086** ④　　**087** ③　　**088** 9π　　**089** ④　　**090** ②　　**091** 15

092 $\dfrac{x^2}{4}-\dfrac{y^2}{12}=1$　　**093** ③　　**094** ②　　**095** ④　　**096** $\dfrac{1}{2}$　　**097** ⑤　　**098** ⑤　　**099** ④

100 9　　**101** 121　　**102** 32　　**103** 2　　**104** 32　　**105** $x^2-\dfrac{y^2}{3}=1\ (x\geq 1)$　　**106** 5

107 236

04 이차곡선과 직선의 위치 관계

108 (1) 서로 다른 두 점에서 만난다. (2) 만나지 않는다. (3) 한 점에서 만난다. (접한다.)

109 (1) $-3 < k < 3$ (2) ± 3 (3) $k < -3$ 또는 $k > 3$　　**110** ± 1　　**111** (1) $y = x + \dfrac{1}{2}$ (2) $y = -3x + 18$

112 (1) $y = -\dfrac{1}{2}x - \dfrac{1}{2}$ (2) $y = x + 1$　　　**113** $y = -x \pm 4$　　　**114** $x - y + 4 = 0$

115 (1) $y = -x \pm 2\sqrt{2}$ (2) $y = x \pm 3$　　　**116** (1) $y = -x - 1$ (2) $y = -2x - 2$

117 (1) $y_1 y = 4(x + x_1)$ (2) $y = -x - 2$ 또는 $y = x + 2$　**118** ③　　**119** 3　　**120** ③　　**121** ③　　**122** ④

123 ③　　**124** ⑤　　**125** ④　　**126** -64　　**127** ②　　**128** ⑤　　**129** ③　　**130** ④

131 ②　　**132** 16　　**133** ②　　**134** ③　　**135** $2\sqrt{5}$　　**136** ②　　**137** ①　　**138** 5

139 ②　　**140** ④　　**141** -2　　**142** 3　　**143** ④　　**144** ②　　**145** ③　　**146** ④

147 9　　**148** ②　　**149** ④　　**150** 2　　**151** ③　　**152** ①　　**153** ⑤　　**154** 4

155 2　　**156** $4 + 4\sqrt{2}$　　**157** 2

II. 평면벡터

 05 평면벡터

158 (1) 시점 : B, 종점 : C (2) 시점 : O, 종점 : D　　**159** $|\overrightarrow{BD}| = 5$, $|\overrightarrow{CD}| = 3$　　**160** (1) $\vec{a}$와 $\vec{c}$, $\vec{d}$와 $\vec{e}$ (2) $\vec{b}$와 $\vec{g}$

161 (1) $\overrightarrow{FC}$, $\overrightarrow{DE}$ (2) $\overrightarrow{DB}$, $\overrightarrow{AD}$, $\overrightarrow{FE}$ (3) 1　　**162** (1) $\overrightarrow{OE}$, $\overrightarrow{AF}$, $\overrightarrow{CD}$ (2) $\overrightarrow{ED}$, $\overrightarrow{OC}$, $\overrightarrow{FO}$, $\overrightarrow{AB}$ (3) 6　　**163** 풀이 참조

164 풀이 참조　　**165** (1) $\overrightarrow{AC}$ (2) $\vec{0}$ (3) $\overrightarrow{BE}$　　**166** (1) $-\vec{a} + \vec{b}$ (2) $-\vec{a} - \vec{b}$

167 풀이 참조　　**168** (1) $8\vec{a} - \vec{b}$ (2) $\dfrac{4}{3}\vec{a} + \dfrac{1}{2}\vec{b}$　　**169** (1) $6\vec{a} - 5\vec{b}$ (2) $\dfrac{3}{2}\vec{a} - \dfrac{1}{4}\vec{b}$　　**170** $\vec{e}$　　　**171** 2

172 (1) $-\vec{a} - 2\vec{b}$ (2) $-2\vec{a} - 4\vec{b}$ (3) 풀이 참조　　**173** (1) $\vec{a} + \vec{b}$ (2) $-2\vec{a}$　　**174** (1) $\dfrac{\vec{a} + 2\vec{b}}{3}$ (2) $\dfrac{3\vec{a} - \vec{b}}{2}$ (3) $\dfrac{\vec{a} + \vec{b}}{2}$

175 ③　　**176** ④　　**177** 평행사변형　　**178** ②　　**179** ①　　**180** ③　　**181** ①　　**182** ⑤

183 ③　　**184** ②　　**185** ③　　**186** 6　　**187** ①　　**188** ③　　**189** 5　　**190** ①

191 ⑤　　**192** 2　　**193** ⑤　　**194** 0　　**195** $\dfrac{1}{2}$　　**196** ①　　**197** ⑤　　**198** 4

199 ③　　**200** ①　　**201** ③　　**202** ①　　**203** ③　　**204** 60　　**205** ②　　**206** ①

207 ④　　**208** ④　　**209** ⑤　　**210** ①　　**211** ⑤　　**212** ③　　**213** ①　　**214** ③

215 ②　　**216** ①　　**217** ①　　**218** ②　　**219** 5　　**220** 36

06 평면벡터의 성분과 내적

본문 p.47~55

221 (1) $\vec{a}=(2,\ 3)$ (2) $\vec{b}=(-1,\ 3)$ (3) $\vec{c}=(5,\ -3)$ **222** $\overrightarrow{OA}=3\vec{e_1}-2\vec{e_2}$ **223** (1) $m=0,\ n=4$ (2) $m=2,\ n=-3$

224 (1) 2 (2) 5   **225** $-\dfrac{1}{2}$

226 (1) $\vec{a}+\vec{b}=(-1,\ -1),\ |\vec{a}+\vec{b}|=\sqrt{2}$ (2) $-\vec{a}-2\vec{b}=(4,\ -1),\ |-\vec{a}-2\vec{b}|=\sqrt{17}$ (3) $3\vec{a}+2\vec{b}=(0,\ -5),\ |3\vec{a}+2\vec{b}|=5$

227 (1) $(1,\ -6)$ (2) $(8,\ 12)$ **228** (1) $\overrightarrow{AB}=(12,\ -5),\ |\overrightarrow{AB}|=13$ (2) $\overrightarrow{AB}=(3,\ -4),\ |\overrightarrow{AB}|=5$ **229** (1) 3 (2) 0 (3) $-3\sqrt{3}$

230 (1) 2 (2) -10 **231** 풀이 참조   **232** (1) $\sqrt{6}$ (2) -1 **233** (1) $\dfrac{4}{5}$ (2) $\dfrac{24}{25}$

234 (1) $135°$ (2) $90°$ **235** (1) -2 (2) $\dfrac{3}{2}$ **236** (1) 3 (2) -2 **237** ④   **238** ④

239 $\dfrac{\sqrt{2}}{2}$ **240** ⑤   **241** ①   **242** ①   **243** ②   **244** ⑤   **245** $\sqrt{2}$ **246** ①

247 6π **248** ②   **249** ⑤   **250** 9   **251** 9   **252** ③   **253** ③

254 $\vec{b}=(0,\ -1),\ \vec{b}=\left(-\dfrac{\sqrt{3}}{2},\ \dfrac{1}{2}\right)$ **255** ②   **256** ②   **257** 3   **258** ①   **259** ④   **260** $120°$

261 ⑤   **262** ③   **263** $\dfrac{13}{5}$ **264** ④   **265** ②   **266** ⑤   **267** ③   **268** ③

269 π **270** ②   **271** ⑤   **272** ③   **273** ④   **274** ⑤   **275** ⑤   **276** ②

277 $\dfrac{4}{5}$ **278** ③   **279** ④   **280** $\sqrt{21}$ **281** $\dfrac{1}{2}$ **282** 26

07 직선과 원의 방정식

본문 p.57~63

283 (1) $\dfrac{x-1}{2}=\dfrac{y+1}{3}$ (2) $\dfrac{x+4}{6}=\dfrac{y-5}{-1}$ **284** (1) $x=1$ (2) $y=-2$ **285** (1) $\dfrac{x+2}{4}=\dfrac{y+1}{-3}$ (2) $y=2$ (3) $x=-4$

286 (1) $x-2y=0$ (2) $2x-3y-4=0$ (3) $x=2$ (4) $y=-3$ **287** (1) $\dfrac{12}{13}$ (2) $\dfrac{4}{5}$ **288** (1) -3 (2) $\dfrac{3}{4}$

289 (1) $(x-1)^2+(y+2)^2=4$ (2) $x^2+y^2=9$ **290** $(x-4)^2+(y+1)^2=9$ **291** ④   **292** 14   **293** ⑤

294 ②   **295** ④   **296** $\left(\dfrac{1}{2},\ -4\right)$ **297** ⑤   **298** ④   **299** ③   **300** ⑤   **301** ⑤

302 $\dfrac{\sqrt{2}}{10}$ **303** ②   **304** ⑤   **305** ③   **306** -4 **307** ②   **308** 9   **309** ③

310 ③   **311** 25   **312** 5   **313** ④   **314** ③   **315** ①   **316** ④   **317** ⑤

318 ④   **319** ⑤   **320** ③   **321** ①   **322** 14   **323** ⑤   **324** ⑤   **325** ①

326 ④   **327** ⑤   **328** ②   **329** 10   **330** 143

331 20　　**332** ⑴ 모서리 AC, 모서리 AD, 모서리 BC, 모서리 BE　⑵ 모서리 DE　⑶ 모서리 CF, 모서리 DF, 모서리 EF

333 ⑴ 면 AEFB, 면 BFGC　⑵ 면 ABCD, 면 EFGH　⑶ 면 AEHD, 면 DHGC　⑷ 면 ABCD, 면 AEHD, 면 BFGC, 면 EFGH

　　⑸ 면 DHGC

334 ⑴ 90°　⑵ 45°　⑶ 60°　　**335** 90°　　**336** ㈎ $\overline{\text{DM}}$　㈏ MCD　　**337** ㈎ $\overline{\text{PO}}$　㈏ PHO　　**338** $\sqrt{22}$

339 ㈎ ∠AMH　㈏ $\frac{\sqrt{3}}{2}a$　㈐ $\frac{\sqrt{3}}{6}a$　㈑ $\frac{1}{3}$　　**340** ⑴ 점 B　⑵ 선분 FH　⑶ 삼각형 AEH　　**341** ⑴ 2　⑵ 30°

342 $2\sqrt{3}\pi$　　**343** 45°　　**344** ③　　**345** ③　　**346** 26　　**347** 20　　**348** ㄱ, ㄴ　　**349** 6

350 ①　　**351** ③　　**352** ①　　**353** ⑤　　**354** ㄱ, ㄴ, ㄹ　　**355** 60°　　**356** ④　　**357** $2\sqrt{3}$

358 ①　　**359** ③　　**360** ②　　**361** $\frac{\sqrt{2}}{4}$　　**362** ④　　**363** ③　　**364** $\frac{\sqrt{30}}{6}$　　**365** ④

366 ②　　**367** $\frac{1}{3}$　　**368** 30°　　**369** ⑤　　**370** $\sqrt{3}$　　**371** ③　　**372** ④　　**373** 20π

374 ⑤　　**375** ④　　**376** ①　　**377** ②　　**378** ①　　**379** $\frac{\sqrt{5}}{5}$　　**380** ③　　**381** ④

382 6　　**383** ②　　**384** ③　　**385** $2\sqrt{17}$　　**386** 17　　**387** ④　　**388** ⑤　　**389** $\sqrt{7}$

390 $\frac{\sqrt{10}}{2}$　　**391** ③　　**392** 8　　**393** ①　　**394** ⑤　　**395** ②　　**396** $\frac{\sqrt{3}}{3}$　　**397** $\frac{4}{9}$

398 ④　　**399** $\frac{\pi}{3}$　　**400** 36　　**401** 27

402 ⑴ B$(1, 2, 3)$　⑵ C$(0, 2, 3)$　⑶ E$(1, 0, 0)$　　**403** ⑴ $(-2, 5, 0)$　⑵ $(0, 5, 3)$　⑶ $(-2, 0, 3)$

404 ⑴ $(-4, 5, 3)$　⑵ $(-4, 5, -3)$　⑶ $(-4, -5, -3)$　　**405** ⑴ $(1, -3, 2)$　⑵ $(-1, 3, 2)$　⑶ $(-1, -3, -2)$

406 ⑴ $(4, -5, -2)$　⑵ $(-4, -5, 2)$　⑶ $(4, 5, 2)$　　**407** ⑴ $\sqrt{14}$　⑵ 3　⑶ 6

408 ⑴ B$(-3, 0, -4)$　⑵ 8　　**409** ⑴ B$(-2, -4, -5)$　⑵ $4\sqrt{5}$　**410** ⑴ P$(2, -1, -4)$　⑵ M$(1, -2, -2)$

411 ⑴ Q₁$(5, 7, 8)$　⑵ Q₂$(-4, -2, -1)$　　**412** G$(-2, -3, 4)$

413 ⑴ 중심의 좌표 : $(-2, 1, 0)$, 반지름의 길이 : 4　⑵ 중심의 좌표 : $(1, 2, -3)$, 반지름의 길이 : 3

414 ⑴ $x^2+y^2+z^2=4$　⑵ $(x-3)^2+(y+2)^2+(z-1)^2=25$

415 ⑴ $(x-2)^2+(y+3)^2+z^2=13$　⑵ $(x-3)^2+(y-4)^2+(z+5)^2=18$

416 ⑴ 중심의 좌표 : $(0, 1, 2)$, 반지름의 길이 : $\sqrt{30}$　⑵ 중심의 좌표 : $(-2, 3, -1)$, 반지름의 길이 : $\sqrt{14}$

417 $(x-2)^2+(y+4)^2+(z-8)^2=17$　　**418** ①　　**419** ④　　**420** 5　　**421** ④　　**422** ③

423 $\frac{\sqrt{2}}{2}$　　**424** ③　　**425** C$(0, -4, 0)$, C$(0, -1, -3)$　　**426** ②　　**427** $2\sqrt{13}$　　**428** ⑤

429 ④　　**430** 1　　**431** ②　　**432** $3\sqrt{30}$　　**433** ④　　**434** $(2, -1, 3)$　　**435** ④　　**436** ⑤

437 $x^2+y^2+(z-3)^2=2$　　**438** ③　　**439** ①　　**440** ②　　**441** 4　　**442** ③　　**443** ④

444 $\left(x-\frac{3}{2}\right)^2+(y+2)^2+(z-3)^2=\frac{29}{4}$　　**445** ③　　**446** ⑤　　**447** ①　　**448** $\sqrt{14}$　　**449** ②

450 $\sqrt{5}+1$　　**451** ④　　**452** $6-3\sqrt{3}$　　**453** ②　　**454** ④　　**455** ④　　**456** 7　　**457** ④

458 ⑤　　**459** ②　　**460** ③　　**461** ①　　**462** ③　　**463** ⑤　　**464** ④　　**465** ⑤

466 ④　　**467** $3\sqrt{2}$　　**468** $(x-1)^2+(y+2)^2+(z-3)^2=2$

01 포물선

개념 콕콕

본문 p.9

001
(1) $y^2 = 4 \times 3 \times x$ $\therefore y^2 = 12x$
(2) $y^2 = 4 \times (-2) \times x$ $\therefore y^2 = -8x$
(3) $x^2 = 4 \times 3 \times y$ $\therefore x^2 = 12y$
(4) $x^2 = 4 \times \left(-\dfrac{1}{2}\right) \times y$ $\therefore x^2 = -2y$

답 (1) $y^2 = 12x$ (2) $y^2 = -8x$ (3) $x^2 = 12y$ (4) $x^2 = -2y$

002
(1) $y^2 = 8x = 4 \times 2 \times x$에서 $p = 2$이므로
초점의 좌표 : $(2, 0)$, 준선의 방정식 : $x = -2$
(2) $y^2 = -\dfrac{1}{2}x = 4 \times \left(-\dfrac{1}{8}\right) \times x$에서 $p = -\dfrac{1}{8}$이므로
초점의 좌표 : $\left(-\dfrac{1}{8}, 0\right)$, 준선의 방정식 : $x = \dfrac{1}{8}$
(3) $x^2 = y = 4 \times \dfrac{1}{4} \times y$에서 $p = \dfrac{1}{4}$이므로
초점의 좌표 : $\left(0, \dfrac{1}{4}\right)$, 준선의 방정식 : $y = -\dfrac{1}{4}$
(4) $x^2 = -3y = 4 \times \left(-\dfrac{3}{4}\right) \times y$에서 $p = -\dfrac{3}{4}$이므로
초점의 좌표 : $\left(0, -\dfrac{3}{4}\right)$, 준선의 방정식 : $y = \dfrac{3}{4}$

답 풀이 참조

003
(1) 초점이 x축 위에 있고 $p = 5$이므로
$y^2 = 4 \times 5 \times x$ $\therefore y^2 = 20x$
(2) 초점이 x축 위에 있고 $p = -\dfrac{1}{3}$이므로
$y^2 = 4 \times \left(-\dfrac{1}{3}\right) \times x$ $\therefore y^2 = -\dfrac{4}{3}x$
(3) 초점이 y축 위에 있고 $p = -4$이므로
$x^2 = 4 \times (-4) \times y$ $\therefore x^2 = -16y$
(4) 초점이 y축 위에 있고 $p = \dfrac{3}{2}$이므로
$x^2 = 4 \times \dfrac{3}{2} \times y$ $\therefore x^2 = 6y$

답 (1) $y^2 = 20x$ (2) $y^2 = -\dfrac{4}{3}x$ (3) $x^2 = -16y$ (4) $x^2 = 6y$

004
답 (1) $(y-2)^2 = 8(x-1)$ (2) $(x-1)^2 = -2(y-2)$

005
(1) $y^2 - 4x - 2y + 9 = 0$에서 $(y-1)^2 = 4(x-2)$
$\therefore m = 2, n = 1$
(2) $y^2 - 4x + 6y - 3 = 0$에서 $(y+3)^2 = 4(x+3)$
$\therefore m = -3, n = -3$

답 (1) $m = 2, n = 1$ (2) $m = -3, n = -3$

006
(1) 포물선 $(y-5)^2 = 4(x-3)$은 포물선 $y^2 = 4x$를 x축의 방향으로 3만큼, y축의 방향으로 5만큼 평행이동한 것이다.
포물선 $y^2 = 4x = 4 \times 1 \times x$의 꼭짓점의 좌표는 $(0, 0)$, 초점의 좌표는 $(1, 0)$, 준선의 방정식은 $x = -1$이므로 주어진 포물선의
꼭짓점의 좌표 : $(3, 5)$
초점의 좌표 : $(1+3, 5)$, 즉 $(4, 5)$
준선의 방정식 : $x = -1+3$, 즉 $x = 2$
(2) 포물선 $(y+4)^2 = -(x-2)$는 포물선 $y^2 = -x$를 x축의 방향으로 2만큼, y축의 방향으로 -4만큼 평행이동한 것이다.
포물선 $y^2 = -x = 4 \times \left(-\dfrac{1}{4}\right) \times x$의 꼭짓점의 좌표는 $(0, 0)$, 초점의 좌표는 $\left(-\dfrac{1}{4}, 0\right)$, 준선의 방정식은 $x = \dfrac{1}{4}$이므로 주어진 포물선의
꼭짓점의 좌표 : $(2, -4)$
초점의 좌표 : $\left(-\dfrac{1}{4}+2, -4\right)$, 즉 $\left(\dfrac{7}{4}, -4\right)$
준선의 방정식 : $x = \dfrac{1}{4}+2$, 즉 $x = \dfrac{9}{4}$
(3) 포물선 $(x-1)^2 = 2(y+3)$은 포물선 $x^2 = 2y$를 x축의 방향으로 1만큼, y축의 방향으로 -3만큼 평행이동한 것이다.
포물선 $x^2 = 2y = 4 \times \dfrac{1}{2} \times y$의 꼭짓점의 좌표는 $(0, 0)$, 초점의 좌표는 $\left(0, \dfrac{1}{2}\right)$, 준선의 방정식은 $y = -\dfrac{1}{2}$이므로 주어진 포물선의
꼭짓점의 좌표 : $(1, -3)$
초점의 좌표 : $\left(1, \dfrac{1}{2}-3\right)$, 즉 $\left(1, -\dfrac{5}{2}\right)$
준선의 방정식 : $y = -\dfrac{1}{2}-3$, 즉 $y = -\dfrac{7}{2}$
(4) 포물선 $(x+2)^2 = -8(y-1)$은 포물선 $x^2 = -8y$를 x축의 방향으로 -2만큼, y축의 방향으로 1만큼 평행이동한 것이다.
포물선 $x^2 = -8y = 4 \times (-2) \times y$의 꼭짓점의 좌표는 $(0, 0)$, 초점의 좌표는 $(0, -2)$, 준선의 방정식은 $y = 2$이므로 주어진 포물선의
꼭짓점의 좌표 : $(-2, 1)$
초점의 좌표 : $(-2, -2+1)$, 즉 $(-2, -1)$
준선의 방정식 : $y = 2+1$, 즉 $y = 3$

답 풀이 참조

007
(1) $y^2 - x + 2y + 5 = 0$에서 $(y+1)^2 = x-4$이므로 주어진 포물선은 포물선 $y^2 = x$를 x축의 방향으로 4만큼, y축의 방향으로 -1만큼 평행이동한 것이다.
포물선 $y^2 = x = 4 \times \dfrac{1}{4} \times x$의 꼭짓점의 좌표는 $(0, 0)$, 초점의 좌표는 $\left(\dfrac{1}{4}, 0\right)$, 준선의 방정식은 $x = -\dfrac{1}{4}$이므로 주어진 포물선의
꼭짓점의 좌표 : $(4, -1)$
초점의 좌표 : $\left(\dfrac{1}{4}+4, -1\right)$, 즉 $\left(\dfrac{17}{4}, -1\right)$
준선의 방정식 : $x = -\dfrac{1}{4}+4$, 즉 $x = \dfrac{15}{4}$
(2) $x^2 - 8x - 4y - 4 = 0$에서 $(x-4)^2 = 4(y+5)$이므로 주어진 포물선은 포물선 $x^2 = 4y$를 x축의 방향으로 4만큼, y축의 방향으로 -5만큼 평행이동한 것이다.
포물선 $x^2 = 4y = 4 \times 1 \times y$의 꼭짓점의 좌표는 $(0, 0)$, 초점의 좌표는 $(0, 1)$, 준선의 방정식은 $y = -1$이므로 주어진 포물선의

꼭짓점의 좌표 : $(4, -5)$

초점의 좌표 : $(4, 1-5)$, 즉 $(4, -4)$

준선의 방정식 : $y=-1-5$, 즉 $y=-6$

답 풀이 참조

유형 콕콕   본문 p.10~11

008 ①	**009** ②	**010** $x^2=6y$ 또는 $x^2=-6y$	**011** ③
012 20	**013** ④	**014** ① **015** ③ **016** 12	**017** 14
018 15	**019** $\dfrac{5}{2}$	**020** 3	

008

준선이 y축과 평행하므로 포물선의 축은 x축과 평행하다.

이때, $p=\dfrac{1}{2}\times(3-1)=1$이므로 주어진 포물선은 초점의 좌표가 $(1, 0)$

이고 준선의 방정식이 $x=-1$인 포물선 $y^2=4\times1\times x$, 즉 $y^2=4x$를 x축

의 방향으로 $3-1=2$만큼, y축의 방향으로 1만큼 평행이동한 것이다.

따라서 포물선의 방정식은

$(y-1)^2=4(x-2)$

이므로 $a=-1$, $b=4$, $c=-2$

$\therefore a+b+c=-1+4+(-2)=1$

다른 풀이

포물선 위의 임의의 점을 $P(x, y)$, 점 P에서 직선 $x=1$에 내린 수선의

발을 H라 하면 $\overline{PF}=\overline{PH}$이므로

$\sqrt{(x-3)^2+(y-1)^2}=|x-1|$

이 식의 양변을 제곱하여 정리하면

$(x-3)^2+(y-1)^2=(x-1)^2$

$\therefore (y-1)^2=4(x-2)$

따라서 $a=-1$, $b=4$, $c=-2$이므로

$a+b+c=-1+4+(-2)=1$

답 ①

009

원의 중심인 점 $(3, 0)$을 초점으로 하고 원점을 꼭짓점으로 하는 포물선

의 방정식은

$y^2=4\times3\times x$ $\therefore y^2=12x$

이 포물선이 점 $(a, 6)$을 지나므로

$36=12a$ $\therefore a=3$

답 ②

010

조건 ㈎, ㈐에서 구하는 포물선의 방정식을 $x^2=4py$로 놓을 수 있다.

한편, 조건 ㈏에서 초점의 좌표는 $\left(0, \dfrac{3}{2}\right)$ 또는 $\left(0, -\dfrac{3}{2}\right)$이므로

$p=\dfrac{3}{2}$ 또는 $p=-\dfrac{3}{2}$

따라서 구하는 포물선의 방정식은

$x^2=4\times\dfrac{3}{2}\times y$ 또는 $x^2=4\times\left(-\dfrac{3}{2}\right)\times y$

$\therefore x^2=6y$ 또는 $x^2=-6y$

답 $x^2=6y$ 또는 $x^2=-6y$

011

$y^2+6x+6y-3=0$에서 $(y+3)^2=-6(x-2)$이므로 주어진 포물선은

포물선 $y^2=-6x$를 x축의 방향으로 2만큼, y축의 방향으로 -3만큼 평

행이동한 것이다.

$y^2=-6x=4\times\left(-\dfrac{3}{2}\right)\times x$이므로 주어진 포물선의

꼭짓점의 좌표는 $(2, -3)$

초점의 좌표는 $\left(-\dfrac{3}{2}+2, -3\right)$, 즉 $\left(\dfrac{1}{2}, -3\right)$

준선의 방정식은 $x=\dfrac{3}{2}+2$, 즉 $x=\dfrac{7}{2}$

따라서 $a=2$, $b=-3$, $c=\dfrac{1}{2}$, $d=-3$, $e=\dfrac{7}{2}$이므로

$a+b+c+d+e=2+(-3)+\dfrac{1}{2}+(-3)+\dfrac{7}{2}=0$

답 ③

012

$y^2+8x-4y+28=0$에서 $(y-2)^2=-8(x+3)$이므로 초점의 좌표는

$(-2-3, 2)$, 즉 $(-5, 2)$ ← $y^2=-8x=4\times(-2)\times x$를 평행이동

                                                 ㉮

$x^2+4x-4y+a=0$에서 $(x+2)^2=4\left(y-\dfrac{a-4}{4}\right)$이므로 초점의 좌표는

$\left(-2, 1+\dfrac{a-4}{4}\right)$, 즉 $\left(-2, \dfrac{a}{4}\right)$ ← $x^2=4y=4\times1\times y$를 평행이동

                                                 ㉯

이때, 점 $(-5, 2)$와 점 $\left(-2, \dfrac{a}{4}\right)$가 직선 $y=-x$에 대하여 대칭이므로

$\dfrac{a}{4}=5$ $\therefore a=20$

                                                 ㉰

단계	채점 요소	비율
㉮	포물선 $y^2+8x-4y+28=0$의 초점의 좌표 구하기	40%
㉯	포물선 $x^2+4x-4y+a=0$의 초점의 좌표 나타내기	40%
㉰	직선 $y=-x$에 대칭임을 이용하여 상수 a의 값 구하기	20%

답 20

013

포물선 $x^2-8y+16=0$을 직선 $y=x$에 대하여 대칭이동하면

$y^2-8x+16=0$, 즉 $y^2=8(x-2)$ …… ㉠

이므로 포물선 $f(x, y)=0$은 포물선 $y^2=8x$를 x축의 방향으로 2만큼 평

행이동한 것이다.

$y^2=8x=4\times2\times x$이므로 포물선 $f(x, y)=0$의 초점의 좌표는

$(2+2, 0)$, 즉 $(4, 0)$

점 $P(2, 4)$에서 x축과 평행하게 그은 직선의 방정식은 $y=4$이므로

$y=4$를 ㉠에 대입하면

$4^2=8(x-2)$ $\therefore x=4$

따라서 $Q(4, 4)$이므로 초점 $(4, 0)$과 점 Q를 이은 선분의 길이는

$4-0=4$

답 ④

014

포물선 $x^2=6y=4\times\dfrac{3}{2}\times y$의 준선의 방정식은 $y=-\dfrac{3}{2}$

점 $P(a, b)$에서 준선 $y=-\dfrac{3}{2}$에 내린 수선의 발을 H라 하면 $\overline{PH}=5$이

므로

$\left| b - \left(-\dfrac{3}{2} \right) \right| = 5$ $\therefore b = \dfrac{7}{2}$ $(\because b \geq 0)$

점 $P\left(a, \dfrac{7}{2}\right)$은 포물선 $x^2 = 6y$ 위의 점이므로

$a^2 = 6 \times \dfrac{7}{2} = 21$

$\therefore a^2 - b = 21 - \dfrac{7}{2} = \dfrac{35}{2}$

다른 풀이

점 $P(a, b)$는 포물선 $x^2 = 6y$ 위의 점이므로

$a^2 = 6b$ ...... ㉠

또한 포물선 $x^2 = 6y = 4 \times \dfrac{3}{2} \times y$의 초점의 좌표는 $\left(0, \dfrac{3}{2}\right)$이므로

$\sqrt{a^2 + \left(b - \dfrac{3}{2}\right)^2} = 5$, $a^2 + b^2 - 3b + \dfrac{9}{4} = 25$

㉠을 위의 식에 대입하여 정리하면

$4b^2 + 12b - 91 = 0$

$(2b + 13)(2b - 7) = 0$ $\therefore b = \dfrac{7}{2}$ $(\because b \geq 0)$

$b = \dfrac{7}{2}$을 ㉠에 대입하면

$a^2 = 6 \times \dfrac{7}{2} = 21$

$\therefore a^2 - b = 21 - \dfrac{7}{2} = \dfrac{35}{2}$ **답 ①**

015

주어진 포물선의 꼭짓점이 원점이고 초점 F의 좌표가 $(2, 0)$이므로 준선의 방정식은

$x = -2$

점 P에서 준선에 내린 수선의 발을 H′이라 하면

$\overline{PH} + \overline{PF} = \overline{PH} + \overline{PH'}$

$= \overline{HH'} = 4$ **답 ③**

016

포물선 $y^2 = 8x = 4 \times 2 \times x$의 초점 F의 좌표는 $(2, 0)$이므로 세 점 A, B, C의 x좌표를 각각 x_1, x_2, x_3이라 하면

$\dfrac{x_1 + x_2 + x_3}{3} = 2$ $\therefore x_1 + x_2 + x_3 = 6$

한편, 세 점 A, B, C에서 포물선 $y^2 = 8x$의 준선 $x = -2$에 내린 수선의 발을 각각 A′, B′, C′이라 하면

$\overline{AF} + \overline{BF} + \overline{CF} = \overline{AA'} + \overline{BB'} + \overline{CC'}$

$= (x_1 + 2) + (x_2 + 2) + (x_3 + 2)$

$= x_1 + x_2 + x_3 + 6$

$= 6 + 6 = 12$ **답 12**

017

두 점 P, Q에서 준선 $x = -2$에 내린 수선의 발을 각각 H_1, H_2라 하면

$\overline{PF} = \overline{PH_1} = \alpha + 2$, $\overline{QF} = \overline{QH_2} = \beta + 2$

이므로

$\overline{PQ} = \overline{PF} + \overline{QF}$

$= \overline{PH_1} + \overline{QH_2}$

$= (\alpha + 2) + (\beta + 2)$

$= \alpha + \beta + 4 = 18$

$\therefore \alpha + \beta = 14$ **답 14**

018

포물선의 정의에 의하여 $\overline{PH} = \overline{PF}$, $\overline{QH'} = \overline{QF}$이므로

$\overline{PH} + \overline{QH'} = \overline{PQ} = 6$

$\therefore \square HH'QP = \dfrac{1}{2} \times (\overline{PH} + \overline{QH'}) \times \overline{HH'}$

$= \dfrac{1}{2} \times 6 \times 5 = 15$ **답 15**

019

포물선 $y^2 = 8x = 4 \times 2 \times x$에서 점 A$(2, 0)$은 주어진 포물선의 초점이고, 준선의 방정식은 $x = -2$이다.

오른쪽 그림과 같이 점 P에서 준선 $x = -2$에 내린 수선의 발을 H라 하면

$\overline{PA} = \overline{PH}$

점 B$(5, 2)$에서 준선 $x = -2$에 내린 수선의 발을 K라 하면

$\overline{PA} + \overline{PB} = \overline{PH} + \overline{PB} \geq \overline{BK}$

즉, 점 P가 선분 BK와 포물선의 교점일 때 $\overline{PA} + \overline{PB}$의 값이 최소이다.

따라서 $b = 2$이므로 P$(a, 2)$이고, 점 P는 포물선 $y^2 = 8x$ 위의 점이므로

$2^2 = 8a$ $\therefore a = \dfrac{1}{2}$

$\therefore a + b = \dfrac{1}{2} + 2 = \dfrac{5}{2}$ **답 $\dfrac{5}{2}$**

020

오른쪽 그림과 같이 점 P에서 포물선 $y^2 = 3x$의 준선에 내린 수선의 발을 H라 하면

$\overline{PF} = \overline{PH}$

점 A$(5, 3)$에서 준선에 내린 수선의 발을 H′이라 하면

$\overline{AP} + \overline{PF} = \overline{AP} + \overline{PH} \geq \overline{AH'}$

이므로 $\overline{AP} + \overline{PF}$의 값이 최소일 때의 점 P의 y좌표는 3이다.

점 P의 좌표를 $(a, 3)$으로 놓으면 점 P는 포물선 $y^2 = 3x$ 위의 점이므로

$3^2 = 3a$ $\therefore a = 3$

따라서 삼각형 APF의 둘레의 길이가 최소일 때의 점 P의 좌표는 $(3, 3)$이므로 이때의 삼각형 APF의 넓이는

$\dfrac{1}{2} \times \overline{AP} \times 3 = \dfrac{1}{2} \times 2 \times 3 = 3$ **답 3**

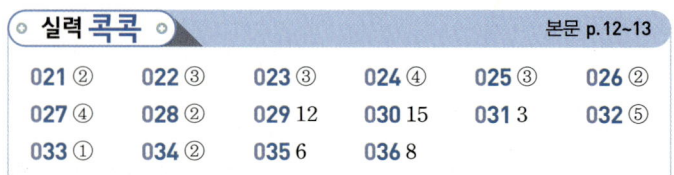

021

준선의 방정식이 $x=2$이고 꼭짓점이 원점인 포물선의 방정식은
$y^2=4\times(-2)\times x$, 즉 $y^2=-8x$
이 포물선이 점 $(a, 4)$를 지나므로
$4^2=-8a$ ∴ $a=-2$ 〔답〕②

022

포물선 $x^2=-8y=4\times(-2)\times y$의 초점의 좌표는 $(0, -2)$
포물선 $y^2=2kx=4\times\dfrac{k}{2}\times x$의 초점의 좌표는 $\left(\dfrac{k}{2}, 0\right)$
두 초점 사이의 거리가 $2\sqrt{2}$이므로
$\sqrt{\left(\dfrac{k}{2}\right)^2+2^2}=2\sqrt{2}$
이 식의 양변을 제곱하면
$\dfrac{k^2}{4}+4=8$, $k^2=16$
∴ $k=4$ ($\because k>0$) 〔답〕③

023

$x^2+y^2-4x-6y+5=0$에서
$(x-2)^2+(y-3)^2=8$
따라서 원의 중심 $(2, 3)$을 초점으로 하고 준선의 방정식이 $y=-1$인 포물선은 $p=\dfrac{1}{2}\times\{3-(-1)\}=2$이므로 초점의 좌표가 $(0, 2)$이고 준선의 방정식이 $y=-2$인 포물선 $x^2=4\times2\times y$, 즉 $x^2=8y$를 x축의 방향으로 2만큼, y축의 방향으로 $3-2=1$만큼 평행이동한 것이다.
따라서 구하는 포물선의 방정식은
$(x-2)^2=8(y-1)$ 〔답〕③

024

축이 y축에 평행하므로 구하는 포물선의 방정식을
$x^2+Ax+By+C=0$ (A, B, C는 상수, $B\neq0$)
으로 놓으면 이 포물선은 세 점 $(0, 0)$, $(-2, 3)$, $(2, -1)$을 지나므로
$C=0$
$4-2A+3B=0$ ……㉠
$4+2A-B=0$ ……㉡
㉠, ㉡을 연립하여 풀면
$A=-4$, $B=-4$
∴ $x^2-4x-4y=0$
$x^2-4x-4y=0$에서 $(x-2)^2=4(y+1)$이므로 초점의 좌표는
$(2, 1-1)$, 즉 $(2, 0)$ ——$x^2=4y=4\times1\times y$를 평행이동
따라서 $a=2$, $b=0$이므로
$a+b=2+0=2$ 〔답〕④

025

점 $P(x, y)$에서 점 $A(0, 3)$까지의 거리와 x축까지의 거리는 서로 같으므로
$\sqrt{x^2+(y-3)^2}=|y|$
이 식의 양변을 제곱하면
$x^2+y^2-6y+9=y^2$
∴ $x^2=6y-9$
따라서 $a=6$, $b=-9$이므로
$a-b=6-(-9)=15$ 〔답〕③

026

포물선 $y^2=kx=4\times\dfrac{k}{4}\times x$의 준선의 방정식은 $x=-\dfrac{k}{4}$이므로
$\overline{PH_1}=2+\dfrac{k}{4}$, $\overline{QH_2}=3+\dfrac{k}{4}$
이때, $\overline{PH_1}+\overline{QH_2}=7$이므로
$\left(2+\dfrac{k}{4}\right)+\left(3+\dfrac{k}{4}\right)=7$
$\dfrac{k}{2}=2$ ∴ $k=4$ 〔답〕②

027

점 P_n에서 포물선 $y^2=4x=4\times1\times x$의 준선 $x=-1$에 내린 수선의 발을 P_n'이라 하면
$\overline{FP_n}=\overline{P_nP_n'}$
$y^2=4x$에서 $y=n$일 때 $x=\dfrac{n^2}{4}$이므로 $P_n\left(\dfrac{n^2}{4}, n\right)$
∴ $\overline{P_nP_n'}=\dfrac{n^2}{4}+1$
∴ $\sum\limits_{n=1}^{4}\overline{FP_n}=\sum\limits_{n=1}^{4}\overline{P_nP_n'}=\sum\limits_{n=1}^{4}\left(\dfrac{n^2}{4}+1\right)$
$\qquad=\dfrac{1}{4}\times\dfrac{4\times5\times9}{6}+4\times1=\dfrac{15}{2}+4=\dfrac{23}{2}$

보충 설명

수학 I Ⅲ. 수열에서 다음을 학습하였다.
① 수열 $\{a_n\}$에 대하여
$\quad\sum\limits_{k=1}^{n}a_k=a_1+a_2+a_3+\cdots+a_n$
② $\sum\limits_{k=1}^{n}k=\dfrac{n(n+1)}{2}$, $\sum\limits_{k=1}^{n}k^2=\dfrac{n(n+1)(2n+1)}{6}$
③ 상수 c에 대하여 $\sum\limits_{k=1}^{n}c=cn$ 〔답〕④

028

포물선 $x^2=2y=4\times\dfrac{1}{2}\times y$의 초점 F의 좌표는 $\left(0, \dfrac{1}{2}\right)$이고 준선의 방정식은 $y=-\dfrac{1}{2}$이다.
점 P의 좌표를 $\left(a, \dfrac{a^2}{2}\right)$ $(a>0)$이라 하면 $H\left(a, -\dfrac{1}{2}\right)$이고,
△FHP가 정삼각형이므로 $\overline{FH}=\overline{PH}$에서
$\sqrt{a^2+\left(-\dfrac{1}{2}-\dfrac{1}{2}\right)^2}=\dfrac{a^2}{2}+\dfrac{1}{2}$
이 식의 양변을 제곱하면
$a^2+1=\dfrac{a^4}{4}+\dfrac{a^2}{2}+\dfrac{1}{4}$
$a^4-2a^2-3=0$, $(a^2+1)(a^2-3)=0$
$(a^2+1)(a+\sqrt{3})(a-\sqrt{3})=0$
∴ $a=\sqrt{3}$ ($\because a>0$)
따라서 점 P의 x좌표는 $\sqrt{3}$이다. 〔답〕②

029

포물선 $y^2=8x=4\times2\times x$의 초점 F의 좌표는 $(2, 0)$이고 준선의 방정식은 $x=-2$이다.
이때, 점 A의 x좌표는 2이므로
$y^2=8\times2=16$ ∴ $y=4$ ($\because y>0$)
∴ $A(2, 4)$

오른쪽 그림과 같이 점 B에서 준선 $x=-2$에 내린 수선의 발을 B′, 초점 F를 지나고 y축에 평행한 직선이 선분 BB′과 만나는 점을 A′이라 하자.

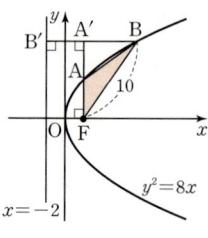

이때, $\overline{BB'}=\overline{BF}=10$에서 점 B의 x좌표는 8이므로 구하는 삼각형 AFB의 넓이는

$\dfrac{1}{2}\times\overline{AF}\times\overline{BA'}=\dfrac{1}{2}\times4\times6=12$

답 12

030

오른쪽 그림과 같이 점 D에서 선분 BC에 내린 수선의 발을 H라 하고,

$\overline{DF}=k$, $\overline{CF}=2k$ $(k>0)$

로 놓으면

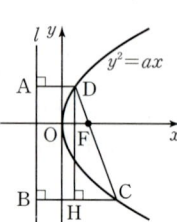

$\overline{AD}=\overline{DF}=k$, $\overline{BC}=\overline{CF}=2k$

이므로 $\overline{AD}=\overline{BH}=\overline{CH}=k$

따라서 직각삼각형 DHC에서

$\overline{DH}=\sqrt{(3k)^2-k^2}=2\sqrt{2}k$

이때, 사다리꼴 ABCD의 넓이가 $75\sqrt{2}$이므로

$\dfrac{1}{2}(k+2k)\times2\sqrt{2}k=75\sqrt{2}$

$k^2=25$ ∴ $k=5$ $(∵ k>0)$

∴ $\overline{CD}=3k=3\times5=15$

답 15

031

오른쪽 그림과 같이 점 B에서 선분 AH에 내린 수선의 발을 I라 하면 직각삼각형 AIB에서

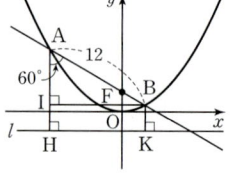

$\overline{AI}=\overline{AB}\cos60°=12\times\dfrac{1}{2}=6$

포물선의 정의에 의하여

$\overline{AH}=\overline{AF}$, $\overline{BK}=\overline{BF}$

이므로

$\overline{AH}+\overline{BK}=\overline{AF}+\overline{BF}=\overline{AB}=12$

$(\overline{AI}+\overline{IH})+\overline{BK}=12$

$6+\overline{BK}+\overline{BK}=12$

$2\overline{BK}=6$

∴ $\overline{BK}=3$

답 3

032

ㄱ. 포물선의 정의에 의하여 $\overline{PR}=\overline{PF}$이므로

$\angle PRF=\angle PFR$

또한 $\overline{RP}\parallel\overline{OF}$이므로

$\angle PRF=\angle OFR$

∴ $\angle PFR=\angle OFR$ (참)

ㄴ. 포물선의 정의에 의하여 $\overline{QS}=\overline{QF}$이므로

$\angle QSF=\angle QFS$

또한 $\overline{OF}\parallel\overline{SQ}$이므로

$\angle QSF=\angle OFS$

∴ $\angle QFS=\angle OFS$

따라서 $\angle PFR=\angle OFR$, $\angle QFS=\angle OFS$이므로

$\angle RFS=\angle OFR+\angle OFS=90°$

즉, △RSF는 직각삼각형이므로

$\overline{RS}^2=\overline{RF}^2+\overline{SF}^2$ (참)

ㄷ. 점 P에서 선분 SQ의 연장선에 내린 수선의 발을 H라 하면

$\overline{PH}=\overline{RS}$이고 △PQH는 직각삼각형이므로

$\overline{PQ}^2=\overline{QH}^2+\overline{PH}^2$

$(\overline{PF}+\overline{QF})^2=(\overline{RP}-\overline{SQ})^2+\overline{RS}^2$

∴ $(\overline{RP}+\overline{SQ})^2=(\overline{RP}-\overline{SQ})^2+\overline{RS}^2$

∴ $\overline{RS}^2=4\overline{RP}\times\overline{SQ}$ (참)

그러므로 옳은 것은 ㄱ, ㄴ, ㄷ이다.

답 ⑤

033

포물선 $y=\dfrac{1}{2}x^2$, 즉 $x^2=2y=4\times\dfrac{1}{2}\times y$의 초점을 F라 하면

$F\left(0, \dfrac{1}{2}\right)$

이때, $\overline{PH}=\overline{PF}$이므로

$\overline{AP}+\overline{PH}=\overline{AP}+\overline{PF}\geq\overline{AF}=\sqrt{(-\sqrt{2})^2+\left(\dfrac{1}{2}\right)^2}=\dfrac{3}{2}$

따라서 $\overline{AP}+\overline{PH}$의 최솟값은 $\dfrac{3}{2}$이다.

답 ①

034

포물선 $y=\dfrac{1}{12}x^2$, 즉 $x^2=12y=4\times3\times y$에서 점 A$(0, 3)$은 주어진 포물선의 초점이고 준선의 방정식은 $y=-3$이다.

오른쪽 그림과 같이 점 P에서 준선 $y=-3$에 내린 수선의 발을 H라 하면

$\overline{BP}+\overline{AP}=\overline{BP}+\overline{PH}$

세 점 B, P, H가 한 직선 위에 있을 때 $\overline{BP}+\overline{AP}$의 값이 최소가 되므로

$\overline{BP}+\overline{AP}\geq6+3=9$

∴ $\overline{AB}+\overline{BP}+\overline{AP}\geq\sqrt{(4-0)^2+(6-3)^2}+9$

$=5+9=14$

따라서 삼각형 ABP의 둘레의 길이의 최솟값은 14이다.

답 ②

035

두 점 P, Q의 좌표를 각각 (x_1, y_1), (x_2, y_2)로 놓으면 두 점 P, Q는 포물선 $y^2=2x$ 위의 점이므로

$y_1^2=2x_1$, $y_2^2=2x_2$

──────────── 가

또한 두 정사각형의 넓이의 합이 10이므로

$\overline{PR}^2+\overline{QS}^2=y_1^2+y_2^2=2x_1+2x_2=2(x_1+x_2)=10$

∴ $x_1+x_2=5$

──────────── 나

한편, 포물선 $y^2=2x=4\times\dfrac{1}{2}\times x$의 초점 F의 좌표는 $\left(\dfrac{1}{2}, 0\right)$이고 준선의 방정식은 $x=-\dfrac{1}{2}$이므로

$\overline{PF}=x_1+\dfrac{1}{2}$, $\overline{FQ}=x_2+\dfrac{1}{2}$

∴ $\overline{PF}+\overline{FQ}=\left(x_1+\dfrac{1}{2}\right)+\left(x_2+\dfrac{1}{2}\right)$

$=x_1+x_2+1$

$=5+1=6$

──────────── 다

단계	채점 요소	비율
㈎	두 점 P, Q의 좌표를 각각 (x_1, y_1), (x_2, y_2)로 놓고 두 점이 포물선 위의 점임을 이용하여 식 세우기	20%
㈏	두 정사각형의 넓이의 합이 10임을 이용하여 x_1+x_2의 값 구하기	30%
㈐	x_1+x_2의 값을 이용하여 $\overline{PF}+\overline{FQ}$의 값 구하기	50%

답 6

036

포물선 $y^2=4x=4\times1\times x$의 초점 F의 좌표는 $(1, 0)$이고 준선의 방정식은 $x=-1$이다.

———————————————————— ㈎

오른쪽 그림과 같이 두 점 A, B에서 준선 $x=-1$에 내린 수선의 발을 각각 H, K라 하고, 직선 $x=3$에 내린 수선의 발을 각각 C', D'이라 하면

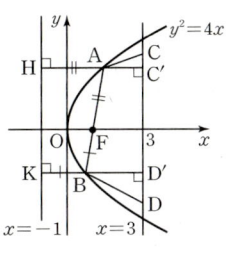

$$\overline{CA}+\overline{AB}+\overline{BD}=\overline{CA}+\overline{AF}+\overline{FB}+\overline{BD}$$
$$=\overline{CA}+\overline{AH}+\overline{BK}+\overline{BD}$$
$$\geq\overline{C'H}+\overline{D'K}$$

———————————————————— ㈏

$$=(3+1)+(3+1)=8$$

따라서 구하는 최솟값은 8이다.

———————————————————— ㈐

단계	채점 요소	비율
㈎	포물선 $y^2=4x$의 초점의 좌표와 준선의 방정식 구하기	10%
㈏	포물선의 정의를 이용하여 $\overline{CA}+\overline{AB}+\overline{BD}$의 값이 최소가 되는 경우 구하기	60%
㈐	$\overline{CA}+\overline{AB}+\overline{BD}$의 최솟값 구하기	30%

답 8

02 타원

▶ 개념 **콕콕** ◀   본문 p.15

037

(1) x축 위의 두 초점 F$(4, 0)$, F$'(-4, 0)$으로부터의 거리의 합이 12인 타원의 방정식을 $\dfrac{x^2}{a^2}+\dfrac{y^2}{b^2}=1$ $(a>b>0)$로 놓으면

$2a=12$　∴ $a=6$

$a^2-b^2=4^2$이므로

$b^2=a^2-4^2=6^2-4^2=20$

따라서 구하는 타원의 방정식은

$\dfrac{x^2}{36}+\dfrac{y^2}{20}=1$

(2) y축 위의 두 초점 F$(0, 3)$, F$'(0, -3)$으로부터의 거리의 합이 8인 타원의 방정식을 $\dfrac{x^2}{a^2}+\dfrac{y^2}{b^2}=1$ $(b>a>0)$로 놓으면

$2b=8$　∴ $b=4$

$b^2-a^2=3^2$이므로

$a^2=b^2-3^2=4^2-3^2=7$

따라서 구하는 타원의 방정식은

$\dfrac{x^2}{7}+\dfrac{y^2}{16}=1$

답 (1) $\dfrac{x^2}{36}+\dfrac{y^2}{20}=1$ (2) $\dfrac{x^2}{7}+\dfrac{y^2}{16}=1$

038

(1) 타원 $\dfrac{x^2}{25}+\dfrac{y^2}{4}=1$, 즉 $\dfrac{x^2}{5^2}+\dfrac{y^2}{2^2}=1$의 두 초점은 x축 위에 있고, $\sqrt{5^2-2^2}=\sqrt{21}$이므로 초점의 좌표는 $(\sqrt{21}, 0)$, $(-\sqrt{21}, 0)$
장축의 길이는 $2\times5=10$
단축의 길이는 $2\times2=4$
또한 타원은 오른쪽 그림과 같다.

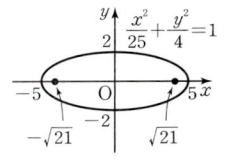

(2) 타원 $x^2+\dfrac{y^2}{9}=1$, 즉 $\dfrac{x^2}{1^2}+\dfrac{y^2}{3^2}=1$의 두 초점은 y축 위에 있고, $\sqrt{3^2-1^2}=2\sqrt{2}$이므로 초점의 좌표는 $(0, 2\sqrt{2})$, $(0, -2\sqrt{2})$
장축의 길이는 $2\times3=6$
단축의 길이는 $2\times1=2$
또한 타원은 오른쪽 그림과 같다.

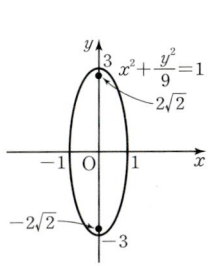

(3) 타원 $5x^2+9y^2=45$, 즉 $\dfrac{x^2}{3^2}+\dfrac{y^2}{(\sqrt{5})^2}=1$의 두 초점은 x축 위에 있고, $\sqrt{3^2-(\sqrt{5})^2}=2$이므로 초점의 좌표는 $(2, 0)$, $(-2, 0)$
장축의 길이는 $2\times3=6$
단축의 길이는 $2\times\sqrt{5}=2\sqrt{5}$
또한 타원은 오른쪽 그림과 같다.

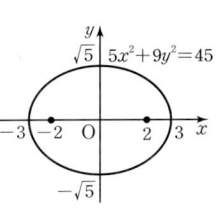

답 풀이 참조

039

(1) 두 초점 $F(2, 0)$, $F'(-2, 0)$이 x축 위에 있으므로 구하는 타원의 방

정식을 $\dfrac{x^2}{a^2}+\dfrac{y^2}{b^2}=1$ $(a>b>0)$로 놓으면 장축의 길이가 8이므로

$2a=8$ $\quad\therefore a=4$

$a^2-b^2=2^2$이므로

$b^2=a^2-2^2=4^2-2^2=12$

따라서 구하는 타원의 방정식은

$\dfrac{x^2}{16}+\dfrac{y^2}{12}=1$

(2) 두 초점 $F(0, 1)$, $F'(0, -1)$이 y축 위에 있으므로 구하는 타원의 방

정식을 $\dfrac{x^2}{a^2}+\dfrac{y^2}{b^2}=1$ $(b>a>0)$로 놓으면 장축의 길이가 4이므로

$2b=4$ $\quad\therefore b=2$

$b^2-a^2=1^2$이므로

$a^2=b^2-1=2^2-1=3$

따라서 구하는 타원의 방정식은

$\dfrac{x^2}{3}+\dfrac{y^2}{4}=1$

(3) 두 초점 $F(3, 0)$, $F'(-3, 0)$이 x축 위에 있으므로 구하는 타원의 방

정식을 $\dfrac{x^2}{a^2}+\dfrac{y^2}{b^2}=1$ $(a>b>0)$로 놓으면 단축의 길이가 $6\sqrt{3}$이므로

$2b=6\sqrt{3}$ $\quad\therefore b=3\sqrt{3}$

$a^2-b^2=3^2$이므로

$a^2=b^2+3^2=(3\sqrt{3})^2+3^2=36$

따라서 구하는 타원의 방정식은

$\dfrac{x^2}{36}+\dfrac{y^2}{27}=1$

(4) 두 초점 $F(0, \sqrt{7})$, $F'(0, -\sqrt{7})$이 y축 위에 있으므로 구하는 타원의

방정식을 $\dfrac{x^2}{a^2}+\dfrac{y^2}{b^2}=1$ $(b>a>0)$로 놓으면 단축의 길이가 10이므로

$2a=10$ $\quad\therefore a=5$

$b^2-a^2=(\sqrt{7})^2$이므로

$b^2=a^2+(\sqrt{7})^2=5^2+(\sqrt{7})^2=32$

따라서 구하는 타원의 방정식은

$\dfrac{x^2}{25}+\dfrac{y^2}{32}=1$

답 (1) $\dfrac{x^2}{16}+\dfrac{y^2}{12}=1$ (2) $\dfrac{x^2}{3}+\dfrac{y^2}{4}=1$

(3) $\dfrac{x^2}{36}+\dfrac{y^2}{27}=1$ (4) $\dfrac{x^2}{25}+\dfrac{y^2}{32}=1$

040

(1) 타원 $\dfrac{x^2}{25}+\dfrac{y^2}{9}=1$, 즉 $\dfrac{x^2}{5^2}+\dfrac{y^2}{3^2}=1$의

장축의 길이는

$2\times5=10$

따라서 타원의 정의에 의하여

$\overline{AF}+\overline{AF'}=10$

(2) (1)과 마찬가지로 타원의 정의에 의하여 $\overline{BF}+\overline{BF'}=10$이므로 삼각

형 ABF′의 둘레의 길이는

$\overline{AF'}+\overline{BF'}+\overline{AB}=\overline{AF'}+\overline{BF'}+(\overline{AF}+\overline{BF})$

$=(\overline{AF}+\overline{AF'})+(\overline{BF}+\overline{BF'})$

$=10+10=20$

답 (1) 10 (2) 20

041

(1) 타원 $\dfrac{(x-2)^2}{25}+\dfrac{(y+3)^2}{4}=1$, 즉

$\dfrac{(x-2)^2}{5^2}+\dfrac{(y+3)^2}{2^2}=1$ $\quad\cdots\cdots$ ㉠

은 타원 $\dfrac{x^2}{5^2}+\dfrac{y^2}{2^2}=1$을 x축의 방향으로 2만큼, y축의 방향으로 -3만

큼 평행이동한 것이다.

따라서 타원 ㉠의 중심의 좌표는 $(2, -3)$이다.

또한 타원 $\dfrac{x^2}{5^2}+\dfrac{y^2}{2^2}=1$의 초점의 좌표는 $\sqrt{5^2-2^2}=\sqrt{21}$에서

$(\sqrt{21}, 0)$, $(-\sqrt{21}, 0)$이므로 타원 ㉠의 초점의 좌표는

$(2+\sqrt{21}, -3)$, $(2-\sqrt{21}, -3)$

이고, 평행이동해도 장축과 단축의 길이는 변하지 않으므로 장축의 길

이는 $2\times5=10$, 단축의 길이는 $2\times2=4$이다.

(2) 타원 $\dfrac{(x+2)^2}{36}+\dfrac{(y-3)^2}{49}=1$, 즉

$\dfrac{(x+2)^2}{6^2}+\dfrac{(y-3)^2}{7^2}=1$ $\quad\cdots\cdots$ ㉠

은 타원 $\dfrac{x^2}{6^2}+\dfrac{y^2}{7^2}=1$을 x축의 방향으로 -2만큼, y축의 방향으로 3만

큼 평행이동한 것이다.

따라서 타원 ㉠의 중심의 좌표는 $(-2, 3)$이다.

또한 타원 $\dfrac{x^2}{6^2}+\dfrac{y^2}{7^2}=1$의 초점의 좌표는 $\sqrt{7^2-6^2}=\sqrt{13}$에서

$(0, \sqrt{13})$, $(0, -\sqrt{13})$이므로 타원 ㉠의 초점의 좌표는

$(-2, 3+\sqrt{13})$, $(-2, 3-\sqrt{13})$

이고, 평행이동해도 장축과 단축의 길이는 변하지 않으므로 장축의 길

이는 $2\times7=14$, 단축의 길이는 $2\times6=12$이다.

답 풀이 참조

042

(1) $x^2+4y^2-2x-16y+13=0$에서

$(x^2-2x+1-1)+4(y^2-4y+4-4)+13=0$

$(x-1)^2+4(y-2)^2=4$

$\therefore \dfrac{(x-1)^2}{2^2}+(y-2)^2=1$ $\quad\cdots\cdots$ ㉠

㉠은 타원 $\dfrac{x^2}{2^2}+y^2=1$을 x축의 방향으로 1만큼, y축의 방향으로 2만

큼 평행이동한 것이다.

따라서 타원 ㉠의 중심의 좌표는 $(1, 2)$이다.

또한 타원 $\dfrac{x^2}{2^2}+y^2=1$의 초점의 좌표는 $\sqrt{2^2-1}=\sqrt{3}$에서

$(\sqrt{3}, 0)$, $(-\sqrt{3}, 0)$이므로 타원 ㉠의 초점의 좌표는

$(1+\sqrt{3}, 2)$, $(1-\sqrt{3}, 2)$

이고, 평행이동해도 장축과 단축의 길이는 변하지 않으므로 장축의 길

이는 $2\times2=4$, 단축의 길이는 $2\times1=2$이다.

(2) $9x^2+4y^2+36x-8y+4=0$에서

$9(x^2+4x+4-4)+4(y^2-2y+1-1)+4=0$

$9(x+2)^2+4(y-1)^2=36$

$\therefore \dfrac{(x+2)^2}{2^2}+\dfrac{(y-1)^2}{3^2}=1$ $\quad\cdots\cdots$ ㉠

㉠은 타원 $\dfrac{x^2}{2^2}+\dfrac{y^2}{3^2}=1$을 x축의 방향으로 -2만큼, y축의 방향으로 1

만큼 평행이동한 것이다.

따라서 타원 ㉠의 중심의 좌표는 $(-2, 1)$이다.

타원 $\frac{x^2}{2^2}+\frac{y^2}{3^2}=1$의 초점의 좌표는 $\sqrt{3^2-2^2}=\sqrt{5}$에서

$(0, \sqrt{5})$, $(0, -\sqrt{5})$이므로 타원 ㉠의 초점의 좌표는

$(-2, 1+\sqrt{5})$, $(-2, 1-\sqrt{5})$

이고, 평행이동해도 장축과 단축의 길이는 변하지 않으므로 장축의 길이는 $2\times3=6$, 단축의 길이는 $2\times2=4$이다.

답 풀이 참조

043

(1) 타원 S'의 중심은 두 초점을 잇는 선분 FF′의 중점이므로

$\left(\frac{-2+6}{2}, \frac{-1+(-1)}{2}\right)$, 즉 $(2, -1)$

(2) 타원 S'은 타원 S를 x축의 방향으로 2만큼, y축의 방향으로 -1만큼 평행이동한 것이므로

$m=2$, $n=-1$

(3) 타원 S'의 두 초점이 $F(-2, -1)$, $F'(6, -1)$이므로 타원 S의 초점의 좌표는

$(-2-2, -1+1)$, $(6-2, -1+1)$, 즉 $(-4, 0)$, $(4, 0)$

답 (1) $(2, -1)$ (2) $m=2$, $n=-1$ (3) $(-4, 0)$, $(4, 0)$

유형 콕콕 본문 p.16~17

044 ③	045 ④	046 25	047 ④	048 ④	049 13
050 ⑤	051 ④	052 10	053 ①	054 ②	
055 $\frac{x^2}{18}+\frac{y^2}{2}=1$					

044

두 초점 $F(5, 0)$, $F'(-5, 0)$이 x축 위에 있고, 장축의 길이가 12이므로

$2a=12 \quad \therefore a=6$

$a^2-b^2=5^2$이므로

$b^2=a^2-5^2=6^2-5^2=11$

$\therefore a^2+b^2=36+11=47$

답 ③

045

타원의 한 초점이 $F(0, 3)$이고, 중심이 원점이므로 다른 초점은 $F'(0, -3)$이다.

두 초점이 y축 위에 있으므로 이 타원의 방정식을

$\frac{x^2}{a^2}+\frac{y^2}{b^2}=1$ $(b>a>0)$로 놓으면

$b^2-a^2=3^2=9$ ······ ㉠

장축의 길이 $2b$가 단축의 길이 $2a$의 2배이므로

$2b=2\times2a \quad \therefore b=2a$ ······ ㉡

㉠, ㉡에서

$b^2-a^2=(2a)^2-a^2=3a^2=9$

$a^2=3 \quad \therefore a=\sqrt{3}$ ($\because a>0$)

따라서 단축의 길이는

$2a=2\sqrt{3}$

답 ④

046

타원 $9x^2+4y^2=36$, 즉 $\frac{x^2}{4}+\frac{y^2}{9}=1$의 초점의 좌표는 $\sqrt{9-4}=\sqrt{5}$에서

$F(0, \sqrt{5})$, $F'(0, -\sqrt{5})$

따라서 타원 $\frac{x^2}{a^2}+\frac{y^2}{b^2}=1$의 초점이 $F(0, \sqrt{5})$, $F'(0, -\sqrt{5})$이므로

$b^2-a^2=(\sqrt{5})^2=5$

$\therefore b^2=a^2+5$ ······ ㉠

또한 타원 $\frac{x^2}{a^2}+\frac{y^2}{b^2}=1$이 점 $(2, 3)$을 지나므로

$\frac{4}{a^2}+\frac{9}{b^2}=1 \quad \therefore 4b^2+9a^2=a^2b^2$ ······ ㉡

㉠을 ㉡에 대입하면

$4(a^2+5)+9a^2=a^2(a^2+5)$

$a^4-8a^2-20=0$, $(a^2-10)(a^2+2)=0$

$\therefore a^2=10$

$\therefore a^2+b^2=a^2+(a^2+5)=10+10+5=25$

답 25

047

$x^2+2y^2-8x+8y+8=0$에서

$(x^2-8x+16-16)+2(y^2+4y+4-4)+8=0$

$(x-4)^2+2(y+2)^2=16$

$\therefore \frac{(x-4)^2}{16}+\frac{(y+2)^2}{8}=1$ ······ ㉠

㉠은 타원 $\frac{x^2}{16}+\frac{y^2}{8}=1$을 x축의 방향으로 4만큼, y축의 방향으로 -2만큼 평행이동한 것이므로

$m=4$, $n=-2$

$\therefore m+n=4+(-2)=2$

답 ④

048

$5x^2+3y^2+30x-12y+42=0$에서

$5(x^2+6x+9-9)+3(y^2-4y+4-4)+42=0$

$\therefore 5(x+3)^2+3(y-2)^2=15$

이 타원을 x축의 방향으로 3만큼, y축의 방향으로 -2만큼 평행이동한 타원의 방정식은

$5x^2+3y^2=15$

따라서 $l=3$, $m=-2$, $n=15$이므로

$l+m+n=3+(-2)+15=16$

보충 설명

타원 $5x^2+3y^2=15$를 x축의 방향으로 -3만큼, y축의 방향으로 2만큼 평행이동한 타원의 방정식은

$5(x+3)^2+3(y-2)^2=15$

답 ④

049

타원 $4x^2+9y^2=36$, 즉 $\frac{x^2}{3^2}+\frac{y^2}{2^2}=1$의 네 꼭짓점의 좌표는

$(3, 0)$, $(-3, 0)$, $(0, 2)$, $(0, -2)$

이 타원이 x축, y축에 동시에 접하도록 평행이동한 타원은 다음 그림과 같이 4개이다.

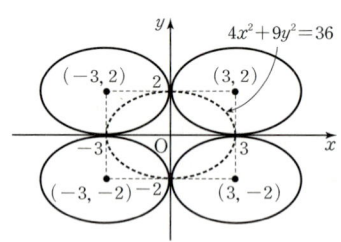

따라서 $|m|=3$, $|n|=2$이므로
$m^2+n^2=3^2+2^2=13$　　　　　　　　　　　답 13

050

선분 $\overline{QQ'}$은 타원의 장축이므로 $\overline{QQ'}=k$라 하면 타원의 정의에 의하여
$\overline{PF'}+\overline{PF}=k$, $\overline{P'F'}+\overline{P'F}=k$
사각형 $PF'P'F$의 둘레의 길이가 36이므로
$(\overline{PF'}+\overline{PF})+(\overline{P'F'}+\overline{P'F})=2k=36$
$\therefore k=18$
$\therefore \overline{QQ'}=k=18$　　　　　　　　　　답 ⑤

051

타원 $\dfrac{x^2}{16}+\dfrac{y^2}{4}=1$, 즉 $\dfrac{x^2}{4^2}+\dfrac{y^2}{2^2}=1$의 장축의

길이는 $2\times4=8$이므로 타원 위의 점
P_1, P_2, P_3, P_4, P_5에 대하여
$\overline{P_1F}+\overline{P_1F'}=8$, $\overline{P_2F}+\overline{P_2F'}=8$,
$\overline{P_3F}+\overline{P_3F'}=8$, $\overline{P_4F}+\overline{P_4F'}=8$,
$\overline{P_5F}+\overline{P_5F'}=8$
$\therefore \displaystyle\sum_{k=1}^{5}(\overline{P_kF}+\overline{P_kF'})=8+8+8+8+8=40$

그런데 $\displaystyle\sum_{k=1}^{5}\overline{P_kF}=16$이므로

$\displaystyle\sum_{k=1}^{5}(\overline{P_kF}+\overline{P_kF'})=\sum_{k=1}^{5}\overline{P_kF}+\sum_{k=1}^{5}\overline{P_kF'}$
$=16+\displaystyle\sum_{k=1}^{5}\overline{P_kF'}$
$=40$
$\therefore \displaystyle\sum_{k=1}^{5}\overline{P_kF'}=40-16=24$　　　　　답 ④

052

타원 $\dfrac{x^2}{30}+\dfrac{y^2}{10}=1$, 즉

$\dfrac{x^2}{(\sqrt{30})^2}+\dfrac{y^2}{(\sqrt{10})^2}=1$에서

$\overline{PF'}=m$, $\overline{PF}=n$이라 하면 타원의 정의
에 의하여
$m+n=2\sqrt{30}$　　　　　　　　……㉠
　　　　　　　　　　　　　　　　　가

$\sqrt{30-10}=2\sqrt{5}$이므로 타원의 초점의 좌표는
$(2\sqrt{5}, 0)$, $(-2\sqrt{5}, 0)$
$\therefore \overline{F'F}=4\sqrt{5}$
따라서 직각삼각형 FPF'에서
$m^2+n^2=(4\sqrt{5})^2=80$　　　　　　……㉡
　　　　　　　　　　　　　　　　　나

㉡에서

$m^2+n^2=(m+n)^2-2mn$
$=(2\sqrt{30})^2-2mn (\because ㉠)$
$=120-2mn=80$
$\therefore mn=20$
따라서 직각삼각형 FPF'의 넓이는
$\dfrac{1}{2}mn=\dfrac{1}{2}\times20=10$
　　　　　　　　　　　　　　　　　다

단계	채점 요소	비율
가	타원의 정의를 이용하여 식 세우기	30%
나	직각삼각형 FPF'에서 피타고라스 정리를 이용하여 식 세우기	30%
다	두 식을 이용하여 직각삼각형 FPF'의 넓이 구하기	40%

답 10

053

타원의 두 초점 $F(3, 1)$, $F'(-1, 1)$에 대하여 선분 $\overline{FF'}$이 x축과 평행
하므로 타원의 장축은 x축과 평행하다.
또한 타원의 중심은 선분 $\overline{FF'}$의 중점, 즉 $(1, 1)$이므로 구하는 타원의 방

정식을 $\dfrac{(x-1)^2}{a^2}+\dfrac{(y-1)^2}{b^2}=1 (a>b>0)$로 놓으면

장축의 길이가 12이므로
$2a=12$　　$\therefore a=6$
타원의 한 초점과 중심 사이의 거리를 c라 하면
$c=|3-1|=2$
$a^2-b^2=c^2$이므로
$b^2=a^2-c^2=6^2-2^2=32$
즉, 구하는 타원의 방정식은

$\dfrac{(x-1)^2}{36}+\dfrac{(y-1)^2}{32}=1$

따라서 $m=1$, $n=1$, $p=36$, $q=32$이므로
$m+n+p+q=1+1+36+32=70$

다른 풀이

타원 위의 임의의 한 점을 $P(x, y)$로 놓으면
$\overline{PF}+\overline{PF'}=12$이므로
$\sqrt{(x-3)^2+(y-1)^2}+\sqrt{(x+1)^2+(y-1)^2}=12$
$\sqrt{(x-3)^2+(y-1)^2}=12-\sqrt{(x+1)^2+(y-1)^2}$
양변을 제곱한 후 정리하면
$3\sqrt{(x+1)^2+(y-1)^2}=x+17$
다시 등식의 양변을 제곱하여 정리하면
$8(x-1)^2+9(y-1)^2=288$
$\therefore \dfrac{(x-1)^2}{36}+\dfrac{(y-1)^2}{32}=1$

따라서 $m=1$, $n=1$, $p=36$, $q=32$이므로
$m+n+p+q=1+1+36+32=70$　　　　答 ①

054

타원의 두 초점 $F(-3, 4)$, $F'(-3, 0)$에 대하여 선분 $\overline{FF'}$이 y축과 평
행하므로 타원의 장축은 y축과 평행하다.
또한 타원의 중심은 선분 $\overline{FF'}$의 중점, 즉 $(-3, 2)$이므로 구하는 타원의

방정식을 $\dfrac{(x+3)^2}{a^2}+\dfrac{(y-2)^2}{b^2}=1 (b>a>0)$로 놓으면

장축의 길이가 8이므로
$2b=8$　　$\therefore b=4$

타원의 한 초점과 중심 사이의 거리를 c라 하면

$c=|4-2|=2$

$b^2-a^2=c^2$이므로

$a^2=b^2-c^2=4^2-2^2=12$

즉, 구하는 타원의 방정식은

$\dfrac{(x+3)^2}{12}+\dfrac{(y-2)^2}{16}=1$

따라서 $m=-3$, $n=2$, $p=12$, $q=16$이므로

$m+n+p+q=(-3)+2+12+16=27$ 답 ②

055

원 $x^2+y^2=18$ 위의 점 P의 좌표를 (a, b)라 하면

$a^2+b^2=18$ ...... ㉠

점 P에서 x축에 내린 수선의 발 H$(a, 0)$에 대하여 선분 PH를 $2:1$로 내분하는 점 Q의 좌표를 (x, y)라 하면 $x=a$, $y=\dfrac{1}{3}b$

$\therefore a=x$, $b=3y$ ...... ㉡

㉡을 ㉠에 대입하면

$x^2+(3y)^2=18$ $\therefore \dfrac{x^2}{18}+\dfrac{y^2}{2}=1$

따라서 점 Q가 나타내는 도형의 방정식은

$\dfrac{x^2}{18}+\dfrac{y^2}{2}=1$ 답 $\dfrac{x^2}{18}+\dfrac{y^2}{2}=1$

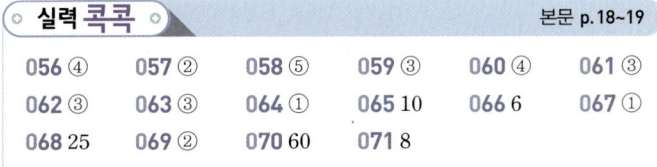

실력 콕콕

본문 p. 18~19

056 ④	057 ②	058 ⑤	059 ③	060 ④	061 ③
062 ③	063 ③	064 ①	065 10	066 6	067 ①
068 25	069 ②	070 60	071 8		

056

x축 위의 두 초점 F$(2, 0)$, F$'(-2, 0)$으로부터의 거리의 합이 6인 타원의 방정식을 $\dfrac{x^2}{a^2}+\dfrac{y^2}{b^2}=1$ $(a>b>0)$로 놓으면

$2a=6$ $\therefore a=3$

$a^2-b^2=2^2$이므로

$b^2=a^2-2^2=3^2-2^2=5$

따라서 주어진 타원의 방정식은

$\dfrac{x^2}{9}+\dfrac{y^2}{5}=1$ ...... ㉠

㉠에 $x=2$를 대입하면

$\dfrac{4}{9}+\dfrac{y^2}{5}=1$ $\therefore y=\pm\dfrac{5}{3}$

따라서 타원 ㉠과 직선 $x=2$의 교점 중 제1사분면의 점 P의 좌표는 $\left(2, \dfrac{5}{3}\right)$

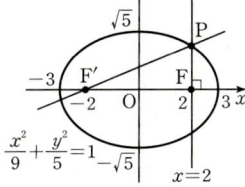

따라서 직선 PF'의 기울기는

$\dfrac{\dfrac{5}{3}-0}{2-(-2)}=\dfrac{\dfrac{5}{3}}{4}=\dfrac{5}{12}$ 답 ④

057

세 꼭짓점의 좌표가 $(-1, 0)$, $(1, 1)$, $(3, 0)$이고, 두 초점이 x축 위에 있는 타원은 오른쪽 그림과 같다.

이때, 타원의 장축의 길이는 4, 단축의 길이는 2이므로 $\dfrac{(x-m)^2}{a^2}+\dfrac{(y-n)^2}{b^2}=1$에서

$2a=4$ $\therefore a=2$

$2b=2$ $\therefore b=1$

또한 타원의 중심의 좌표는 $(1, 0)$이므로

$m=1$, $n=0$

$\therefore a+b+m+n=2+1+1+0=4$ 답 ②

058

$25x^2+16y^2-100x-96y-156=0$에서

$25(x^2-4x+4-4)+16(y^2-6y+9-9)-156=0$

$25(x-2)^2+16(y-3)^2=400$

$\therefore \dfrac{(x-2)^2}{16}+\dfrac{(y-3)^2}{25}=1$ ...... ㉠

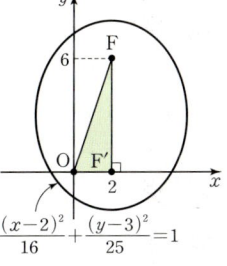

㉠은 타원 $\dfrac{x^2}{16}+\dfrac{y^2}{25}=1$을 x축의 방향으로 2만큼, y축의 방향으로 3만큼 평행이동한 것이고, 타원 $\dfrac{x^2}{16}+\dfrac{y^2}{25}=1$의 초점의 좌표는

$\sqrt{25-16}=3$에서 $(0, 3)$, $(0, -3)$이므로 타원 ㉠의 두 초점 F, F'은

F$(2, 6)$, F$'(2, 0)$

따라서 삼각형 OFF'의 넓이는

$\dfrac{1}{2}\times2\times6=6$ 답 ⑤

059

삼각형 ABC가 정삼각형이므로 $\angle$FAO$=30°$이고 $\overline{\text{OA}}=\overline{\text{FA}}\cos30°$

$\therefore \overline{\text{FA}}=\dfrac{\overline{\text{OA}}}{\cos30°}=\dfrac{2\sqrt{3}}{\dfrac{\sqrt{3}}{2}}=4$

마찬가지 방법으로 $\overline{\text{F}'\text{A}}=4$

타원의 장축의 길이는 $2\overline{\text{OD}}=2\sqrt{k}$이므로 타원의 정의에 의하여

$\overline{\text{AF}}+\overline{\text{AF}'}=2\sqrt{k}$

$4+4=2\sqrt{k}$, $\sqrt{k}=4$

$\therefore k=16$ 답 ③

060

타원 $\dfrac{x^2}{36}+\dfrac{y^2}{16}=1$, 즉 $\dfrac{x^2}{6^2}+\dfrac{y^2}{4^2}=1$의 초점의 좌표는 $\sqrt{6^2-4^2}=2\sqrt{5}$에서 $(2\sqrt{5}, 0)$, $(-2\sqrt{5}, 0)$

즉, 두 점 A$(-2\sqrt{5}, 0)$, B$(2\sqrt{5}, 0)$은 타원의 초점이다.

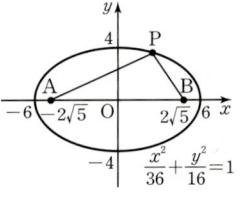

또한 타원의 장축의 길이는 $2 \times 6 = 12$이므로 타원 위의 임의의 한 점 P에 대하여

$$\overline{PA} + \overline{PB} = 12 \qquad \cdots\cdots \ \text{㉠}$$

(단, $6 - 2\sqrt{5} \le \overline{PA} \le 6 + 2\sqrt{5}$, $6 - 2\sqrt{5} \le \overline{PB} \le 6 + 2\sqrt{5}$)

따라서 $\overline{PA} = x$, $\overline{PB} = y$라 하면

$$\overline{PA} \times \overline{PB} = xy = x(12 - x) \ (\because \text{㉠})$$
$$= -(x - 6)^2 + 36 \ (6 - 2\sqrt{5} \le x \le 6 + 2\sqrt{5})$$

이므로 $\overline{PA} \times \overline{PB}$의 최댓값은 $x = \overline{PA} = 6$일 때 36이다.

$\overline{PA} > 0$, $\overline{PB} > 0$이므로 산술평균과 기하평균의 관계에 의하여

$\overline{PA} + \overline{PB} \ge 2\sqrt{\overline{PA} \times \overline{PB}}$ (단, 등호는 $\overline{PA} = \overline{PB}$일 때 성립한다.)

$12 \ge 2\sqrt{\overline{PA} \times \overline{PB}}$ $(\because \overline{PA} + \overline{PB} = 12)$

$6 \ge \sqrt{\overline{PA} \times \overline{PB}}$

$\therefore \overline{PA} \times \overline{PB} \le 36$ (단, 등호는 $\overline{PA} = \overline{PB} = 6$일 때 성립한다.)

따라서 $\overline{PA} \times \overline{PB}$의 최댓값은 36이다. **답 ④**

061

타원의 중심을 원점으로, 직선 BD를 x축으로 생각하여 타원의 방정식을

$$\frac{x^2}{a^2} + \frac{y^2}{b^2} = 1 \ (a > b > 0)$$

로 놓으면 $\overline{AD} = 20$이므로 직각삼각형 AOD에서

$$a^2 + b^2 = 20^2 = 400 \qquad \cdots\cdots \ \text{㉠}$$

타원의 두 초점 사이의 거리가 $20\sqrt{2}$이므로

$$a^2 - b^2 = (10\sqrt{2})^2 = 200 \qquad \cdots\cdots \ \text{㉡}$$

㉠, ㉡을 연립하여 풀면

$a = 10\sqrt{3}$, $b = 10$ $(\because a > b > 0)$

따라서 마름모 ABCD의 넓이는

$$\square ABCD = 4 \triangle AOD$$
$$= 4 \times \left(\frac{1}{2} \times \overline{OD} \times \overline{OA} \right)$$
$$= 4 \times \left(\frac{1}{2} \times 10\sqrt{3} \times 10 \right) = 200\sqrt{3}$$ **답 ③**

062

원 $(x - 8)^2 + y^2 = 16$의 중심을 B라 하면 $B(8, 0)$

타원 $\dfrac{x^2}{100} + \dfrac{y^2}{36} = 1$의 초점의 좌표는

$\sqrt{100 - 36} = 8$에서

$B(8, 0)$, $A(-8, 0)$

점 P는 원 $(x - 8)^2 + y^2 = 4^2$ 위의 점이므로

$\overline{PB} = 4$

점 P는 타원 $\dfrac{x^2}{10^2} + \dfrac{y^2}{6^2} = 1$ 위의 점이므로 타원의 정의에 의하여

$\overline{PA} + \overline{PB} = 2 \times 10 = 20$

$\therefore \overline{PA} = 20 - \overline{PB} = 20 - 4 = 16$ **답 ③**

063

원기둥의 밑면인 원의 지름의 길이는 $2 \times 3 = 6$이므로 타원의 장축의 길이는 $6 \times \dfrac{1}{\cos 60°} = 12$이고, 타원의 단축의 길이는 밑면인 원의 지름의 길이와 같으므로 6이다.

따라서 구하는 두 초점 사이의 거리는

$$2\sqrt{6^2 - 3^2} = 6\sqrt{3}$$ **답 ③**

064

타원의 두 초점 $F(5, 3)$, $F'(1, 3)$에 대하여 선분 FF'이 x축과 평행하므로 타원의 장축은 x축과 평행하다.

또한 타원의 중심은 선분 FF'의 중점, 즉 $(3, 3)$이므로 구하는 타원의 방정식을 $\dfrac{(x - 3)^2}{a^2} + \dfrac{(y - 3)^2}{b^2} = 1 \ (a > b > 0)$로 놓으면

장축의 길이가 6이므로

$2a = 6 \qquad \therefore a = 3$

타원의 한 초점과 중심 사이의 거리를 c라 하면

$c = |5 - 3| = 2$

$a^2 - b^2 = c^2$이므로

$b^2 = a^2 - c^2 = 3^2 - 2^2 = 5 \qquad \therefore b = \sqrt{5} \ (\because b > 0)$

따라서 구하는 타원의 방정식은

$$\frac{(x - 3)^2}{9} + \frac{(y - 3)^2}{5} = 1$$

이고, 이 타원의 단축의 길이는

$2b = 2\sqrt{5} \qquad \therefore k = 2\sqrt{5}$

$\therefore k^2 = (2\sqrt{5})^2 = 20$ **답 ①**

065

타원 $\dfrac{x^2}{25} + \dfrac{y^2}{9} = 1$의 초점의 좌표는

$\sqrt{25 - 9} = 4$에서

$(4, 0)$, $(-4, 0)$

이때, $F(4, 0)$이라 하면 두 점

$F(4, 0)$, $Q(-4, 0)$은 타원의 두 초점

이므로 타원 위의 점 P에 대하여

$\overline{PF} + \overline{PQ} = 2 \times 5 = 10$

그런데 점 $F(4, 0)$은 포물선 $y^2 = 16x$의 초점이고, 직선 $x = -4$는 포물선 $y^2 = 16x$의 준선이므로 포물선의 정의에 의하여

$\overline{PH} = \overline{PF}$

$\therefore \overline{PH} + \overline{PQ} = \overline{PF} + \overline{PQ} = 10$ **답 10**

066

오른쪽 그림과 같이 타원

$\dfrac{x^2}{36} + \dfrac{y^2}{16} = 1$, 즉 $\dfrac{x^2}{6^2} + \dfrac{y^2}{4^2} = 1$의 다른 한

초점을 F'이라 하면

$\overline{PF} + \overline{PF'} = 2 \times 6 = 12$

점 Q는 선분 PF의 중점이므로

$\overline{QF} = \dfrac{1}{2}\overline{PF}$

원점 O는 선분 $F'F$의 중점이므로 삼각형의 두 변의 중점을 연결한 선분의 성질에 의하여

$\overline{OQ} = \dfrac{1}{2}\overline{F'P}$

$\therefore \overline{OQ} + \overline{QF} = \dfrac{1}{2}\overline{F'P} + \dfrac{1}{2}\overline{PF}$
$$= \dfrac{1}{2}(\overline{F'P} + \overline{PF})$$
$$= \dfrac{1}{2} \times 12 = 6$$ **답 6**

067

타원 $\dfrac{x^2}{a^2}+\dfrac{y^2}{25}=1$ $(a>5)$의 두 초점을

$F(c, 0)$, $F'(-c, 0)$ $(c>0)$이라 하면

$a^2-25=c^2$ ...... ㉠

타원 $\dfrac{x^2}{a^2}+\dfrac{y^2}{25}=1$과 직선 $x=c$의 교점의

y좌표는

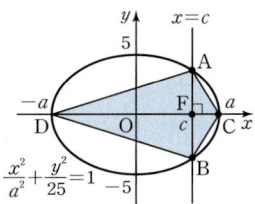

$\dfrac{c^2}{a^2}+\dfrac{y^2}{25}=1$, $\dfrac{y^2}{25}=1-\dfrac{c^2}{a^2}$

$y^2=25\left(1-\dfrac{c^2}{a^2}\right)$

$\quad=25\left(1-\dfrac{a^2-25}{a^2}\right)$ $(\because ㉠)$

$\quad=\dfrac{25^2}{a^2}$

$\therefore y=\pm\dfrac{25}{a}$

따라서 점 A의 y좌표는 $\dfrac{25}{a}$이므로

$\square ADBC=2\triangle ADC$

$\qquad=2\times\left(\dfrac{1}{2}\times\overline{CD}\times\overline{AF}\right)$

$\qquad=2\times\left(\dfrac{1}{2}\times 2a\times\dfrac{25}{a}\right)=50$

답 ①

068

타원 $\dfrac{x^2}{36}+\dfrac{y^2}{20}=1$의 초점의 좌표는 $\sqrt{36-20}=4$에서

$(4, 0)$, $(-4, 0)$

두 초점 $(4, 0)$, $(-4, 0)$이 x축 위에 있으므로 구하는 타원의 방정식을

$\dfrac{x^2}{a^2}+\dfrac{y^2}{b^2}=1$ $(a>b>0)$로 놓으면 장축의 길이가 10이므로

$2a=10$ $\therefore a=5$

$a^2-b^2=4^2$이므로

$b^2=a^2-4^2=5^2-4^2=9$ $\therefore b=3$

따라서 구하는 타원의 방정식은

$\dfrac{x^2}{5^2}+\dfrac{y^2}{3^2}=1$ ...... ㉠

점 $P(m, n)$이 타원 ㉠ 위의 점이므로

$3\leq\sqrt{m^2+n^2}=\overline{OP}\leq 5$

$\therefore 9\leq m^2+n^2\leq 25$

따라서 m^2+n^2의 최댓값은 25이다.

답 25

069

선분 AB의 수직이등분선 위의 점 P에 대하여 $\overline{PA}=\overline{PB}$

또한 원 $(x+2)^2+y^2=36$의 반지름의 길이는 6이므로

$\overline{PC}+\overline{PA}=\overline{PC}+\overline{PB}=\overline{BC}=6$

따라서 점 P에서 두 점 $A(2, 0)$, $C(-2, 0)$에 이르는 거리의 합이 6으로 일정하므로 점 P가 나타내는 도형은 타원이다.

이 타원의 방정식을 $\dfrac{x^2}{a^2}+\dfrac{y^2}{b^2}=1$ $(a>b>0)$로 놓으면

$2a=6$ $\therefore a=3$

$a^2-b^2=2^2$이므로

$b^2=a^2-2^2=3^2-2^2=5$

따라서 점 P가 나타내는 도형의 방정식은

$\dfrac{x^2}{9}+\dfrac{y^2}{5}=1$

답 ②

070

타원 $\dfrac{x^2}{144}+\dfrac{y^2}{44}=1$, 즉 $\dfrac{x^2}{12^2}+\dfrac{y^2}{(2\sqrt{11})^2}=1$의 장축의 길이는

$2\times 12=24$

이므로 타원의 두 초점을 F, F'이라 하면

$\overline{P_iF}+\overline{P_iF'}=24$ (단, $i=1, 2, 3, 4, 5$)

㉮

또한 $\overline{P_iF}=\overline{P_{6-i}F'}$ $(i=1, 2, 3, 4, 5)$이므로

$\displaystyle\sum_{k=1}^{5}\overline{P_kF}=\overline{P_1F}+\overline{P_2F}+\overline{P_3F}+(\overline{P_4F}+\overline{P_5F})$

$\qquad=\overline{P_1F}+\overline{P_2F}+\overline{P_3F}+(\overline{P_2F'}+\overline{P_1F'})$

㉯

$\qquad=(\overline{P_1F}+\overline{P_1F'})+(\overline{P_2F}+\overline{P_2F'})+\overline{P_3F}$

$\qquad=24+24+12$ $(\because \overline{P_3F}=12)$

$\qquad=60$

㉰

단계	채점 요소	비율
㉮	타원의 정의를 이용하여 $\overline{P_iF}$, $\overline{P_iF'}$ 사이의 관계식 구하기	30%
㉯	$\overline{P_iF}=\overline{P_{6-i}F'}$임을 알아내고, 이를 이용하여 식 변형하기	40%
㉰	$\overline{P_3F}$의 값과 ㉮의 관계식을 이용하여 답 구하기	30%

답 60

071

$A(a, 0)$, $B(0, b)$라 하면 $\overline{AB}=6$이므로

$\sqrt{a^2+b^2}=6$ $\therefore a^2+b^2=36$ ...... ㉠

㉮

선분 AB를 $2:1$로 내분하는 점을 $P(x, y)$라 하면

$x=\dfrac{2\times 0+1\times a}{2+1}=\dfrac{a}{3}$, $y=\dfrac{2\times b+1\times 0}{2+1}=\dfrac{2}{3}b$

$\therefore a=3x$, $b=\dfrac{3}{2}y$ ...... ㉡

㉯

㉡을 ㉠에 대입하면 $(3x)^2+\left(\dfrac{3}{2}y\right)^2=36$

$9x^2+\dfrac{9}{4}y^2=36$ $\therefore \dfrac{x^2}{2^2}+\dfrac{y^2}{4^2}=1$

따라서 점 P가 나타내는 타원의 장축의 길이는

$2\times 4=8$

㉰

단계	채점 요소	비율
㉮	점 A의 x좌표와 점 B의 y좌표 사이의 관계식 구하기	30%
㉯	$P(x, y)$로 놓고, 점 A의 x좌표와 점 B의 y좌표를 각각 x, y에 대한 식으로 나타내기	30%
㉰	점 P가 나타내는 타원의 장축의 길이 구하기	40%

답 8

I. 이차곡선

03 쌍곡선

개념 콕콕 본문 p.21

072

(1) 구하는 쌍곡선의 방정식을 $\dfrac{x^2}{a^2}-\dfrac{y^2}{b^2}=1$ $(a>0,\,b>0)$이라 하면

$2a=8$에서 $a=4$

$a^2+b^2=5^2$에서 $b^2=5^2-4^2=9$

$\therefore \dfrac{x^2}{16}-\dfrac{y^2}{9}=1$

또한 쌍곡선은 오른쪽 그림과 같다.

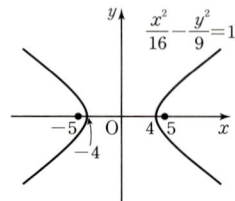

(2) 구하는 쌍곡선의 방정식을 $\dfrac{x^2}{a^2}-\dfrac{y^2}{b^2}=-1$ $(a>0,\,b>0)$이라 하면

$2b=4$에서 $b=2$

$a^2+b^2=4^2$에서 $a^2=4^2-2^2=12$

$\therefore \dfrac{x^2}{12}-\dfrac{y^2}{4}=-1$

또한 쌍곡선은 오른쪽 그림과 같다.

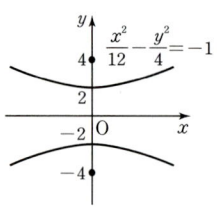

답 풀이 참조

073

(1) 쌍곡선 $x^2-y^2=1$의 꼭짓점의 좌표는 $(1,\,0)$, $(-1,\,0)$

주축의 길이는 $2\times1=2$

$\sqrt{1+1}=\sqrt{2}$이므로 초점의 좌표는

$(\sqrt{2},\,0)$, $(-\sqrt{2},\,0)$

점근선의 방정식은

$y=x,\ y=-x$

따라서 쌍곡선은 오른쪽 그림과 같다.

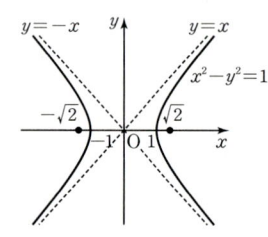

(2) 쌍곡선 $\dfrac{x^2}{9}-\dfrac{y^2}{16}=-1$의 꼭짓점의 좌표는 $(0,\,4)$, $(0,\,-4)$

주축의 길이는 $2\times4=8$

$\sqrt{9+16}=5$이므로 초점의 좌표는

$(0,\,5)$, $(0,\,-5)$

점근선의 방정식은

$y=\dfrac{4}{3}x,\ y=-\dfrac{4}{3}x$

따라서 쌍곡선은 오른쪽 그림과 같다.

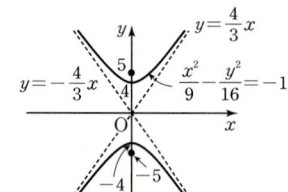

(3) 쌍곡선 $9x^2-4y^2=36$, 즉 $\dfrac{x^2}{4}-\dfrac{y^2}{9}=1$의 꼭짓점의 좌표는

$(2,\,0)$, $(-2,\,0)$

주축의 길이는 $2\times2=4$

$\sqrt{4+9}=\sqrt{13}$이므로 초점의 좌표는

$(\sqrt{13},\,0)$, $(-\sqrt{13},\,0)$

점근선의 방정식은

$y=\dfrac{3}{2}x,\ y=-\dfrac{3}{2}x$

따라서 쌍곡선은 오른쪽 그림과 같다.

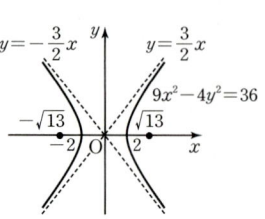

답 풀이 참조

074

(1) 구하는 쌍곡선의 방정식을 $\dfrac{x^2}{a^2}-\dfrac{y^2}{b^2}=1$ $(a>0,\,b>0)$이라 하면

주축의 길이가 4이므로

$2a=4$ $\therefore a=2$

$a^2+b^2=5^2$에서 $b^2=5^2-2^2=21$

따라서 구하는 쌍곡선의 방정식은 $\dfrac{x^2}{4}-\dfrac{y^2}{21}=1$

(2) 구하는 쌍곡선의 방정식을 $\dfrac{x^2}{a^2}-\dfrac{y^2}{b^2}=-1$ $(a>0,\,b>0)$이라 하면

주축의 길이가 2이므로

$2b=2$ $\therefore b=1$

$a^2+b^2=3^2$에서 $a^2=3^2-1^2=8$

따라서 구하는 쌍곡선의 방정식은 $\dfrac{x^2}{8}-y^2=-1$

답 (1) $\dfrac{x^2}{4}-\dfrac{y^2}{21}=1$ (2) $\dfrac{x^2}{8}-y^2=-1$

075

(1) 구하는 쌍곡선의 방정식을 $\dfrac{x^2}{a^2}-\dfrac{y^2}{b^2}=1$ $(a>0,\,b>0)$이라 하면

꼭짓점의 좌표가 $(2,\,0)$, $(-2,\,0)$이므로 $a^2=4$

$a^2+b^2=3^2$에서 $b^2=9-4=5$

따라서 구하는 쌍곡선의 방정식은 $\dfrac{x^2}{4}-\dfrac{y^2}{5}=1$

(2) 구하는 쌍곡선의 방정식을 $\dfrac{x^2}{a^2}-\dfrac{y^2}{b^2}=-1$ $(a>0,\,b>0)$이라 하면

꼭짓점의 좌표가 $(0,\,\sqrt{3})$, $(0,\,-\sqrt{3})$이므로 $b^2=3$

$a^2+b^2=2^2$에서 $a^2=4-3=1$

따라서 구하는 쌍곡선의 방정식은 $x^2-\dfrac{y^2}{3}=-1$

답 (1) $\dfrac{x^2}{4}-\dfrac{y^2}{5}=1$ (2) $x^2-\dfrac{y^2}{3}=-1$

076

평면 위의 두 정점 F, F′으로부터의 거리의 차가 일정한 점들의 집합이 쌍곡선이다.

즉, 초점이 F, F′인 쌍곡선 위의 임의의 점 P에 대하여

$|\overline{PF}-\overline{PF'}|=k$ (일정)

이때, k가 주축의 길이가 되므로 구하는 쌍곡선의 주축의 길이는 4이다.

답 4

077

(1) 쌍곡선 $\dfrac{(x-2)^2}{16}-\dfrac{(y-3)^2}{20}=1$은 쌍곡선 $\dfrac{x^2}{16}-\dfrac{y^2}{20}=1$을 x축의 방향으로 2만큼, y축의 방향으로 3만큼 평행이동한 것이다.

이때, 쌍곡선 $\dfrac{x^2}{16}-\dfrac{y^2}{20}=1$의 중심은 원점이고 꼭짓점의 좌표는

$(4,\,0)$, $(-4,\,0)$, 주축의 길이는 $2\times4=8$이다.

또한 $\sqrt{16+20}=6$이므로 초점의 좌표는 $(6,\,0)$, $(-6,\,0)$이다.

따라서 쌍곡선 $\dfrac{(x-2)^2}{16}-\dfrac{(y-3)^2}{20}=1$의

중심의 좌표 : $(2,\,3)$

꼭짓점의 좌표 : $(4+2,\,3)$, $(-4+2,\,3)$, 즉 $(6,\,3)$, $(-2,\,3)$

주축의 길이 : 8

초점의 좌표 : $(6+2,\,3)$, $(-6+2,\,3)$, 즉 $(8,\,3)$, $(-4,\,3)$

(2) 쌍곡선 $\dfrac{(x+3)^2}{12}-\dfrac{(y-1)^2}{9}=-1$은 쌍곡선 $\dfrac{x^2}{12}-\dfrac{y^2}{9}=-1$을 x축의

방향으로 -3만큼, y축의 방향으로 1만큼 평행이동한 것이다.

이때, 쌍곡선 $\dfrac{x^2}{12}-\dfrac{y^2}{9}=-1$의 중심은 원점이고 꼭짓점의 좌표는

$(0, 3)$, $(0, -3)$, 주축의 길이는 $2\times3=6$이다.

또한 $\sqrt{12+9}=\sqrt{21}$이므로 초점의 좌표는 $(0, \sqrt{21})$, $(0, -\sqrt{21})$이다.

따라서 쌍곡선 $\dfrac{(x+3)^2}{12}-\dfrac{(y-1)^2}{9}=-1$의

중심의 좌표 : $(-3, 1)$

꼭짓점의 좌표 : $(-3, 3+1)$, $(-3, -3+1)$, 즉 $(-3, 4)$, $(-3, -2)$

주축의 길이 : 6

초점의 좌표 : $(-3, 1+\sqrt{21})$, $(-3, 1-\sqrt{21})$

답 풀이 참조

078

$9x^2-16y^2+36x-32y+164=0$에서

$9(x^2+4x+4)-16(y^2+2y+1)=-144$

$\therefore \dfrac{(x+2)^2}{16}-\dfrac{(y+1)^2}{9}=-1$ ...... ㉠

따라서 쌍곡선 ㉠은 쌍곡선 $\dfrac{x^2}{16}-\dfrac{y^2}{9}=-1$을 x축의 방향으로 -2만큼,

y축의 방향으로 -1만큼 평행이동한 것이다.

(1) 쌍곡선 $\dfrac{x^2}{16}-\dfrac{y^2}{9}=-1$의 중심이 원점이므로 쌍곡선 ㉠의 중심의 좌표

는 $(-2, -1)$이다.

(2) 쌍곡선 $\dfrac{x^2}{16}-\dfrac{y^2}{9}=-1$의 꼭짓점의 좌표가 $(0, 3)$, $(0, -3)$이므로

쌍곡선 ㉠의 꼭짓점의 좌표는 $(-2, 3-1)$, $(-2, -3-1)$, 즉

$(-2, 2)$, $(-2, -4)$이다.

(3) 쌍곡선 $\dfrac{x^2}{16}-\dfrac{y^2}{9}=-1$의 초점의 좌표는 $\sqrt{16+9}=5$에서

$(0, 5)$, $(0, -5)$이므로 쌍곡선 ㉠의 초점의 좌표는

$(-2, 5-1)$, $(-2, -5-1)$, 즉 $(-2, 4)$, $(-2, -6)$이다.

(4) 쌍곡선 $\dfrac{x^2}{16}-\dfrac{y^2}{9}=-1$의 점근선의 방정식이 $y=\pm\dfrac{3}{4}x$이므로 쌍곡선

㉠의 점근선의 방정식은

$y+1=\pm\dfrac{3}{4}(x+2)$

$\therefore y=\dfrac{3}{4}x+\dfrac{1}{2}$, $y=-\dfrac{3}{4}x-\dfrac{5}{2}$

답 (1) $(-2, -1)$ (2) $(-2, 2)$, $(-2, -4)$

(3) $(-2, 4)$, $(-2, -6)$

(4) $y=\dfrac{3}{4}x+\dfrac{1}{2}$, $y=-\dfrac{3}{4}x-\dfrac{5}{2}$

079

(1) 쌍곡선 S'의 중심은 두 초점을 잇는 선분 FF'의 중점이므로

$\left(\dfrac{-1+5}{2}, \dfrac{2+2}{2}\right)$, 즉 $(2, 2)$

(2) 쌍곡선 S'은 중심이 원점인 쌍곡선 S를 x축의 방향으로 2만큼, y축의

방향으로 2만큼 평행이동한 것이므로

$m=2$, $n=2$

(3) 쌍곡선 S'의 두 초점의 좌표가 $F(-1, 2)$, $F'(5, 2)$이므로 쌍곡선 S

의 초점의 좌표는

$(-1-2, 2-2)$, $(5-2, 2-2)$, 즉 $(-3, 0)$, $(3, 0)$

답 (1) $(2, 2)$ (2) $m=2$, $n=2$ (3) $(-3, 0)$, $(3, 0)$

본문 p.22~23

유형 콕콕

080 ②	081 ⑤	082 $x^2-y^2=1$	083 ②	084 ③
085 $\dfrac{(x-1)^2}{9}-\dfrac{(y-2)^2}{27}=-1$		086 ④	087 ③	088 9π
089 ④	090 ②	091 15		

080

타원 $2x^2+9y^2=18$, 즉 $\dfrac{x^2}{9}+\dfrac{y^2}{2}=1$의 초점의 좌표는 $\sqrt{9-2}=\sqrt{7}$에서

$(\sqrt{7}, 0)$, $(-\sqrt{7}, 0)$

구하는 쌍곡선의 방정식을 $\dfrac{x^2}{a^2}-\dfrac{y^2}{b^2}=1$ $(a>0, b>0)$이라 하면

주축의 길이가 4이므로

$2a=4$ $\therefore a=2$

또한 $a^2+b^2=7$이므로 $b^2=7-2^2=3$

따라서 구하는 쌍곡선의 방정식은

$\dfrac{x^2}{4}-\dfrac{y^2}{3}=1$ $\therefore 3x^2-4y^2=12$

답 ②

081

$y^2=12x=4\times3\times x$에서 포물선의 초점의 좌표는 $(3, 0)$

쌍곡선 $\dfrac{x^2}{a^2}-\dfrac{y^2}{b^2}=1$의 초점의 좌표는

$(\sqrt{a^2+b^2}, 0)$, $(-\sqrt{a^2+b^2}, 0)$

이때, 포물선의 초점과 쌍곡선의 한 초점이 일치하므로

$\sqrt{a^2+b^2}=3$ $\therefore a^2+b^2=9$

답 ⑤

082

쌍곡선의 방정식을 $\dfrac{x^2}{a^2}-\dfrac{y^2}{b^2}=1$ $(a>0, b>0)$이라 하면

$a^2+b^2=(\sqrt{2})^2$ $\therefore b^2=2-a^2$ ...... ㉠

이때, $a^2>0$, $b^2>0$이므로 $2-a^2>0$에서

$0<a^2<2$

이 쌍곡선이 점 $(2, \sqrt{3})$을 지나므로

$\dfrac{4}{a^2}-\dfrac{3}{b^2}=1$ $\therefore 4b^2-3a^2=a^2b^2$ ...... ㉡

㉠을 ㉡에 대입하여 정리하면 $a^4-9a^2+8=0$

$(a^2-1)(a^2-8)=0$ $\therefore a^2=1$ $(\because 0<a^2<2)$

$a^2=1$을 ㉠에 대입하면 $b^2=1$

따라서 구하는 쌍곡선의 방정식은

$x^2-y^2=1$

답 $x^2-y^2=1$

083

주어진 쌍곡선은 쌍곡선 $\dfrac{x^2}{16}-\dfrac{y^2}{9}=1$

을 x축의 방향으로 -3만큼, y축의

방향으로 2만큼 평행이동한 것으로

그래프는 오른쪽 그림과 같다.

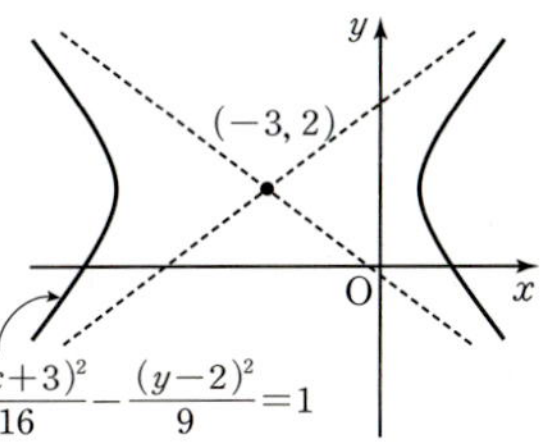

ㄱ. 주축의 길이는 $2\times4=8$ (거짓)

ㄴ. 모든 사분면을 지난다. (참)

$\dfrac{(x+3)^2}{16}-\dfrac{(y-2)^2}{9}=1$

ㄷ. 쌍곡선 $\dfrac{x^2}{16}-\dfrac{y^2}{9}=1$의 초점의 좌표는 $\sqrt{16+9}=5$에서

$(5, 0)$, $(-5, 0)$이므로 주어진 쌍곡선의 초점의 좌표는

$(2, 2)$, $(-8, 2)$

즉, 두 초점의 x좌표의 합은 $2+(-8)=-6$이다. (거짓)

따라서 옳은 것은 ㄴ뿐이다.   **답** ②

084

쌍곡선 $\dfrac{(x-1)^2}{9}-\dfrac{(y+2)^2}{7}=1$은 쌍곡선 $\dfrac{x^2}{9}-\dfrac{y^2}{7}=1$을 x축의 방향으로 1만큼, y축의 방향으로 -2만큼 평행이동한 것이다.

쌍곡선 $\dfrac{x^2}{9}-\dfrac{y^2}{7}=1$의 초점의 좌표는 $\sqrt{9+7}=4$에서 $(4, 0)$, $(-4, 0)$이

므로 주어진 쌍곡선의 초점의 좌표는

$(5, -2)$, $(-3, -2)$

따라서 $a=5$, $b=-3$이므로

$a+b=5+(-3)=2$ **답** ③

085

두 초점을 잇는 직선이 y축에 평행하므로 구하는 쌍곡선의 방정식을

$\dfrac{(x-m)^2}{a^2}-\dfrac{(y-n)^2}{b^2}=-1\ (a>0, b>0)$ …… ㉠

이라 하면 주축의 길이가 $6\sqrt{3}$이므로

$2b=6\sqrt{3}$ $\therefore b=3\sqrt{3}$

쌍곡선 ㉠의 중심은 두 초점을 잇는 선분 FF'의 중점이므로

$\left(\dfrac{1+1}{2}, \dfrac{8+(-4)}{2}\right)$, 즉 $(1, 2)$

즉, 쌍곡선 $\dfrac{x^2}{a^2}-\dfrac{y^2}{b^2}=-1$을 x축의 방향으로 1만큼, y축의 방향으로 2만큼 평행이동한 것이므로

$m=1$, $n=2$

이때, 쌍곡선 ㉠의 초점의 좌표가 $F(1, 8)$, $F'(1, -4)$이므로 쌍곡선

$\dfrac{x^2}{a^2}-\dfrac{y^2}{b^2}=-1$의 초점의 좌표는

$(1-1, 8-2)$, $(1-1, -4-2)$, 즉 $(0, 6)$, $(0, -6)$

$\therefore a^2=6^2-(3\sqrt{3})^2=9$

즉, 구하는 쌍곡선의 방정식은

$\dfrac{(x-1)^2}{9}-\dfrac{(y-2)^2}{27}=-1$ **답** $\dfrac{(x-1)^2}{9}-\dfrac{(y-2)^2}{27}=-1$

086

타원 $\dfrac{x^2}{25}+\dfrac{y^2}{16}=1$의 초점의 좌표는 $\sqrt{25-16}=3$이므로

$(3, 0)$, $(-3, 0)$

구하는 쌍곡선의 방정식을 $\dfrac{x^2}{a^2}-\dfrac{y^2}{b^2}=1\ (a>0, b>0)$이라 하면

타원과 쌍곡선이 초점을 공유하므로

$a^2+b^2=9$ …… ㉠

이때, 쌍곡선의 한 점근선의 방정식이 $y=2\sqrt{2}x$이므로

$\dfrac{b}{a}=2\sqrt{2}$ $\therefore b=2\sqrt{2}a$

$b=2\sqrt{2}a$를 ㉠에 대입하면

$a^2+8a^2=9$, $a^2=1$ $\therefore a=1\ (\because a>0)$

따라서 쌍곡선의 주축의 길이는

$2a=2\times1=2$ **답** ④

087

쌍곡선 $\dfrac{x^2}{4}-\dfrac{(y-4)^2}{16}=1$은 쌍곡선 $\dfrac{x^2}{4}-\dfrac{y^2}{16}=1$을 y축의 방향으로 4만

큼 평행이동한 것이다.

쌍곡선 $\dfrac{x^2}{4}-\dfrac{y^2}{16}=1$의 점근선의 방정식이 $y=\pm2x$이므로

주어진 쌍곡선의 점근선의 방정식은

$y-4=\pm2x$

$\therefore y=2x+4$, $y=-2x+4$

따라서 쌍곡선 $\dfrac{x^2}{4}-\dfrac{(y-4)^2}{16}=1$의 두

점근선과 x축으로 둘러싸인 도형은 오른쪽 그림의 색칠한 부분과 같으므로 그

넓이는

$\dfrac{1}{2}\times4\times4=8$ **답** ③

088

쌍곡선 $\dfrac{x^2}{9}-\dfrac{y^2}{36}=-1$의 초점의 좌표는 $\sqrt{9+36}=3\sqrt{5}$에서

$(0, 3\sqrt{5})$, $(0, -3\sqrt{5})$

또한 점근선의 방정식은

$y=\pm\dfrac{6}{3}x$ $\therefore y=\pm2x$ ㉮

따라서 중심이 $(0, 3\sqrt{5})$ 또는 $(0, -3\sqrt{5})$이고 직선 $y=\pm2x$, 즉 $\pm2x-y=0$에 접하는 원의 반지름의 길이는

$\dfrac{|\pm2\times0+(-1)\times(\pm3\sqrt{5})|}{\sqrt{(\pm2)^2+(-1)^2}}=3$ ㉯

이므로 구하는 원의 넓이는

$\pi\times3^2=9\pi$ ㉰

단계	채점 요소	비율
㉮	쌍곡선의 초점의 좌표와 점근선의 방정식 구하기	40%
㉯	원의 반지름의 길이 구하기	40%
㉰	원의 넓이 구하기	20%

답 9π

089

쌍곡선 $\dfrac{x^2}{25}-\dfrac{y^2}{11}=1$에서 $\sqrt{25+11}=6$이므로 두 점 C, D는 주어진 쌍곡선의 초점이다.

이때, 주축의 길이가 $2\times5=10$이므로 쌍곡선의 정의에 의하여

$\overline{AC}-\overline{AD}=10$, $\overline{BC}-\overline{BD}=10$

$\therefore \overline{AC}=\overline{AD}+10$, $\overline{BC}=\overline{BD}+10$

삼각형 ABC의 둘레의 길이가 36이므로

$\overline{AC}+\overline{BC}+\overline{AB}=36$

$(\overline{AD}+10)+(\overline{BD}+10)+\overline{AB}=36$

이때, $\overline{AD}+\overline{BD}=\overline{AB}$이므로

$2\overline{AB}+20=36$ $\therefore \overline{AB}=8$ **답** ④

090

$|\overline{PF'}-\overline{PF}|=6$이므로 주축의 길이는

$\overline{AA'}=6$ $\therefore \overline{OA}=3$

$\overline{PF}+\overline{PF'}$이 최솟값을 가질 때는 점 P가 쌍곡선의 꼭짓점일 때이므로

$\overline{AF}+\overline{AF'}=10$ 또는 $\overline{A'F}+\overline{A'F'}=10$

이때, $\overline{AF}+\overline{AF'}=\overline{A'F}+\overline{A'F'}=\overline{FF'}$이므로
$\overline{FF'}=10$ $\quad \therefore \overline{OF}=5$
$\therefore \overline{AF}=\overline{OF}-\overline{OA}=5-3=2$ 답 ②

091

쌍곡선 $\dfrac{x^2}{25}-\dfrac{y^2}{9}=1$에서 주축의 길이는 $2\times5=10$이므로

쌍곡선의 정의에 의하여
$\overline{PF'}-\overline{PF}=10$ $\quad\quad\quad \cdots\cdots$ ㉠
$\overline{QF}-\overline{QF'}=10$ $\quad\quad\quad \cdots\cdots$ ㉡
㉠+㉡을 하면
$\overline{PF'}-\overline{PF}+\overline{QF}-\overline{QF'}=20$
$\therefore \overline{PF'}-\overline{QF'}=\overline{PF}-\overline{QF}+20$
이때, $\overline{QF}-\overline{PF}=5$이므로
$\overline{PF'}-\overline{QF'}=-5+20=15$ 답 15

092

주축이 x축 위에 있고 중심이 원점이므로 구하는 쌍곡선의 방정식을
$\dfrac{x^2}{a^2}-\dfrac{y^2}{b^2}=1\ (a>0,\ b>0)$이라 하자.

오른쪽 그림에서 삼각형 $PF'F$의 넓이가 24이
므로 $\overline{FF'}=2c$라 하면
$\dfrac{1}{2}\times2c\times6=24$ $\quad \therefore c=4$

즉, 초점 F의 좌표는 $(4,\ 0)$이므로 삼각형
$PF'F$는 $\angle PFF'=90°$인 직각삼각형이다.
이때, 초점 F'의 좌표는 $(-4,\ 0)$이므로
$\overline{PF'}=\sqrt{8^2+6^2}=10$ $\quad \therefore \overline{PF'}-\overline{PF}=10-6=4$
따라서 $2a=4$에서 $a=2$이고
$b^2=4^2-2^2=12$
이므로 구하는 쌍곡선의 방정식은
$\dfrac{x^2}{4}-\dfrac{y^2}{12}=1$ 답 $\dfrac{x^2}{4}-\dfrac{y^2}{12}=1$

093

$x^2-2x-y^2+4y=a$에서
$(x-1)^2-(y-2)^2=a-3$
$\therefore \dfrac{(x-1)^2}{a-3}-\dfrac{(y-2)^2}{a-3}=1$ $\quad\quad \cdots\cdots$ ㉠

즉, 쌍곡선 ㉠은 쌍곡선 $\dfrac{x^2}{a-3}-\dfrac{y^2}{a-3}=1$을 x축의 방향으로 1만큼, y축
의 방향으로 2만큼 평행이동한 것이다.

이때, 주축이 x축에 평행하므로
$a-3>0$ $\quad \therefore a>3$ $\quad\quad\quad \cdots\cdots$ ㉡
또한 쌍곡선 $\dfrac{x^2}{a-3}-\dfrac{y^2}{a-3}=1$의 초점의 좌표는
$\sqrt{(a-3)+(a-3)}=\sqrt{2a-6}$에서
$(\sqrt{2a-6},\ 0),\ (-\sqrt{2a-6},\ 0)$
이 두 점을 x축의 방향으로 1만큼, y의 방향으로 2만큼 평행이동한 쌍
곡선 ㉠의 초점의 좌표는
$(1+\sqrt{2a-6},\ 2),\ (1-\sqrt{2a-6},\ 2)$
이 두 점이 모두 제1사분면 위에 있어야 하므로
$1-\sqrt{2a-6}>0,\ \sqrt{2a-6}<1$
$0<2a-6<1$ $\quad \therefore 3<a<\dfrac{7}{2}$ $\quad\quad \cdots\cdots$ ㉢

㉡, ㉢의 공통 범위를 구하면 $3<a<\dfrac{7}{2}$ 답 ③

094

점 $(4,\ -2)$가 제4사분면에서 점근선 $y=-\dfrac{\sqrt{2}}{4}x$의 아랫부분에 있으므
로 구하는 쌍곡선의 주축은 y축 위에 있다.

쌍곡선의 방정식을 $\dfrac{x^2}{a^2}-\dfrac{y^2}{b^2}=-1\ (a>0,\ b>0)$이라 하면
$\dfrac{b}{a}=\dfrac{\sqrt{2}}{4},\ a=2\sqrt{2}b$ $\quad \therefore a^2=8b^2$

또한 쌍곡선 $\dfrac{x^2}{a^2}-\dfrac{y^2}{b^2}=-1$, 즉 $\dfrac{x^2}{8b^2}-\dfrac{y^2}{b^2}=-1$이 점 $(4,\ -2)$를 지나므
로
$\dfrac{4^2}{8b^2}-\dfrac{(-2)^2}{b^2}=-1,\ -\dfrac{2}{b^2}=-1$ $\quad \therefore b^2=2$

이때, 주축의 길이 $l=2b$이므로 $l^2=4b^2$
$\therefore l^2=4\times2=8$ 답 ②

095

쌍곡선 $\dfrac{x^2}{9}-\dfrac{y^2}{7}=1$의 초점의 좌표는 $\sqrt{9+7}=4$에서
$(4,\ 0),\ (-4,\ 0)$
즉, 두 초점을 지름의 양 끝 점으로 하는 원의 방정식은
$x^2+y^2=16$ $\quad\quad\quad \cdots\cdots$ ㉠
또한 쌍곡선 $\dfrac{x^2}{9}-\dfrac{y^2}{7}=1$의 두 점근선의 방정식은
$y=\pm\dfrac{\sqrt{7}}{3}x$ $\quad\quad\quad \cdots\cdots$ ㉡
㉡을 ㉠에 대입하면
$x^2+\dfrac{7}{9}x^2=16,\ 16x^2=144,\ x^2=9$
$\therefore x=\pm3$
즉, $x=3$일 때 직선 ㉡과의 교점의 좌
표는
각각 $(3,\ \sqrt{7}),\ (3,\ -\sqrt{7})$이고
$x=-3$일 때 직선 ㉡과의 교점의 좌표
는
각각 $(-3,\ \sqrt{7}),\ (-3,\ -\sqrt{7})$이다.
따라서 네 점 $(3,\ \sqrt{7}),\ (3,\ -\sqrt{7})$,
$(-3,\ \sqrt{7}),\ (-3,\ -\sqrt{7})$을 꼭짓점으로 하는 사각형의 넓이는
$6\times2\sqrt{7}=12\sqrt{7}$ 답 ④

096

점 $P(a, b)$가 쌍곡선 $x^2-4y^2=4$, 즉 $\dfrac{x^2}{4}-y^2=1$ 위의 점이므로 a의 값

이 한없이 커질 때, 직선 PF의 기울기는 쌍곡선의 점근선의 기울기에 한

없이 가까워진다.

쌍곡선의 점근선의 방정식은 $y=\pm\dfrac{1}{2}x$이므로

$$m=\dfrac{1}{2}$$

다른 풀이

점 $P(a, b)$가 쌍곡선 $x^2-4y^2=4$, 즉 $\dfrac{x^2}{4}-y^2=1$ 위의 점이므로

$$\dfrac{a^2}{4}-b^2=1, \quad b^2=\dfrac{a^2}{4}-1$$

$$\therefore b=\sqrt{\dfrac{a^2}{4}-1} \ (\because b>0)$$

이때, $\sqrt{4+1}=\sqrt{5}$에서 $F(\sqrt{5}, 0)$이므로 직선 PF의 기울기는

$$\dfrac{b-0}{a-\sqrt{5}}=\dfrac{\sqrt{\dfrac{a^2}{4}-1}}{a-\sqrt{5}}$$

$$\therefore \lim_{a\to\infty}\dfrac{\sqrt{\dfrac{a^2}{4}-1}}{a-\sqrt{5}}=\lim_{a\to\infty}\dfrac{\sqrt{\dfrac{1}{4}-\dfrac{1}{a^2}}}{1-\dfrac{\sqrt{5}}{a}}=\dfrac{1}{2}$$

$$\therefore m=\dfrac{1}{2}$$

답 $\dfrac{1}{2}$

097

점근선의 방정식은 $y=\pm\dfrac{3}{4}x$이므로 점 P의 좌표는 $(4, 3)$이다.

이때, 원의 반지름의 길이는 $\sqrt{4^2+3^2}=5$이므로 점 A, B의 좌표는 각각

$(-5, 0)$, $(5, 0)$이다.

또한 쌍곡선 $\dfrac{x^2}{16}-\dfrac{y^2}{9}=1$에서
$\sqrt{16+9}=5$이므로 두 점
A$(-5, 0)$, B$(5, 0)$은 쌍곡선
의 초점이다.

$$\therefore \overline{AQ}-\overline{BQ}=2\times 4=8$$

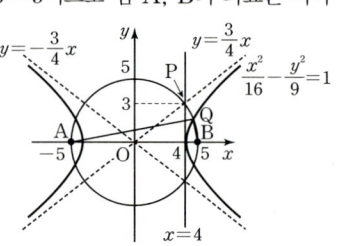

답 ⑤

098

쌍곡선 $\dfrac{x^2}{4}-\dfrac{y^2}{9}=-1$의 점근선의 방정식은 $y=\pm\dfrac{3}{2}x$이고

쌍곡선 $\dfrac{x^2}{9}-\dfrac{y^2}{a^2}=1$의 점근선의 방정식은 $y=\pm\dfrac{a}{3}x$이다.

이때, 주어진 두 쌍곡선이 만나지 않으
려면 쌍곡선 $\dfrac{x^2}{9}-\dfrac{y^2}{a^2}=1$의 점근선의 기
울기의 절댓값이 쌍곡선 $\dfrac{x^2}{4}-\dfrac{y^2}{9}=-1$
의 점근선의 기울기의 절댓값보다 작거
나 같아야 한다.

즉, $\dfrac{a}{3}\leq\dfrac{3}{2}$이어야 하므로 $a\leq\dfrac{9}{2}$

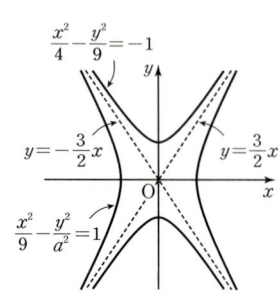

따라서 양수 a의 최댓값은 $\dfrac{9}{2}$이다.

답 ⑤

099

쌍곡선 $\dfrac{x^2}{16}-\dfrac{y^2}{9}=1$에서 주축의 길이는 $2\times 4=8$이므로

쌍곡선의 정의에 의하여

$$\overline{QF'}-\overline{QF}=8$$

이때, $\overline{PQ}=\overline{QF'}$이고 $\overline{PQ}=\overline{QF}+\overline{PF}$이므로

$$\overline{QF'}-\overline{QF}=\overline{PQ}-\overline{QF}=\overline{PF} \quad \therefore \overline{PF}=8$$

$$\therefore \overline{PF'}=\overline{PF}+8=8+8=16$$

답 ④

100

쌍곡선 $\dfrac{x^2}{27}-\dfrac{y^2}{9}=1$의 초점의 좌표는 $\sqrt{27+9}=6$에서

$F(6, 0)$, $F'(-6, 0)$ $\quad \therefore \overline{FF'}=12$

이때, 주축의 길이는 $2\times 3\sqrt{3}=6\sqrt{3}$이므로

$\overline{PF}=a$, $\overline{PF'}=b$라 하면 쌍곡선의 정의에 의하여

$$b-a=6\sqrt{3} \quad\quad\quad \cdots\cdots\ \text{㉠}$$

한편, 지름에 대한 원주각의 크기는 $90°$이므로

$$\angle F'PF=90°$$

즉, 삼각형 PF′F는 직각삼각형이므로

$$a^2+b^2=12^2 \quad\quad\quad \cdots\cdots\ \text{㉡}$$

$a^2+b^2=(a-b)^2+2ab$이므로 ㉠, ㉡에서

$$144=(6\sqrt{3})^2+2ab \quad \therefore ab=18$$

따라서 삼각형 PF′F의 넓이는

$$\dfrac{1}{2}ab=\dfrac{1}{2}\times 18=9$$

답 9

101

점 $P(a, b)$는 쌍곡선 $\dfrac{x^2}{9}-\dfrac{y^2}{7}=1$ 위의 점이므로

$$\dfrac{a^2}{9}-\dfrac{b^2}{7}=1 \quad\quad\quad \cdots\cdots\ \text{㉠}$$

또한 쌍곡선 $\dfrac{x^2}{9}-\dfrac{y^2}{7}=1$에서 $\sqrt{9+7}=4$이므로 초점의 좌표는

$F(4, 0)$, $F'(-4, 0)$ $\quad \therefore \overline{FF'}=8$

이때, 사각형 F′QFP의 넓이는 합동인 두 삼각형 F′QF, FPF′의 넓이의
합과 같으므로 → 점 Q는 점 P의 원점에 대하여 대칭인 점이다.

$$\square F'QFP=2\triangle FPF'=2\times\dfrac{1}{2}\times\overline{FF'}\times|b|=8|b|=56$$

$$\therefore |b|=7 \quad\quad\quad \cdots\cdots\ \text{㉡}$$

㉠, ㉡에서 $a^2=72$이므로

$$a^2+b^2=72+49=121$$

답 121

102

쌍곡선 $\dfrac{x^2}{4}-\dfrac{y^2}{5}=1$의 초점의 좌표는 $\sqrt{4+5}=3$에서

$F(3, 0)$, $F'(-3, 0)$ $\quad \therefore \overline{FF'}=6$

쌍곡선 위의 한 점 P에 대하여 $\overline{PF}=a$, $\overline{PF'}=b$라 하면

삼각형 PF′F의 둘레의 길이가 14이므로

$$a+b+6=14 \quad \therefore a+b=8 \quad\quad\quad \cdots\cdots\ \text{㉠}$$

또한 쌍곡선의 정의에 의하여

$$|a-b|=2\times 2=4 \quad\quad\quad \cdots\cdots\ \text{㉡}$$

㉠, ㉡을 변끼리 곱하면 $|a^2-b^2|=32$

$$\therefore |\overline{PF}^2-\overline{PF'}^2|=|a^2-b^2|=32$$

답 32

103

오른쪽 그림과 같은 쌍곡선의 방정식을

$\dfrac{x^2}{a^2}-\dfrac{y^2}{b^2}=1\,(a>0,\,b>0)$이라 하면

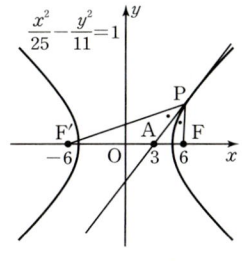

이 쌍곡선의 두 점근선의 방정식이

$y=\sqrt{3}x,\ y=-\sqrt{3}x$이므로

$\dfrac{b}{a}=\sqrt{3}$ ∴ $b=\sqrt{3}a$

이때, $\overline{\mathrm{OF}}=6$이므로 $a^2+b^2=6^2$에서

$a^2+(\sqrt{3}a)^2=36,\ a^2=9$ ∴ $a=3\,(∵\,a>0)$

또한 점 F가 아닌 쌍곡선의 다른 초점을 F′이라 하면

쌍곡선의 정의에 의하여

$\overline{\mathrm{PF'}}-\overline{\mathrm{PF}}=2\times3=6$ ……㉠

삼각형 PF′F에서 점 M이 선분 PF의 중점이므로

$\overline{\mathrm{PF'}}=2\overline{\mathrm{OM}}=2\times5=10$ ……㉡

㉡을 ㉠에 대입하면

$\overline{\mathrm{PF'}}-\overline{\mathrm{PF}}=10-\overline{\mathrm{PF}}=6$

∴ $\overline{\mathrm{PF}}=4$

∴ $\overline{\mathrm{MF}}=\dfrac{1}{2}\overline{\mathrm{PF}}=\dfrac{1}{2}\times4=2$ **답** 2

104

쌍곡선 $\dfrac{x^2}{25}-\dfrac{y^2}{11}=1$의 초점의 좌표는

$\sqrt{25+11}=6$에서

$\mathrm{F}(6,\,0),\ \mathrm{F'}(-6,\,0)$

∴ $\overline{\mathrm{F'F}}=12$

이때, 주축의 길이는 $2\times5=10$이므로

$\overline{\mathrm{PF'}}=a,\ \overline{\mathrm{PF}}=b$라 하면 쌍곡선의 정의에 의

하여

$a-b=10$ ……㉠

$\angle\mathrm{F'PA}=\angle\mathrm{FPA}$이므로

$a:b=\overline{\mathrm{F'A}}:\overline{\mathrm{AF}}=9:3=3:1$

즉, $a=3b$이므로 ㉠에 대입하면 $2b=10$ ∴ $b=5$

∴ $a=3b=15$

따라서 삼각형 PF′F의 둘레의 길이는

$\overline{\mathrm{PF'}}+\overline{\mathrm{F'F}}+\overline{\mathrm{PF}}=15+12+5=32$ **답** 32

105

원 C와 외접하는 원의 중심을 $\mathrm{P}(x,\,y)$, 반지름의 길이를 r라 하면

$\overline{\mathrm{CP}}=2+r,\ \overline{\mathrm{AP}}=r$

∴ $\overline{\mathrm{CP}}-\overline{\mathrm{AP}}=2$

이때, $\overline{\mathrm{CP}}=\sqrt{(x+2)^2+y^2},\ \overline{\mathrm{AP}}=\sqrt{(x-2)^2+y^2}$이므로

$\sqrt{(x+2)^2+y^2}-\sqrt{(x-2)^2+y^2}=2$

∴ $\sqrt{(x+2)^2+y^2}=\sqrt{(x-2)^2+y^2}+2$

양변을 제곱하여 정리하면

$\sqrt{(x-2)^2+y^2}=2x-1$

다시 등식의 양변을 제곱하여 정리하면

$3x^2-y^2=3$ ∴ $x^2-\dfrac{y^2}{3}=1$

그런데 $x\geq1$이므로 구하는 도형의 방정식은

$x^2-\dfrac{y^2}{3}=1\,(x\geq1)$

> 점 $(2,\,0)$을 지나고 원 C와 외접하는 원의 중심의 x좌표는 항상 1보다 크거나 같다.

답 $x^2-\dfrac{y^2}{3}=1\,(x\geq1)$

106

$4x^2-9y^2-8x+18ky+4=0$에서

$4(x^2-2x+1)-9(y^2-2ky+k^2)=-9k^2$

$4(x-1)^2-9(y-k)^2=-9k^2$

∴ $\dfrac{(x-1)^2}{\dfrac{9k^2}{4}}-\dfrac{(y-k)^2}{k^2}=-1$ ……㉠ **가**

이때, 쌍곡선 ㉠의 주축의 길이는 4이므로

$2k=4\,(∵\,k>0)$ ∴ $k=2$

$k=2$를 ㉠에 대입하면

$\dfrac{(x-1)^2}{9}-\dfrac{(y-2)^2}{4}=-1$ **나**

따라서 쌍곡선 ㉠의 중심의 좌표는 $(1,\,2)$이므로

$a=1,\ b=2$

∴ $k+a+b=2+1+2=5$ **다**

단계	채점 요소	비율
가	주어진 식을 $\dfrac{(x-m)^2}{a^2}-\dfrac{(y-n)^2}{b^2}=-1$ 꼴로 변형하기	40%
나	쌍곡선의 방정식 구하기	40%
다	$k+a+b$의 값 구하기	20%

답 5

107

쌍곡선 $\dfrac{x^2}{9}-\dfrac{y^2}{16}=1$의 초점의 좌표는 $\sqrt{9+16}=5$에서

$\mathrm{F}(5,\,0),\ \mathrm{F'}(-5,\,0)$

∴ $\overline{\mathrm{FF'}}=10$ **가**

쌍곡선의 정의에 의하여

$|\overline{\mathrm{PF'}}-\overline{\mathrm{PF}}|=2\times3=6$ ……㉠ **나**

세 선분 PF, FF′, PF′의 길이가 이 순서대로 등비수열을 이루므로

$\overline{\mathrm{FF'}}^2=\overline{\mathrm{PF}}\times\overline{\mathrm{PF'}}$ ∴ $\overline{\mathrm{PF}}\times\overline{\mathrm{PF'}}=100$ ……㉡ **다**

㉠, ㉡에서

$\overline{\mathrm{PF'}}^2+\overline{\mathrm{PF}}^2=(\overline{\mathrm{PF'}}-\overline{\mathrm{PF}})^2+2\overline{\mathrm{PF'}}\times\overline{\mathrm{PF}}$

$=36+200=236$ **라**

단계	채점 요소	비율
가	선분 FF′의 길이 구하기	20%
나	$|\overline{\mathrm{PF'}}-\overline{\mathrm{PF}}|$의 값 구하기	30%
다	$\overline{\mathrm{PF}}\times\overline{\mathrm{PF'}}$의 값 구하기	25%
라	$\overline{\mathrm{PF'}}^2+\overline{\mathrm{PF}}^2$의 값 구하기	25%

보충 **설명**

수학 Ⅰ Ⅲ. 수열에서 다음을 학습하였다.

0이 아닌 세 수 $a,\,b,\,c$가 이 순서대로 등비수열을 이룰 때, b를 a와 c의 등비중항이라 하고 $b^2=ac$가 성립한다.

답 236

04 이차곡선과 직선의 위치 관계

개념 콕콕

본문 p.27

108

(1) $x+y-3=0$, 즉 $x=-y+3$을 $y^2=4x$에 대입하면
$y^2=4(-y+3)$ $\therefore y^2+4y-12=0$
이 이차방정식의 판별식을 D라 하면
$\dfrac{D}{4}=2^2-(-12)>0$
따라서 포물선과 직선은 서로 다른 두 점에서 만난다.

(2) $2x-y+1=0$, 즉 $y=2x+1$을 $y^2=4x$에 대입하면
$(2x+1)^2=4x$ $\therefore 4x^2+1=0$
이 이차방정식의 판별식을 D라 하면
$D=-16<0$
따라서 포물선과 직선은 만나지 않는다.

(3) $x+2y+4=0$, 즉 $x=-2y-4$를 $y^2=4x$에 대입하면
$y^2=4(-2y-4)$ $\therefore y^2+8y+16=0$
이 이차방정식의 판별식을 D라 하면
$\dfrac{D}{4}=4^2-16=0$
따라서 포물선과 직선은 한 점에서 만난다. (접한다).

답 (1) 서로 다른 두 점에서 만난다.   (2) 만나지 않는다.
(3) 한 점에서 만난다. (접한다.)

109

$y=-x+k$를 $2x^2+y^2=6$에 대입하여 정리하면
$3x^2-2kx+k^2-6=0$
이 이차방정식의 판별식을 D라 하면
$\dfrac{D}{4}=k^2-3(k^2-6)=-2k^2+18$

(1) $\dfrac{D}{4}>0$, 즉 $-2k^2+18>0$에서
$k^2<9$ $\therefore -3<k<3$

(2) $\dfrac{D}{4}=0$, 즉 $-2k^2+18=0$에서
$k^2=9$ $\therefore k=\pm3$

(3) $\dfrac{D}{4}<0$, 즉 $-2k^2+18<0$에서
$k^2>9$ $\therefore k<-3$ 또는 $k>3$

답 (1) $-3<k<3$ (2) ±3 (3) $k<-3$ 또는 $k>3$

110

$y=kx+3$을 $\dfrac{x^2}{12}-\dfrac{y^2}{3}=1$, 즉 $x^2-4y^2=12$에 대입하여 정리하면
$(1-4k^2)x^2-24kx-48=0$
이 이차방정식의 판별식을 D라 하면
$\dfrac{D}{4}=(12k)^2+48(1-4k^2)=48-48k^2$
쌍곡선과 직선이 한 점에서 만나므로 $\dfrac{D}{4}=0$이다. 즉,
$48-48k^2=0$, $k^2=1$ $\therefore k=\pm1$

답 ±1

111

(1) $m=1$, $p=\dfrac{1}{2}$이므로 구하는 접선의 방정식은
$y=x+\dfrac{\frac{1}{2}}{1}$ $\therefore y=x+\dfrac{1}{2}$

(2) $m=-3$, $p=-2$이므로 구하는 접선의 방정식은
$y=-3x-(-3)^2\times(-2)$ $\therefore y=-3x+18$

답 (1) $y=x+\dfrac{1}{2}$ (2) $y=-3x+18$

112

(1) $y^2=x=4\times\dfrac{1}{4}\times x$에서 $p=\dfrac{1}{4}$이므로 구하는 접선의 방정식은
$-y=2\times\dfrac{1}{4}\times(x+1)$ $\therefore y=-\dfrac{1}{2}x-\dfrac{1}{2}$

(2) $x^2=-4y=4\times(-1)\times y$에서 $p=-1$이므로 구하는 접선의 방정식은
$-2x=2\times(-1)\times(y-1)$ $\therefore y=x+1$

답 (1) $y=-\dfrac{1}{2}x-\dfrac{1}{2}$ (2) $y=x+1$

113

$y=-x\pm\sqrt{12\times(-1)^2+4}$ $\therefore y=-x\pm4$

답 $y=-x\pm4$

114

$\dfrac{-1\times x}{4}+\dfrac{3\times y}{12}=1$ $\therefore x-y+4=0$

답 $x-y+4=0$

115

(1) $y=-x\pm\sqrt{10\times(-1)^2-2}$ $\therefore y=-x\pm2\sqrt{2}$

(2) $y=x\pm\sqrt{25-16\times1^2}$ $\therefore y=x\pm3$

답 (1) $y=-x\pm2\sqrt{2}$ (2) $y=x\pm3$

116

(1) $\dfrac{3\times x}{3}-\dfrac{(-4)\times y}{4}=-1$ $\therefore y=-x-1$

(2) $\dfrac{(-2)\times x}{2}-\dfrac{2\times y}{4}=1$ $\therefore y=-2x-2$

답 (1) $y=-x-1$ (2) $y=-2x-2$

117

(1) $y^2=8x=4\times2\times x$에서 $p=2$이므로 구하는 접선의 방정식은
$y_1y=4(x+x_1)$

(2) 직선 $y_1y=4(x+x_1)$이 점 $(-2, 0)$을 지나므로
$0=4(-2+x_1)$ $\therefore x_1=2$
이때, 점 (x_1, y_1)은 포물선 $y^2=8x$ 위의 점이므로
$y_1^2=8x_1$
$x_1=2$를 대입하면 $y_1^2=8\times2=16$ $\therefore y_1=-4$ 또는 $y_1=4$
따라서 $\begin{cases}x_1=2\\y_1=-4\end{cases}$, $\begin{cases}x_1=2\\y_1=4\end{cases}$를 (1)의 식에 각각 대입하면
$-4y=4(x+2)$ 또는 $4y=4(x+2)$
$\therefore y=-x-2$ 또는 $y=x+2$

답 (1) $y_1y=4(x+x_1)$ (2) $y=-x-2$ 또는 $y=x+2$

118 ③	**119** 3	**120** ③	**121** ③	**122** ④	**123** ③
124 ⑤	**125** ④	**126** −64	**127** ②	**128** ⑤	**129** ③
130 ④	**131** ②	**132** 16	**133** ②	**134** ③	
135 $2\sqrt{5}$	**136** ②	**137** ①	**138** 5	**139** ②	**140** ④
141 −2					

118

직선 $y=x$를 y축의 방향으로 k만큼 평행이동한 직선의 방정식은
$y=x+k$

$y=x+k$를 $\dfrac{x^2}{4}+\dfrac{y^2}{3}=1$, 즉 $3x^2+4y^2=12$에 대입하여 정리하면
$7x^2+8kx+4k^2-12=0$
이 이차방정식의 판별식을 D라 할 때, 타원과 직선이 만나지 않으므로
$\dfrac{D}{4}=(4k)^2-7(4k^2-12)<0$
$-12k^2+84<0,\ k^2-7>0$
$(k+\sqrt{7})(k-\sqrt{7})>0$
∴ $k<-\sqrt{7}$ 또는 $k>\sqrt{7}$
따라서 자연수 k의 최솟값은 3이다.　　　　　　답 ③

119

$n(A\cap B)=2$이므로 포물선 $y^2=12x$와 직선 $y=x+a$는 서로 다른 두 점에서 만난다.

━━━━━━━━━━━━━━━━━━━━━━ ㉮

$y=x+a$를 $y^2=12x$에 대입하여 정리하면
$x^2+2(a-6)x+a^2=0$
이 이차방정식의 판별식을 D라 하면
$\dfrac{D}{4}=(a-6)^2-a^2>0$
∴ $a<3$

━━━━━━━━━━━━━━━━━━━━━━ ㉯

따라서 모든 자연수 a의 값의 합은
$1+2=3$

━━━━━━━━━━━━━━━━━━━━━━ ㉰

단계	채점 요소	비율
㉮	$n(A\cap B)=2$의 뜻 알기	30%
㉯	a의 값의 범위 구하기	50%
㉰	모든 자연수 a의 값의 합 구하기	20%

답 3

120

쌍곡선 $x^2-4y^2=4$, 즉 $\dfrac{x^2}{4}-y^2=1$에서 점근선의 방정식은
$y=\pm\dfrac{1}{2}x$

직선 $y=ax+b$가 b의 값에 관계없이 교점을 가지려면
$-\dfrac{1}{2}<a<\dfrac{1}{2}$

따라서 a의 값이 될 수 있는 것은
$-\dfrac{1}{3},\ -\dfrac{1}{4},\ 0,\ \dfrac{1}{3}$의 4개이다.　　　답 ③

121

$y^2=-8x=4\times(-2)\times x$이므로
$p=-2$

직선 $x+2y+4=0$, 즉 $y=-\dfrac{1}{2}x-2$에 수직인 직선의 기울기는 2이므로 접선의 방정식은
$y=2x+\dfrac{-2}{2}$　　∴ $y=2x-1$

이 직선이 점 $(2,\ a)$를 지나므로
$a=2\times2-1=3$

> **다른 풀이**

접선의 방정식은 판별식을 이용하여 다음과 같이 구할 수도 있다.

직선 $x+2y+4=0$, 즉 $y=-\dfrac{1}{2}x-2$에 수직인 직선의 기울기는 2이므로 접선의 방정식을 $y=2x+n$으로 놓고 $y^2=-8x$에 대입하여 정리하면
$(2x+n)^2=-8x$
∴ $4x^2+2(2n+4)x+n^2=0$
이 이차방정식의 판별식을 D라 하면
$\dfrac{D}{4}=(2n+4)^2-4n^2=0$
$16n+16=0$　　∴ $n=-1$
∴ $y=2x-1$　　　　　　　　　　　　답 ③

122

$x^2=8y=4\times2\times y$이므로
$p=2$

직선 $2x-2y-1=0$, 즉 $y=x-\dfrac{1}{2}$과 평행한 직선의 기울기는 1이므로 접선의 방정식은
$y=x-1^2\times2$　　∴ $y=x-2$
따라서 이 직선의 x절편은 2이다.　　　　답 ④

123

두 점 $A(2,\ 0)$, $B(5,\ 3)$을 지나는 직선의 기울기는 $\dfrac{3-0}{5-2}=1$이므로 이 직선과 평행한 직선의 기울기는 1이다.
포물선 $y^2=4x=4\times1\times x$에 접하고 기울기가 1인 직선의 방정식은
$y=x+\dfrac{1}{1}$　　∴ $y=x+1$

오른쪽 그림과 같이 삼각형 PAB에서 밑변을 선분 AB로 생각할 때, 이 삼각형의 높이는 점 A와 직선 $y=x+1$ 사이의 거리와 같다.
점 $A(2,\ 0)$과 직선 $y=x+1$, 즉 $x-y+1=0$ 사이의 거리는
$\dfrac{|2-0+1|}{\sqrt{1^2+(-1)^2}}=\dfrac{3}{\sqrt{2}}=\dfrac{3\sqrt{2}}{2}$
선분 AB의 길이는
$\overline{AB}=\sqrt{(5-2)^2+(3-0)^2}=3\sqrt{2}$
따라서 삼각형 PAB의 넓이는
$\dfrac{1}{2}\times3\sqrt{2}\times\dfrac{3\sqrt{2}}{2}=\dfrac{9}{2}$　　　　답 ③

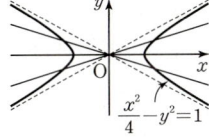

124

포물선 $y^2 = -4x = 4 \times (-1) \times x$ 위의
점 $P(-2, -2\sqrt{2})$에서의 접선의 방정
식은

$$-2\sqrt{2}y = -2(x-2)$$
$$\therefore x - \sqrt{2}y - 2 = 0$$

이 직선과 x축의 교점은 $Q(2, 0)$
또한 포물선 $y^2 = -4x$의 초점은
$F(-1, 0)$이므로 삼각형 PQF의 넓이는

$$\frac{1}{2} \times 3 \times 2\sqrt{2} = 3\sqrt{2}$$

답 ⑤

125

포물선 $y^2 = 8x$ 위의 점 $(2, 4)$에서의 접선의 방정식은
$$4y = 2 \times 2(x+2) \quad \therefore y = x+2$$
이 직선의 기울기는 1이므로 이 직선과 수직인 직선의 기울기는 -1이다.
따라서 기울기가 -1이고 포물선 $y^2 = 8x = 4 \times 2 \times x$의 초점 $(2, 0)$을 지나는 직선의 방정식은
$$y = -(x-2) \quad \therefore y = -x+2$$

답 ④

126

포물선 $y^2 = -16x = 4 \times (-4) \times x$ 위의 한 점 (x_1, y_1)에서의 접선의 방정식은

$$y_1 y = -8(x+x_1) \quad \therefore y = -\frac{8}{y_1}x - \frac{8x_1}{y_1}$$

따라서 두 점 (p, q), (r, s)에서의 접선의 기울기는 각각

$$-\frac{8}{q}, \ -\frac{8}{s}$$

············ ㉮

이때, 두 접선이 서로 수직이므로

$$\left(-\frac{8}{q}\right) \times \left(-\frac{8}{s}\right) = -1 \quad \therefore qs = -64$$

············ ㉯

단계	채점 요소	비율
㉮	포물선 $y^2 = -16x$ 위의 두 점 (p, q), (r, s)에서의 접선의 기울기 각각 구하기	60%
㉯	qs의 값 구하기	40%

답 -64

127

직선 $y = 2x+1$과 평행한 직선의 기울기는 2이다.
따라서 타원 $\frac{x^2}{8} + \frac{y^2}{4} = 1$에 접하고 기울기가 2인 직선의 방정식은
$$y = 2x \pm \sqrt{8 \times 2^2 + 4}$$
$$\therefore y = 2x \pm 6$$
따라서 두 접선 사이의 거리는 직선 $y = 2x+6$ 위의 한 점 $(0, 6)$과 직선
$y = 2x-6$, 즉 $2x - y - 6 = 0$ 사이의 거리와 같으므로
$$\frac{|0-6-6|}{\sqrt{2^2+(-1)^2}} = \frac{12}{\sqrt{5}} = \frac{12\sqrt{5}}{5}$$

다른 풀이

접선의 방정식은 판별식을 이용하여 다음과 같이 구할 수도 있다.
직선 $y = 2x+1$과 평행한 직선의 기울기는 2이므로 접선의 방정식을

$y = 2x+n$으로 놓고 $\frac{x^2}{8} + \frac{y^2}{4} = 1$, 즉 $x^2 + 2y^2 = 8$에 대입하여 정리하면
$$x^2 + 2(2x+n)^2 = 8$$
$$\therefore 9x^2 + 8nx + 2n^2 - 8 = 0$$
이 이차방정식의 판별식을 D라 하면
$$\frac{D}{4} = (4n)^2 - 9(2n^2 - 8) = 0$$
$$n^2 = 36, \ n = \pm 6$$
$$\therefore y = 2x \pm 6$$

답 ②

128

주어진 직선이 x축의 양의 방향과 이루는 각의 크기가 $45°$이므로
$$a = \tan 45° = 1$$
따라서 타원 $3x^2 + 2y^2 = 18$, 즉 $\frac{x^2}{6} + \frac{y^2}{9} = 1$에 접하고 기울기가 1인 직선의 방정식은
$$y = x \pm \sqrt{6 \times 1^2 + 9} \quad \therefore y = x \pm \sqrt{15}$$
즉, $a = 1$, $b = \pm \sqrt{15}$이므로
$$a + b^2 = 1 + 15 = 16$$

답 ⑤

129

직선 $y = x+6$과 평행한 직선의 기울기는 1이므로
타원 $\frac{x^2}{3} + \frac{y^2}{6} = 1$에 접하고 기울기가 1인 직선의 방정식은
$$y = x \pm \sqrt{3 \times 1^2 + 6} \quad \therefore y = x \pm 3$$
이때, 구하는 최솟값은 두 직선 $y = x+6$, $y = x+3$ 사이의 거리이다.

(보충 설명 참고)

즉, 직선 $y = x+6$ 위의 한 점 $(0, 6)$과 직선 $x - y + 3 = 0$ 사이의 거리이므로

$$\frac{|0-6+3|}{\sqrt{1^2+(-1)^2}} = \frac{3}{\sqrt{2}} = \frac{3\sqrt{2}}{2}$$

다른 풀이

구하는 최솟값은 직선 $y = x+6$과 기울기가 같은 타원의 접선의 접점의 좌표를 찾은 후 접점과 직선 사이의 거리를 구하면 된다.
접점의 좌표를 (x_1, y_1)이라 하면
타원 $\frac{x^2}{3} + \frac{y^2}{6} = 1$ 위의 점 (x_1, y_1)에서의 접선의 방정식은

$$\frac{x_1 x}{3} + \frac{y_1 y}{6} = 1$$

············ ㉠

직선 ㉠의 기울기가 1이므로

$$-\frac{2x_1}{y_1} = 1 \quad \therefore y_1 = -2x_1$$

············ ㉡

또한 점 (x_1, y_1)은 타원 $\frac{x^2}{3} + \frac{y^2}{6} = 1$ 위의 점이므로

$$\frac{x_1^2}{3} + \frac{y_1^2}{6} = 1$$

············ ㉢

㉡을 ㉢에 대입하면

$$\frac{x_1^2}{3} + \frac{(-2x_1)^2}{6} = 1, \ \frac{x_1^2}{3} + \frac{2x_1^2}{3} = 1, \ x_1^2 = 1$$

$$\therefore x_1 = -1 \ \text{또는} \ x_1 = 1$$

이를 ㉡에 대입하면

$$\begin{cases} x_1 = -1 \\ y_1 = 2 \end{cases} \text{또는} \begin{cases} x_1 = 1 \\ y_1 = -2 \end{cases}$$

따라서 기울기가 1인 타원의 접선의 접점은 각각
$A(-1, 2)$, $B(1, -2)$

오른쪽 그림과 같이 타원
$\dfrac{x^2}{3}+\dfrac{y^2}{6}=1$ 위의 점에서 직선

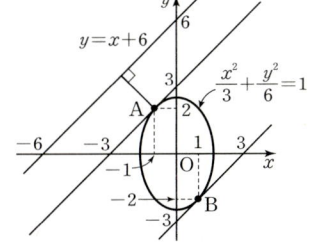

$y=x+6$에 이르는 거리의 최솟값은
점 $A(-1, 2)$와 직선 $y=x+6$, 즉
$x-y+6=0$ 사이의 거리와 같으므
로

$$\dfrac{|-1-2+6|}{\sqrt{1^2+(-1)^2}}=\dfrac{3}{\sqrt{2}}=\dfrac{3\sqrt{2}}{2}$$

보충 설명

곡선 F 위의 점에서 직선 l에 이르는 거리의
최솟값은 직선 l과 평행한 직선 m과 곡선 F의
접점 P에서 직선 l에 이르는 거리이다.
즉, 두 직선 l, m 사이의 거리이다.

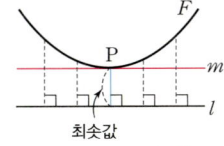

답 ③

130

타원 $\dfrac{x^2}{a^2}+\dfrac{y^2}{b^2}=1$ 위의 점 $(-2, 1)$에서의 접선의 방정식은

$$\dfrac{-2x}{a^2}+\dfrac{y}{b^2}=1 \qquad \therefore y=\dfrac{2b^2}{a^2}x+b^2$$

이 직선의 기울기가 $\dfrac{1}{2}$이므로

$$\dfrac{2b^2}{a^2}=\dfrac{1}{2}$$

$$\therefore a^2=4b^2 \qquad\qquad \cdots\cdots \text{㉠}$$

또한 점 $(-2, 1)$이 타원 위의 점이므로

$$\dfrac{4}{a^2}+\dfrac{1}{b^2}=1 \qquad\qquad \cdots\cdots \text{㉡}$$

㉠을 ㉡에 대입하면

$$\dfrac{4}{4b^2}+\dfrac{1}{b^2}=1, \dfrac{1}{b^2}+\dfrac{1}{b^2}=1 \qquad \therefore b^2=2$$

$$\therefore a^2+b^2=4b^2+b^2=5b^2=5\times 2=10$$

답 ④

131

타원 $x^2+3y^2=6$ 위의 점 $(\sqrt{3}, 1)$에서의 접선의 방정식은

$$\sqrt{3}x+3y=6$$

$$\therefore y=-\dfrac{\sqrt{3}}{3}x+2$$

이 직선의 기울기는 $-\dfrac{\sqrt{3}}{3}$이므로 이 직선과 수직인 직선의 기울기는 $\sqrt{3}$

이다.

따라서 기울기가 $\sqrt{3}$이고 점 $(-\sqrt{3}, 0)$을 지나는 직선의 방정식은

$$y=\sqrt{3}(x+\sqrt{3})$$

$$\therefore y=\sqrt{3}x+3$$

따라서 이 직선의 y절편은 3이다.

답 ②

132

점 P의 좌표를 (x_1, y_1) $(x_1>0, y_1>0)$이라 하면 $H(x_1, 0)$

$$\therefore \overline{OH}=x_1$$

또한 타원 $\dfrac{x^2}{16}+\dfrac{y^2}{8}=1$ 위의 점 P에서의 접선의 방정식은

$$\dfrac{x_1 x}{16}+\dfrac{y_1 y}{8}=1$$

이 직선이 x축과 만나는 점은 $Q\left(\dfrac{16}{x_1}, 0\right)$이므로

$$\overline{OQ}=\dfrac{16}{x_1}$$

$$\therefore \overline{OH}\times\overline{OQ}=x_1\times\dfrac{16}{x_1}=16$$

답 16

133

쌍곡선 $x^2-y^2=1$에 접하고 기울기가 $\sqrt{3}$인 직선의 방정식은

$$y=\sqrt{3}x\pm\sqrt{1\times(\sqrt{3})^2-1} \qquad \therefore y=\sqrt{3}x\pm\sqrt{2}$$

두 직선 $\sqrt{3}x-y+\sqrt{2}=0$과 $\sqrt{3}x-y-\sqrt{2}=0$은 서로 평행하므로 두 직선

사이의 거리는 직선 $\sqrt{3}x-y+\sqrt{2}=0$ 위의 한 점 $(0, \sqrt{2})$와 직선

$\sqrt{3}x-y-\sqrt{2}=0$ 사이의 거리와 같다.

따라서 두 직선 사이의 거리는

$$\dfrac{|0-\sqrt{2}-\sqrt{2}|}{\sqrt{(\sqrt{3})^2+(-1)^2}}=\dfrac{2\sqrt{2}}{2}=\sqrt{2}$$

다른 풀이

접선의 방정식은 판별식을 이용하여 다음과 같이 구할 수도 있다.

기울기가 $\sqrt{3}$인 직선의 방정식을 $y=\sqrt{3}x+n$으로 놓고 $x^2-y^2=1$에 대입

하여 정리하면

$$x^2-(\sqrt{3}x+n)^2=1$$

$$\therefore 2x^2+2\sqrt{3}nx+n^2+1=0$$

이 이차방정식의 판별식을 D라 하면

$$\dfrac{D}{4}=(\sqrt{3}n)^2-2(n^2+1)=0$$

$$n^2=2 \qquad \therefore n=\pm\sqrt{2}$$

$$\therefore y=\sqrt{3}x\pm\sqrt{2}$$

답 ②

134

쌍곡선 $\dfrac{x^2}{9}-\dfrac{y^2}{5}=1$에 접하고 기울기가 1인 직선의 방정식은

$$y=x\pm\sqrt{9\times 1-5} \qquad \therefore y=x\pm 2$$

직선 $y=x+2$와 y축이 만나는 점을 A라 하면 $A(0, 2)$

직선 $y=x-2$와 y축이 만나는 점을 B라 하면 $B(0, -2)$

따라서 선분 AB의 길이는 4이다.

답 ③

135

쌍곡선 $kx^2-y^2=-k$, 즉 $x^2-\dfrac{y^2}{k}=-1$에 접하고 기울기가 2인 직선의

방정식은

$$y=2x\pm\sqrt{k-1^2\times 2^2}, \text{ 즉 } y=2x\pm\sqrt{k-4}$$

---------- **㉮**

$y=2x\pm\sqrt{k-4}$가 $y=2x+1$과 일치하므로

$$\sqrt{k-4}=1, k-4=1$$

$$\therefore k=5$$

---------- **㉯**

따라서 쌍곡선 $x^2-\dfrac{y^2}{5}=-1$의 주축의 길이는

$$2\times\sqrt{5}=2\sqrt{5}$$

---------- **㉰**

단계	채점 요소	비율
㉮	쌍곡선 $kx^2-y^2=-k$에 접하고 기울기가 2인 직선의 방정식 구하기	40%
㉯	k의 값 구하기	30%
㉰	주축의 길이 구하기	30%

답 $2\sqrt{5}$

136

쌍곡선 $x^2 - \dfrac{y^2}{4} = 1$ 위의 점 (a, b)에서의 접선의 방정식은

$ax - \dfrac{by}{4} = 1$ $\therefore y = \dfrac{4a}{b}x - \dfrac{4}{b}$

이 직선의 기울기가 4이므로

$\dfrac{4a}{b} = 4$

$\therefore a = b$ $\qquad\qquad\qquad\cdots\cdots$ ㉠

또한 점 (a, b)가 쌍곡선 위의 점이므로

$a^2 - \dfrac{b^2}{4} = 1$ $\qquad\qquad\qquad\cdots\cdots$ ㉡

㉠을 ㉡에 대입하면

$a^2 - \dfrac{a^2}{4} = 1$

$\dfrac{3}{4}a^2 = 1$ $\therefore a^2 = \dfrac{4}{3}$

$\therefore a^2 + b^2 = a^2 + a^2 = 2a^2$

$\qquad\qquad = 2 \times \dfrac{4}{3} = \dfrac{8}{3}$ **답** ②

137

쌍곡선 $2x^2 - y^2 = 1$ 위의 점 $(1, 1)$에서의 접선의 방정식은

$2x - y = 1$ $\therefore y = 2x - 1$

이 직선의 기울기가 2이므로 이 직선에 수직인 직선의 기울기는 $-\dfrac{1}{2}$이다.

따라서 기울기가 $-\dfrac{1}{2}$이고 원점을 지나는 직선의 방정식은

$y = -\dfrac{1}{2}x$ **답** ①

138

쌍곡선 $\dfrac{x^2}{5} - \dfrac{y^2}{5} = -1$ 위의 점 $P(-2, 3)$에서의 접선의 방정식은

$\dfrac{-2x}{5} - \dfrac{3y}{5} = -1$

$\therefore 2x + 3y = 5$ $\qquad\qquad\cdots\cdots$ ㉠

또한 쌍곡선의 두 점근선의 방정식은

$y = x$ 또는 $y = -x$ $\qquad\cdots\cdots$ ㉡

㉠과 ㉡의 $y = x$를 연립하여 풀면

$2x + 3x = 5$ $\therefore x = 1$

$\therefore y = x = 1$

㉠과 ㉡의 $y = -x$를 연립하여 풀면

$2x - 3x = 5$ $\therefore x = -5$

$\therefore y = -x = 5$

따라서 쌍곡선의 접선 ㉠과 점근선 ㉡의 교점은

$A(-5, 5)$, $B(1, 1)$

또한 $\overline{OA} \perp \overline{OB}$이고,

$\overline{OA} = \sqrt{(-5)^2 + 5^2} = 5\sqrt{2}$

$\overline{OB} = \sqrt{1^2 + 1^2} = \sqrt{2}$

따라서 직각삼각형 OAB의 넓이는

$\dfrac{1}{2} \times \overline{OA} \times \overline{OB} = \dfrac{1}{2} \times 5\sqrt{2} \times \sqrt{2} = 5$

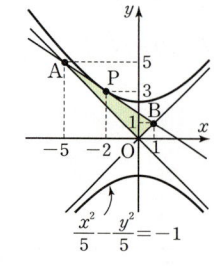

답 5

139

점 $(0, 2)$에서 타원 $x^2 + \dfrac{y^2}{2} = 1$에 그은 접선의 접점의 좌표를 (x_1, y_1)이라 하면 접선의 방정식은

$x_1 x + \dfrac{y_1 y}{2} = 1$ $\qquad\qquad\cdots\cdots$ ㉠

이 직선이 점 $(0, 2)$를 지나므로

$\dfrac{2y_1}{2} = 1$ $\therefore y_1 = 1$ $\qquad\cdots\cdots$ ㉡

또한 점 (x_1, y_1)은 타원 $x^2 + \dfrac{y^2}{2} = 1$ 위의 점이므로

$x_1^2 + \dfrac{y_1^2}{2} = 1$ $\qquad\qquad\cdots\cdots$ ㉢

㉡을 ㉢에 대입하면 $x_1^2 = \dfrac{1}{2}$

$\therefore x_1 = \dfrac{\sqrt{2}}{2}$ 또는 $x_1 = -\dfrac{\sqrt{2}}{2}$

접선 ㉠의 기울기는 $-\dfrac{2x_1}{y_1}$이므로 이 두 접선의 기울기는 각각

$-\sqrt{2}$, $\sqrt{2}$이다.

따라서 $m = \sqrt{2}$ 또는 $m = -\sqrt{2}$이므로 $m^2 = 2$

보충 설명

구하는 접선의 기울기를 m이라 하면 접선이 점 $(0, 2)$를 지나므로 접선의 방정식을 $y = mx + 2$로 놓을 수 있다.

따라서 타원의 방정식과 연립하여 얻은 이차방정식의 판별식 $D = 0$임을 이용하여 접선의 방정식을 구할 수도 있으나 접선이 y축과 평행한 경우가 있을 수도 있기 때문에 이 경우는 따로 생각해줘야 하는 단점이 있다.

답 ②

140

점 P에서 쌍곡선 $\dfrac{x^2}{4} - y^2 = 1$에 그은 접선의 접점의 좌표를 (x_1, y_1)이라 하면 접선의 방정식은

$\dfrac{x_1 x}{4} - y_1 y = 1$

이 직선이 점 $P(0, 1)$을 지나므로

$-y_1 = 1$ $\therefore y_1 = -1$ $\qquad\cdots\cdots$ ㉠

또한 점 (x_1, y_1)은 쌍곡선 $\dfrac{x^2}{4} - y^2 = 1$ 위의 점이므로

$\dfrac{x_1^2}{4} - y_1^2 = 1$ $\qquad\qquad\cdots\cdots$ ㉡

㉠을 ㉡에 대입하면

$\dfrac{x_1^2}{4} - 1 = 1$, $\dfrac{x_1^2}{4} = 2$

$\therefore x_1 = -2\sqrt{2}$ 또는 $x_1 = 2\sqrt{2}$

따라서 점 P에서 쌍곡선 $\dfrac{x^2}{4} - y^2 = 1$에 그은 두 접선의 접점은 각각

$A(-2\sqrt{2}, -1)$, $B(2\sqrt{2}, -1)$

따라서 삼각형 PAB의 넓이는

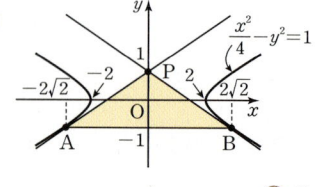

$\dfrac{1}{2} \times 4\sqrt{2} \times 2 = 4\sqrt{2}$ **답** ④

141

점 $(-2, -4)$에서 포물선 $x^2 = 8y$에 그은 접선의 접점의 좌표를 (x_1, y_1)이라 하면 접선의 방정식은

$x_1 x = 4(y + y_1)$ $\qquad\qquad$ …… ㉠

가

이 직선이 점 $(-2, -4)$를 지나므로

$-2x_1 = 4(-4 + y_1)$

$\therefore x_1 = -2(y_1 - 4)$ $\qquad\qquad$ …… ㉡

또한 점 (x_1, y_1)은 포물선 $x^2 = 8y$ 위의 점이므로

$x_1^2 = 8y_1$ $\qquad\qquad$ …… ㉢

㉡을 ㉢에 대입하면

$\{-2(y_1 - 4)\}^2 = 8y_1$

$y_1^2 - 10y_1 + 16 = 0$, $(y_1 - 2)(y_1 - 8) = 0$

$\therefore y_1 = 2$ 또는 $y_1 = 8$

이를 ㉡에 대입하면

$\begin{cases} x_1 = 4 \\ y_1 = 2 \end{cases}$ 또는 $\begin{cases} x_1 = -8 \\ y_1 = 8 \end{cases}$

나

$\begin{cases} x_1 = 4 \\ y_1 = 2 \end{cases}$ 또는 $\begin{cases} x_1 = -8 \\ y_1 = 8 \end{cases}$ 을 ㉠에 대입하면 두 접선의 방정식은

$y = x - 2$ 또는 $y = -2x - 8$

따라서 두 접선의 기울기의 곱은 -2이다.

다

단계	채점 요소	비율
가	접점의 좌표를 (x_1, y_1)로 놓고 접선의 방정식 세우기	20%
나	접점의 좌표 (x_1, y_1) 구하기	50%
다	두 접선의 기울기의 곱 구하기	30%

답 -2

실력 콕콕

본문 p.32~33

142 3	**143** ④	**144** ②	**145** ③	**146** ④	**147** 9
148 ②	**149** ④	**150** 2	**151** ③	**152** ①	**153** ⑤
154 4	**155** 2	**156** $4 + 4\sqrt{2}$	**157** 2		

142

(i) $y = -x + k$를 $y^2 = 2x$에 대입하여 정리하면

$(-x + k)^2 = 2x$

$\therefore x^2 - 2(k+1)x + k^2 = 0$

이 이차방정식의 판별식을 D_1이라 하면

$\dfrac{D_1}{4} = \{-(k+1)\}^2 - k^2 \geq 0$

$2k + 1 \geq 0$ $\quad \therefore k \geq -\dfrac{1}{2}$

(ii) $y = -x + k$를 $\dfrac{x^2}{3} + \dfrac{y^2}{2} = 1$에 대입하여 정리하면

$\dfrac{x^2}{3} + \dfrac{(-x+k)^2}{2} = 1$

$\therefore 5x^2 - 6kx + 3k^2 - 6 = 0$

이 이차방정식의 판별식을 D_2라 하면

$\dfrac{D_2}{4} = (-3k)^2 - 5(3k^2 - 6) < 0$

$-6k^2 + 30 < 0$, $k^2 > 5$

$\therefore k > \sqrt{5}$ 또는 $k < -\sqrt{5}$

(i), (ii)에서 $k > \sqrt{5}$

따라서 정수 k의 최솟값은 3이다. $\qquad$ 답 3

143

이차방정식 $2x^2 - 3x + 1 = 0$에서

$(2x - 1)(x - 1) = 0$

$\therefore x = \dfrac{1}{2}$ 또는 $x = 1$

이때, $m_1 = \dfrac{1}{2}$, $m_2 = 1$이라 하자.

포물선 $y^2 = 8x = 4 \times 2 \times x$에 접하고 기울기가 $m_1 = \dfrac{1}{2}$인 직선 l_1의 방정식은

$y = \dfrac{1}{2}x + \dfrac{2}{\frac{1}{2}}$ $\quad \therefore y = \dfrac{1}{2}x + 4$ $\qquad$ …… ㉠

또, 기울기가 $m_2 = 1$인 직선 l_2의 방정식은

$y = x + \dfrac{2}{1}$ $\quad \therefore y = x + 2$ $\qquad$ …… ㉡

㉠, ㉡을 연립하여 풀면

$x = 4$, $y = 6$

따라서 두 직선 l_1, l_2의 교점의 x좌표는 4이다. 답 ④

144

포물선 $y^2 = -2x$ 위의 점 $(-2, 2)$에서의 접선의 방정식은

$2y = -(x - 2)$ $\quad \therefore y = -\dfrac{1}{2}x + 1$ $\qquad$ …… ㉠

또한 점 $(-8, -4)$에서의 접선의 방정식은

$-4y = -(x - 8)$ $\quad \therefore y = \dfrac{1}{4}x - 2$ $\qquad$ …… ㉡

㉠, ㉡을 연립하여 풀면 $x = 4$, $y = -1$

따라서 두 접선의 교점의 좌표는 $(4, -1)$이므로

$a = 4$, $b = -1$

$\therefore ab = 4 \times (-1) = -4$ 답 ②

145

점 $A(p, 2p)$ $(p > 0)$에서 포물선 $y^2 = 4px$의 준선 $x = -p$까지의 거리가 4이므로

$p + p = 4$ $\quad \therefore p = 2$

따라서 포물선 $y^2 = 8x$ 위의 점 $A(2, 4)$에서의 접선의 방정식은

$4y = 4(x + 2)$ $\quad \therefore y = x + 2$

따라서 $m = 1$, $n = 2$이므로

$m + n = 1 + 2 = 3$ 답 ③

146

포물선 $y^2 = 4x$ 위의 점 $P(a, b)$에서의 접선의 방정식은

$by = 2(x + a)$

이므로 이 직선과 x축의 교점 Q의 좌표는 $(-a, 0)$

또한 점 P는 포물선 위의 점이므로

$b^2 = 4a$ $\qquad\qquad$ …… ㉠

$\overline{PQ} = 4\sqrt{3}$이므로

$\sqrt{\{a-(-a)\}^2+(b-0)^2}=\sqrt{4a^2+b^2}=4\sqrt{3}$ ...... ⓒ

$\therefore 4a^2+b^2=48$ ...... ⓒ

㉠을 ⓒ에 대입하면

$4a^2+4a=48$

$a^2+a-12=0$, $(a+4)(a-3)=0$

$\therefore a=-4$ 또는 $a=3$

이때, $b^2=4a\geq0$에서 $a\geq0$이므로 $a=3$

$\therefore a^2+b^2=a^2+4a=3^2+4\times3=21$ **답** ④

147

점 P는 직선 $x-y+8=0$과 기울기가 같은 포물선의 접선의 접점이다.

포물선 $y^2=12x$ 위의 점 $P(a, b)$에서의 접선의 방정식은

$by=6(x+a)$ ...... ㉠

㉠의 기울기가 1이므로

$\dfrac{6}{b}=1 \quad \therefore b=6$ ...... ⓒ

또한 점 $P(a, b)$는 포물선 $y^2=12x$ 위의

점이므로

$b^2=12a$ ...... ⓒ

ⓒ을 ⓒ에 대입하면

$6^2=12a \quad \therefore a=3$

$\therefore a+b=3+6=9$ **답** 9

148

직선 $y=2x+3$과 평행하고 타원에 접하는 두 직선을 l_1, l_2라 하면 두 직선 l_1, l_2의 기울기는 2이다.

타원 $4x^2+3y^2=12$, 즉 $\dfrac{x^2}{3}+\dfrac{y^2}{4}=1$에 접하고 기울기가 2인 직선의 방정식은

$y=2x\pm\sqrt{3\times2^2+4}$, 즉 $y=2x\pm4$

이므로 두 직선 l_1, l_2의 방정식은

$y=2x+4$, $y=2x-4$

평행한 두 직선 l_1, l_2 사이의 거리는 직선 $y=2x+4$ 위의 한 점

$(0, 4)$와 직선 $y=2x-4$, 즉 $2x-y-4=0$ 사이의 거리와 같으므로

$\dfrac{|-4-4|}{\sqrt{2^2+(-1)^2}}=\dfrac{8}{\sqrt5}=\dfrac{8\sqrt5}{5}$

따라서 두 직선 l_1, l_2에 동시에 접하는 원의 반지름의 길이는 $\dfrac{4\sqrt5}{5}$이므로

구하는 원의 넓이는 $\dfrac{16}{5}\pi$이다. **답** ②

149

두 곡선의 교점의 좌표를 (x_1, y_1)이라 하면 이 점에서의 포물선과 타원의 접선의 방정식은 각각

$y_1y=x+x_1$, $\dfrac{x_1x}{16}+\dfrac{y_1y}{a}=1$

이고, 두 직선의 기울기는 각각

$\dfrac{1}{y_1}$, $-\dfrac{ax_1}{16y_1}$

이다. 이때, 두 접선이 서로 수직이므로

$\dfrac{1}{y_1}\times\left(-\dfrac{ax_1}{16y_1}\right)=-1 \quad \therefore ax_1=16y_1^2$ ...... ㉠

한편, 점 (x_1, y_1)은 포물선 $y^2=2x$ 위의 점이므로

$y_1^2=2x_1$ ...... ⓒ

ⓒ을 ㉠에 대입하면

$ax_1=16\times2x_1=32x_1$

$\therefore a=32$ **답** ④

150

타원 $\dfrac{x^2}{a^2}+\dfrac{y^2}{b^2}=1$의 초점의 좌표가

$(-b, 0)$, $(b, 0)$

이므로 $a^2-b^2=b^2$

$\therefore a^2=2b^2$ ...... ㉠

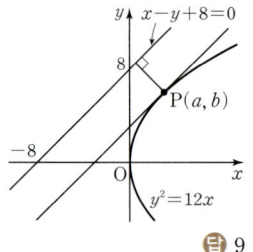

또, 타원 $\dfrac{x^2}{a^2}+\dfrac{y^2}{b^2}=1$에 접하고

타원 $\dfrac{x^2}{4}+y^2=1$ 위의 점 $(-2, 0)$, $(0, 1)$을 지나는 직선의 기울기가 $\dfrac{1}{2}$

이므로 접선의 방정식은

$y=\dfrac{1}{2}x\pm\sqrt{\dfrac{a^2}{4}+b^2}$

이 직선이 점 $(0, 1)$을 지나므로

$\sqrt{\dfrac{a^2}{4}+b^2}=1$ ...... ⓒ

㉠, ⓒ을 연립하여 풀면 $a^2=\dfrac{4}{3}$, $b^2=\dfrac{2}{3}$

$\therefore a^2+b^2=\dfrac{4}{3}+\dfrac{2}{3}=2$ **답** 2

151

쌍곡선 $\dfrac{x^2}{a}-\dfrac{y^2}{2}=1$에 접하고 기울기가 3인 접선의 방정식은

$y=3x\pm\sqrt{a\times3^2-2} \quad \therefore y=3x\pm\sqrt{9a-2}$

이 직선이 직선 $y=3x+5$와 일치하므로

$\sqrt{9a-2}=5$, $9a-2=25 \quad \therefore a=3$

쌍곡선 $\dfrac{x^2}{3}-\dfrac{y^2}{2}=1$에서 $\sqrt{3+2}=\sqrt5$이므로 초점의 좌표는

$(\sqrt5, 0)$, $(-\sqrt5, 0)$

따라서 두 초점 사이의 거리는 $2\sqrt5$이다. **답** ③

152

쌍곡선 $\dfrac{x^2}{16}-\dfrac{y^2}{9}=1$ 위의 점 (a, b)에서의 접선의 방정식은

$\dfrac{ax}{16}-\dfrac{by}{9}=1$ ...... ㉠

㉠에 $x=0$을 대입하면 $y=-\dfrac{9}{b}$

㉠에 $y=0$을 대입하면 $x=\dfrac{16}{a}$

이때, 접선 ㉠과 x축 및 y축으로 둘러싸인 삼각형의 넓이가 12이므로

$\dfrac{1}{2}\times\dfrac{16}{a}\times\dfrac{9}{b}=12$, $\dfrac{72}{ab}=12$

$\therefore ab=6$ **답** ①

153

쌍곡선 $x^2-y^2=8$ 위의 점 $P(3, 1)$에서의 접선의 방정식은

$3x-y=8$ ...... ㉠

또한 쌍곡선의 두 점근선의 방정식은

$y=x$ 또는 $y=-x$ ...... ⓒ

$\bigcirc$과 $\bigcirc$의 $y=x$를 연립하여 풀면

$3x-x=8$ $\therefore x=4$

$\therefore y=x=4$

$\bigcirc$과 $\bigcirc$의 $y=-x$를 연립하여 풀면

$3x-(-x)=8$ $\therefore x=2$

$\therefore y=-x=-2$

따라서 쌍곡선의 접선 $\bigcirc$과 점근선 $\bigcirc$의

교점은 A$(4, 4)$, B$(2, -2)$

또한 $\overline{OA} \perp \overline{OB}$이고,

$\overline{OA}=\sqrt{4^2+4^2}=4\sqrt{2}$

$\overline{OB}=\sqrt{2^2+(-2)^2}=2\sqrt{2}$

따라서 직각삼각형 OAB의 넓이는

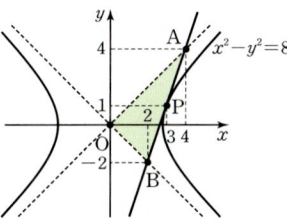

$\dfrac{1}{2} \times \overline{OA} \times \overline{OB} = \dfrac{1}{2} \times 4\sqrt{2} \times 2\sqrt{2}$

$\qquad\qquad\qquad\qquad\quad =8$ ⓐ ⑤

154

점 P에서 포물선 $x^2=4y$에 그은 접선의 접점의 좌표를 (x_1, y_1)이라 하면 접선의 방정식은

$x_1 x = 2(y+y_1)$

이 직선이 점 P$(1, 0)$을 지나므로

$x_1 = 2y_1$ ······ $\bigcirc$

점 (x_1, y_1)은 포물선 $x^2=4y$ 위의 점이므로

$x_1^2 = 4y_1$ ······ $\bigcirc$

$\bigcirc$, $\bigcirc$에서

$x_1^2 = 4y_1 = 2 \times (2y_1) = 2x_1$, $x_1^2 - 2x_1 = 0$, $x_1(x_1-2)=0$

$\therefore x_1 = 0$ 또는 $x_1 = 2$

이를 $\bigcirc$에 대입하면

$\begin{cases} x_1=0 \\ y_1=0 \end{cases}$ 또는 $\begin{cases} x_1=2 \\ y_1=1 \end{cases}$

$\therefore$ A$(2, 1)$

따라서 점 A에서의 접선의 방정식은

$2x = 2(y+1)$ $\therefore y=x-1$

$\therefore$ B$(0, -1)$

이때, 직선 AC의 기울기는 -1이므로 직선 AC의 방정식은

$y = -(x-2)+1$ $\therefore y = -x+3$

$\therefore$ C$(0, 3)$

따라서 오른쪽 그림에서 삼각형 ABC의 넓이는

$\dfrac{1}{2} \times 4 \times 2 = 4$ ⓐ 4

155

점 A에서 쌍곡선 $\dfrac{x^2}{2} - \dfrac{y^2}{3} = -1$에 그은 접선의 접점의 좌표를 (x_1, y_1)이라 하면 접선의 방정식은

$\dfrac{x_1 x}{2} - \dfrac{y_1 y}{3} = -1$

이 직선이 점 A$(1, 2)$를 지나므로

$\dfrac{x_1}{2} - \dfrac{2y_1}{3} = -1$

$\therefore y_1 = \dfrac{3}{4}(x_1+2)$ ······ $\bigcirc$

또한 점 (x_1, y_1)은 쌍곡선 $\dfrac{x^2}{2} - \dfrac{y^2}{3} = -1$ 위의 점이므로

$\dfrac{x_1^2}{2} - \dfrac{y_1^2}{3} = -1$ ······ $\bigcirc$

$\bigcirc$을 $\bigcirc$에 대입하면

$\dfrac{x_1^2}{2} - \dfrac{1}{3}\left\{\dfrac{3}{4}(x_1+2)\right\}^2 = -1$

$(5x_1 - 2)(x_1 - 2) = 0$

$\therefore x_1 = \dfrac{2}{5}$ 또는 $x_1 = 2$

이를 $\bigcirc$에 대입하면

$\begin{cases} x_1 = \dfrac{2}{5} \\ y_1 = \dfrac{9}{5} \end{cases}$ 또는 $\begin{cases} x_1 = 2 \\ y_1 = 3 \end{cases}$

따라서 점 A$(1, 2)$에서 쌍곡선 $\dfrac{x^2}{2} - \dfrac{y^2}{3} = -1$에 그은 두 접선의 접점은 각각

P$\left(\dfrac{2}{5}, \dfrac{9}{5}\right)$, Q$(2, 3)$ 또는 P$(2, 3)$, Q$\left(\dfrac{2}{5}, \dfrac{9}{5}\right)$

$\therefore \overline{PQ} = \sqrt{\left(2-\dfrac{2}{5}\right)^2 + \left(3-\dfrac{9}{5}\right)^2}$

$\qquad\quad = \sqrt{\left(\dfrac{8}{5}\right)^2 + \left(\dfrac{6}{5}\right)^2}$

$\qquad\quad = \sqrt{\dfrac{100}{25}} = 2$ ⓐ 2

156

점 $(0, 2)$에서 타원 $\dfrac{x^2}{8} + \dfrac{y^2}{2} = 1$에 그은 접선의 접점의 좌표를 (x_1, y_1)이라 하면 접선의 방정식은

$\dfrac{x_1 x}{8} + \dfrac{y_1 y}{2} = 1$

이 직선이 점 $(0, 2)$를 지나므로

$\dfrac{2y_1}{2} = 1$ $\therefore y_1 = 1$

또한 점 (x_1, y_1)이 타원 위의 점이므로

$\dfrac{x_1^2}{8} + \dfrac{y_1^2}{2} = 1$

$\dfrac{x_1^2}{8} + \dfrac{1}{2} = 1$, $x_1^2 = 4$

$\therefore x_1 = -2$ 또는 $x_1 = 2$

$\therefore$ P$(-2, 1)$, Q$(2, 1)$ ㉮

$\therefore \overline{PQ} = \sqrt{\{2-(-2)\}^2 + (1-1)^2} = 4$ ㉯

한편, 점 F가 아닌 타원의 다른 초점을 F'이라 하면 $\overline{QF} = \overline{PF'}$이므로

$\overline{PF} + \overline{QF} = \overline{PF} + \overline{PF'} = 2 \times 2\sqrt{2} = 4\sqrt{2}$

따라서 삼각형 PFQ의 둘레의 길이는

$\overline{PQ} + \overline{PF} + \overline{QF} = \overline{PQ} + \overline{PF} + \overline{PF'}$

$\qquad\qquad\qquad\qquad\quad = 4 + 4\sqrt{2}$ ㉰

단계	채점 요소	비율
㉮	접점 P, Q의 좌표 구하기	50%
㉯	선분 PQ의 길이 구하기	10%
㉰	타원의 성질을 이용하여 삼각형 PFQ의 둘레의 길이 구하기	40%

ⓐ $4+4\sqrt{2}$

157

원 $x^2+(y-4)^2=1$의 중심을 C라 하면

C(0, 4)

원 위의 점 Q에서 쌍곡선 위의 점 P까지의 거리가 최소이려면 점 Q가 선분 CP 위에 있고, 쌍곡선 위의 점 P에서의 접선과 두 점 C, P를 지나는 직선이 서로 수직이어야 한다.

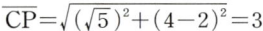 ㉮

쌍곡선 위의 점 P의 좌표를 (x_1, y_1)이라 하면 점 P에서의 접선의 방정식은

$x_1 x - y_1 y = 1$

$\therefore y = \dfrac{x_1}{y_1}x - \dfrac{1}{y_1}$ ...... ㉠

또한 두 점 C, P를 지나는 직선의 기울기는 $\dfrac{y_1-4}{x_1}$이고, 직선 CP와 접선 ㉠은 서로 수직이므로

$\dfrac{x_1}{y_1} \times \dfrac{y_1-4}{x_1} = -1$, $y_1-4 = -y_1$ $\therefore y_1 = 2$

이때, 점 $P(x_1, y_1)$은 쌍곡선 위의 점이므로

$x_1^2 - y_1^2 = 1$, $x_1^2 - 2^2 = 1$ $\therefore x_1 = -\sqrt{5}$ 또는 $x_1 = \sqrt{5}$

즉, $P(-\sqrt{5}, 2)$ 또는 $P(\sqrt{5}, 2)$이므로

㉯

$\overline{CP} = \sqrt{(\sqrt{5})^2 + (4-2)^2} = 3$

따라서 구하는 선분 PQ의 길이의 최솟값은

$\overline{CP} - 1 = 3 - 1 = 2$

㉰

단계	채점 요소	비율
㉮	원 위의 점과 쌍곡선 사이의 거리가 최소이기 위한 조건 구하기	30%
㉯	거리가 최소일 때 점 P의 좌표 구하기	40%
㉰	선분 PQ의 길이의 최솟값 구하기	30%

답 2

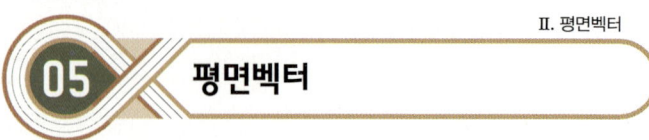

II. 평면벡터

05 평면벡터

개념 콕콕　　　　　　본문 p.37~38

158

답 (1) 시점 : B, 종점 : C (2) 시점 : O, 종점 : D

159

$\overline{BD} = \sqrt{\overline{AB}^2 + \overline{AD}^2} = \sqrt{3^2 + 4^2} = 5$이므로 $|\overrightarrow{BD}| = 5$

$\overline{CD} = \overline{AB} = 3$이므로 $|\overrightarrow{CD}| = 3$

답 $|\overrightarrow{BD}| = 5$, $|\overrightarrow{CD}| = 3$

160

답 (1) $\vec{a}$와 $\vec{c}$, $\vec{d}$와 $\vec{e}$ (2) $\vec{b}$와 $\vec{g}$

161

(1) $\overrightarrow{AF}$와 같은 벡터는 $\overrightarrow{FC}$, $\overrightarrow{DE}$

(2) $\overrightarrow{BD}$와 크기가 같고 방향이 반대인 벡터는 $\overrightarrow{DB}$, $\overrightarrow{AD}$, $\overrightarrow{FE}$

(3) $\overrightarrow{DF} = \overrightarrow{AD} = 1$이므로 $|\overrightarrow{DF}| = 1$

답 (1) $\overrightarrow{FC}$, $\overrightarrow{DE}$ (2) $\overrightarrow{DB}$, $\overrightarrow{AD}$, $\overrightarrow{FE}$ (3) 1

162

(1) $\overrightarrow{BO}$와 같은 벡터는 $\overrightarrow{OE}$, $\overrightarrow{AF}$, $\overrightarrow{CD}$

(2) $\overrightarrow{DE}$와 크기가 같고 방향이 반대인 벡터는 $\overrightarrow{ED}$, $\overrightarrow{OC}$, $\overrightarrow{FO}$, $\overrightarrow{AB}$

(3) $\overrightarrow{AO} = \overrightarrow{OD} = 3$이므로 $\overrightarrow{AD} = 6$ $\therefore |\overrightarrow{AD}| = 6$

답 (1) $\overrightarrow{OE}$, $\overrightarrow{AF}$, $\overrightarrow{CD}$ (2) $\overrightarrow{ED}$, $\overrightarrow{OC}$, $\overrightarrow{FO}$, $\overrightarrow{AB}$ (3) 6

163

(1) 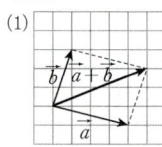 (2) 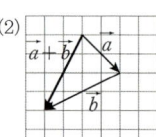 (3)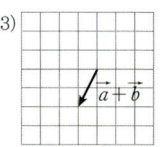

답 풀이 참조

164

(1) 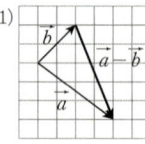 (2) 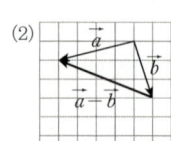 (3)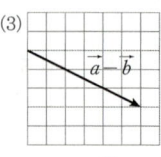

답 풀이 참조

165

(1) $\overrightarrow{AB} - \overrightarrow{CB} = \overrightarrow{AB} + \overrightarrow{BC} = \overrightarrow{AC}$

(2) $\overrightarrow{AB} + \overrightarrow{CA} + \overrightarrow{BC} = (\overrightarrow{AB} + \overrightarrow{CA}) + \overrightarrow{BC}$
$= (\overrightarrow{CA} + \overrightarrow{AB}) + \overrightarrow{BC}$
$= \overrightarrow{CB} + \overrightarrow{BC} = \vec{0}$

(3) $\overrightarrow{AD} + \overrightarrow{BA} + \overrightarrow{CE} + \overrightarrow{DC} = (\overrightarrow{AD} + \overrightarrow{BA}) + (\overrightarrow{CE} + \overrightarrow{DC})$
$= (\overrightarrow{BA} + \overrightarrow{AD}) + (\overrightarrow{DC} + \overrightarrow{CE})$
$= \overrightarrow{BD} + \overrightarrow{DE} = \overrightarrow{BE}$

답 (1) $\overrightarrow{AC}$ (2) $\vec{0}$ (3) $\overrightarrow{BE}$

166

(1) $\overrightarrow{AB}=\overrightarrow{AO}+\overrightarrow{OB}=-\overrightarrow{OA}+\overrightarrow{OB}=-\vec{a}+\vec{b}$

(2) $\overrightarrow{BC}=\overrightarrow{BO}+\overrightarrow{OC}=\overrightarrow{BO}+\overrightarrow{AO}=-\overrightarrow{OB}-\overrightarrow{OA}$

$\qquad =-\vec{b}-\vec{a}=-\vec{a}-\vec{b}$

답 (1) $-\vec{a}+\vec{b}$ (2) $-\vec{a}-\vec{b}$

167

(1)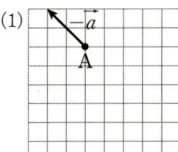

(2)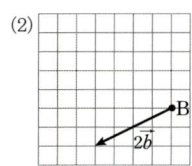

답 풀이 참조

168

(1) $2(\vec{a}+\vec{b})+3(2\vec{a}-\vec{b})=2\vec{a}+2\vec{b}+6\vec{a}-3\vec{b}$

$\qquad =(2+6)\vec{a}+(2-3)\vec{b}$

$\qquad =8\vec{a}-\vec{b}$

(2) $\dfrac{1}{3}(\vec{a}+3\vec{b})+\dfrac{1}{2}(2\vec{a}-\vec{b})=\dfrac{1}{3}\vec{a}+\vec{b}+\vec{a}-\dfrac{1}{2}\vec{b}$

$\qquad =\left(\dfrac{1}{3}+1\right)\vec{a}+\left(1-\dfrac{1}{2}\right)\vec{b}$

$\qquad =\dfrac{4}{3}\vec{a}+\dfrac{1}{2}\vec{b}$

답 (1) $8\vec{a}-\vec{b}$ (2) $\dfrac{4}{3}\vec{a}+\dfrac{1}{2}\vec{b}$

169

(1) $2(\vec{x}-3\vec{a})=\vec{x}-5\vec{b}$에서 $2\vec{x}-6\vec{a}=\vec{x}-5\vec{b}$

$\qquad \therefore \vec{x}=6\vec{a}-5\vec{b}$

(2) $2(2\vec{b}+\vec{x})+2(\vec{x}-3\vec{a})=3\vec{b}$에서 $4\vec{b}+2\vec{x}+2\vec{x}-6\vec{a}=3\vec{b}$

$\qquad 4\vec{x}=6\vec{a}-\vec{b}$ $\qquad \therefore \vec{x}=\dfrac{3}{2}\vec{a}-\dfrac{1}{4}\vec{b}$

답 (1) $6\vec{a}-5\vec{b}$ (2) $\dfrac{3}{2}\vec{a}-\dfrac{1}{4}\vec{b}$

170

$\vec{e}=-2\vec{p}$이므로 $\vec{p}/\!/\vec{e}$

답 $\vec{e}$

171

두 벡터 $-\vec{a}+k\vec{b}$와 $3\vec{a}-6\vec{b}$가 서로 평행하므로 0이 아닌 실수 t에 대하여

$-\vec{a}+k\vec{b}=t(3\vec{a}-6\vec{b})$

이때, 두 벡터 $\vec{a}$, $\vec{b}$는 영벡터가 아니고 서로 평행하지 않으므로

$-1=3t$, $k=-6t$ $\qquad \therefore t=-\dfrac{1}{3}$, $k=2$

답 2

172

(1) $\overrightarrow{AB}=\overrightarrow{AO}+\overrightarrow{OB}=-\overrightarrow{OA}+\overrightarrow{OB}=-\vec{a}-2\vec{b}$

(2) $\overrightarrow{AC}=\overrightarrow{AO}+\overrightarrow{OC}=-\overrightarrow{OA}+\overrightarrow{OC}$

$\qquad =-\vec{a}+(-\vec{a}-4\vec{b})$

$\qquad =-2\vec{a}-4\vec{b}$

(3) $\overrightarrow{AC}=2(-\vec{a}-2\vec{b})=2\overrightarrow{AB}$

따라서 세 점 A, B, C는 한 직선 위에 있다.

답 (1) $-\vec{a}-2\vec{b}$ (2) $-2\vec{a}-4\vec{b}$ (3) 풀이 참조

173

(1) $\overrightarrow{AC}=\overrightarrow{OC}-\overrightarrow{OA}=(2\vec{a}+\vec{b})-\vec{a}=\vec{a}+\vec{b}$

(2) $\overrightarrow{CB}=\overrightarrow{OB}-\overrightarrow{OC}=\vec{b}-(2\vec{a}+\vec{b})=\vec{b}-2\vec{a}-\vec{b}=-2\vec{a}$

답 (1) $\vec{a}+\vec{b}$ (2) $-2\vec{a}$

174

(1) $\vec{p}=\dfrac{2\vec{b}+\vec{a}}{2+1}=\dfrac{\vec{a}+2\vec{b}}{3}$

(2) $\vec{q}=\dfrac{\vec{b}-3\vec{a}}{1-3}=\dfrac{3\vec{a}-\vec{b}}{2}$

(3) $\vec{m}=\dfrac{\vec{a}+\vec{b}}{2}$

답 (1) $\dfrac{\vec{a}+2\vec{b}}{3}$ (2) $\dfrac{3\vec{a}-\vec{b}}{2}$ (3) $\dfrac{\vec{a}+\vec{b}}{2}$

175

ㄱ. $\overrightarrow{AB}-\overrightarrow{AD}+\overrightarrow{BD}=\overrightarrow{AB}+\overrightarrow{DA}+\overrightarrow{BD}$

$\qquad =(\overrightarrow{DA}+\overrightarrow{AB})+\overrightarrow{BD}$

$\qquad =\overrightarrow{DB}+\overrightarrow{BD}$

$\qquad =\vec{0}$ (참)

ㄴ. $\overrightarrow{BD}-\overrightarrow{BA}+\overrightarrow{DC}=\overrightarrow{BD}+\overrightarrow{AB}+\overrightarrow{DC}$

$\qquad =(\overrightarrow{AB}+\overrightarrow{BD})+\overrightarrow{DC}$

$\qquad =\overrightarrow{AD}+\overrightarrow{DC}$

$\qquad =\overrightarrow{AC}$ (참)

ㄷ. $\overrightarrow{CD}+\overrightarrow{AB}+\overrightarrow{DA}+\overrightarrow{BD}=(\overrightarrow{CD}+\overrightarrow{DA})+(\overrightarrow{AB}+\overrightarrow{BD})$

$\qquad =\overrightarrow{CA}+\overrightarrow{AD}$

$\qquad =\overrightarrow{CD}$ (거짓)

따라서 옳은 것은 ㄱ, ㄴ이다.

답 ③

176

$-\vec{a}+\vec{b}+\vec{c}=-\overrightarrow{AB}+\overrightarrow{BC}+\overrightarrow{CD}=\overrightarrow{BA}+\overrightarrow{FE}+\overrightarrow{AF}$

$\qquad =(\overrightarrow{BA}+\overrightarrow{AF})+\overrightarrow{FE}=\overrightarrow{BF}+\overrightarrow{FE}$

$\qquad =\overrightarrow{BE}$

답 ④

177

$\overrightarrow{PA}+\overrightarrow{PC}=\overrightarrow{PB}+\overrightarrow{PD}$에서

$\overrightarrow{PA}-\overrightarrow{PB}=\overrightarrow{PD}-\overrightarrow{PC}$ $\qquad \therefore \overrightarrow{BA}=\overrightarrow{CD}$

즉, 두 벡터 $\overrightarrow{BA}$, $\overrightarrow{CD}$의 크기와 방향이 각각 같으므로

$\overrightarrow{BA}=\overrightarrow{CD}$, $\overrightarrow{BA}/\!/\overrightarrow{CD}$

...... ㉯

따라서 사각형 ABCD는 평행사변형이다. ...... ㉰

단계	채점 요소	비율
㉮	$\overrightarrow{BA}=\overrightarrow{CD}$임을 알기	30%
㉯	$\overrightarrow{BA}=\overrightarrow{CD}$, $\overrightarrow{BA}/\!/\overrightarrow{CD}$임을 알기	40%
㉰	사각형 ABCD가 어떤 사각형인지 구하기	30%

답 평행사변형

178

$\vec{x}+2\vec{y}=\vec{a}$ ...... ㉠

$2\vec{x}+3\vec{y}=\vec{b}$ ...... ㉡

㉠$\times2-$㉡을 하면 $\vec{y}=2\vec{a}-\vec{b}$

이것을 ㉠에 대입하면 $\vec{x}+2(2\vec{a}-\vec{b})=\vec{a}$

$\therefore \vec{x}=\vec{a}-2(2\vec{a}-\vec{b})=-3\vec{a}+2\vec{b}$

$\therefore \vec{x}-2\vec{y}=(-3\vec{a}+2\vec{b})-2(2\vec{a}-\vec{b})$

$=-7\vec{a}+4\vec{b}$

답 ②

179

$3\vec{x}-2(\vec{x}+\vec{y})=3\vec{x}-2\vec{x}-2\vec{y}$

$=\vec{x}-2\vec{y}$

$=(\vec{a}-2\vec{b}-3\vec{c})-2(-3\vec{a}+2\vec{b}+\vec{c})$

$=\vec{a}-2\vec{b}-3\vec{c}+6\vec{a}-4\vec{b}-2\vec{c}$

$=7\vec{a}-6\vec{b}-5\vec{c}$

이므로 $p=7$, $q=-6$, $r=-5$이다.

$\therefore p+q+r=7+(-6)+(-5)=-4$

답 ①

180

$3\vec{x}+\vec{y}=\vec{a}+5\vec{b}$ ...... ㉠

$\vec{x}-\vec{y}=3(\vec{a}+\vec{b})=3\vec{a}+3\vec{b}$ ...... ㉡

㉠$+$㉡을 하면 $4\vec{x}=4\vec{a}+8\vec{b}$

$\therefore \vec{x}=\vec{a}+2\vec{b}$

이것을 ㉡에 대입하면 $\vec{a}+2\vec{b}-\vec{y}=3\vec{a}+3\vec{b}$

$\therefore \vec{y}=-2\vec{a}-\vec{b}$

$\therefore \vec{x}+\vec{y}=(\vec{a}+2\vec{b})-2\vec{a}-\vec{b}=-\vec{a}+\vec{b}$

따라서 $m=-1$, $n=1$이므로 $m+n=-1+1=0$

다른 풀이

$3\vec{x}+\vec{y}=\vec{a}+5\vec{b}$ ...... ㉠

$\vec{x}-\vec{y}=3\vec{a}+3\vec{b}$ ...... ㉡

㉠$-$㉡을 하면 $3\vec{x}+\vec{y}-(\vec{x}-\vec{y})=-2\vec{a}+2\vec{b}$

$2\vec{x}+2\vec{y}=-2\vec{a}+2\vec{b}$

$2(\vec{x}+\vec{y})=2(-\vec{a}+\vec{b})$

$\therefore \vec{x}+\vec{y}=-\vec{a}+\vec{b}$

따라서 $m=-1$, $n=1$이므로

$m+n=-1+1=0$

답 ③

181

$\overrightarrow{BD}=\overrightarrow{DA}=-\vec{a}$, $\overrightarrow{DF}=\overrightarrow{AF}-\overrightarrow{AD}=\vec{b}-\vec{a}$이므로

$\overrightarrow{BF}=\overrightarrow{BD}+\overrightarrow{DF}=-\vec{a}+(\vec{b}-\vec{a})=-2\vec{a}+\vec{b}$

따라서 $m=-2$, $n=1$이므로

$m-n=-2-1=-3$

답 ①

182

$\overrightarrow{GD}=\overrightarrow{AG}=\vec{a}$이므로 $\overrightarrow{AD}=2\vec{a}$

또한 $\overrightarrow{FD}=\overrightarrow{GD}-\overrightarrow{GF}=\vec{a}-(-\vec{b})=\vec{a}+\vec{b}$이므로

$\overrightarrow{ED}=\overrightarrow{EF}+\overrightarrow{FD}=\overrightarrow{AD}+\overrightarrow{FD}$

$=2\vec{a}+(\vec{a}+\vec{b})=3\vec{a}+\vec{b}$

따라서 $m=3$, $n=1$이므로 $m+n=3+1=4$

답 ⑤

183

점 G는 삼각형 ABC의 무게중심이므로 세 중
선을 각 꼭짓점으로부터 $2:1$로 내분한다.

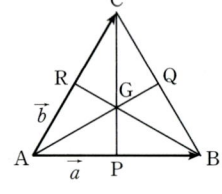

$\overrightarrow{GP}=\dfrac{1}{3}\overrightarrow{CP}=\dfrac{1}{3}(\overrightarrow{AP}-\overrightarrow{AC})$

$=\dfrac{1}{3}\left(\dfrac{1}{2}\overrightarrow{AB}-\overrightarrow{AC}\right)=\dfrac{1}{3}\left(\dfrac{1}{2}\vec{a}-\vec{b}\right)$

$=\dfrac{1}{6}\vec{a}-\dfrac{1}{3}\vec{b}$

마찬가지 방법으로

$\overrightarrow{GR}=\dfrac{1}{3}\overrightarrow{BR}=\dfrac{1}{3}(\overrightarrow{AR}-\overrightarrow{AB})$

$=\dfrac{1}{3}\left(\dfrac{1}{2}\overrightarrow{AC}-\overrightarrow{AB}\right)=\dfrac{1}{3}\left(\dfrac{1}{2}\vec{b}-\vec{a}\right)$

$=-\dfrac{1}{3}\vec{a}+\dfrac{1}{6}\vec{b}$

$\therefore \overrightarrow{GP}+\overrightarrow{GR}=\dfrac{1}{6}\vec{a}-\dfrac{1}{3}\vec{b}+\left(-\dfrac{1}{3}\vec{a}+\dfrac{1}{6}\vec{b}\right)$

$=-\dfrac{1}{6}\vec{a}-\dfrac{1}{6}\vec{b}$

따라서 $m=-\dfrac{1}{6}$, $n=-\dfrac{1}{6}$이므로 $\dfrac{n}{m}=1$

답 ③

184

$\vec{a}+\vec{b}-3\vec{c}=\overrightarrow{AB}+\overrightarrow{BC}-3\overrightarrow{CA}$

$=(\overrightarrow{AB}+\overrightarrow{BC})-3\overrightarrow{CA}$

$=\overrightarrow{AC}-3\overrightarrow{CA}$

$=\overrightarrow{AC}+3\overrightarrow{AC}$

$=4\overrightarrow{AC}$

이때, $|\vec{a}+\vec{b}-3\vec{c}|=8$이므로

$4|\overrightarrow{AC}|=8$ $\therefore |\overrightarrow{AC}|=2$

따라서 정삼각형 ABC의 한 변의 길이는 2이다.

다른 풀이

$\vec{a}+\vec{b}-3\vec{c}=\overrightarrow{AB}+\overrightarrow{BC}-3\overrightarrow{CA}$

$=(\overrightarrow{OB}-\overrightarrow{OA})+(\overrightarrow{OC}-\overrightarrow{OB})-3(\overrightarrow{OA}-\overrightarrow{OC})$

$=-4\overrightarrow{OA}+4\overrightarrow{OC}=4(\overrightarrow{OC}-\overrightarrow{OA})$

$=4\overrightarrow{AC}$

답 ②

185

$2\vec{a}+\vec{b}-\vec{c}=2\overrightarrow{AB}+\overrightarrow{AD}-\overrightarrow{BD}$

$=2\overrightarrow{AB}+(\overrightarrow{AD}+\overrightarrow{DB})$

$=2\overrightarrow{AB}+\overrightarrow{AB}$

$=3\overrightarrow{AB}$

이때, $|\overrightarrow{AB}|=2$이므로

$|2\vec{a}+\vec{b}-\vec{c}|=3|\overrightarrow{AB}|=3\times2=6$

다른 풀이

$$2\vec{a}+\vec{b}-\vec{c}=2\overrightarrow{AB}+\overrightarrow{AD}-\overrightarrow{BD}$$
$$=2(\overrightarrow{OB}-\overrightarrow{OA})+(\overrightarrow{OD}-\overrightarrow{OA})-(\overrightarrow{OD}-\overrightarrow{OB})$$
$$=3\overrightarrow{OB}-3\overrightarrow{OA}=3(\overrightarrow{OB}-\overrightarrow{OA})$$
$$=3\overrightarrow{AB}$$

답 ③

186

$\vec{a}+\vec{b}=\overrightarrow{OA}+\overrightarrow{OB}=2\overrightarrow{OC}=2\vec{c}$이므로

$$2\vec{a}+2\vec{b}-\vec{c}=2(\vec{a}+\vec{b})-\vec{c}$$
$$=4\vec{c}-\vec{c}=3\vec{c}$$

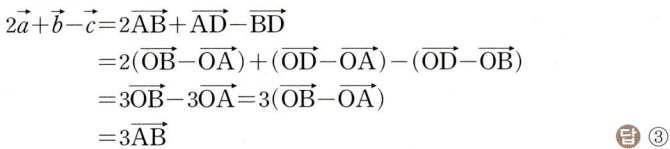

가

직각이등변삼각형 OAB에서

$$\overline{AB}=\sqrt{\overline{OA}^2+\overline{OB}^2}=\sqrt{(2\sqrt{2})^2+(2\sqrt{2})^2}=4$$

$$\overline{OC}=\overline{AC}=\frac{1}{2}\overline{AB}=2$$

$$\therefore |\vec{c}|=|\overrightarrow{OC}|=2$$

나

$$\therefore |2\vec{a}+2\vec{b}-\vec{c}|=|3\vec{c}|=3|\vec{c}|=3\times2=6$$

다

단계	채점 요소	비율
가	$2\vec{a}+2\vec{b}-\vec{c}$를 $\vec{c}$로 나타내기	40%
나	$\vec{c}$의 크기 구하기	50%
다	$2\vec{a}+2\vec{b}-\vec{c}$의 크기 구하기	10%

답 6

187

$(x^2-y)\vec{a}+(2x+y+6)\vec{b}=(12-y+y^2)\vec{a}+(x+2y)\vec{b}$에서
두 벡터 $\vec{a}$, $\vec{b}$가 영벡터가 아니고 서로 평행하지 않으므로

$$\begin{cases} x^2-y=12-y+y^2 \\ 2x+y+6=x+2y \end{cases} \therefore \begin{cases} x^2-y^2=12 & \cdots\cdots ㉠ \\ x-y=-6 & \cdots\cdots ㉡ \end{cases}$$

㉡에서 $x=y-6$이므로 이것을 ㉠에 대입하면

$(y-6)^2-y^2=12$, $12y=24$ $\therefore y=2$

이것을 ㉡에 대입하면 $x=-4$

$$\therefore xy=-4\times2=-8$$

답 ①

188

$(m+2n)\vec{a}+(2m-n)\vec{b}=5\vec{a}-5\vec{b}$에서
두 벡터 $\vec{a}$, $\vec{b}$가 영벡터가 아니고 서로 평행하지 않으므로
$m+2n=5$, $2m-n=-5$
위의 두 식을 연립하여 풀면 $m=-1$, $n=3$
$$\therefore m^2+n^2=(-1)^2+3^2=10$$

답 ③

189

$\overrightarrow{OA}=5\vec{a}-3\vec{b}$, $\overrightarrow{OB}=4\vec{a}-2\vec{b}$, $\overrightarrow{OP}=\vec{a}+m\vec{b}$이므로

$$\overrightarrow{AB}=\overrightarrow{OB}-\overrightarrow{OA}$$
$$=(4\vec{a}-2\vec{b})-(5\vec{a}-3\vec{b})$$
$$=-\vec{a}+\vec{b}$$

$$\overrightarrow{AP}=\overrightarrow{OP}-\overrightarrow{OA}$$
$$=(\vec{a}+m\vec{b})-(5\vec{a}-3\vec{b})$$
$$=-4\vec{a}+(m+3)\vec{b}$$

가

이때 $\overrightarrow{AP}=n\overrightarrow{AB}$이므로

$$-4\vec{a}+(m+3)\vec{b}=-n\vec{a}+n\vec{b}$$

두 벡터 $\vec{a}$, $\vec{b}$가 영벡터가 아니고 서로 평행하지 않으므로

$$-4=-n, \ m+3=n$$

$$\therefore m=1, \ n=4$$

나

$$\therefore m+n=1+4=5$$

다

단계	채점 요소	비율
가	$\overrightarrow{AB}$, $\overrightarrow{AP}$를 $\vec{a}$, $\vec{b}$로 나타내기	40%
나	두 벡터가 서로 같은 조건을 이용하여 m, n의 값 구하기	50%
다	$m+n$의 값 구하기	10%

답 5

190

세 점 A, B, C가 한 직선 위에 있으려면
$$\overrightarrow{AC}=t\overrightarrow{AB} \ (t\neq0)$$
이어야 한다.

$$\overrightarrow{AB}=\overrightarrow{OB}-\overrightarrow{OA}=(2\vec{a}-\vec{b})-(\vec{a}+k\vec{b})=\vec{a}-(k+1)\vec{b}$$
$$\overrightarrow{AC}=\overrightarrow{OC}-\overrightarrow{OA}=(5\vec{a}-k\vec{b})-(\vec{a}+k\vec{b})=4\vec{a}-2k\vec{b}$$

이므로

$$4\vec{a}-2k\vec{b}=t\vec{a}-t(k+1)\vec{b}$$

두 벡터 $\vec{a}$, $\vec{b}$가 영벡터가 아니고 서로 평행하지 않으므로

$4=t, \ -2k=-t(k+1)$ $\therefore t=4, k=-2$

답 ①

191

두 벡터 $2\vec{a}+k\vec{b}$, $k\vec{a}+\frac{9}{2}\vec{b}$가 서로 평행하므로

$$2\vec{a}+k\vec{b}=t\left(k\vec{a}+\frac{9}{2}\vec{b}\right) (단, t\neq0)$$

두 벡터 $\vec{a}$, $\vec{b}$가 영벡터가 아니고 서로 평행하지 않으므로

$$2=tk, \ k=\frac{9}{2}t$$

$t=\frac{2}{9}k$를 $tk=2$에 대입하면

$$\frac{2}{9}k^2=2 \quad \therefore k^2=9$$

그런데 $k>0$이므로 $k=3$

답 ⑤

192

$t\vec{a}+3\vec{x}=11\vec{a}+3\vec{b}$에서

$$\vec{x}=\frac{11-t}{3}\vec{a}+\vec{b} \quad \cdots\cdots ㉠$$

㉠을 $\vec{x}+3\vec{a}=-5\vec{y}-\vec{b}$에 대입하면

$$5\vec{y}=\frac{t-20}{3}\vec{a}-2\vec{b} \quad \therefore \vec{y}=\frac{t-20}{15}\vec{a}-\frac{2}{5}\vec{b}$$

가

두 벡터 $\vec{x}$, $\vec{y}$가 서로 평행하므로 $\vec{y}=m\vec{x} \ (m\neq0)$라 하면

$$\frac{t-20}{15}\vec{a}-\frac{2}{5}\vec{b}=m\left(\frac{11-t}{3}\vec{a}+\vec{b}\right)$$

$$=\frac{m(11-t)}{3}\vec{a}+m\vec{b}$$

나

두 벡터 $\vec{a}$, $\vec{b}$가 영벡터가 아니고 서로 평행하지 않으므로

$$\frac{t-20}{15}=\frac{m(11-t)}{3}, \quad -\frac{2}{5}=m$$

$$\therefore m=-\frac{2}{5}, \ t=2$$

-- ㉰

단계	채점 요소	비율
㉮	$\vec{x}$, $\vec{y}$를 $\vec{a}$, $\vec{b}$로 나타내기	40%
㉯	$\vec{x}$, $\vec{y}$가 서로 평행함을 이용하여 식 세우기	30%
㉰	실수 t의 값 구하기	30%

답 2

193

$$\overrightarrow{OP}=\frac{2\vec{b}+\vec{a}}{2+1}=\frac{1}{3}\vec{a}+\frac{2}{3}\vec{b}$$

점 Q는 선분 OP를 2 : 1로 외분하는 점이므로

$$\overrightarrow{OQ}=2\overrightarrow{OP}$$

$$=2\left(\frac{1}{3}\vec{a}+\frac{2}{3}\vec{b}\right)$$

$$=\frac{2}{3}\vec{a}+\frac{4}{3}\vec{b}$$

답 ⑤

194

$$\overrightarrow{OG}=\frac{\vec{a}+\vec{b}+\vec{c}}{3}, \quad \overrightarrow{OP}=\frac{2\vec{c}+\vec{b}}{2+1}=\frac{\vec{b}+2\vec{c}}{3}$$이므로

$$\overrightarrow{GP}=\overrightarrow{OP}-\overrightarrow{OG}$$

$$=\frac{\vec{b}+2\vec{c}}{3}-\frac{\vec{a}+\vec{b}+\vec{c}}{3}$$

$$=-\frac{1}{3}\vec{a}+\frac{1}{3}\vec{c}$$

따라서 $x=-\frac{1}{3}$, $y=0$, $z=\frac{1}{3}$이므로

$$x+y+z=-\frac{1}{3}+0+\frac{1}{3}=0$$

답 0

195

한 점 O에 대하여

$$\overrightarrow{OE}=\frac{\overrightarrow{OB}+3\overrightarrow{OA}}{1+3}$$

$$=\frac{3}{4}\overrightarrow{OA}+\frac{1}{4}\overrightarrow{OB}$$

$$\overrightarrow{OF}=\frac{\overrightarrow{OC}+3\overrightarrow{OD}}{1+3}$$

$$=\frac{1}{4}\overrightarrow{OC}+\frac{3}{4}\overrightarrow{OD}$$

$$\therefore \overrightarrow{EF}=\overrightarrow{OF}-\overrightarrow{OE}$$

$$=\frac{3}{4}(\overrightarrow{OD}-\overrightarrow{OA})+\frac{1}{4}(\overrightarrow{OC}-\overrightarrow{OB})$$

$$=\frac{3}{4}\overrightarrow{AD}+\frac{1}{4}\overrightarrow{BC}$$

$$=\frac{3}{4}\vec{a}+\frac{1}{4}\vec{b}$$

따라서 $m=\frac{3}{4}$, $n=\frac{1}{4}$이므로

$$m-n=\frac{3}{4}-\frac{1}{4}=\frac{1}{2}$$

답 $\frac{1}{2}$

196

$\overrightarrow{PA}+\overrightarrow{PB}+\overrightarrow{PC}=\overrightarrow{AC}$에서

$\overrightarrow{PA}+\overrightarrow{PB}+\overrightarrow{PC}=\overrightarrow{PC}-\overrightarrow{PA}$

$\therefore \overrightarrow{PB}=-2\overrightarrow{PA}$

즉, 점 P는 변 AB를 1 : 2로 내분하는 점이다.

$\therefore \triangle PAC : \triangle PBC=\overrightarrow{PA} : \overrightarrow{PB}=1 : 2$

따라서 $m=1$, $n=2$이므로

$m+n=1+2=3$

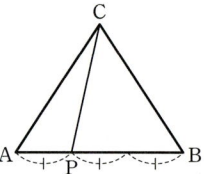

답 ①

197

$3\overrightarrow{PA}+2\overrightarrow{PB}=3\overrightarrow{CA}-3\overrightarrow{PC}$에서

$3\overrightarrow{PA}+2\overrightarrow{PB}=3(\overrightarrow{PA}-\overrightarrow{PC})-3\overrightarrow{PC}$

$2\overrightarrow{PB}=-6\overrightarrow{PC}$

$\therefore \overrightarrow{PB}=-3\overrightarrow{PC}$

따라서 점 P는 변 BC를 3 : 1로 내분하는 점이므로

$m=3$, $n=1$

$\therefore m-n=3-1=2$

답 ⑤

198

$5\overrightarrow{PA}+3\overrightarrow{PB}+\overrightarrow{PC}=\vec{0}$에서

$3\overrightarrow{BP}=5\overrightarrow{PA}+\overrightarrow{PC}$

양변을 6으로 나누면

$$\frac{1}{2}\overrightarrow{BP}=\frac{5\overrightarrow{PA}+\overrightarrow{PC}}{6}$$

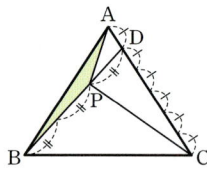

-- ㉮

변 AC를 1 : 5로 내분하는 점을 D라 하면

$$\overrightarrow{PD}=\frac{5\overrightarrow{PA}+\overrightarrow{PC}}{6}$$

즉, $\overrightarrow{PD}=\frac{1}{2}\overrightarrow{BP}$이므로 점 P는 선분 BD를 2 : 1로 내분하는 점이다.

-- ㉯

$$\therefore \triangle ABP=\frac{2}{3}\triangle ABD=\frac{2}{3}\times\frac{1}{6}\triangle ABC$$

$$=\frac{1}{9}\triangle ABC$$

$$=\frac{1}{9}\times 36=4$$

-- ㉰

단계	채점 요소	비율
㉮	$\overrightarrow{BP}$를 $\overrightarrow{PA}$, $\overrightarrow{PC}$로 나타내기	30%
㉯	점 P의 위치 찾기	40%
㉰	삼각형 ABP의 넓이 구하기	30%

답 4

199

$m\geq 0$, $n\geq 0$, $m+n=1$이므로

$$\overrightarrow{OP}=m\overrightarrow{OB}+n\overrightarrow{OA}=\frac{m\overrightarrow{OB}+n\overrightarrow{OA}}{m+n}$$

즉, 점 P는 선분 AB를 $m : n$으로 내분하는 점이다.

따라서 점 P가 나타내는 도형은 선분 AB이고, 삼각형 OAB는 한 변의 길이가 3인 정삼각형이므로 구하는 도형의 길이는 3이다.

답 ③

200

$\overrightarrow{AP}=s\overrightarrow{AB}+t\overrightarrow{AC}=3s\left(\dfrac{1}{3}\overrightarrow{AB}\right)+3t\left(\dfrac{1}{3}\overrightarrow{AC}\right)$이고,

$3s+3t=1,\ 3s\geq0,\ 3t\geq0$이므로 점 P는 $\dfrac{1}{3}\overrightarrow{AB}$와 $\dfrac{1}{3}\overrightarrow{AC}$의 종점을 양 끝

점으로 하는 선분 위의 점이다.

$\dfrac{1}{3}\overrightarrow{AB}$와 $\dfrac{1}{3}\overrightarrow{AC}$의 종점을 각각 M, N이라 하면

점 P가 나타내는 도형은 선분 MN이고, 삼각형
AMN은 한 변의 길이가 2인 정삼각형이므로
구하는 도형의 길이는 2이다.

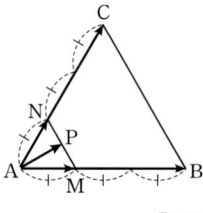

답 ①

201

$4s+6t=3$에서

$t=0$일 때, $s=\dfrac{3}{4}$이므로 $\overrightarrow{OP}=\dfrac{3}{4}\overrightarrow{OA}$

$s=0$일 때, $t=\dfrac{1}{2}$이므로 $\overrightarrow{OP}=\dfrac{1}{2}\overrightarrow{OB}$

점 P가 나타내는 도형은 선분 OA를 3 : 1로 내
분하는 점과 선분 OB의 중점을 지나는 직선이다.

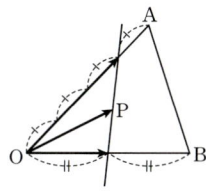

답 ③

202

$\overrightarrow{AP}=s\overrightarrow{AB}+t\overrightarrow{AC}$이고, $s+t\leq1,\ s\geq0,\ t\geq0$이므로
점 P가 나타내는 도형은 $\overrightarrow{AB}$와 $\overrightarrow{AC}$를 두 변으로 하는 삼각형, 즉 정삼각
형 ABC의 내부와 그 둘레이다.
따라서 한 변의 길이가 2인 정삼각형 ABC의 넓이는

$\dfrac{\sqrt{3}}{4}\times2^{2}=\sqrt{3}$

답 ①

203

$\overrightarrow{OP}=s\overrightarrow{OA}+t\overrightarrow{OB}=\dfrac{s}{2}(2\overrightarrow{OA})+\dfrac{t}{3}(3\overrightarrow{OB})$이고,

$3s+2t\leq6$이므로 $\dfrac{1}{2}s+\dfrac{1}{3}t\leq1$

$\dfrac{s}{2}=m,\ \dfrac{t}{3}=n$이라 하면 $m+n\leq1$을 만족시키고,

$s\geq0,\ t\geq0$이므로 $m\geq0,\ n\geq0$
따라서 $\overrightarrow{OP}=m(2\overrightarrow{OA})+n(3\overrightarrow{OB})$이므로 $2\overrightarrow{OA}$의 종
점을 C, $3\overrightarrow{OB}$의 종점을 D라 하면 점 P가 나타내는 도
형은 삼각형 OCD의 내부와 그 둘레이다.
이때, $|\overrightarrow{OC}|=|2\overrightarrow{OA}|=2\sqrt{3}$

$|\overrightarrow{OD}|=|3\overrightarrow{OB}|=6,\ \angle COD=\angle AOB=60°$

이므로 점 P가 나타내는 도형의 넓이는

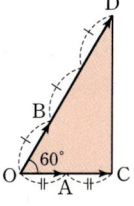

$\dfrac{1}{2}\times2\sqrt{3}\times6\times\sin60°=6\sqrt{3}\times\dfrac{\sqrt{3}}{2}=9$

답 ③

204

$\overrightarrow{OP}=\dfrac{m}{4}(4\overrightarrow{OA})+\dfrac{n}{2}(2\overrightarrow{OB})$이고

$0\leq m\leq4,\ 0\leq n\leq2$에서 $0\leq\dfrac{m}{4}\leq1,\ 0\leq\dfrac{n}{2}\leq1$

이때, 오른쪽 그림과 같이 $4\overrightarrow{OA}=\overrightarrow{OC}$,
$2\overrightarrow{OB}=\overrightarrow{OD}$를 만족시키는 두 점 C, D를
반직선 OA, OB 위에 각각 잡으면 점 P
가 나타내는 도형은 두 선분 OC, OD를
이웃하는 두 변으로 하는 평행사변형의 내부와 그 둘레이다.
따라서 구하는 넓이는

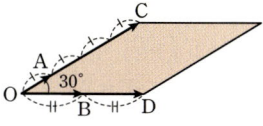

$\overline{OC}\times\overline{OD}\times\sin30°=12\times10\times\dfrac{1}{2}=60$

답 60

205

$\vec{x}=k\overrightarrow{AB}\ (k<0)$인 벡터 $\vec{x}$는 벡터 $\overrightarrow{AB}$와 방향
이 반대인 벡터이다. 이때, 두 선분 AB, CE는
서로 평행하므로 정오각형 ABCDE의 서로 다
른 두 꼭짓점을 시점과 종점으로 하는 벡터 중
에서 벡터 $\overrightarrow{AB}$와 방향이 반대인 벡터는 $\overrightarrow{BA}$,
$\overrightarrow{CE}$의 2개이다.

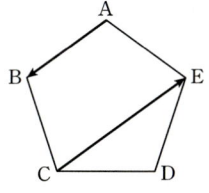

따라서 구하는 집합의 원소의 개수는 2이다.

답 ②

206

$\overrightarrow{AB}+\overrightarrow{DA}+\overrightarrow{BD}+\overrightarrow{AC}-\overrightarrow{BC}=(\overrightarrow{AB}+\overrightarrow{BD})+(\overrightarrow{DA}+\overrightarrow{AC})-\overrightarrow{BC}$

$\qquad=(\overrightarrow{AD}+\overrightarrow{DC})-\overrightarrow{BC}$

$\qquad=\overrightarrow{AC}-\overrightarrow{BC}$

$\qquad=\overrightarrow{AC}+\overrightarrow{CB}=\overrightarrow{AB}$

답 ①

207

$\vec{x}+3\vec{y}=-\vec{a}+3\vec{b}$ ······ ㉠

$2\vec{x}+5\vec{y}=4\vec{b}$ ······ ㉡

㉠$\times2-$㉡을 하면 $\vec{y}=-2\vec{a}+2\vec{b}$
이것을 ㉠에 대입하면 $\vec{x}+3(-2\vec{a}+2\vec{b})=-\vec{a}+3\vec{b}$

$\therefore\ \vec{x}=-\vec{a}+3\vec{b}-3(-2\vec{a}+2\vec{b})=5\vec{a}-3\vec{b}$

$\therefore\ 2\vec{x}+\vec{y}=2(5\vec{a}-3\vec{b})+(-2\vec{a}+2\vec{b})=8\vec{a}-4\vec{b}$

답 ④

208

① $\overrightarrow{CO}=\overrightarrow{OA}=\vec{a}$

② $\overrightarrow{OD}=\overrightarrow{BO}=-\overrightarrow{OB}=-\vec{b}$

③ $\overrightarrow{AC}=2\overrightarrow{AO}=-2\overrightarrow{OA}=-2\vec{a}$

④ $\overrightarrow{AD}=\overrightarrow{AO}+\overrightarrow{OD}=-\overrightarrow{OA}-\overrightarrow{DO}=-\vec{a}-\vec{b}$

⑤ $\overrightarrow{CD}=\overrightarrow{CO}+\overrightarrow{OD}=\overrightarrow{CO}-\overrightarrow{DO}=\vec{a}-\vec{b}$

따라서 옳지 않은 것은 ④이다.

답 ④

209

다음 그림과 같이 정육각형의 대각선의 교점을 O라 하면

$$\overrightarrow{AD}=2\overrightarrow{AO}=2(\overrightarrow{AB}+\overrightarrow{BO})=2(\overrightarrow{AB}+\overrightarrow{AF})$$
$$=2(\vec{a}+\vec{b})$$
$$\overrightarrow{AE}=\overrightarrow{AF}+\overrightarrow{FE}=\overrightarrow{AF}+\overrightarrow{AO}$$
$$=\vec{b}+(\vec{a}+\vec{b})=\vec{a}+2\vec{b}$$
$$\therefore \overrightarrow{AD}+\overrightarrow{AE}=2(\vec{a}+\vec{b})+(\vec{a}+2\vec{b})$$
$$=3\vec{a}+4\vec{b}$$

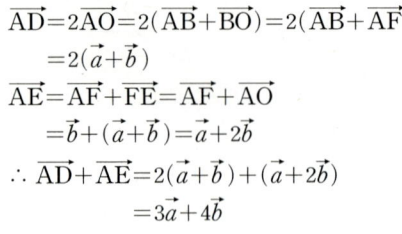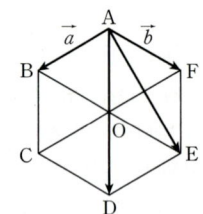

따라서 $m=3$, $n=4$이므로 $mn=3\times4=12$ 　**답** ⑤

210

$\overrightarrow{AB}=\vec{a}$, $\overrightarrow{AD}=\vec{b}$라 하면
$$\overrightarrow{BD}=\overrightarrow{AD}-\overrightarrow{AB}=\vec{b}-\vec{a}=-\vec{a}+\vec{b}$$
$$\overrightarrow{AM}=\overrightarrow{AB}+\overrightarrow{BM}=\vec{a}+\frac{1}{2}\vec{b}$$
$$\overrightarrow{AN}=\overrightarrow{AD}+\overrightarrow{DN}=\vec{b}+\frac{1}{2}\vec{a}=\frac{1}{2}\vec{a}+\vec{b}$$

이것을 $\overrightarrow{BD}=m\overrightarrow{AM}+n\overrightarrow{AN}$에 대입하면
$$-\vec{a}+\vec{b}=m\left(\vec{a}+\frac{1}{2}\vec{b}\right)+n\left(\frac{1}{2}\vec{a}+\vec{b}\right)=\left(m+\frac{n}{2}\right)\vec{a}+\left(\frac{m}{2}+n\right)\vec{b}$$

두 벡터가 서로 같을 조건에 의하여
$$m+\frac{n}{2}=-1,\ \frac{m}{2}+n=1$$

두 식을 연립하여 풀면 $m=-2$, $n=2$
$$\therefore m-n=-2-2=-4$$ 　**답** ①

211

$\overrightarrow{MB}=\overrightarrow{CM}$이므로
$$\overrightarrow{MA}+2\overrightarrow{MB}-3\overrightarrow{CM}=\overrightarrow{MA}+2\overrightarrow{CM}-3\overrightarrow{CM}$$
$$=\overrightarrow{MA}-\overrightarrow{CM}$$
$$=\overrightarrow{MA}-\overrightarrow{MB}$$
$$=\overrightarrow{BA}$$
$$\therefore |\overrightarrow{MA}+2\overrightarrow{MB}-3\overrightarrow{CM}|=|\overrightarrow{BA}|=3$$ 　**답** ⑤

212

$(3x+y-2)\vec{a}+(xy+y)\vec{b}=(2x-3)\vec{a}+(y-6)\vec{b}$에서
두 벡터 $\vec{a}$, $\vec{b}$가 영벡터가 아니고 서로 평행하지 않으므로
$$3x+y-2=2x-3,\ xy+y=y-6$$
$$\therefore x+y=-1,\ xy=-6$$
$$\therefore x^2+y^2=(x+y)^2-2xy$$
$$=(-1)^2-2\times(-6)=13$$ 　**답** ③

213

세 점 A, B, C가 한 직선 위에 있으려면
$$\overrightarrow{AC}=t\overrightarrow{AB}\ (t\neq0)$$
이어야 한다.
$$\overrightarrow{AB}=\overrightarrow{OB}-\overrightarrow{OA}=\overrightarrow{OB}+\overrightarrow{AO}$$
$$=(\vec{a}+k\vec{b})+(3\vec{a}+\vec{b})=4\vec{a}+(k+1)\vec{b}$$
$$\overrightarrow{AC}=\overrightarrow{OC}-\overrightarrow{OA}=-\overrightarrow{CO}+\overrightarrow{AO}$$
$$=-(-9\vec{a}+4\vec{b})+(3\vec{a}+\vec{b})=12\vec{a}-3\vec{b}$$
이므로
$$12\vec{a}-3\vec{b}=4t\vec{a}+t(k+1)\vec{b}$$
두 벡터 $\vec{a}$, $\vec{b}$가 영벡터가 아니고 서로 평행하지 않으므로
$$12=4t,\ -3=t(k+1)$$
$$\therefore t=3,\ k=-2$$ 　**답** ①

214

$\overrightarrow{AC}=\vec{a}+\vec{b}$이고, 대각선 AC를 $2:3$으로 내분하는 점이 P이므로
$$\overrightarrow{AP}=\frac{2}{5}\overrightarrow{AC}=\frac{2}{5}(\vec{a}+\vec{b})=\frac{2}{5}\vec{a}+\frac{2}{5}\vec{b}$$
한편, 점 Q는 대각선 BD를 $5:3$으로 내분하는 점이므로
$$\overrightarrow{AQ}=\frac{5\overrightarrow{AD}+3\overrightarrow{AB}}{5+3}=\frac{3}{8}\vec{a}+\frac{5}{8}\vec{b}$$
$$\therefore \overrightarrow{PQ}=\overrightarrow{AQ}-\overrightarrow{AP}$$
$$=\left(\frac{3}{8}\vec{a}+\frac{5}{8}\vec{b}\right)-\left(\frac{2}{5}\vec{a}+\frac{2}{5}\vec{b}\right)$$
$$=-\frac{1}{40}\vec{a}+\frac{9}{40}\vec{b}$$
따라서 $s=-\dfrac{1}{40}$, $t=\dfrac{9}{40}$이므로
$$s+t=-\frac{1}{40}+\frac{9}{40}=\frac{8}{40}=\frac{1}{5}$$ 　**답** ③

215

삼각형 ABC에서 각의 이등분선의 성질에 의하여
$$\overline{BD}:\overline{CD}=\overline{AB}:\overline{AC}=4:3$$
즉, 점 D는 선분 BC를 $4:3$으로 내분하는 점이므로 점 D의 위치벡터를 $\vec{d}$라 하면
$$\vec{d}=\frac{4\vec{c}+3\vec{b}}{4+3}=\frac{3\vec{b}+4\vec{c}}{7}$$
$$\therefore \overrightarrow{AD}=\vec{d}-\vec{a}=\frac{3\vec{b}+4\vec{c}}{7}-\vec{a}=-\vec{a}+\frac{3}{7}\vec{b}+\frac{4}{7}\vec{c}$$
따라서 $x=-1$, $y=\dfrac{3}{7}$, $z=\dfrac{4}{7}$이므로
$$x+y+z=-1+\frac{3}{7}+\frac{4}{7}=0$$ 　**답** ②

216

$5\overrightarrow{PB}+3\overrightarrow{PC}=2\overrightarrow{CA}+7\overrightarrow{AP}$에서
$$-7\overrightarrow{AP}+5(\overrightarrow{AB}-\overrightarrow{AP})+3(\overrightarrow{AC}-\overrightarrow{AP})+2\overrightarrow{AC}=\vec{0}$$
$$15\overrightarrow{AP}=5\overrightarrow{AB}+5\overrightarrow{AC}$$
$$\therefore \overrightarrow{AP}=\frac{\overrightarrow{AB}+\overrightarrow{AC}}{3}=\frac{2}{3}\times\frac{\overrightarrow{AB}+\overrightarrow{AC}}{2}$$
$\dfrac{\overrightarrow{AB}+\overrightarrow{AC}}{2}=\overrightarrow{AM}$이라 하면 점 M은 선분 BC의 중점이고 점 P는 중선 AM을 $2:1$로 내분하는 점이므로 점 P는 삼각형 ABC의 무게중심이다.
$$\therefore \triangle PAB=\frac{1}{3}\triangle ABC=\frac{1}{3}\times15=5$$ 　**답** ①

217

$\overrightarrow{BP}=2\overrightarrow{PA}+3\overrightarrow{PC}$에서
$$\overrightarrow{BP}=2(\overrightarrow{BA}-\overrightarrow{BP})+3(\overrightarrow{BC}-\overrightarrow{BP})$$
$$6\overrightarrow{BP}=2\overrightarrow{BA}+3\overrightarrow{BC}$$
$$\therefore \overrightarrow{BP}=\frac{2\overrightarrow{BA}+3\overrightarrow{BC}}{6}=\frac{5}{6}\times\frac{2\overrightarrow{BA}+3\overrightarrow{BC}}{5}$$
즉, 직선 BP와 변 AC의 교점 D는 변 AC를 $3:2$로 내분하는 점이므로
$$\overline{AD}:\overline{DC}=3:2$$
따라서 $s=3$, $t=2$이므로
$$st=3\times2=6$$ 　**답** ①

218

$\overrightarrow{OP}=s\overrightarrow{OA}+t\overrightarrow{OB}=\frac{s}{2}(2\overrightarrow{OA})+t\overrightarrow{OB}$이고,

$\dfrac{s}{2}+t=1$, $\dfrac{s}{2}\geq0$, $t\geq0$이므로 점 P는 $2\overrightarrow{OA}$와 $\overrightarrow{OB}$의 종점을 양 끝 점으로 하는 선분 위의 점이다.

$2\overrightarrow{OA}$의 종점을 D라 하면 오른쪽 그림과 같이 삼각형 DOB는 $\angle B=90°$인 직각삼각형이고,
$\overline{OD}=4$, $\overline{OB}=2$이므로
$\overline{BD}=\sqrt{\overline{OD}^2-\overline{OB}^2}=\sqrt{4^2-2^2}=2\sqrt{3}$

즉, 점 P가 나타내는 도형의 길이는 $2\sqrt{3}$이다.
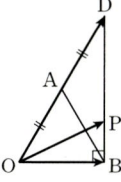
답 ②

219

$\overrightarrow{PA}+2\overrightarrow{PB}+\overrightarrow{PC}+2\overrightarrow{PD}$
$=-\overrightarrow{AP}+2(\overrightarrow{AB}-\overrightarrow{AP})+(\overrightarrow{AC}-\overrightarrow{AP})+2(\overrightarrow{AD}-\overrightarrow{AP})$
$=2\overrightarrow{AB}+\overrightarrow{AC}+2\overrightarrow{AD}-6\overrightarrow{AP}$
$=2(\overrightarrow{AB}+\overrightarrow{AD})+\overrightarrow{AC}-6\overrightarrow{AP}$
$=2\overrightarrow{AC}+\overrightarrow{AC}-6\overrightarrow{AP}$
$=3\overrightarrow{AC}-6\overrightarrow{AP}$
이므로 $3\overrightarrow{AC}-6\overrightarrow{AP}=k\overrightarrow{AC}$
$\therefore \overrightarrow{AP}=\dfrac{3-k}{6}\overrightarrow{AC}$

⸺⸺⸺ 가

따라서 점 P는 직선 AC 위에 있다.

⸺⸺⸺ 나

이때, 점 P가 직사각형 ABCD의 내부에 있으려면 점 P가 두 점 A, C를 제외한 선분 AC 위에 있어야 하므로
$0<\dfrac{3-k}{6}<1$, $0<3-k<6$ $\therefore -3<k<3$

즉, 정수 k는 -2, -1, 0, 1, 2의 5개이다.

⸺⸺⸺ 다

단계	채점 요소	비율
가	주어진 등식을 정리하기	40%
나	점 P가 직선 AC 위에 있음을 알기	20%
다	점 P가 직사각형 ABCD의 내부에 있도록 하는 정수 k의 개수 구하기	40%

답 5

220

$\overrightarrow{AP}=m\overrightarrow{AB}+n\overrightarrow{AC}$를 변형하면
$\overrightarrow{AP}=\dfrac{m}{3}(3\overrightarrow{AB})+\dfrac{n}{2}(2\overrightarrow{AC})$ ⸺⸺ ㉠

$0\leq m\leq3$, $0\leq n\leq2$에서
$0\leq\dfrac{m}{3}\leq1$, $0\leq\dfrac{n}{2}\leq1$ ⸺⸺ ㉡

㉠, ㉡에서 점 P가 나타내는 도형은 $3\overrightarrow{AB}$, $2\overrightarrow{AC}$를 두 변으로 하는 평행사변형의 내부와 그 둘레이다.

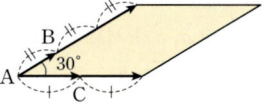

⸺⸺⸺ 가

이때, $\angle BAC=30°$이므로 구하는 도형의 넓이는
$3\overline{AB}\times2\overline{AC}\times\sin30°=9\times8\times\dfrac{1}{2}=36$

⸺⸺⸺ 나

단계	채점 요소	비율
가	주어진 조건을 이용하여 점 P가 나타내는 도형 구하기	70%
나	점 P가 나타내는 도형의 넓이 구하기	30%

답 36

06 평면벡터의 성분과 내적

▶ 개념 콕콕

221

답 (1) $\vec{a}=(2, 3)$ (2) $\vec{b}=(-1, 3)$ (3) $\vec{c}=(5, -3)$

222

$\overrightarrow{OA}=(3, -2)=3\vec{e_1}-2\vec{e_2}$

답 $\overrightarrow{OA}=3\vec{e_1}-2\vec{e_2}$

223

(1) $2=n-2$, $3m=0$이므로
  $m=0$, $n=4$
(2) $5=m-n$, $2m+n=1$이므로
  위의 두 식을 연립하여 풀면
  $m=2$, $n=-3$

답 (1) $m=0$, $n=4$ (2) $m=2$, $n=-3$

224

(1) $|\vec{a}|=\sqrt{(-2)^2+0^2}=2$
(2) $|\vec{b}|=\sqrt{3^2+(-4)^2}=5$

답 (1) 2 (2) 5

225

$\vec{x}$가 단위벡터이므로 $|\vec{x}|=1$
즉, $\sqrt{(2a+1)^2+1^2}=1$이므로
$(2a+1)^2+1=1$, $(2a+1)^2=0$ $\therefore a=-\dfrac{1}{2}$

답 $-\dfrac{1}{2}$

226

(1) $\vec{a}+\vec{b}=(2, -3)+(-3, 2)=(-1, -1)$이므로
  $|\vec{a}+\vec{b}|=|(-1, -1)|=\sqrt{(-1)^2+(-1)^2}=\sqrt{2}$
(2) $-\vec{a}-2\vec{b}=-(2, -3)-2(-3, 2)=(4, -1)$이므로
  $|-\vec{a}-2\vec{b}|=|(4, -1)|=\sqrt{4^2+(-1)^2}=\sqrt{17}$
(3) $3\vec{a}+2\vec{b}=3(2, -3)+2(-3, 2)=(0, -5)$이므로
  $|3\vec{a}+2\vec{b}|=|(0, -5)|=\sqrt{0^2+(-5)^2}=5$

답 (1) $\vec{a}+\vec{b}=(-1, -1)$, $|\vec{a}+\vec{b}|=\sqrt{2}$
  (2) $-\vec{a}-2\vec{b}=(4, -1)$, $|-\vec{a}-2\vec{b}|=\sqrt{17}$
  (3) $3\vec{a}+2\vec{b}=(0, -5)$, $|3\vec{a}+2\vec{b}|=5$

227

$\vec{a}=3\vec{e_1}+2\vec{e_2}$, $\vec{b}=\vec{e_1}+2\vec{e_2}$에서 $\vec{a}=(3, 2)$, $\vec{b}=(1, 2)$이므로
(1) $2\vec{a}-5\vec{b}=2(3, 2)-5(1, 2)=(1, -6)$
(2) $3(\vec{a}+\vec{b})-2(\vec{a}-\vec{b})=\vec{a}+5\vec{b}$
  $=(3, 2)+5(1, 2)$
  $=(8, 12)$

답 (1) $(1, -6)$ (2) $(8, 12)$

228

(1) $\overrightarrow{AB}=(7-(-5),\ -1-4)=(12,\ -5)$이고,

$|\overrightarrow{AB}|=|(12,\ -5)|=\sqrt{12^2+(-5)^2}=13$

(2) $\overrightarrow{AB}=(2-(-1),\ 1-5)=(3,\ -4)$이고,

$|\overrightarrow{AB}|=|(3,\ -4)|=\sqrt{3^2+(-4)^2}=5$

🄳 (1) $\overrightarrow{AB}=(12,\ -5),\ |\overrightarrow{AB}|=13$

(2) $\overrightarrow{AB}=(3,\ -4),\ |\overrightarrow{AB}|=5$

229

(1) $\vec{a}\cdot\vec{b}=|\vec{a}||\vec{b}|\cos 60^\circ=2\times 3\times\dfrac{1}{2}=3$

(2) $\vec{a}\cdot\vec{b}=|\vec{a}||\vec{b}|\cos 90^\circ=2\times 3\times 0=0$

(3) $\vec{a}\cdot\vec{b}=-|\vec{a}||\vec{b}|\cos(180^\circ-150^\circ)=-|\vec{a}||\vec{b}|\cos 30^\circ$

$=-2\times 3\times\dfrac{\sqrt{3}}{2}=-3\sqrt{3}$

🄳 (1) 3　(2) 0　(3) $-3\sqrt{3}$

230

(1) $\vec{a}=(1,\ 2),\ \vec{b}=(-4,\ 3)$에서

$\vec{a}\cdot\vec{b}=1\times(-4)+2\times 3=2$

(2) $\vec{a}=(-1,\ 3),\ \vec{b}=(4,\ -2)$에서

$\vec{a}\cdot\vec{b}=-1\times 4+3\times(-2)=-10$

🄳 (1) 2　(2) -10

231

(1) $|\vec{a}-\vec{b}|^2=(\vec{a}-\vec{b})\cdot(\vec{a}-\vec{b})$

$=(\vec{a}-\vec{b})\cdot\vec{a}-(\vec{a}-\vec{b})\cdot\vec{b}$

$=\vec{a}\cdot\vec{a}-\vec{b}\cdot\vec{a}-\vec{a}\cdot\vec{b}+\vec{b}\cdot\vec{b}$

$=|\vec{a}|^2-2\vec{a}\cdot\vec{b}+|\vec{b}|^2$

(2) $(\vec{a}+\vec{b})\cdot(\vec{a}-\vec{b})=(\vec{a}+\vec{b})\cdot\vec{a}-(\vec{a}+\vec{b})\cdot\vec{b}$

$=\vec{a}\cdot\vec{a}+\vec{b}\cdot\vec{a}-\vec{a}\cdot\vec{b}-\vec{b}\cdot\vec{b}$

$=|\vec{a}|^2-|\vec{b}|^2$

🄳 풀이 참조

232

$|\vec{a}|=\sqrt{3},\ |\vec{b}|=\sqrt{5},\ \vec{a}\cdot\vec{b}=-1$에서

(1) $|\vec{a}+\vec{b}|^2=|\vec{a}|^2+2\vec{a}\cdot\vec{b}+|\vec{b}|^2$

$=(\sqrt{3})^2+2\times(-1)+(\sqrt{5})^2$

$=3-2+5=6$

$\therefore |\vec{a}+\vec{b}|=\sqrt{6}$

(2) $(\vec{a}-2\vec{b})\cdot(2\vec{a}+\vec{b})=2|\vec{a}|^2+\vec{a}\cdot\vec{b}-4\vec{b}\cdot\vec{a}-2|\vec{b}|^2$

$=2|\vec{a}|^2-3\vec{a}\cdot\vec{b}-2|\vec{b}|^2$

$=2\times 3-3\times(-1)-2\times 5=-1$

🄳 (1) $\sqrt{6}$　(2) -1

233

(1) $\vec{a}=(1,\ 2),\ \vec{b}=(4,\ 2)$에서

$\cos\theta=\dfrac{1\times 4+2\times 2}{\sqrt{1^2+2^2}\sqrt{4^2+2^2}}=\dfrac{8}{\sqrt{5}\times 2\sqrt{5}}=\dfrac{4}{5}$

(2) $\vec{a}=(3,\ -4),\ \vec{b}=(4,\ -3)$에서

$\cos\theta=\dfrac{3\times 4+(-4)\times(-3)}{\sqrt{3^2+(-4)^2}\sqrt{4^2+(-3)^2}}=\dfrac{24}{5\times 5}=\dfrac{24}{25}$

🄳 (1) $\dfrac{4}{5}$　(2) $\dfrac{24}{25}$

234

(1) $\vec{a}=(-2,\ 1),\ \vec{b}=(1,\ -3)$에서

$\vec{a}\cdot\vec{b}=(-2)\times 1+1\times(-3)=-5<0$이므로

두 벡터 $\vec{a},\ \vec{b}$가 이루는 각의 크기를 $\theta\,(90^\circ<\theta\le 180^\circ)$라 하면

$\cos(180^\circ-\theta)=-\dfrac{(-2)\times 1+1\times(-3)}{\sqrt{(-2)^2+1^2}\sqrt{1^2+(-3)^2}}=\dfrac{5}{\sqrt{5}\sqrt{10}}=\dfrac{\sqrt{2}}{2}$

$180^\circ-\theta=45^\circ\qquad\therefore\theta=135^\circ$

(2) $\vec{a}=(2,\ 4),\ \vec{b}=(6,\ -3)$에서

$\vec{a}\cdot\vec{b}=2\times 6+4\times(-3)=0\ge 0$이므로

두 벡터 $\vec{a},\ \vec{b}$가 이루는 각의 크기를 $\theta\,(0^\circ\le\theta\le 90^\circ)$라 하면

$\cos\theta=\dfrac{2\times 6+4\times(-3)}{\sqrt{2^2+4^2}\sqrt{6^2+(-3)^2}}=\dfrac{0}{2\sqrt{5}\times 3\sqrt{5}}=0$

$\therefore\theta=90^\circ$

🄳 (1) 135°　(2) 90°

235

(1) 두 벡터 $\vec{a},\ \vec{b}$가 서로 수직이므로 $\vec{a}\cdot\vec{b}=0$

$\vec{a}=(3,\ 2),\ \vec{b}=(x,\ 3)$에서

$3\times x+2\times 3=0$이므로 $3x=-6$

$\therefore x=-2$

(2) 두 벡터 $\vec{a},\ \vec{b}$가 서로 수직이므로 $\vec{a}\cdot\vec{b}=0$

$\vec{a}=(2x,\ 3),\ \vec{b}=(-1,\ 1)$에서

$2x\times(-1)+3\times 1=0$이므로 $2x=3$

$\therefore x=\dfrac{3}{2}$

🄳 (1) -2　(2) $\dfrac{3}{2}$

236

(1) 두 벡터 $\vec{a},\ \vec{b}$가 서로 평행하므로 $\vec{b}=k\vec{a}\,(k\ne 0$인 실수)라 하면

$\vec{a}=(1,\ 2),\ \vec{b}=(2,\ x+1)$에서

$(2,\ x+1)=k(1,\ 2)$

$2=k,\ x+1=2k$

$\therefore k=2,\ x=3$

(2) 두 벡터 $\vec{a},\ \vec{b}$가 서로 평행하므로 $\vec{b}=k\vec{a}\,(k\ne 0$인 실수)라 하면

$\vec{a}=(3,\ -1),\ \vec{b}=(x-1,\ x+3)$에서

$(x-1,\ x+3)=k(3,\ -1)$

$x-1=3k,\ x+3=-k$

두 식을 연립하여 풀면

$k=-1,\ x=-2$

보충 설명

두 벡터 $\vec{a},\ \vec{b}$가 서로 평행하면

$\vec{a}\cdot\vec{b}=\pm|\vec{a}||\vec{b}|$

이므로 이를 이용하여 해결할 수도 있다.

(1)을 이를 이용하여 해결해 보면

$(1,\ 2)\cdot(2,\ x+1)=\pm\sqrt{1^2+2^2}\sqrt{2^2+(x+1)^2}$에서

$2x+4=\pm\sqrt{5}\sqrt{x^2+2x+5}$

양변을 제곱하면

$4x^2+16x+16=5x^2+10x+25$

$x^2-6x+9=0,\ (x-3)^2=0$

$\therefore x=3$

🄳 (1) 3　(2) -2

237 ④	**238** ④	**239** $\dfrac{\sqrt{2}}{2}$	**240** ⑤	**241** ①	**242** ①
243 ②	**244** ⑤	**245** $\sqrt{2}$	**246** ①	**247** 6π	**248** ②
249 ⑤	**250** 9	**251** 9	**252** ③	**253** ③	
254 $\vec{b}=(0,\,-1),\,\vec{b}=\left(-\dfrac{\sqrt{3}}{2},\,\dfrac{1}{2}\right)$		**255** ②	**256** ②	**257** 3	
258 ①	**259** ④	**260** 120°	**261** ⑤	**262** ③	
263 $\dfrac{13}{5}$	**264** ④	**265** ②	**266** ⑤		

237

$5\vec{a}-2\vec{x}=3\vec{b}$에서

$2\vec{x}=5\vec{a}-3\vec{b}$

$\quad=5(2,\,-3)-3(2,\,-1)$

$\quad=(4,\,-12)$

$\therefore \vec{x}=(2,\,-6)$

$\therefore |\vec{x}|=\sqrt{2^2+(-6)^2}=2\sqrt{10}$

답 ④

238

$\vec{a}-2\vec{b}-\vec{c}=(1,\,0)-2(2,\,1)-(-1,\,-2)$

$\qquad\qquad=(-2,\,0)$

$\therefore |\vec{a}-2\vec{b}-\vec{c}|=\sqrt{(-2)^2+0^2}=2$

답 ④

239

$\vec{x}=t\vec{a}+\vec{b}=t(1,\,-1)+(2,\,-1)$

$\quad=(t+2,\,-t-1)$

- **㉮**

$\therefore |\vec{x}|=\sqrt{(t+2)^2+(-t-1)^2}$

$\qquad=\sqrt{2t^2+6t+5}$

$\qquad=\sqrt{2\left(t+\dfrac{3}{2}\right)^2+\dfrac{1}{2}}$

- **㉯**

따라서 벡터 $\vec{x}$의 크기의 최솟값은 $t=-\dfrac{3}{2}$일 때 $\sqrt{\dfrac{1}{2}}=\dfrac{\sqrt{2}}{2}$이다.

- **㉰**

단계	채점 요소	비율
㉮	$\vec{x}$의 성분을 t로 나타내기	40%
㉯	$|\vec{x}|$를 t에 대한 식으로 나타내기	40%
㉰	$|\vec{x}|$의 최솟값 구하기	20%

답 $\dfrac{\sqrt{2}}{2}$

240

$\vec{a}=\vec{b}-2\vec{c}$에서

$(2,\,5)=(x+2,\,3)-2(3,\,2y-1)$

$\qquad=(x-4,\,5-4y)$

두 벡터가 서로 같을 조건에서

$x-4=2,\,5-4y=5$

$\therefore x=6,\,y=0$

$\therefore x+y=6+0=6$

답 ⑤

241

$x\vec{a}-\vec{c}=y\vec{b}$에서 $x\vec{a}-y\vec{b}=\vec{c}$

$x\vec{a}-y\vec{b}=x(2,\,3)-y(2,\,-1)$

$\qquad\quad=(2x-2y,\,3x+y)$

$\qquad\quad=(6,\,1)$

두 벡터가 서로 같을 조건에서

$2x-2y=6,\,3x+y=1$

두 식을 연립하여 풀면

$x=1,\,y=-2$

$\therefore xy=1\times(-2)=-2$

답 ①

242

$\vec{a}+\vec{b}=2\vec{c}$이므로

$(1,\,x)+(y,\,-1)=2(2,\,1-y)$

$(y+1,\,x-1)=(4,\,2-2y)$

두 벡터가 서로 같을 조건에서

$y+1=4,\,x-1=2-2y$

$\therefore y=3,\,x=-3$

따라서 $\vec{a}=(1,\,-3),\,\vec{b}=(3,\,-1),\,\vec{c}=(2,\,-2)$이므로

$\vec{a}-\vec{b}-\vec{c}=(1,\,-3)-(3,\,-1)-(2,\,-2)$

$\qquad\qquad=(-4,\,0)$

따라서 벡터 $\vec{a}-\vec{b}-\vec{c}$의 모든 성분의 합은 -4이다.

답 ①

243

$\overrightarrow{AB}=(-5-2,\,1-x)=(-7,\,1-x)$

$\overrightarrow{CD}=(-1-y,\,2-(-3))=(-1-y,\,5)$

이때, $\overrightarrow{AB}=\overrightarrow{CD}$이므로

$-7=-1-y,\,1-x=5$

따라서 $x=-4,\,y=6$이므로

$x+y=-4+6=2$

답 ②

244

$\overrightarrow{PA}=(2-a,\,3-b),$

$\overrightarrow{PB}=(-1-a,\,-2-b),$

$\overrightarrow{PC}=(1-a,\,3-b)$이므로

$\overrightarrow{PA}+\overrightarrow{PB}+\overrightarrow{PC}$

$=(2-a,\,3-b)+(-1-a,\,-2-b)+(1-a,\,3-b)$

$=(2-3a,\,4-3b)$

이때, $3\overrightarrow{AB}=3(-1-2,\,-2-3)=(-9,\,-15)$이므로

두 벡터가 서로 같을 조건에서

$2-3a=-9,\,4-3b=-15$

$\therefore a=\dfrac{11}{3},\,b=\dfrac{19}{3}$

$\therefore a+b=\dfrac{11}{3}+\dfrac{19}{3}=10$

답 ⑤

245

직선 $y=x+1$ 위의 점 P의 좌표를 $(x,\,x+1)$이라 하면

$\overrightarrow{AP}-\overrightarrow{PB}=\overrightarrow{AP}+\overrightarrow{BP}$

$\qquad\qquad=(x-1,\,x-2)+(x-2,\,x-3)$

$\qquad\qquad=(2x-3,\,2x-5)$

$$\therefore |\overrightarrow{AP}-\overrightarrow{PB}|=\sqrt{(2x-3)^2+(2x-5)^2}$$
$$=\sqrt{8(x-2)^2+2}$$

따라서 $|\overrightarrow{AP}-\overrightarrow{PB}|$는 $x=2$일 때 최솟값 $\sqrt{2}$를 갖는다.　　　**답** $\sqrt{2}$

246

점 P의 좌표를 $P(x, y)$라 하면
$$\overrightarrow{AP}=(x, y)-(0, 1)=(x, y-1)$$
$$\overrightarrow{BP}=(x, y)-(1, 2)=(x-1, y-2)$$
$|\overrightarrow{AP}|=|\overrightarrow{BP}|$이므로
$$\sqrt{x^2+(y-1)^2}=\sqrt{(x-1)^2+(y-2)^2}$$
양변을 제곱하면
$$x^2+(y-1)^2=(x-1)^2+(y-2)^2$$
$$x^2+y^2-2y+1=x^2-2x+1+y^2-4y+4$$
$$\therefore x+y-2=0$$
즉, 점 P가 나타내는 도형은 직선 $x+y-2=0$이다.
이 직선이 점 $C(1, a)$를 지나므로
$$1+a-2=0 \qquad \therefore a=1$$

다른 풀이

두 점 $A(0, 1)$, $B(1, 2)$에 대하여 $|\overrightarrow{AP}|=|\overrightarrow{BP}|$를 만족시키는 점 P가 나타내는 도형은 선분 AB의 수직이등분선이다.
선분 AB의 중점 M의 좌표는
$$M\left(\frac{0+1}{2}, \frac{1+2}{2}\right), \text{ 즉 } M\left(\frac{1}{2}, \frac{3}{2}\right)$$
이고, 직선 AB의 기울기가 $\frac{2-1}{1-0}=1$이므로 직선 AB와 수직인 직선의 기울기는 -1이다.
따라서 선분 AB의 수직이등분선의 방정식은
$$y-\frac{3}{2}=-\left(x-\frac{1}{2}\right) \qquad \therefore x+y-2=0$$
이 직선이 점 $C(1, a)$를 지나므로
$$1+a-2=0 \qquad \therefore a=1$$　　　**답** ①

247

점 P의 좌표를 (x, y)라 하면
$$\overrightarrow{PB}-\overrightarrow{AP}=\overrightarrow{PB}+\overrightarrow{PA}$$
$$=(3-x, 1-y)+(1-x, 5-y)$$
$$=(4-2x, 6-2y)$$

──────────────── **가**

$|\overrightarrow{PB}-\overrightarrow{AP}|=6$에서 $\sqrt{(4-2x)^2+(6-2y)^2}=6$
$$(4-2x)^2+(6-2y)^2=36$$
$$\therefore (x-2)^2+(y-3)^2=9$$

──────────────── **나**

따라서 점 P가 나타내는 도형은 중심의 좌표가 $(2, 3)$이고 반지름의 길이가 3인 원이므로 구하는 도형의 길이는
$$2\pi \times 3=6\pi$$

──────────────── **다**

단계	채점 요소	비율
가	점 P의 좌표를 (x, y)라 하고 $\overrightarrow{PB}-\overrightarrow{AP}$를 성분으로 나타내기	30%
나	$|\overrightarrow{PB}-\overrightarrow{AP}|=6$임을 이용하여 x, y 사이의 관계식 구하기	40%
다	점 P가 나타내는 도형의 길이 구하기	30%

답 6π

248

점 P의 좌표를 (x, y)라 하면
$$\overrightarrow{AP}=(x-2, y-3), \quad \overrightarrow{BP}=(x+3, y-4)$$
$2|\overrightarrow{AP}|=|\overrightarrow{BP}|$에서
$$2\sqrt{(x-2)^2+(y-3)^2}=\sqrt{(x+3)^2+(y-4)^2}$$
양변을 제곱하면
$$4(x-2)^2+4(y-3)^2=(x+3)^2+(y-4)^2$$
$$\therefore 3x^2+3y^2-22x-16y+27=0$$　　　**답** ②

249

오른쪽 그림에서
$\overrightarrow{AB}=\overrightarrow{FO}$이고, $\angle OFE=60°$이므로
$$\overrightarrow{AB}\cdot\overrightarrow{FE}=\overrightarrow{FO}\cdot\overrightarrow{FE}$$
$$=|\overrightarrow{FO}||\overrightarrow{FE}|\cos 60°$$
$$=2\times 2\times\frac{1}{2}=2$$　　　**답** ⑤

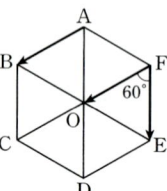

250

$\overline{BC}$가 반원의 지름이고 반원에 대한 원주각의 크기는 $90°$이므로
$$\angle BAC=90°$$
즉, 삼각형 ABC에서 피타고라스 정리에 의하여
$$5^2=\overline{AB}^2+4^2 \qquad \therefore \overline{AB}=3$$
이때, 두 벡터 $\overrightarrow{BA}$, $\overrightarrow{BC}$가 이루는 각의 크기를 θ라 하면
$$0°\le\theta\le 90°$$이고 $\cos\theta=\frac{3}{5}$
$$\therefore \overrightarrow{BA}\cdot\overrightarrow{BC}=|\overrightarrow{BA}||\overrightarrow{BC}|\cos\theta$$
$$=3\times 5\times\frac{3}{5}=9$$　　　**답** 9

251

직각이등변삼각형 ABC에서 $\overline{AB}=3\sqrt{2}$이므로
$$\overline{AC}=\overline{BC}=3, \overline{BD}=1, \overline{DC}=2$$
또, 직각삼각형 ADC에서
$$\overline{AD}=\sqrt{2^2+3^2}=\sqrt{13}$$
이때, 두 벡터 $\overrightarrow{AC}$, $\overrightarrow{AD}$가 이루는 각의 크기를 θ라 하면 $0°\le\theta\le 90°$이고 $\cos\theta=\frac{3}{\sqrt{13}}$
$$\therefore \overrightarrow{AC}\cdot\overrightarrow{AD}=|\overrightarrow{AC}||\overrightarrow{AD}|\cos\theta$$
$$=3\times\sqrt{13}\times\frac{3}{\sqrt{13}}=9$$　　　**답** 9

252

$\vec{a}\cdot\vec{b}=5$에서 $(1, k+1)\cdot(-k, k-1)=5$
$$-k+(k+1)(k-1)=5$$
$$k^2-k-1=5, k^2-k-6=0$$
$$(k+2)(k-3)=0 \qquad \therefore k=3 \ (\because k>0)$$　　　**답** ③

253

$\vec{a}\cdot\vec{b}=-5$에서 $(x, y)\cdot(1, -4)=-5$
$$\therefore x-4y=-5$$　　　…… ㉠
$|\vec{a}|=\sqrt{13}$에서 $\sqrt{x^2+y^2}=\sqrt{13}$
$$\therefore x^2+y^2=13$$　　　…… ㉡

⊙에서 $x=4y-5$이므로 ⓒ에 대입하면
$(4y-5)^2+y^2=13$, $17y^2-40y+12=0$
$(17y-6)(y-2)=0$ $\therefore y=2$ ($\because y$는 정수)
$y=2$를 ⊙에 대입하면 $x=3$
$\therefore x-y=3-2=1$ **답** ③

254

$\vec{b}=(x, y)$라 하면 $|\vec{b}|=1$이므로
$x^2+y^2=1$ ...... ⊙
$|\vec{a}|=\sqrt{(\sqrt{3})^2+1^2}=2$이고, $\vec{a}\cdot\vec{b}=-|\vec{a}||\vec{b}|\cos(180°-120°)$에서
$\sqrt{3}x+y=-2\times1\times\frac{1}{2}$
$\therefore \sqrt{3}x+y=-1$ ...... ⓒ
ⓒ에서 $y=-\sqrt{3}x-1$이므로 ⊙에 대입하면
$x^2+(-\sqrt{3}x-1)^2=1$, $4x^2+2\sqrt{3}x=0$
$2x(2x+\sqrt{3})=0$ $\therefore x=0$ 또는 $x=-\frac{\sqrt{3}}{2}$
이것을 ⓒ에 대입하면
$x=0, y=-1$ 또는 $x=-\frac{\sqrt{3}}{2}, y=\frac{1}{2}$
$\therefore \vec{b}=(0, -1)$ 또는 $\vec{b}=\left(-\frac{\sqrt{3}}{2}, \frac{1}{2}\right)$

답 $\vec{b}=(0, -1), \vec{b}=\left(-\frac{\sqrt{3}}{2}, \frac{1}{2}\right)$

255

$(3\vec{a}+\vec{b})\cdot(-3\vec{a}+2\vec{b})=-9|\vec{a}|^2+3\vec{a}\cdot\vec{b}+2|\vec{b}|^2$
$=-9\times2+3\times\frac{2}{3}+2\times4=-8$ **답** ②

256

$(\vec{a}-\vec{b})\cdot(\vec{a}-\vec{b})=4$에서
$|\vec{a}|^2-2\vec{a}\cdot\vec{b}+|\vec{b}|^2=4$, $1^2-2\vec{a}\cdot\vec{b}+3^2=4$
$\therefore \vec{a}\cdot\vec{b}=3$
$\therefore (\vec{a}-2\vec{b})\cdot(2\vec{a}-\vec{b})=2|\vec{a}|^2-5\vec{a}\cdot\vec{b}+2|\vec{b}|^2$
$=2\times1^2-5\times3+2\times3^2=5$ **답** ②

257

$\overrightarrow{AO}=(-a, 0)$, $\overrightarrow{AB_n}=(-a, n)$이므로
$\overrightarrow{AO}\cdot\overrightarrow{AB_n}=(-a, 0)\cdot(-a, n)$
$=(-a)\times(-a)+0\times n$
$=a^2$
이때,
$\overrightarrow{AO}\cdot(\overrightarrow{AB_1}+\overrightarrow{AB_2}+\cdots+\overrightarrow{AB_9})$
$=\overrightarrow{AO}\cdot\overrightarrow{AB_1}+\overrightarrow{AO}\cdot\overrightarrow{AB_2}+\cdots+\overrightarrow{AO}\cdot\overrightarrow{AB_9}=81$
이므로
$\underbrace{a^2+a^2+\cdots+a^2}_{9개}=9a^2=81$
$a^2=9$ $\therefore a=3$ ($\because a>0$) **답** 3

258

$|\vec{a}+\vec{b}|=\sqrt{13}$의 양변을 제곱하면
$|\vec{a}|^2+2\vec{a}\cdot\vec{b}+|\vec{b}|^2=13$ ...... ⊙

$|\vec{a}-\vec{b}|=1$의 양변을 제곱하면
$|\vec{a}|^2-2\vec{a}\cdot\vec{b}+|\vec{b}|^2=1$ ...... ⓒ
⊙−ⓒ을 하면 $4\vec{a}\cdot\vec{b}=12$ $\therefore \vec{a}\cdot\vec{b}=3$
$|\vec{b}|=2, \vec{a}\cdot\vec{b}=3$을 ⊙에 대입하면
$|\vec{a}|^2+2\times3+2^2=13$
$|\vec{a}|^2=3$ $\therefore |\vec{a}|=\sqrt{3}$
이때, $\vec{a}\cdot\vec{b}=3\geq0$이므로 두 벡터 $\vec{a}, \vec{b}$가 이루는 각의 크기를 θ ($0°\leq\theta\leq90°$)라 하면
$\cos\theta=\frac{\vec{a}\cdot\vec{b}}{|\vec{a}||\vec{b}|}=\frac{3}{\sqrt{3}\times2}=\frac{\sqrt{3}}{2}$
$\therefore \theta=30°$ **답** ①

259

$|\vec{a}+\vec{b}|=4$의 양변을 제곱하면
$|\vec{a}|^2+2\vec{a}\cdot\vec{b}+|\vec{b}|^2=16$ ...... ⊙
$|\vec{a}-\vec{b}|=2$의 양변을 제곱하면
$|\vec{a}|^2-2\vec{a}\cdot\vec{b}+|\vec{b}|^2=4$ ...... ⓒ
⊙+ⓒ을 하면
$2|\vec{a}|^2+2|\vec{b}|^2=20$ $\therefore |\vec{a}|^2+|\vec{b}|^2=10$ ...... ⓒ
ⓒ을 ⊙에 대입하면
$2\vec{a}\cdot\vec{b}=6$ $\therefore \vec{a}\cdot\vec{b}=3$
한편, 두 벡터 $\vec{a}+\vec{b}, \vec{a}-\vec{b}$가 이루는 각의 크기가 $60°$이므로
$(\vec{a}+\vec{b})\cdot(\vec{a}-\vec{b})=|\vec{a}+\vec{b}||\vec{a}-\vec{b}|\cos60°=4\times2\times\frac{1}{2}=4$
이때, $(\vec{a}+\vec{b})\cdot(\vec{a}-\vec{b})=|\vec{a}|^2-|\vec{b}|^2$이므로
$|\vec{a}|^2-|\vec{b}|^2=4$ ...... ⓔ
ⓒ, ⓔ에서 $|\vec{a}|^2=7, |\vec{b}|^2=3$ $\therefore |\vec{a}|=\sqrt{7}, |\vec{b}|=\sqrt{3}$
$\vec{a}\cdot\vec{b}=3\geq0$이므로
$\cos\theta=\frac{\vec{a}\cdot\vec{b}}{|\vec{a}||\vec{b}|}=\frac{3}{\sqrt{7}\sqrt{3}}=\frac{\sqrt{21}}{7}$ **답** ④

260

$\vec{a}+\vec{b}+\vec{c}=\vec{0}$에서 $\vec{a}+\vec{b}=-\vec{c}$
즉, $|\vec{a}+\vec{b}|=|-\vec{c}|$이므로 양변을 제곱하면
$|\vec{a}|^2+2\vec{a}\cdot\vec{b}+|\vec{b}|^2=|\vec{c}|^2$
$|\vec{a}|=1, |\vec{b}|=2, |\vec{c}|=\sqrt{3}$이므로
$1^2+2\vec{a}\cdot\vec{b}+2^2=(\sqrt{3})^2$
$\therefore \vec{a}\cdot\vec{b}=-1$ **가**

이때, $\vec{a}\cdot\vec{b}=-1<0$이므로 두 벡터 $\vec{a}, \vec{b}$가 이루는 각의 크기를 θ ($90°<\theta\leq180°$)라 하면
$\cos(180°-\theta)=-\frac{\vec{a}\cdot\vec{b}}{|\vec{a}||\vec{b}|}=-\frac{-1}{1\times2}=\frac{1}{2}$ **나**

$180°-\theta=60°$ $\therefore \theta=120°$ **다**

단계	채점 요소	비율
가	$\vec{a}+\vec{b}=-\vec{c}$의 양변을 제곱하여 $\vec{a}\cdot\vec{b}$의 값 구하기	40%
나	두 벡터 $\vec{a}, \vec{b}$가 이루는 각의 크기 θ가 $90°<\theta\leq180°$임을 알고 $\cos(180°-\theta)$의 값 구하기	40%
다	θ의 크기 구하기	20%

답 120°

261

두 벡터 $\vec{a}$, $\vec{b}$가 서로 수직이므로 $\vec{a}\cdot\vec{b}=0$

$(2t-3,\ -t)\cdot\left(1,\ \frac{1}{t}\right)=0,\ 2t-3-1=0$

$\therefore t=2$

따라서 $\vec{a}=(1,\ -2)$, $\vec{b}=\left(1,\ \frac{1}{2}\right)$이므로

$\vec{a}+2\vec{b}=(1,\ -2)+2\left(1,\ \frac{1}{2}\right)=(3,\ -1)$

$\therefore |\vec{a}+2\vec{b}|=\sqrt{3^2+(-1)^2}=\sqrt{10}$

답 ⑤

262

두 벡터 $\vec{p}$, $\vec{q}$가 서로 수직이므로 $\vec{p}\cdot\vec{q}=0$

$(a-2,\ 1)\cdot(2,\ b)=0,\ 2a-4+b=0$

$\therefore 2a+b=4$ ...... ㉠

또한 두 벡터 $\vec{q}$, $\vec{r}$가 평행하므로 $\vec{q}=k\vec{r}\ (k\neq0)$라 하면

$(2,\ b)=k(-2,\ 4)$

두 벡터가 서로 같을 조건에서

$2=-2k,\ b=4k$

$\therefore k=-1,\ b=-4$

$b=-4$를 ㉠에 대입하면 $a=4$

$\therefore a+b=4+(-4)=0$

답 ③

263

$|\vec{a}+\vec{b}|=6$의 양변을 제곱하면

$|\vec{a}|^2+2\vec{a}\cdot\vec{b}+|\vec{b}|^2=36$

$5^2+2\vec{a}\cdot\vec{b}+3^2=36\qquad \therefore \vec{a}\cdot\vec{b}=1$

또한 $\vec{a}+\vec{b}$와 $\vec{a}-k\vec{b}$가 서로 수직이므로

$(\vec{a}+\vec{b})\cdot(\vec{a}-k\vec{b})=0$

$|\vec{a}|^2+(1-k)\vec{a}\cdot\vec{b}-k|\vec{b}|^2=0$

$5^2+(1-k)\times1-k\times3^2=0$

$-10k+26=0\qquad \therefore k=\frac{13}{5}$

답 $\frac{13}{5}$

264

$\overrightarrow{OA}\cdot\overrightarrow{OB}=(2,\ 4)\cdot(4,\ 2)=16\geq0$이므로 두 벡터 $\overrightarrow{OA}$, $\overrightarrow{OB}$가 이루는 각의 크기를 $\theta\ (0^\circ\leq\theta\leq90^\circ)$라 하면

$\cos\theta=\frac{\overrightarrow{OA}\cdot\overrightarrow{OB}}{|\overrightarrow{OA}||\overrightarrow{OB}|}=\frac{16}{\sqrt{20}\sqrt{20}}=\frac{4}{5}$

오른쪽 그림과 같은 직각삼각형에서

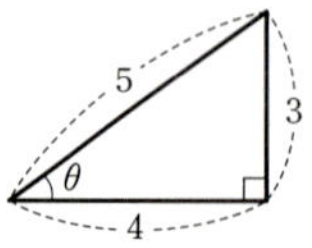

$\sin\theta=\frac{3}{5}$

따라서 삼각형 OAB의 넓이는

$\frac{1}{2}\times\overline{OA}\times\overline{OB}\times\sin\theta=\frac{1}{2}\times\sqrt{20}\times\sqrt{20}\times\frac{3}{5}=6$

다른 풀이1

$\overrightarrow{OA}=(2,\ 4)$, $\overrightarrow{OB}=(4,\ 2)$이므로

$\overrightarrow{OA}\cdot\overrightarrow{OB}=(2,\ 4)\cdot(4,\ 2)=16$

$|\overrightarrow{OA}|^2=2^2+4^2=20,\ |\overrightarrow{OB}|^2=4^2+2^2=20$

따라서 삼각형 OAB의 넓이는

$\frac{1}{2}\sqrt{|\overrightarrow{OA}|^2|\overrightarrow{OB}|^2-(\overrightarrow{OA}\cdot\overrightarrow{OB})^2}=\frac{1}{2}\sqrt{20\times20-16^2}$

$=\frac{1}{2}\times12=6$

다른 풀이2

삼각형 OAB의 넓이는

$\frac{1}{2}|2\times2-4\times4|=\frac{1}{2}\times12=6$

답 ④

265

$\overrightarrow{AB}\cdot\overrightarrow{AC}=10\sqrt{2}\geq0$이므로 두 벡터 $\overrightarrow{AB}$, $\overrightarrow{AC}$가 이루는 각의 크기를 $\theta\ (0^\circ\leq\theta\leq90^\circ)$라 하면

$\cos\theta=\frac{\overrightarrow{AB}\cdot\overrightarrow{AC}}{|\overrightarrow{AB}||\overrightarrow{AC}|}=\frac{10\sqrt{2}}{5\times4}=\frac{\sqrt{2}}{2}$

$\therefore \theta=45^\circ$

따라서 삼각형 ABC의 넓이는

$\frac{1}{2}\times5\times4\times\sin45^\circ=10\times\frac{\sqrt{2}}{2}=5\sqrt{2}$

다른 풀이

삼각형 ABC의 넓이는

$\frac{1}{2}\sqrt{|\overrightarrow{AB}|^2|\overrightarrow{AC}|^2-(\overrightarrow{AB}\cdot\overrightarrow{AC})^2}=\frac{1}{2}\sqrt{5^2\times4^2-(10\sqrt{2})^2}$

$=\frac{1}{2}\times10\sqrt{2}=5\sqrt{2}$

답 ②

266

$\angle BCD=120^\circ$이므로 두 벡터 $\overrightarrow{BA}$, $\overrightarrow{BC}$가 이루는 각의 크기는

$180^\circ-120^\circ=60^\circ$

또한 $\overrightarrow{CD}=\overrightarrow{BA}$이므로

$\overrightarrow{BC}\cdot\overrightarrow{CD}=\overrightarrow{BC}\cdot\overrightarrow{BA}=|\overrightarrow{BC}||\overrightarrow{BA}|\cos60^\circ$

즉, $15=6\times|\overrightarrow{BA}|\times\frac{1}{2}\qquad \therefore |\overrightarrow{BA}|=5$

따라서 평행사변형 ABCD의 넓이는

$5\times6\times\sin60^\circ=15\sqrt{3}$

다른 풀이

사각형 ABCD의 넓이는 삼각형 ABC의 넓이의 2배이므로

$2\times\frac{1}{2}\sqrt{|\overrightarrow{BA}|^2|\overrightarrow{BC}|^2-(\overrightarrow{BA}\cdot\overrightarrow{BC})^2}=\sqrt{5^2\times6^2-15^2}$

$=\sqrt{675}=15\sqrt{3}$

답 ⑤

실력 콕콕 본문 p.54~55

267 ③	268 ③	269 π	270 ②	271 ⑤	272 ③
273 ④	274 ⑤	275 ⑤	276 ②	277 $\frac{4}{5}$	278 ③
279 ④	280 $\sqrt{21}$	281 $\frac{1}{2}$	282 26		

267

$\vec{x}=\cos\theta\vec{a}+(1-\sin\theta)\vec{b}$에서

$\vec{x}=\cos\theta\vec{a}+(1-\sin\theta)\vec{b}$

$=\cos\theta(2,\ 1)+(1-\sin\theta)(1,\ -2)$

$=(2\cos\theta,\ \cos\theta)+(1-\sin\theta,\ -2+2\sin\theta)$

$=(1-\sin\theta+2\cos\theta,\ -2+2\sin\theta+\cos\theta)$

이므로

$$\vec{x}-\vec{b}=(1-\sin\theta+2\cos\theta,\ -2+2\sin\theta+\cos\theta)-(1,\ -2)$$
$$=(-\sin\theta+2\cos\theta,\ 2\sin\theta+\cos\theta)$$
$$\therefore\ |\vec{x}-\vec{b}|=\sqrt{(-\sin\theta+2\cos\theta)^2+(2\sin\theta+\cos\theta)^2}$$
$$=\sqrt{5\sin^2\theta+5\cos^2\theta}=\sqrt{5}$$

보충 설명

오른쪽 그림과 같이 빗변의 길이가 1인 직각삼각형
ABC에서
$\overline{AB}=\cos\theta,\ \overline{BC}=\sin\theta$
이므로 피타고라스 정리에 의하여
$\sin^2\theta+\cos^2\theta=1$

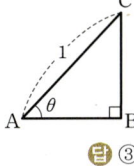

답 ③

268

이등변삼각형 ABC에서 $\angle$ACB의 크기를
$\theta\ (0°<\theta<90°)$라 하면
$\overline{BC}=2\overline{CA}\cos\theta$이므로
$4=2\overline{CA}\cos\theta$에서 $\overline{CA}\cos\theta=2$
$$\therefore\ \overrightarrow{CA}\cdot\overrightarrow{CB}=|\overrightarrow{CA}||\overrightarrow{CB}|\cos\theta$$
$$=2\times4=8$$

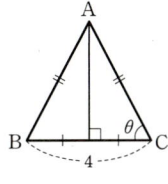

답 ③

269

점 P의 좌표를 $(x,\ y)$라 하면
$$\overrightarrow{PO}-\overrightarrow{AP}+\overrightarrow{PB}$$
$$=(-x,\ -y)-(x-3,\ y-1)+(-1-x,\ 2-y)$$
$$=(2-3x,\ 3-3y)$$
$|\overrightarrow{PO}-\overrightarrow{AP}+\overrightarrow{PB}|=3$에서 $\sqrt{(2-3x)^2+(3-3y)^2}=3$
$(2-3x)^2+(3-3y)^2=9$
$$\therefore\ \left(x-\frac{2}{3}\right)^2+(y-1)^2=1$$

따라서 점 P가 나타내는 도형은 중심의 좌표가 $\left(\frac{2}{3},\ 1\right)$이고 반지름의 길
이가 1인 원이므로 구하는 도형의 넓이는
$\pi\times1^2=\pi$

답 π

270

두 점 P, Q가 포물선 $y^2=2x$ 위의 점이므로
$P\left(\dfrac{p^2}{2},\ p\right)$, $Q\left(\dfrac{q^2}{2},\ q\right)$라 하면
$$\overrightarrow{OP}=\left(\frac{p^2}{2},\ p\right),\ \overrightarrow{OQ}=\left(\frac{q^2}{2},\ q\right)$$
$$\therefore\ \overrightarrow{OP}\cdot\overrightarrow{OQ}=\frac{p^2q^2}{4}+pq$$
$$=\frac{1}{4}(pq+2)^2-1$$
따라서 $\overrightarrow{OP}\cdot\overrightarrow{OQ}$는 $pq=-2$일 때, 최솟값 -1을 갖는다.

답 ②

271

$\overline{PQ}$가 원 C의 접선이므로
$\overline{PQ}\perp\overline{CQ}$
즉, 삼각형 CPQ는 $\angle$PQC$=90°$인 직각삼각형
이므로
$$\overline{PC}^2=\overline{PQ}^2+\overline{CQ}^2=3^2+4^2=25$$
$$\therefore\ \overline{PC}=5\ (\because\ \overline{PC}>0)$$

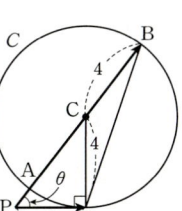

이때, $\angle$CPQ$=\theta\ (0°<\theta<90°)$라 하면
$\cos\theta=\dfrac{3}{5}$이고
$\overline{PB}=\overline{PC}+\overline{CB}=5+4=9$이므로
$$\overrightarrow{PB}\cdot\overrightarrow{PQ}=|\overrightarrow{PB}||\overrightarrow{PQ}|\cos\theta$$
$$=9\times3\times\frac{3}{5}=\frac{81}{5}$$

답 ⑤

272

점 P가 원점, 두 선분 BC와 RP를 각각 x축, y축이 되도록 정사각형을
좌표평면에 놓으면
$B(-1,\ 0),\ Q(1,\ 1),\ R(0,\ 2)$
$$\therefore\ \overrightarrow{BR}=(1,\ 2),\ \overrightarrow{PQ}=(1,\ 1)$$
$$\therefore\ \overrightarrow{BR}\cdot\overrightarrow{PQ}=(1,\ 2)\cdot(1,\ 1)$$
$$=1+2=3$$

보충 설명

직사각형이나 직각삼각형과 같은 도형에서 평면벡터의 내적은 좌표평면
을 설정하여 벡터의 성분을 이용하면 쉽게 해결할 수 있다.

다른 풀이1

미적분에서 배우는 삼각함수의 덧셈정리를 이용하면 다음과 같이 풀 수
있다.
오른쪽 그림에서 $\overrightarrow{BR}=\overrightarrow{PD}$이므로 두 벡터 $\overrightarrow{BR}$,
$\overrightarrow{PQ}$가 이루는 각의 크기를 θ라 하면 $\overrightarrow{PD}$와 $\overrightarrow{PQ}$
가 이루는 각의 크기도 θ이다.
$\angle$DPC$=\alpha$, $\angle$QPC$=\beta$라 하면
$\theta=\alpha-\beta$

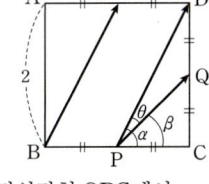

직각삼각형 DPC에서 $\overline{PD}=\sqrt{1^2+2^2}=\sqrt{5}$이고 직각삼각형 QPC에서
$\overline{PQ}=\sqrt{1^2+1^2}=\sqrt{2}$이므로
$$\cos\alpha=\frac{1}{\sqrt{5}}=\frac{\sqrt{5}}{5},\ \sin\alpha=\frac{2}{\sqrt{5}}=\frac{2\sqrt{5}}{5},$$
$$\cos\beta=\frac{1}{\sqrt{2}}=\frac{\sqrt{2}}{2},\ \sin\beta=\frac{1}{\sqrt{2}}=\frac{\sqrt{2}}{2}$$
$$\therefore\ \cos\theta=\cos(\alpha-\beta)$$
$$=\cos\alpha\cos\beta+\sin\alpha\sin\beta$$
$$=\frac{\sqrt{5}}{5}\times\frac{\sqrt{2}}{2}+\frac{2\sqrt{5}}{5}\times\frac{\sqrt{2}}{2}=\frac{3\sqrt{10}}{10}$$
$$\therefore\ \overrightarrow{BR}\cdot\overrightarrow{PQ}=\overrightarrow{PD}\cdot\overrightarrow{PQ}$$
$$=|\overrightarrow{PD}||\overrightarrow{PQ}|\cos\theta$$
$$=\sqrt{5}\times\sqrt{2}\times\frac{3\sqrt{10}}{10}=3$$

다른 풀이2

미적분을 배우지 않았더라도 점 Q에서 $\overline{PD}$에 내린 수선의 발을 H라 하면
$\triangle$DPC$\infty\triangle$DQH이므로 닮음비를 이용하여 $\cos\theta$를 구할 수 있다.

답 ③

273

$|\vec{x}|=2,|\vec{y}|=2$이고 $\angle$A$=60°$이므로
$$\vec{x}\cdot\vec{y}=|\vec{x}||\vec{y}|\cos60°=2\times2\times\frac{1}{2}=2$$
$$\therefore\ |2\vec{x}-3\vec{y}|^2=4|\vec{x}|^2-12\vec{x}\cdot\vec{y}+9|\vec{y}|^2$$
$$=4\times2^2-12\times2+9\times2^2=28$$
$$\therefore\ |2\vec{x}-3\vec{y}|=2\sqrt{7}$$

답 ④

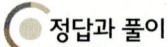
274

$|\vec{a}+2\vec{b}|=4$의 양변을 제곱하면

$|\vec{a}|^2+4\vec{a}\cdot\vec{b}+4|\vec{b}|^2=16$ ...... ㉠

$|2\vec{a}-\vec{b}|=3$의 양변을 제곱하면

$4|\vec{a}|^2-4\vec{a}\cdot\vec{b}+|\vec{b}|^2=9$ ...... ㉡

㉠+㉡을 하면 $5|\vec{a}|^2+5|\vec{b}|^2=25$

$\therefore |\vec{a}|^2+|\vec{b}|^2=5$

$\therefore |\vec{a}+\vec{b}|^2+|\vec{a}-\vec{b}|^2=|\vec{a}|^2+2\vec{a}\cdot\vec{b}+|\vec{b}|^2+|\vec{a}|^2-2\vec{a}\cdot\vec{b}+|\vec{b}|^2$

$=2(|\vec{a}|^2+|\vec{b}|^2)=2\times5=10$ 답 ⑤

275

두 벡터 $\vec{a}$, $\vec{b}$가 이루는 각의 크기가 $30°$이므로

$\vec{a}\cdot\vec{b}=|\vec{a}||\vec{b}|\cos30°=2\times|\vec{b}|\times\dfrac{\sqrt{3}}{2}=\sqrt{3}|\vec{b}|$

$|2\vec{a}-\vec{b}|=4$의 양변을 제곱하면

$4|\vec{a}|^2-4\vec{a}\cdot\vec{b}+|\vec{b}|^2=16$

$4\times2^2-4\times\sqrt{3}|\vec{b}|+|\vec{b}|^2=16$

$|\vec{b}|^2-4\sqrt{3}|\vec{b}|=0$, $|\vec{b}|(|\vec{b}|-4\sqrt{3})=0$

$\therefore |\vec{b}|=4\sqrt{3}$ ($\because \vec{b}\neq\vec{0}$) 답 ⑤

276

$\vec{a}+\vec{b}+\vec{c}=\vec{0}$에서 $\vec{a}+\vec{c}=-\vec{b}$

즉, $|\vec{a}+\vec{c}|=|-\vec{b}|$이므로 양변을 제곱하면

$|\vec{a}|^2+2\vec{a}\cdot\vec{c}+|\vec{c}|^2=|\vec{b}|^2$

이때, $\vec{a}=(-1, \sqrt{3})$에서 $|\vec{a}|=\sqrt{(-1)^2+(\sqrt{3})^2}=2$이고,

$|\vec{b}|=\sqrt{7}$, $|\vec{c}|=1$이므로

$2^2+2\vec{a}\cdot\vec{c}+1^2=(\sqrt{7})^2$ $\therefore \vec{a}\cdot\vec{c}=1$

$\vec{a}\cdot\vec{c}=1\geq0$이므로 두 벡터 $\vec{a}$, $\vec{c}$가 이루는 각의 크기를

θ $(0°\leq\theta\leq90°)$라 하면

$\cos\theta=\dfrac{\vec{a}\cdot\vec{c}}{|\vec{a}||\vec{c}|}=\dfrac{1}{2\times1}=\dfrac{1}{2}$

$\therefore \theta=60°$ 답 ②

277

$\vec{a}-\vec{b}=(x, -2x-2)$이므로 $|\vec{a}-\vec{b}|=13$에서

$\sqrt{x^2+(-2x-2)^2}=13$, $5x^2+8x+4=169$

$5x^2+8x-165=0$, $(5x+33)(x-5)=0$

$\therefore x=5$ ($\because x$는 정수)

따라서 $\vec{a}=(14, 0)$, $\vec{b}=(9, 12)$이고

$\vec{a}\cdot\vec{b}=14\times9=126\geq0$이므로

$\cos\theta=\dfrac{\vec{a}\cdot\vec{b}}{|\vec{a}||\vec{b}|}=\dfrac{126}{14\sqrt{9^2+12^2}}=\dfrac{126}{14\times15}=\dfrac{3}{5}$

따라서 오른쪽 그림과 같은 직각삼각형에서

$\sin\theta=\dfrac{4}{5}$ 답 $\dfrac{4}{5}$

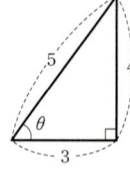

278

$\vec{a}=(-1, 2)$, $\vec{b}=(x, -1)$에서

$\vec{a}+3\vec{b}=(-1, 2)+3(x, -1)=(3x-1, -1)$

$2\vec{a}-\vec{b}=2(-1, 2)-(x, -1)=(-x-2, 5)$

$\vec{a}+3\vec{b}$와 $2\vec{a}-\vec{b}$가 평행하므로

$\vec{a}+3\vec{b}=k(2\vec{a}-\vec{b})(k\neq0)$라 하면

$(3x-1, -1)=k(-x-2, 5)$

$3x-1=-kx-2k$, $-1=5k$

$\therefore k=-\dfrac{1}{5}$, $x=\dfrac{1}{2}$ 답 ③

279

$|\vec{a}+2\vec{b}|=2\sqrt{3}$의 양변을 제곱하면

$|\vec{a}|^2+4\vec{a}\cdot\vec{b}+4|\vec{b}|^2=12$

$|\vec{a}|^2+4\vec{a}\cdot\vec{b}+8=12$

$\therefore |\vec{a}|^2+4\vec{a}\cdot\vec{b}=4$ ...... ㉠

또한 두 벡터 $\vec{a}-\vec{b}$와 $2\vec{a}+\vec{b}$가 서로 수직이므로

$(\vec{a}-\vec{b})\cdot(2\vec{a}+\vec{b})=0$

$(\vec{a}-\vec{b})\cdot(2\vec{a}+\vec{b})=2|\vec{a}|^2-\vec{a}\cdot\vec{b}-|\vec{b}|^2$

$=2|\vec{a}|^2-\vec{a}\cdot\vec{b}-2=0$

$\therefore 2|\vec{a}|^2-\vec{a}\cdot\vec{b}=2$ ...... ㉡

㉠, ㉡에서

$|\vec{a}|^2=\dfrac{4}{3}$, $\vec{a}\cdot\vec{b}=\dfrac{2}{3}$

$\vec{a}\cdot\vec{b}=\dfrac{2}{3}\geq0$이므로

$\cos\theta=\dfrac{\vec{a}\cdot\vec{b}}{|\vec{a}||\vec{b}|}=\dfrac{\dfrac{2}{3}}{\dfrac{2}{\sqrt{3}}\times\sqrt{2}}=\dfrac{\sqrt{6}}{6}$ 답 ④

280

평행사변형 ABCD에서 $\overrightarrow{AB}+\overrightarrow{AD}=\overrightarrow{AC}$이므로

$\overrightarrow{AB}\cdot\overrightarrow{AC}=7$에서

$\overrightarrow{AB}\cdot(\overrightarrow{AB}+\overrightarrow{AD})=7$

$|\overrightarrow{AB}|^2+\overrightarrow{AB}\cdot\overrightarrow{AD}=7$

$\overrightarrow{AB}\cdot\overrightarrow{AD}=2$이므로 $|\overrightarrow{AB}|^2=5$

$\therefore |\overrightarrow{AB}|=\sqrt{5}$

$\overrightarrow{AC}\cdot\overrightarrow{AD}=7$에서

$(\overrightarrow{AB}+\overrightarrow{AD})\cdot\overrightarrow{AD}=7$

$\overrightarrow{AB}\cdot\overrightarrow{AD}+|\overrightarrow{AD}|^2=7$

$\overrightarrow{AB}\cdot\overrightarrow{AD}=2$이므로 $|\overrightarrow{AD}|^2=5$

$\therefore |\overrightarrow{AD}|=\sqrt{5}$

이때, $\overrightarrow{AB}\cdot\overrightarrow{AD}=2\geq0$이므로 두 벡터 $\overrightarrow{AB}$와 $\overrightarrow{AD}$가 이루는 각의 크기를 θ $(0°\leq\theta\leq90°)$라 하면

$\overrightarrow{AB}\cdot\overrightarrow{AD}=|\overrightarrow{AB}||\overrightarrow{AD}|\cos\theta$

$=\sqrt{5}\times\sqrt{5}\times\cos\theta=2$

즉, $\cos\theta=\dfrac{2}{5}$이므로 오른쪽 그림과 같은 직각삼각형

에서

$\sin\theta=\dfrac{\sqrt{21}}{5}$

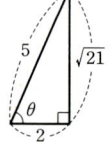

따라서 평행사변형 ABCD의 넓이는

$|\overrightarrow{AB}||\overrightarrow{AD}|\sin\theta=\sqrt{5}\times\sqrt{5}\times\dfrac{\sqrt{21}}{5}=\sqrt{21}$ 답 $\sqrt{21}$

281

$\vec{a}=(1, -\sqrt{3})$에서 $|\vec{a}|=\sqrt{1^2+(-\sqrt{3})^2}=2$이고, $|\vec{p}|=1$이므로

$\vec{a}\cdot\vec{p}=|\vec{a}||\vec{p}|\cos 60°=2\times 1\times\dfrac{1}{2}=1$ ······ ㉮

$|\vec{a}+2\vec{p}|^2=|\vec{a}|^2+4\vec{a}\cdot\vec{p}+4|\vec{p}|^2$

$\qquad\qquad =2^2+4\times 1+4\times 1^2=12$

$\therefore |\vec{a}+2\vec{p}|=2\sqrt{3}$ ······ ㉯

$|\vec{a}-\vec{p}|^2=|\vec{a}|^2-2\vec{a}\cdot\vec{p}+|\vec{p}|^2$

$\qquad\quad =2^2-2\times 1+1^2=3$

$\therefore |\vec{a}-\vec{p}|=\sqrt{3}$ ······ ㉰

$(\vec{a}+2\vec{p})\cdot(\vec{a}-\vec{p})=|\vec{a}|^2+\vec{a}\cdot\vec{p}-2|\vec{p}|^2$

$\qquad\qquad\qquad =2^2+1-2\times 1^2=3$

$(\vec{a}+2\vec{p})\cdot(\vec{a}-\vec{p})=3\geq 0$이므로

$\cos\theta=\dfrac{(\vec{a}+2\vec{p})\cdot(\vec{a}-\vec{p})}{|\vec{a}+2\vec{p}||\vec{a}-\vec{p}|}=\dfrac{3}{2\sqrt{3}\sqrt{3}}=\dfrac{1}{2}$ ······ ㉱

단계	채점 요소	비율
㉮	$\vec{a}\cdot\vec{p}$의 값 구하기	20%
㉯	벡터 $\vec{a}+2\vec{p}$의 크기 구하기	25%
㉰	벡터 $\vec{a}-\vec{p}$의 크기 구하기	25%
㉱	$\cos\theta$의 값 구하기	30%

🅐 $\dfrac{1}{2}$

282

$\overrightarrow{AB}=\vec{a}$, $\overrightarrow{AC}=\vec{b}$라 하면

점 P는 $\overline{BC}$를 $1:2$로 내분하는 점이므로

$\overrightarrow{AP}=\dfrac{\vec{b}+2\vec{a}}{1+2}=\dfrac{1}{3}(2\vec{a}+\vec{b})$

점 Q는 $\overline{BC}$를 $2:1$로 내분하는 점이므로

$\overrightarrow{AQ}=\dfrac{2\vec{b}+\vec{a}}{2+1}=\dfrac{1}{3}(\vec{a}+2\vec{b})$ ······ ㉮

또, $|\vec{a}|=|\vec{b}|=6$, $\angle BAC=60°$이므로

$\vec{a}\cdot\vec{b}=|\vec{a}||\vec{b}|\cos 60°=6\times 6\times\dfrac{1}{2}=18$ ······ ㉯

$\therefore \overrightarrow{AP}\cdot\overrightarrow{AQ}=\dfrac{1}{9}(2\vec{a}+\vec{b})\cdot(\vec{a}+2\vec{b})$

$\qquad\qquad\quad =\dfrac{1}{9}(2|\vec{a}|^2+5\vec{a}\cdot\vec{b}+2|\vec{b}|^2)$

$\qquad\qquad\quad =\dfrac{1}{9}(2\times 6^2+5\times 18+2\times 6^2)$

$\qquad\qquad\quad =26$ ······ ㉰

단계	채점 요소	비율
㉮	$\overrightarrow{AP}$, $\overrightarrow{AQ}$를 $\overrightarrow{AB}$, $\overrightarrow{AC}$로 나타내기	40%
㉯	$\overrightarrow{AB}\cdot\overrightarrow{AC}$의 값 구하기	30%
㉰	$\overrightarrow{AP}\cdot\overrightarrow{AQ}$의 값 구하기	30%

🅐 26

◦ 개념 **콕콕** ◦   본문 p.57

283

🅐 (1) $\dfrac{x-1}{2}=\dfrac{y+1}{3}$ (2) $\dfrac{x+4}{6}=\dfrac{y-5}{-1}$

284

🅐 (1) $x=1$ (2) $y=-2$

285

(1) 두 점 $A(-2, -1)$, $B(2, -4)$를 지나는 직선의 방정식은

$\dfrac{x-(-2)}{2-(-2)}=\dfrac{y-(-1)}{-4-(-1)}$

$\therefore \dfrac{x+2}{4}=\dfrac{y+1}{-3}$

(2) 두 점 $A(3, 2)$, $B(-1, 2)$를 지나는 직선의 방향벡터는

$\overrightarrow{AB}=(-1, 2)-(3, 2)=(-4, 0)$

이므로 구하는 직선의 방정식은

$y=2$

(3) 두 점 $A(-4, 2)$, $B(-4, 7)$을 지나는 직선의 방향벡터는

$\overrightarrow{AB}=(-4, 7)-(-4, 2)=(0, 5)$

이므로 구하는 직선의 방정식은

$x=-4$

🅐 (1) $\dfrac{x+2}{4}=\dfrac{y+1}{-3}$ (2) $y=2$ (3) $x=-4$

286

(1) 점 $(2, 1)$을 지나고 벡터 $\vec{n}=(-1, 2)$에 수직인 직선의 방정식은

$-(x-2)+2(y-1)=0$

$\therefore x-2y=0$

(2) 점 $(-1, -2)$를 지나고 법선벡터가 $\vec{n}=(2, -3)$인 직선의 방정식은

$2(x+1)-3(y+2)=0$

$\therefore 2x-3y-4=0$

🅐 (1) $x-2y=0$ (2) $2x-3y-4=0$ (3) $x=2$ (4) $y=-3$

287

(1) 두 직선 l, m의 방향벡터를 각각 $\vec{u_1}$, $\vec{u_2}$라 하면

$\vec{u_1}=(2, -3)$, $\vec{u_2}=(-3, 2)$

두 직선 l, m이 이루는 각의 크기 $\theta(0°\leq\theta\leq 90°)$에 대하여

$\cos\theta=\dfrac{|\vec{u_1}\cdot\vec{u_2}|}{|\vec{u_1}||\vec{u_2}|}$

$\qquad =\dfrac{|2\times(-3)+(-3)\times 2|}{\sqrt{2^2+(-3)^2}\sqrt{(-3)^2+2^2}}$

$\qquad =\dfrac{12}{\sqrt{13}\sqrt{13}}=\dfrac{12}{13}$

(2) 두 직선 l, m의 법선벡터를 각각 $\vec{n_1}$, $\vec{n_2}$라 하면

$\vec{n_1}=(1, -1)$, $\vec{n_2}=(-1, 7)$

두 직선 l, m이 이루는 각의 크기 $\theta(0°\leq\theta\leq 90°)$에 대하여

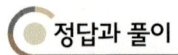

$$\cos\theta=\frac{|\vec{n_1}\boldsymbol{\cdot}\vec{n_2}|}{|\vec{n_1}||\vec{n_2}|}$$
$$=\frac{|1\times(-1)+(-1)\times7|}{\sqrt{1^2+(-1)^2}\sqrt{(-1)^2+7^2}}$$
$$=\frac{8}{\sqrt{2}\times5\sqrt{2}}=\frac{4}{5}$$

답 (1) $\dfrac{12}{13}$ (2) $\dfrac{4}{5}$

288
세 직선 l, m, n의 방향벡터를 각각 $\vec{u_1}$, $\vec{u_2}$, $\vec{u_3}$이라 하면
$\vec{u_1}=(3,4)$, $\vec{u_2}=(-a,4)$, $\vec{u_3}=(1,-b)$
(1) 두 직선 l, m이 서로 평행하려면 $\vec{u_1}\,/\!/\,\vec{u_2}$이어야 하므로
$\vec{u_1}=k\vec{u_2}$ (단, $k\neq0$)
$(3,4)=k(-a,4)$
$3=-ak$, $4=4k$
$\therefore k=1$, $a=-3$
(2) 두 직선 l, n이 서로 수직이 되려면 $\vec{u_1}\perp\vec{u_3}$이어야 하므로
$\vec{u_1}\boldsymbol{\cdot}\vec{u_3}=0$
$(3,4)\boldsymbol{\cdot}(1,-b)=0$
$3-4b=0$
$\therefore b=\dfrac{3}{4}$

답 (1) -3 (2) $\dfrac{3}{4}$

289
점 P의 좌표를 (x,y)라 하면
(1) $|\vec{p}-\vec{c}|=|(x-1,y+2)|=2$이므로
$(x-1,y+2)\boldsymbol{\cdot}(x-1,y+2)=2^2$
$\therefore (x-1)^2+(y+2)^2=4$
따라서 점 P가 나타내는 도형은 중심이 $C(1,-2)$이고 반지름의 길이가 2인 원이다.
(2) $|\vec{p}|=|(x,y)|=3$이므로
$(x,y)\boldsymbol{\cdot}(x,y)=3^2$ $\therefore x^2+y^2=9$
따라서 점 P가 나타내는 도형은 중심이 원점이고 반지름의 길이가 3인 원이다.

보충 설명
(1) $|\vec{p}-\vec{c}|=|\overrightarrow{CP}|=2$이므로 점 P가 나타내는 도형은 중심이 $C(1,-2)$이고 반지름의 길이가 2인 원이다.
(2) $|\vec{p}|=|\overrightarrow{OP}|=3$ (O는 원점)이므로 점 P가 나타내는 도형은 중심이 원점 O이고 반지름의 길이가 3인 원이다.

답 (1) $(x-1)^2+(y+2)^2=4$ (2) $x^2+y^2=9$

290
점 $C(4,-1)$에 대하여 $|\overrightarrow{CP}|=3$이므로 점 P가 나타내는 도형은 중심이 $C(4,-1)$이고 반지름의 길이가 3인 원이다.
따라서 이 원의 방정식은
$(x-4)^2+(y+1)^2=9$

다른 풀이
점 P의 좌표를 (x,y)라 하면 $|\overrightarrow{CP}|=3$에서
$\sqrt{(x-4)^2+(y+1)^2}=3$
$\therefore (x-4)^2+(y+1)^2=9$

답 $(x-4)^2+(y+1)^2=9$

유형 콕콕 본문 p.58~61

291 ④	292 14	293 ⑤	294 ②	295 ④
296 $\left(\dfrac{1}{2},-4\right)$		297 ⑤	298 ④	299 ③	300 ⑤
301 ⑤	302 $\dfrac{\sqrt{2}}{10}$	303 ②	304 ⑤	305 ③
306 -4	307 ②	308 9	309 ③	310 ③	311 25
312 5	313 ④	314 ③		

291
직선 $\dfrac{x+2}{2}=\dfrac{y-1}{3}$에 평행한 직선은 이 직선의 방향벡터 $\vec{u}=(2,3)$에 평행하므로 점 $(-1,2)$를 지나고 직선 $\dfrac{x+2}{2}=\dfrac{y-1}{3}$에 평행한 직선의 방정식은
$\dfrac{x+1}{2}=\dfrac{y-2}{3}$
이 직선이 점 $(a,5)$를 지나므로
$\dfrac{a+1}{2}=\dfrac{5-2}{3}$ $\therefore a=1$

답 ④

292
두 점 $A(-6,-1)$, $B(2,-5)$에 대하여 선분 AB를 $3:1$로 내분하는 점 P의 좌표는
$\left(\dfrac{3\times2+1\times(-6)}{3+1},\dfrac{3\times(-5)+1\times(-1)}{3+1}\right)$ $\therefore P(0,-4)$
점 $P(0,-4)$를 지나고 직선 $\dfrac{5-x}{4}=y+9$에 평행한 직선, 즉 방향벡터가 $\vec{u}=(-4,1)$인 직선의 방정식은
$\dfrac{x-0}{-4}=\dfrac{y+4}{1}$
$\therefore \dfrac{x}{-4}=y+4$ ...... ㉠
직선 ㉠이 두 점 $C(a,-2)$, $D(8,b)$를 지나므로
$\dfrac{a}{-4}=-2+4$ $\therefore a=-8$
$\dfrac{8}{-4}=b+4$ $\therefore b=-6$
$\therefore |a|+|b|=|-8|+|-6|=14$

답 14

293
두 점 $A(-4,3)$, $B(-1,2)$를 지나는 직선의 방향벡터를 $\vec{u}$라 하면
$\vec{u}=\overrightarrow{AB}=(-1,2)-(-4,3)=(3,-1)$
이므로 점 $(a,0)$을 지나고 벡터 $\vec{u}=(3,-1)$에 평행한 직선의 방정식은
$\dfrac{x-a}{3}=\dfrac{y}{-1}$
이 직선의 y절편이 2이므로
$\dfrac{0-a}{3}=\dfrac{2}{-1}$에서 $\dfrac{a}{3}=2$
$\therefore a=6$

답 ⑤

294
두 점 $A(1,2)$, $B(2,3)$을 지나는 직선의 방향벡터는
$\vec{u}=\overrightarrow{AB}=(2,3)-(1,2)=(1,1)$
이므로 구하는 직선의 법선벡터는 $\vec{n}=(1,1)$이다.

따라서 점 $(1, -2)$를 지나고 법선벡터가
$\vec{n}=(1, 1)$인 직선의 방정식은

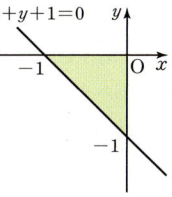

$(x-1)+(y+2)=0$

$\therefore x+y+1=0$

따라서 이 직선과 x축 및 y축으로 둘러싸인 도형
의 넓이는

$\dfrac{1}{2}\times 1\times 1=\dfrac{1}{2}$

답 ②

295

$\vec{a}+\vec{b}=(-1, 1)+(4, 5)$

$\qquad =(3, 6)=3(1, 2)$

이므로 구하는 직선의 법선벡터는

$\vec{n}=(1, 2)$

따라서 점 $(0, 2)$를 지나고 법선벡터가 $\vec{n}=(1, 2)$인 직선의 방정식은

$(x-0)+2(y-2)=0 \qquad \therefore x+2y-4=0$

이 직선이 점 $(k, 1)$을 지나므로

$k+2-4=0$

$\therefore k=2$

답 ④

296

점 $A(-2, 1)$을 지나고 벡터 $\vec{n}=(2, 1)$에 수직인 직선 l의 방정식은

$2(x+2)+(y-1)=0$

$\therefore 2x+y+3=0 \qquad\qquad\qquad \cdots\cdots\; \bigcirc$

－－－－－－－－－－－－－－－－－－－－－－－ **가**

두 점 $B(2, -1)$, $C(4, 3)$을 지나는 직선 m의 방정식은

$\dfrac{x-2}{4-2}=\dfrac{y-(-1)}{3-(-1)}$에서 $x-2=\dfrac{y+1}{2}$

$\therefore 2x-y-5=0 \qquad\qquad\qquad \cdots\cdots\; \bigcirc$

－－－－－－－－－－－－－－－－－－－－－－－ **나**

$\bigcirc$, $\bigcirc$을 연립하여 풀면

$x=\dfrac{1}{2}, y=-4$

따라서 두 직선 l, m의 교점의 좌표는 $\left(\dfrac{1}{2}, -4\right)$이다.

－－－－－－－－－－－－－－－－－－－－－－－ **다**

단계	채점 요소	비율
가	직선 l의 방정식 구하기	40%
나	직선 m의 방정식 구하기	40%
다	두 직선 l, m의 교점의 좌표 구하기	20%

답 $\left(\dfrac{1}{2}, -4\right)$

297

두 점 $A(2, 6)$, $B(3, 7)$을 지나는 직선의 방향벡터를 $\vec{u_1}$이라 하면

$\vec{u_1}=\overrightarrow{AB}=(3, 7)-(2, 6)=(1, 1)$

점 B를 지나고 벡터 $\vec{u}=(1, -1)$에 평행한 직선의 방향벡터는

$\vec{u}=(1, -1)$

따라서 두 직선이 이루는 각의 크기를 $\theta\,(0°\leq\theta\leq 90°)$라 하면

$\cos\theta=\dfrac{|\vec{u_1}\cdot\vec{u}|}{|\vec{u_1}||\vec{u}|}=\dfrac{|1\times 1+1\times(-1)|}{\sqrt{1^2+1^2}\sqrt{1^2+(-1)^2}}=0$

$\therefore \theta=90°$

답 ⑤

298

직선 $x-2=\dfrac{y+3}{k}$의 방향벡터를 $\vec{u_1}$이라 하면 $\vec{u_1}=(1, k)$

직선 $x=ky$, 즉 $\dfrac{x}{k}=y$의 방향벡터를 $\vec{u_2}$라 하면 $\vec{u_2}=(k, 1)$

두 직선이 이루는 각의 크기가 $60°$이므로

$\cos 60°=\dfrac{|\vec{u_1}\cdot\vec{u_2}|}{|\vec{u_1}||\vec{u_2}|}$에서

$\dfrac{1}{2}=\dfrac{|1\times k+k\times 1|}{\sqrt{1+k^2}\sqrt{k^2+1}}$, $\dfrac{1}{2}=\dfrac{2k}{k^2+1}$ $(\because k>0)$

$4k=k^2+1 \qquad \therefore k^2-4k+1=0 \qquad\qquad \cdots\cdots\; \bigcirc$

k에 대한 이차방정식 $\bigcirc$의 판별식을 D라 하면

$\dfrac{D}{4}=(-2)^2-1>0$

이므로 $\bigcirc$의 두 근은 모두 실수이다.

또한 $\bigcirc$에서 이차방정식의 근과 계수의 관계에 의하여

두 실근의 합은 $4>0$, 곱은 $1>0$이므로 두 실근은 모두 양수이다.

따라서 모든 양수 k의 값의 합은 4이다.

보충 설명

실제로 $k^2-4k+1=0$에서

$k=2\pm\sqrt{(-2)^2-1}=2\pm\sqrt{3}$

답 ④

299

직선 $l:\dfrac{x-2}{-1}=\dfrac{y-5}{2}$의 방향벡터는 $\vec{u}=(-1, 2)$

x축의 방향벡터는 $\vec{e_1}=(1, 0)$

y축의 방향벡터는 $\vec{e_2}=(0, 1)$

따라서 직선 l이 x축과 이루는 예각의 크기 α에 대하여

$\cos\alpha=\dfrac{|\vec{u}\cdot\vec{e_1}|}{|\vec{u}||\vec{e_1}|}=\dfrac{|(-1)\times 1+2\times 0|}{\sqrt{(-1)^2+2^2}\sqrt{1^2+0^2}}=\dfrac{1}{\sqrt{5}}=\dfrac{\sqrt{5}}{5}$

직선 l이 y축과 이루는 예각의 크기 β에 대하여

$\cos\beta=\dfrac{|\vec{u}\cdot\vec{e_2}|}{|\vec{u}||\vec{e_2}|}=\dfrac{|(-1)\times 0+2\times 1|}{\sqrt{(-1)^2+2^2}\sqrt{0^2+1^2}}=\dfrac{2}{\sqrt{5}}=\dfrac{2\sqrt{5}}{5}$

$\therefore \cos\alpha+\cos\beta=\dfrac{\sqrt{5}}{5}+\dfrac{2\sqrt{5}}{5}=\dfrac{3\sqrt{5}}{5}$

답 ③

300

두 직선 $x+ay+1=0$, $2x+y=3$의 법선벡터를 각각 $\vec{n_1}$, $\vec{n_2}$라 하면

$\vec{n_1}=(1, a)$, $\vec{n_2}=(2, 1)$

두 직선이 이루는 각의 크기가 $60°$이므로

$\cos 60°=\dfrac{|\vec{n_1}\cdot\vec{n_2}|}{|\vec{n_1}||\vec{n_2}|}$에서

$\dfrac{1}{2}=\dfrac{|2+a|}{\sqrt{1+a^2}\sqrt{2^2+1^2}}$, $\dfrac{1}{2}=\dfrac{|a+2|}{\sqrt{5(a^2+1)}}$

$\sqrt{5(a^2+1)}=2|a+2|$

양변을 제곱하면 $5a^2+5=4a^2+16a+16$

$\therefore a^2-16a-11=0$

따라서 이차방정식의 근과 계수의 관계에 의하여 모든 실수 a의 값의 합은 16이다.

답 ⑤

301

두 직선 $x+2y-4=0$, $2x+y=0$의 법선벡터를 각각 $\vec{n_1}$, $\vec{n_2}$라 하면

$\vec{n_1}=(1, 2)$, $\vec{n_2}=(2, 1)$

두 직선이 이루는 각의 크기 $\theta\,(0°\leq\theta\leq90°)$에 대하여

$$\cos\theta=\frac{|\overrightarrow{n_1}\cdot\overrightarrow{n_2}|}{|\overrightarrow{n_1}||\overrightarrow{n_2}|}=\frac{|1\times2+2\times1|}{\sqrt{1^2+2^2}\sqrt{2^2+1^2}}=\frac{4}{5}$$

따라서 오른쪽 그림과 같은 직각삼각형에서

$$\sin\theta=\frac{3}{5}$$

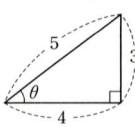

답 ⑤

302

두 직선 g_1, g_2의 방향벡터를 $\overrightarrow{u_1}$, $\overrightarrow{u_2}$라 하면

$$\overrightarrow{u_1}=(3,\,1),\ \overrightarrow{u_2}=(-1,\,2)$$

⑦

이고, 이는 두 직선 l_1, l_2의 법선벡터이다.

④

따라서 두 직선 l_1, l_2가 이루는 각의 크기 θ에 대하여

$$\cos\theta=\frac{|\overrightarrow{u_1}\cdot\overrightarrow{u_2}|}{|\overrightarrow{u_1}||\overrightarrow{u_2}|}=\frac{|3\times(-1)+1\times2|}{\sqrt{3^2+1^2}\sqrt{(-1)^2+2^2}}$$

$$=\frac{1}{\sqrt{10}\sqrt{5}}=\frac{\sqrt{2}}{10}$$

④

단계	채점 요소	비율
⑦	두 직선 g_1, g_2의 방향벡터 구하기	40%
④	두 직선 g_1, g_2의 방향벡터가 두 직선 l_1, l_2의 법선벡터임을 알기	20%
④	법선벡터를 이용하여 $\cos\theta$의 값 구하기	40%

답 $\dfrac{\sqrt{2}}{10}$

303

두 점 $A(-6,\,3)$, $B(a,\,-1)$을 지나는 직선의 방향벡터를 $\overrightarrow{u_1}$이라 하면

$$\overrightarrow{u_1}=\overrightarrow{AB}=(a,\,-1)-(-6,\,3)=(a+6,\,-4)$$

직선 $x-1=\dfrac{y+3}{2}$의 방향벡터를 $\overrightarrow{u_2}$라 하면

$$\overrightarrow{u_2}=(1,\,2)$$

두 직선이 평행하므로 $\overrightarrow{u_1}/\!/\overrightarrow{u_2}$, 즉

$$\overrightarrow{u_1}=k\overrightarrow{u_2}\ (단,\ k\neq0)$$

$$(a+6,\,-4)=k(1,\,2)$$

$$a+6=k,\ -4=2k$$

$$\therefore k=-2,\ a=-8$$

답 ②

304

두 직선 l_1, l_2의 방향벡터를 각각 $\overrightarrow{u_1}$, $\overrightarrow{u_2}$라 하면

$$\overrightarrow{u_1}=(a,\,-2),\ \overrightarrow{u_2}=(2,\,-b)$$

두 직선이 평행하므로 $\overrightarrow{u_1}/\!/\overrightarrow{u_2}$, 즉

$$\overrightarrow{u_1}=k\overrightarrow{u_2}\ (단,\ k\neq0)$$

$$(a,\,-2)=k(2,\,-b)$$

$$a=2k,\ -2=-bk$$

$$k=\frac{a}{2},\ k=\frac{2}{b}에서\ \frac{a}{2}=\frac{2}{b}$$

$$\therefore ab=4$$

답 ⑤

305

세 직선 l_1, l_2, l_3의 방향벡터를 각각 $\overrightarrow{u_1}$, $\overrightarrow{u_2}$, $\overrightarrow{u_3}$이라 하면

$$\overrightarrow{u_1}=(a,\,6),\ \overrightarrow{u_2}=(2,\,3),\ \overrightarrow{u_3}=(-2,\,b)$$

이때, $l_1/\!/l_2$이려면 $\overrightarrow{u_1}/\!/\overrightarrow{u_2}$이므로

$$\overrightarrow{u_1}=k\overrightarrow{u_2}\ (단,\ k\neq0)$$

$$(a,\,6)=k(2,\,3)$$

$$a=2k,\ 6=3k$$

$$\therefore k=2,\ a=4$$

또한 $l_2/\!/l_3$이려면 $\overrightarrow{u_2}/\!/\overrightarrow{u_3}$이므로

$$\overrightarrow{u_3}=t\overrightarrow{u_2}\ (단,\ t\neq0)$$

$$(-2,\,b)=t(2,\,3)$$

$$-2=2t,\ b=3t$$

$$\therefore t=-1,\ b=-3$$

$$\therefore a+b=4+(-3)=1$$

답 ③

306

세 직선

$$l:\frac{x+2}{2}=y+1,\ m:\frac{x-1}{p}=\frac{1-y}{4},\ n:\frac{5-x}{2}=\frac{y-1}{q}$$

의 방향벡터를 각각 $\overrightarrow{u_1}$, $\overrightarrow{u_2}$, $\overrightarrow{u_3}$이라 하면

$$\overrightarrow{u_1}=(2,\,1),\ \overrightarrow{u_2}=(p,\,-4),\ \overrightarrow{u_3}=(-2,\,q)$$

⑦

직선 l과 m은 서로 평행하므로 $\overrightarrow{u_1}/\!/\overrightarrow{u_2}$, 즉

$$\overrightarrow{u_1}=k\overrightarrow{u_2}\ (단,\ k\neq0)$$

$$(2,\,1)=k(p,\,-4)$$

$$2=kp,\ 1=-4k$$

$$\therefore k=-\frac{1}{4},\ p=-8$$

④

직선 m과 n은 서로 수직이므로 $\overrightarrow{u_2}\perp\overrightarrow{u_3}$, 즉

$$\overrightarrow{u_2}\cdot\overrightarrow{u_3}=0$$

$$(-8,\,-4)\cdot(-2,\,q)=0$$

$$16-4q=0\quad\therefore q=4$$

④

$$\therefore p+q=(-8)+4=-4$$

④

단계	채점 요소	비율
⑦	세 직선 l, m, n의 방향벡터 구하기	30%
④	두 직선 l, m이 평행함을 이용하여 p의 값 구하기	30%
④	두 직선 m, n이 수직임을 이용하여 q의 값 구하기	30%
④	$p+q$의 값 구하기	10%

답 -4

307

두 직선 $\dfrac{x-1}{k}=\dfrac{y+2}{k+1}$, $\dfrac{x+6}{1-k^2}=\dfrac{y-5}{k}$의 방향벡터를 각각 $\overrightarrow{u_1}$, $\overrightarrow{u_2}$라 하면

$$\overrightarrow{u_1}=(k,\,k+1),\ \overrightarrow{u_2}=(1-k^2,\,k)$$

두 직선이 서로 수직이므로 $\overrightarrow{u_1}\perp\overrightarrow{u_2}$, 즉

$$\overrightarrow{u_1}\cdot\overrightarrow{u_2}=0$$

$$(k,\,k+1)\cdot(1-k^2,\,k)=0$$

$$k(1-k^2)+k(k+1)=0$$

$$-k(k+1)(k-2)=0$$

$$\therefore k=2\ (\because k\neq-1,\ k\neq0)$$

답 ②

308

직선 $\dfrac{x-2}{a}=\dfrac{y-a}{2}$의 방향벡터를 $\vec{u}$라 하면

$\vec{u}=(a,\,2)$

직선 $3x-2y+a=0$의 법선벡터를 $\vec{n}$이라 하면

$\vec{n}=(3,\,-2)$

이때, 두 직선이 서로 수직이므로 두
벡터 $\vec{u}$, $\vec{n}$은 서로 평행하다. 즉,

$\vec{u}=k\vec{n}$ (단, $k\neq0$)

$(a,\,2)=k(3,\,-2)$

$a=3k$, $2=-2k$

$\therefore k=-1$, $a=-3$

$\therefore a^2=(-3)^2=9$

다른 풀이

$3x-2y+a=0$에서 $\dfrac{x}{2}=\dfrac{y-\dfrac{a}{2}}{3}$이므로

직선 $3x-2y+a=0$의 방향벡터를 $\vec{v}$라 하면

$\vec{v}=(2,\,3)$

이때, 두 직선이 서로 수직이므로

$\vec{u}\cdot\vec{v}=(a,\,2)\cdot(2,\,3)=0$

$2a+6=0$ $\therefore a=-3$

$\therefore a^2=(-3)^2=9$ **탑 9**

309

점 $A(2,\,4)$에 대하여 $|\overrightarrow{AP}|=5$이므로 점 P가 나타내는 도형은 중심이
$A(2,\,4)$이고 반지름의 길이가 5인 원이다.

따라서 점 P가 나타내는 원의 방정식은

$(x-2)^2+(y-4)^2=25$ ······ ㉠

㉠에 $y=0$을 대입하면

$(x-2)^2+16=25$

$(x-2)^2=9$

$x-2=-3$ 또는 $x-2=3$

$\therefore x=-1$ 또는 $x=5$

따라서 원 ㉠이 x축과 만나는 두 점은
$B(-1,\,0)$, $C(5,\,0)$이므로 삼각형 ABC
의 넓이는

$\dfrac{1}{2}\times6\times4=12$

탑 ③

310

점 P의 좌표를 $(x,\,y)$라 하면

$|\vec{p}-\vec{c}|=|(x-5,\,y-8)|=5$이므로

$(x-5,\,y-8)\cdot(x-5,\,y-8)=5^2$

$\therefore (x-5)^2+(y-8)^2=25$

따라서 점 P가 나타내는 도형은 중심이 $C(5,\,8)$이고 반지름의 길이가 5인
원이므로 이 원의 둘레의 길이는

$2\pi\times5=10\pi$ **탑 ③**

311

$|\vec{p}-\vec{c}|^2=r$에서 $(\vec{p}-\vec{c})\cdot(\vec{p}-\vec{c})=r$이므로

$(x,\,y-5)\cdot(x,\,y-5)=r$

$\therefore x^2+(y-5)^2=r$

따라서 점 P가 나타내는 도형은 중심이 $C(0,\,5)$이고 반지름의 길이가
$\sqrt{r}$인 원이고, 이 원이 점 $(4,\,2)$를 지나므로

$4^2+(2-5)^2=r$

$\therefore r=25$ **탑 25**

312

$\vec{p}-\vec{a}=\overrightarrow{AP}$, $\vec{p}-\vec{b}=\overrightarrow{BP}$이므로

$(\vec{p}-\vec{a})\cdot(\vec{p}-\vec{b})=\overrightarrow{AP}\cdot\overrightarrow{BP}=0$에서

$\overrightarrow{AP}\perp\overrightarrow{BP}$

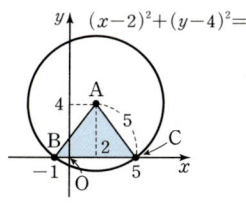

즉, $\angle APB=90°$이므로 점 P가 나타내는 도형
은 두 점 A, B를 지름의 양 끝 점으로 하는 원이
다.

이 원의 반지름의 길이는

$\dfrac{1}{2}\overline{AB}=\dfrac{1}{2}\sqrt{(0-4)^2+\{(-4)-(-2)\}^2}=\sqrt{5}$

이므로 원의 넓이는

$\pi\times(\sqrt{5})^2=5\pi$

$\therefore k=5$

다른 풀이

점 P의 좌표를 $(x,\,y)$라 하면

$\vec{a}=(4,\,-2)$, $\vec{b}=(0,\,-4)$, $\vec{p}=(x,\,y)$

$(\vec{p}-\vec{a})\cdot(\vec{p}-\vec{b})=0$이므로

$(x-4,\,y+2)\cdot(x,\,y+4)=0$

$x(x-4)+(y+2)(y+4)=0$

$x^2-4x+y^2+6y+8=0$

$(x-2)^2-4+(y+3)^2-9+8=0$

$\therefore (x-2)^2+(y+3)^2=5$

따라서 점 P가 나타내는 도형은 중심이 $(2,\,-3)$이고 반지름의 길이가 $\sqrt{5}$
인 원이므로 이 원의 넓이는

$\pi\times(\sqrt{5})^2=5\pi$

$\therefore k=5$ **탑 5**

313

$\overrightarrow{AP}\cdot\overrightarrow{BP}=0$에서 $\overrightarrow{AP}\perp\overrightarrow{BP}$

즉, $\angle APB=90°$이므로 점 P가 나타내는 도형은 두 점 A, B를 지름의
양 끝 점으로 하는 원이다.

이 원의 반지름의 길이는

$\dfrac{1}{2}\overline{AB}=\dfrac{1}{2}\sqrt{(6-4)^2+(4-2)^2}=\sqrt{2}$

이므로 원의 둘레의 길이는

$2\pi\times\sqrt{2}=2\sqrt{2}\pi$ **탑 ④**

314

점 P의 좌표를 $(x,\,y)$라 하면 $|\vec{p}|^2+\vec{a}\cdot\vec{p}=\vec{b}\cdot\vec{p}$에서

$(x,\,y)\cdot(x,\,y)+(1,\,3)\cdot(x,\,y)=(5,\,1)\cdot(x,\,y)$

$x^2+y^2+x+3y=5x+y$

$x^2-4x+y^2+2y=0$

$\therefore (x-2)^2+(y+1)^2=5$

따라서 점 P가 나타내는 도형은 중심이 점 $(2,\,-1)$이고 반지름의 길이
가 $\sqrt{5}$인 원이므로 원의 둘레의 길이는

$2\pi\times\sqrt{5}=2\sqrt{5}\pi$ **탑 ③**

315

$x+1=2(y+2)$에서 $\dfrac{x+1}{2}=y+2$ ...... ㉠

㉠에 평행한 직선은 ㉠의 방향벡터 $\vec{u}=(2,1)$에 평행하므로 점 $(2,-1)$을 지나고 벡터 $\vec{u}=(2,1)$에 평행한 직선의 방정식은

$\dfrac{x-2}{2}=y+1$

이 직선이 점 $(1,a)$를 지나므로

$\dfrac{1-2}{2}=a+1$ $\therefore a=-\dfrac{3}{2}$ **답** ①

316

$2(x+3)=-(y-2)$에서 $x+3=\dfrac{y-2}{-2}$ ...... ㉠

㉠에 수직인 직선은 ㉠의 방향벡터 $\vec{u}=(1,-2)$에 수직이므로 점 $(2,3)$을 지나고 벡터 $\vec{u}=(1,-2)$에 수직인 직선의 방정식은

$(x-2)-2(y-3)=0$ $\therefore x-2y+4=0$

이 직선이 두 점 $(a,2)$, $(-2,b)$를 지나므로

$a-4+4=0$ $\therefore a=0$

$-2-2b+4=0$ $\therefore b=1$

$\therefore a+b=1$ **답** ④

317

점 $(1,3)$을 지나고 법선벡터가 $\vec{n}=(3,1)$인 직선의 방정식은

$3(x-1)+(y-3)=0$ $\therefore 3x+y-6=0$ ...... ㉠

점 $(1,-2)$를 지나고 방향벡터가 $\vec{u}=(2,-1)$인 직선의 방정식은

$\dfrac{x-1}{2}=\dfrac{y+2}{-1}$ $\therefore x+2y+3=0$ ...... ㉡

㉠, ㉡을 연립하여 두 직선의 교점의 좌표를 구하면

$(3,-3)$

따라서 $a=3$, $b=-3$이므로

$a-b=3-(-3)=6$ **답** ⑤

318

두 점 $A(-2,4)$, $B(0,2)$를 지나는 직선의 방향벡터는

$\overrightarrow{AB}=(0,2)-(-2,4)=(2,-2)=2(1,-1)$

이므로 구하는 직선의 법선벡터는 $\vec{n}=(1,-1)$이다.

또한 선분 AB의 중점의 좌표는

$\left(\dfrac{-2+0}{2},\dfrac{4+2}{2}\right)$ $\therefore (-1,3)$

따라서 점 $(-1,3)$을 지나고 법선벡터가

$\vec{n}=(1,-1)$인 직선의 방정식은

$(x+1)-(y-3)=0$ $\therefore x-y+4=0$

따라서 이 직선과 x축 및 y축으로 둘러싸인 도형의 넓이는

$\dfrac{1}{2}\times4\times4=8$ **답** ④

319

두 점 $A(3,-2)$, $B(5,-1)$을 지나는 직선의 방정식은

$\dfrac{x-3}{5-3}=\dfrac{y+2}{-1-(-2)}$

$\therefore \dfrac{x-3}{2}=y+2$

따라서 $\dfrac{x-3}{2}=y+2$와 $\dfrac{x+3}{2}=\dfrac{y+1}{-3}$을 연립하여 풀면

$x=-1$, $y=-4$

즉, 두 직선의 교점의 좌표는 $(-1,-4)$이므로

$a=-1$, $b=-4$

$\therefore ab=(-1)\times(-4)=4$ **답** ⑤

320

직선 $l:\dfrac{x-2}{4}=\dfrac{y+1}{3}$의 방향벡터는 $\vec{u}=(4,3)$

x축의 방향벡터는 $\vec{e_1}=(1,0)$, y축의 방향벡터는 $\vec{e_2}=(0,1)$

따라서 직선 l이 x축과 이루는 예각의 크기 α에 대하여

$\cos\alpha=\dfrac{|\vec{u}\cdot\vec{e_1}|}{|\vec{u}||\vec{e_1}|}=\dfrac{|4\times1+3\times0|}{\sqrt{4^2+3^2}\sqrt{1^2+0^2}}=\dfrac{4}{5}$

직선 l이 y축과 이루는 예각의 크기 β에 대하여

$\cos\beta=\dfrac{|\vec{u}\cdot\vec{e_2}|}{|\vec{u}||\vec{e_2}|}=\dfrac{|4\times0+3\times1|}{\sqrt{4^2+3^2}\sqrt{0^2+1^2}}=\dfrac{3}{5}$

$\therefore \dfrac{\cos\alpha}{\cos\beta}=\dfrac{\dfrac{4}{5}}{\dfrac{3}{5}}=\dfrac{4}{3}$ **답** ③

321

두 점 $A(-2,t)$, $B(3,-t)$를 지나는 직선의 방향벡터를 $\vec{u_1}$이라 하면

$\vec{u_1}=\overrightarrow{AB}=(3,-t)-(-2,t)=(5,-2t)$

직선 $\dfrac{x+5}{-4}=\dfrac{y-3}{5}$의 방향벡터를 $\vec{u_2}$라 하면

$\vec{u_2}=(-4,5)$

두 직선이 서로 수직이므로 $\vec{u_1}\perp\vec{u_2}$, 즉

$\vec{u_1}\cdot\vec{u_2}=0$

$(5,-2t)\cdot(-4,5)=0$

$-20-10t=0$

$\therefore t=-2$ **답** ①

322

직선 $x+2y+2=0$의 법선벡터를 $\vec{n_1}$이라 하면

$\vec{n_1}=(1,2)$

직선 $3x-6y-10=0$의 법선벡터를 $\vec{n_2}$라 하면

$\vec{n_2}=(3,-6)$

따라서 두 직선이 이루는 각의 크기 $\theta\,(0°\le\theta\le90°)$에 대하여

$\cos\theta=\dfrac{|\vec{n_1}\cdot\vec{n_2}|}{|\vec{n_1}||\vec{n_2}|}=\dfrac{|1\times3+2\times(-6)|}{\sqrt{1^2+2^2}\sqrt{3^2+(-6)^2}}$

$=\dfrac{9}{\sqrt{5}\sqrt{45}}=\dfrac{3}{5}$

따라서 오른쪽 그림과 같은 직각삼각형에서

$\sin\theta=\dfrac{4}{5}$

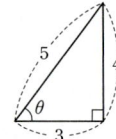

$\therefore 10(\sin\theta+\cos\theta)=10\times\left(\dfrac{4}{5}+\dfrac{3}{5}\right)$

$=14$ **답** 14

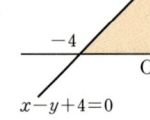

323

$\dfrac{x-3}{5}=\dfrac{y-1}{7}=t$ (t는 실수)로 놓으면

$x=5t+3$, $y=7t+1$

이고, 점 $A(-4, 6)$에서 직선 l에 내린 수선의 발 H는 직선 l 위의 점이 므로 $H(5t+3, 7t+1)$로 놓을 수 있다.

$\therefore \overrightarrow{AH}=(5t+3, 7t+1)-(-4, 6)$

$\qquad =(5t+7, 7t-5)$

이때, 직선 l의 방향벡터 $\vec{u}=(5, 7)$에 대하여 $\overrightarrow{AH}\perp\vec{u}$이므로

$\overrightarrow{AH}\cdot\vec{u}=0$

$(5t+7, 7t-5)\cdot(5, 7)=0$

$5(5t+7)+7(7t-5)=0$

$74t=0$ $\quad\therefore t=0$

$\therefore H(3, 1)$

따라서 $a=3$, $b=1$이므로

$a+b=3+1=4$ 답 ⑤

324

$\vec{p}-\vec{a}=\overrightarrow{AP}$, $\vec{p}-\vec{b}=\overrightarrow{BP}$이므로

$(\vec{p}-\vec{a})\cdot(\vec{p}-\vec{b})=\overrightarrow{AP}\cdot\overrightarrow{BP}=0$에서 $\overrightarrow{AP}\perp\overrightarrow{BP}$

즉, $\angle APB=90°$이므로 점 P가 나타내는 도형은 두 점 A, B를 지름의 양 끝 점으로 하는 원이다.

이 원의 반지름의 길이는

$\dfrac{1}{2}\overline{AB}=\dfrac{1}{2}\sqrt{(2-0)^2+(8-6)^2}=\sqrt{2}$

이므로 원의 넓이는 $\pi\times(\sqrt{2})^2=2\pi$ 답 ⑤

325

점 $A(4, 10)$과 점 P의 위치벡터를 각각 $\vec{a}$, $\vec{p}$라 할 때,

$\vec{p}=\overrightarrow{OP}$ (O는 원점), $\vec{p}-\vec{a}=\overrightarrow{AP}$이므로

$\vec{p}\cdot(\vec{p}-\vec{a})=\overrightarrow{OP}\cdot\overrightarrow{AP}=0$에서 $\overrightarrow{OP}\perp\overrightarrow{AP}$

즉, $\angle OPA=90°$이므로 점 P가 나타내는 도형은 두 점 O, A를 지름의 양 끝 점으로 하는 원이다.

이 원의 중심을 Q라 하면 점 Q는 선분 OA의 중점이므로 $Q(2, 5)$이고, 원의 반지름의 길이는

$\overline{OQ}=\sqrt{2^2+5^2}=\sqrt{29}$

이므로 점 P가 나타내는 원의 방 정식은

$(x-2)^2+(y-5)^2=29$ $\quad\cdots\cdots$ ㉠

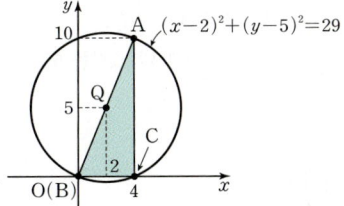

㉠에 $y=0$을 대입하면

$(x-2)^2+25=29$

$\therefore x=0$ 또는 $x=4$

따라서 원 ㉠이 x축과 만나는 두 점은 $B(0, 0)$, $C(4, 0)$이므로 삼각형 ABC의 넓이는

$\dfrac{1}{2}\times4\times10=20$ 답 ①

326

직선 AC의 방정식은

$\dfrac{x}{3-0}=\dfrac{y-2}{5-2}$, $x=y-2$ $\quad\therefore x-y+2=0$

$\vec{p}-\vec{a}=\overrightarrow{AP}$, $\vec{p}-\vec{b}=\overrightarrow{BP}$이므로

$(\vec{p}-\vec{a})\cdot(\vec{p}-\vec{b})=\overrightarrow{AP}\cdot\overrightarrow{BP}=0$에서 $\overrightarrow{AP}\perp\overrightarrow{BP}$

즉, $\angle APB=90°$이므로 점 P는 두 점 A, B를 지름의 양 끝 점으로 하는 원 위의 점이다.

이 원의 중심을 Q라 하면 점 Q는 선분 AB의 중점이므로 $Q(3, 2)$이고, 이 원의 넓이를 이등분하고 직선 AC와 평행한 직 선 l은 원의 중심 $Q(3, 2)$를 지난다.

따라서 직선 l과 직선 AC 사이의 거리는 점 Q와 직선 AC 사이의 거리와 같으므로

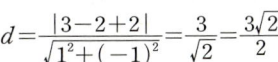

$d=\dfrac{|3-2+2|}{\sqrt{1^2+(-1)^2}}=\dfrac{3}{\sqrt{2}}=\dfrac{3\sqrt{2}}{2}$

보충 설명

점 P가 나타내는 원의 반지름의 길이는

$\overline{AQ}=\sqrt{(3-0)^2+(2-2)^2}=3$

이므로 이 원의 방정식은

$(x-3)^2+(y-2)^2=9$ 답 ④

327

$\vec{a}=(-2, 2)$이므로 점 P의 좌표를 (x, y)라 하면

$|\vec{p}-\vec{a}|=|(x+2, y-2)|=3$

$(x+2, y-2)\cdot(x+2, y-2)=3^2$

$\therefore (x+2)^2+(y-2)^2=9$

따라서 점 P가 나타내는 도형은 중심이 $A(-2, 2)$이고 반지름의 길이가 3인 원이다.

이때, $|\vec{p}-\vec{b}|=|\overrightarrow{BP}|=\overline{BP}$가 최대 또 는 최소가 되는 것은 오른쪽 그림과 같 이 직선 PB가 원의 중심 A를 지날 때이 므로

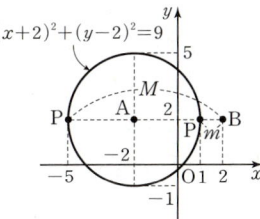

$|\vec{p}-\vec{b}|=\overline{BP}$의 최댓값은

$\overline{AB}+3=4+3=7$ $\quad\therefore M=7$

$|\vec{p}-\vec{b}|=\overline{BP}$의 최솟값은

$\overline{AB}-3=4-3=1$ $\quad\therefore m=1$

$\therefore M+m=7+1=8$ 답 ⑤

328

점 P의 좌표를 (x, y)라 하면 $\vec{p}=(x, y)$, $\vec{c}=(2, 1)$이고

$\vec{p}-\vec{c}=(x-2, y-1)$이므로 $(\vec{p}-\vec{c})\cdot(\vec{p}-\vec{c})=16$에서

$(x-2, y-1)\cdot(x-2, y-1)=16$

$\therefore (x-2)^2+(y-1)^2=16$

따라서 점 P가 나타내는 도형은 중심이 $C(2, 1)$이고 반지름의 길이가 4인 원이다.

이때, $|\vec{p}|=|\overrightarrow{OP}|$ (O는 원점)가 최대가 되는 것은 오른쪽 그림과 같이 직선 OP가 원의 중심 C를 지날 때이므로

$|\vec{p}|=|\overrightarrow{OP}|$의 최댓값은

$\overline{OC}+4=\sqrt{5}+4$ $\quad\therefore a=4$, $b=1$

$\therefore a+b=4+1=5$

보충 설명

$|\vec{a}|^2=\vec{a}\cdot\vec{a}$이므로 $(\vec{p}-\vec{c})\cdot(\vec{p}-\vec{c})=16$에서

$|\vec{p}-\vec{c}|^2=16$ $\quad\therefore |\vec{p}-\vec{c}|=4$

따라서 점 P가 나타내는 도형은 중심이 $C(2, 1)$이고 반지름의 길이가 4 인 원이다. 답 ②

329

두 점 $A(-1, 2)$, $B(2, 1)$을 지나는 직선 l의 방향벡터를 $\vec{u}$라 하면
$$\vec{u}=\overrightarrow{AB}=(2, 1)-(-1, 2)=(3, -1)$$

············· ㉮

점 $C(2, -1)$에서 직선 l에 내린 수선의 발 H에 대하여 직선 CH는 직선 l과 수직이므로 직선 CH는 직선 l의 방향벡터 $\vec{u}=(3, -1)$에 수직이다.

············· ㉯

따라서 직선 CH는 점 C를 지나고 벡터 $\vec{u}=(3, -1)$에 수직이므로 그 방정식은
$$3(x-2)-(y+1)=0 \qquad \therefore 3x-y-7=0$$
따라서 $a=3$, $b=7$이므로
$$a+b=3+7=10$$

············· ㉰

단계	채점 요소	비율
㉮	직선 l의 방향벡터 구하기	30%
㉯	직선 CH가 직선 l과 수직임을 알기	30%
㉰	지나는 점과 법선벡터가 주어진 직선의 방정식을 구하여 답 구하기	40%

답 10

330

점 $A(2, 3)$에 대하여 $|\overrightarrow{AP}|=\sqrt{2}$이므로 점 P가 나타내는 도형은 중심이 $A(2, 3)$이고 반지름의 길이가 $\sqrt{2}$인 원이다.
따라서 점 P가 나타내는 원의 방정식은
$$(x-2)^2+(y-3)^2=2 \qquad \cdots\cdots ㉠$$

············· ㉮

또한 $|\overrightarrow{OA}|=\sqrt{2^2+3^2}=\sqrt{13}$, $|\overrightarrow{AP}|=\sqrt{2}$이고
$$\begin{aligned}\overrightarrow{OA}\cdot\overrightarrow{OP}&=\overrightarrow{OA}\cdot(\overrightarrow{OA}+\overrightarrow{AP})\\&=|\overrightarrow{OA}|^2+\overrightarrow{OA}\cdot\overrightarrow{AP}\\&=13+\overrightarrow{OA}\cdot\overrightarrow{AP}\end{aligned}$$

············· ㉯

$\overrightarrow{OA}\cdot\overrightarrow{AP}$는 두 벡터 $\overrightarrow{OA}$, $\overrightarrow{AP}$의 방향이 서로 같을 때 최댓값
$|\overrightarrow{OA}||\overrightarrow{AP}|=\sqrt{26}$을 갖고, 방향이 서로 반대일 때 최솟값
$-|\overrightarrow{OA}||\overrightarrow{AP}|=-\sqrt{26}$을 가지므로
$$M=13+\sqrt{26}, \quad m=13-\sqrt{26}$$
$$\therefore Mm=(13+\sqrt{26})(13-\sqrt{26})=169-26=143$$

············· ㉰

단계	채점 요소	비율
㉮	점 P가 나타내는 원의 방정식 구하기	25%
㉯	$\overrightarrow{OA}\cdot\overrightarrow{OP}$를 $\overrightarrow{OA}\cdot\overrightarrow{AP}$에 대한 식으로 변형하기	45%
㉰	$\overrightarrow{OA}\cdot\overrightarrow{OP}$의 최댓값과 최솟값을 각각 구하여 답 구하기	30%

보충 설명

수학 Ⅰ. 삼각함수에서 $\cos\theta=-\cos(180°-\theta)$임을 학습하였으므로 두 벡터 $\overrightarrow{OA}$, $\overrightarrow{AP}$가 이루는 각의 크기를 θ라 할 때, θ의 값에 관계없이 $\overrightarrow{OA}\cdot\overrightarrow{AP}=|\overrightarrow{OA}||\overrightarrow{AP}|\cos\theta$로 나타낼 수 있다.
따라서 두 벡터의 방향이 서로 같을 때 $\theta=0°$이므로 최댓값 $|\overrightarrow{OA}||\overrightarrow{AP}|$를 갖고, 방향이 서로 반대이면 $\theta=180°$이므로 최솟값 $-|\overrightarrow{OA}||\overrightarrow{AP}|$를 갖는다.

답 143

---

08 공간도형

개념 콕콕

본문 p.67~68

331

한 직선 위에 있지 않은 서로 다른 세 점은 하나의 평면을 결정하므로 구하는 평면의 개수는
$$_6C_3=\frac{6\times5\times4}{3\times2\times1}=20$$

답 20

332

답 (1) 모서리 AC, 모서리 AD, 모서리 BC, 모서리 BE
(2) 모서리 DE
(3) 모서리 CF, 모서리 DF, 모서리 EF

333

답 (1) 면 AEFB, 면 BFGC
(2) 면 ABCD, 면 EFGH
(3) 면 AEHD, 면 DHGC
(4) 면 ABCD, 면 AEHD, 면 BFGC, 면 EFGH
(5) 면 DHGC

334

(1) $\overline{DH}//\overline{AE}$이고 $\overline{AB}\perp\overline{AE}$이므로
$$\overline{AB}\perp\overline{DH}$$
따라서 두 직선 AB, DH가 이루는 각의 크기는 $90°$이다.
(2) $\overline{FH}//\overline{BD}$이고 △ABD는 직각이등변삼각형이므로
$$\angle ADB=45°$$
즉, 두 직선 AD, BD가 이루는 각의 크기는 $45°$이므로 두 직선 AD, FH가 이루는 각의 크기는 $45°$이다.
(3) $\overline{ED}//\overline{FC}$이고 △AFC는 정삼각형이므로
$$\angle AFC=60°$$
즉, 두 직선 AF, FC가 이루는 각의 크기는 $60°$이므로 두 직선 AF, ED가 이루는 각의 크기는 $60°$이다.

답 (1) $90°$ (2) $45°$ (3) $60°$

335

직선 AE는 평면 EFGH 위의 평행하지 않은 두 직선 EF, EH와 각각 수직이므로
$$\overline{AE}\perp(\text{평면 EFGH})$$
따라서 모서리 AE와 면 EFGH가 이루는 각의 크기는 $90°$이다.

답 $90°$

336

답 ㈎ $\overline{DM}$ ㈏ MCD

337

답 ㈎ $\overline{PO}$ ㈏ PHO

338

직각삼각형 PHO에서 $\overline{PH}=\sqrt{3^2+2^2}=\sqrt{13}$

$\overline{PO}\perp\alpha$, $\overline{OH}\perp\overline{AB}$이므로 삼수선의 정리에 의하여

$\overline{PH}\perp\overline{AB}$

따라서 $\triangle PAH$가 직각삼각형이므로

$\overline{PA}=\sqrt{(\sqrt{13})^2+3^2}=\sqrt{22}$

$\textcircled{\small 답}$ $\sqrt{22}$

339

오른쪽 그림과 같이 꼭짓점 A에서 밑면 BCD에 내린 수선의 발을 H라 하면 점 H는 삼각형 BCD의 무게중심이다.

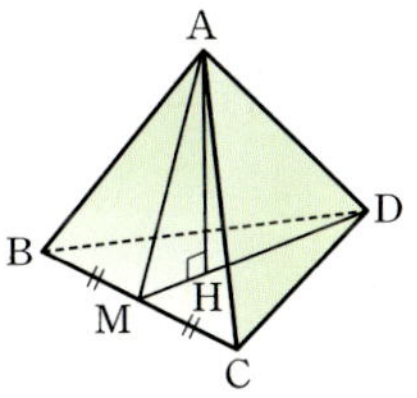

모서리 BC의 중점을 M이라 하면

$\overline{AM}\perp\overline{BC}$, $\overline{HM}\perp\overline{BC}$

이므로 $\theta=\boxed{\angle AMH}$

정사면체의 한 모서리의 길이를 a라 하면

$\overline{AM}=\overline{DM}=\boxed{\dfrac{\sqrt{3}}{2}a}$, $\overline{HM}=\dfrac{1}{3}\overline{DM}=\dfrac{1}{3}\times\dfrac{\sqrt{3}}{2}a=\boxed{\dfrac{\sqrt{3}}{6}a}$

이므로 직각삼각형 AMH에서

$\cos\theta=\dfrac{\overline{HM}}{\overline{AM}}=\dfrac{\frac{\sqrt{3}}{6}a}{\frac{\sqrt{3}}{2}a}=\boxed{\dfrac{1}{3}}$

$\textcircled{\small 답}$ (가) $\angle AMH$ (나) $\dfrac{\sqrt{3}}{2}a$ (다) $\dfrac{\sqrt{3}}{6}a$ (라) $\dfrac{1}{3}$

340

$\textcircled{\small 답}$ (1) 점 B (2) 선분 FH (3) 삼각형 AEH

341

(1) $\overline{A'B'}=4\cos60°=4\times\dfrac{1}{2}=2$

(2) $3\sqrt{3}=6\cos\theta$에서 $\cos\theta=\dfrac{\sqrt{3}}{2}$

$\therefore \theta=30°$ ($\because 0°\le\theta\le90°$)

$\textcircled{\small 답}$ (1) 2 (2) 30°

342

구하는 정사영의 넓이를 S'이라 하면

$S'=(\pi\times2^2)\times\cos30°$

$=4\pi\times\dfrac{\sqrt{3}}{2}=2\sqrt{3}\pi$

$\textcircled{\small 답}$ $2\sqrt{3}\pi$

343

한 변의 길이가 4인 정삼각형의 넓이는

$\dfrac{\sqrt{3}}{4}\times4^2=4\sqrt{3}$

이므로 두 평면 α, β가 이루는 각의 크기를 θ라 하면

$2\sqrt{6}=4\sqrt{3}\cos\theta$, $\cos\theta=\dfrac{\sqrt{2}}{2}$

$\therefore \theta=45°$ ($\because 0°\le\theta\le90°$)

$\textcircled{\small 답}$ 45°

유형 콕콕
본문 p.69~75

344 ③	**345** ③	**346** 26	**347** 20	**348** ㄱ, ㄴ	**349** 6
350 ①	**351** ③	**352** ①	**353** ⑤	**354** ㄱ, ㄴ, ㄹ	
355 60°	**356** ④	**357** $2\sqrt{3}$	**358** ①	**359** ③	**360** ②
361 $\dfrac{\sqrt{2}}{4}$	**362** ④	**363** ③	**364** $\dfrac{\sqrt{30}}{6}$	**365** ④	**366** ②
367 $\dfrac{1}{3}$	**368** 30°	**369** ⑤	**370** $\sqrt{3}$	**371** ③	**372** ④
373 20π	**374** ⑤	**375** ④	**376** ①	**377** ②	**378** ①
379 $\dfrac{\sqrt{5}}{5}$	**380** ③	**381** ④	**382** 6	**383** ②	**384** ③
385 $2\sqrt{17}$					

344

(ⅰ) 두 직선 DF, FH로 만들 수 있는 평면은 평면 DHF

(ⅱ) 네 꼭짓점 A, C, E, G로 만들 수 있는 평면은 평면 AEGC

(ⅲ) 네 꼭짓점 A, C, E, G와 직선 DF로 만들 수 있는 평면은

평면 AFD, 평면 CDF, 평면 EFD, 평면 GDF

그런데 네 꼭짓점 A, F, G, D는 한 평면 위의 점이므로 평면 AFD와 평면 GDF는 같은 평면이다. 또한 네 꼭짓점 C, D, E, F는 한 평면 위의 점이므로 평면 CDF와 평면 EFD는 같은 평면이다.

(ⅳ) 네 꼭짓점 A, C, E, G와 직선 FH로 만들 수 있는 평면은

평면 AFH, 평면 CHF, 평면 EFH, 평면 GHF

그런데 네 꼭짓점 E, F, G, H는 한 평면 위의 점이므로 평면 EFH와 평면 GHF는 같은 평면이다.

(ⅰ)~(ⅳ)에서 구하는 서로 다른 평면의 개수는

$1+1+(4-2)+(4-1)=7$

$\textcircled{\small 답}$ ③

345

ㄱ. 세 점 A, B, F는 한 직선 위에 있지 않으므로 한 평면을 결정한다.

ㄴ. 직선 CD와 이 직선 위에 있지 않은 한 점 B는 한 평면을 결정한다.

ㄷ. 직선 AB와 직선 EF는 꼬인 위치에 있으므로 두 직선 AB와 EF를 포함하는 평면은 존재하지 않는다.

즉, 두 직선 AB와 EF는 한 평면을 결정하지 않는다.

따라서 한 평면을 결정하는 것은 ㄱ, ㄴ이다.

$\textcircled{\small 답}$ ③

346

(ⅰ) 직선 l 위의 두 점과 직선 l 위에 있지 않은 한 점을 택하는 경우

$_4C_1=4$

(ⅱ) 직선 l 위의 한 점과 직선 l 위에 있지 않은 두 점을 택하는 경우

$_3C_1\times_4C_2=3\times6=18$

(ⅲ) 직선 l 위에 있지 않은 세 점을 택하는 경우

$_4C_3=4$

⟍⟍⟍⟍⟍ 가 ⟍⟍⟍⟍⟍

(ⅰ), (ⅱ), (ⅲ)에서 구하는 서로 다른 평면의 개수는

$4+18+4=26$

⟍⟍⟍⟍⟍ 나 ⟍⟍⟍⟍⟍

단계	채점 요소	비율
가	직선 l 위의 점을 택하는 경우에 따라 만들 수 있는 서로 다른 평면의 개수 구하기	80%
나	만들 수 있는 서로 다른 평면의 개수 구하기	20%

$\textcircled{\small 답}$ 26

347

주어진 삼각기둥의 꼭짓점 중 어느 세 점도 한 직선 위에 있지 않으므로 6개의 꼭짓점 중 서로 다른 두 점을 지나는 직선의 개수는

$$_6C_2 = \frac{6 \times 5}{2 \times 1} = 15$$

$\therefore a = 15$

그중에서 직선 AB와 꼬인 위치에 있는 직선은

직선 CD, 직선 CE, 직선 CF, 직선 DF, 직선 EF

의 5개이므로

$b = 5$

$\therefore a + b = 15 + 5 = 20$

보충 설명

$a - b$의 값은 삼각기둥의 서로 다른 두 꼭짓점을 지나는 직선 중에서 직선 AB와 꼬인 위치에 있지 않은 직선의 개수와 같다.

직선 AB와 평행한 직선은 직선 DE의 1개이고, 직선 AB와 한 점에서 만나는 직선은 직선 AC, 직선 AD, 직선 AE, 직선 AF, 직선 BC, 직선 BD, 직선 BE, 직선 BF의 8개이다.

한편, 직선 AB는 자기 자신과 꼬인 위치에 있지 않다.

따라서 15개의 직선 중 직선 AB와 꼬인 위치에 있지 않은 직선의 개수는

$a - b = 1 + 8 + 1 = 10$

답 20

348

ㄱ. 직선 AD와 직선 BC는 서로 만나지도 않고 평행하지도 않으므로 꼬인 위치에 있다.

ㄴ. 직선 CD와 직선 BQ는 서로 만나지도 않고 평행하지도 않으므로 꼬인 위치에 있다.

ㄷ. 오른쪽 그림과 같이 직선 AP가 모서리 BC와 만나는 점을 M, 직선 AQ가 모서리 CD와 만나는 점을 N이라 하면 두 점 P, Q는 각각 △ABC, △ACD의 무게중심이므로

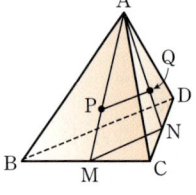

$\overline{AP} : \overline{PM} = \overline{AQ} : \overline{QN}$
$\qquad = 2 : 1$

$\therefore \overline{PQ} /\!/ \overline{MN}$

또한 두 점 M, N은 각각 모서리 BC, CD의 중점이므로

$\overline{MN} /\!/ \overline{BD}$

$\therefore \overline{PQ} /\!/ \overline{BD}$

따라서 꼬인 위치에 있는 것은 ㄱ, ㄴ이다.

답 ㄱ, ㄴ

349

오른쪽 그림과 같이 직선 AF가 모서리 BE와 만나는 점을 F′, 직선 AG가 모서리 CD와 만나는 점을 G′이라 하면 두 점 F, G는 각각 △ABE, △ACD의 무게중심이므로

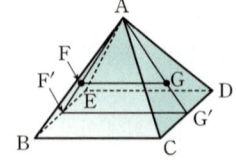

$\overline{AF} : \overline{FF'} = \overline{AG} : \overline{GG'}$
$\qquad = 2 : 1$

$\therefore \overline{FG} /\!/ \overline{F'G'}$ ...... ㉠

또한 두 점 F′, G′은 각각 모서리 BE, CD의 중점이므로

$\overline{F'G'} /\!/ \overline{BC} /\!/ \overline{ED}$ ...... ㉡

㉠, ㉡에 의하여

$\overline{FG} /\!/ \overline{BC} /\!/ \overline{ED}$

한편, 주어진 정사각뿔의 각 모서리의 연장선 중에서 두 직선 BC, ED를 제외한 나머지 직선은 직선 FG와 평행하지도 않고 만나지도 않는다.

따라서 직선 FG와 꼬인 위치에 있는 직선은

직선 AB, 직선 AC, 직선 AD, 직선 AE, 직선 BE, 직선 CD 의 6개이다.

답 6

350

ㄱ. 오른쪽 그림과 같이 $l \perp \alpha$, $m \perp \alpha$이면 $l /\!/ m$이다. (참)

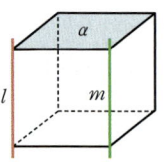

ㄴ. 오른쪽 그림과 같이 $\alpha \perp \beta$, $\alpha \perp \gamma$이지만 두 평면 β, γ가 만날 수도 있다. (거짓)

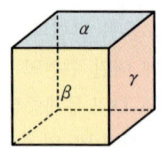

ㄷ. 오른쪽 그림과 같이 $l /\!/ \alpha$, $\alpha \perp \beta$이지만 평면 β가 직선 l을 포함할 수도 있다. (거짓)

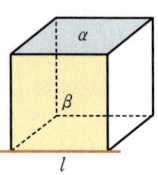

따라서 옳은 것은 ㄱ뿐이다.

답 ①

351

ㄱ. 오른쪽 그림과 같이 $l /\!/ m$이고 $l /\!/ n$이면 $m /\!/ n$이다. (참)

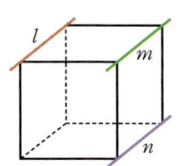

ㄴ. 오른쪽 그림과 같이 $l \perp \alpha$, $l \perp \beta$이면 $\alpha /\!/ \beta$이다. (참)

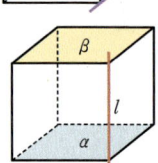

ㄷ. 오른쪽 그림과 같이 $l /\!/ \alpha$, $m /\!/ \alpha$이지만 $l /\!/ m$일 수도 있다. (거짓)

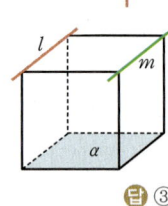

따라서 옳은 것은 ㄱ, ㄴ이다.

답 ③

352

ㄱ. 오른쪽 그림과 같이 꼬인 위치에 있는 두 직선 l, m에 대하여 직선 l 위의 어떤 한 점을 지나고 직선 m에 평행한 직선을 n이라 하면 직선 l과 직선 n에 의하여 하나의 평면이 정해지고, 이 평면은 직선 m과 만나지 않으므로 평행하다.

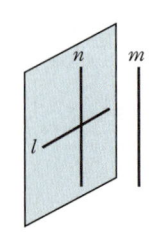

이 평면과 평행한 서로 다른 두 평면이 바로 꼬인 위치에 있는 두 직선 l, m에 모두 평행한 평면이다.

즉, 꼬인 위치에 있는 두 직선 l, m에 모두 평행한 서로 다른 두 평면은 서로 평행하다. (참)

ㄴ. 오른쪽 그림과 같이 꼬인 위치에 있는 두 직선 l, m에 대하여 $l \perp n$이지만 $m /\!/ n$일 수도 있다. (거짓)

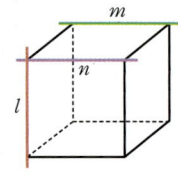

ㄷ. 오른쪽 그림과 같이 꼬인 위치에 있는 두 직선
 l, m에 대하여 $l \perp \alpha$이지만 $m /\!/ \alpha$일 수도 있
 다. (거짓)

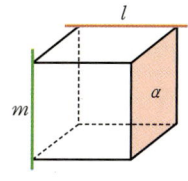

따라서 옳은 것은 ㄱ뿐이다.

답 ①

353

$\overline{HG} /\!/ \overline{EF}$에서 두 직선 DF, HG가 이루는 각의 크기는 두 직선 DF, EF
가 이루는 각의 크기와 같으므로
$\theta = \angle DFE$
정육면체의 한 모서리의 길이를 a라 하면
$\overline{EF} = a$, $\overline{DF} = \sqrt{a^2 + a^2 + a^2} = \sqrt{3} a$
이고, $\triangle DEF$는 $\angle DEF = 90°$인 직각삼각형이므로
$$\cos \theta = \frac{\overline{EF}}{\overline{DF}} = \frac{a}{\sqrt{3} a} = \frac{\sqrt{3}}{3}$$

답 ⑤

354

ㄱ. $\overline{CG} /\!/ \overline{BF}$이고 $\overline{AB} \perp \overline{BF}$이므로
 $\overline{AB} \perp \overline{CG}$ (참)
ㄴ. $\overline{HF} /\!/ \overline{BD}$이고 $\overline{AC} \perp \overline{BD}$이므로
 $\overline{AC} \perp \overline{HF}$ (참)
ㄷ. $\overline{EG} /\!/ \overline{AC}$이고 $\triangle AFC$는 정삼각형이므로 $\angle ACF = 60°$이다.
 즉, 두 직선 CF, AC가 이루는 각의 크기는 $60°$이므로 두 직선 CF,
 EG가 이루는 각의 크기는 $60°$이다. (거짓)
ㄹ. $\overline{HG} /\!/ \overline{CD}$이고 $\overline{DE} \perp \overline{CD}$이므로
 $\overline{DE} \perp \overline{HG}$ (참)
따라서 옳은 것은 ㄱ, ㄴ, ㄹ이다.

답 ㄱ, ㄴ, ㄹ

355

오른쪽 그림과 같이 $\overline{IJ} /\!/ \overline{AF}$이고 $\overline{KL} /\!/ \overline{AC}$이므
로 두 직선 IJ, KL이 이루는 각의 크기는 두 직
선 AF, AC가 이루는 각의 크기와 같다.
그런데 $\triangle AFC$는 정삼각형이므로
$\angle FAC = 60°$
따라서 두 직선 IJ, KL이 이루는 각의 크기는 $60°$이다.

다른 풀이

두 직선 IJ, KL은 한 점에서 만나므로 그 교점을
M이라 하고, 정육면체의 한 모서리의 길이를 a
라 하면
$$\overline{LM} = \overline{JM} = \overline{JL} = \frac{\sqrt{2}}{2} a$$
따라서 $\triangle MJL$은 정삼각형이므로 두 직선 IJ,
KL이 이루는 각의 크기는 $60°$이다.

답 $60°$

356

$\triangle PBH$는 직각삼각형이므로
$\overline{PB} = \sqrt{5^2 + 2^2} = \sqrt{29}$
또한 $\overline{PH} \perp \alpha$, $\overline{HB} \perp \overline{AB}$이므로 삼수선의 정리
에 의하여
$\overline{PB} \perp \overline{AB}$
따라서 $\triangle PAB$는 직각삼각형이므로
$\overline{PA} = \sqrt{(\sqrt{29})^2 + 3^2} = \sqrt{38}$

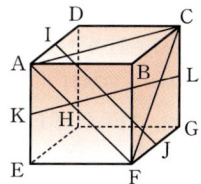

답 ④

357

$\overline{PO} \perp \alpha$, $\overline{OH} \perp \overline{AB}$이므로 삼수선의 정리에 의하여
$\overline{PH} \perp \overline{AB}$

───────────────────────── 가

따라서 $\triangle PAH$는 직각삼각형이므로
$\overline{PH} = \sqrt{5^2 - 2^2} = \sqrt{21}$

───────────────────────── 나

또한 $\triangle PHO$는 직각삼각형이므로
$\overline{OH} = \sqrt{(\sqrt{21})^2 - 3^2} = \sqrt{12} = 2\sqrt{3}$

───────────────────────── 다

단계	채점 요소	비율
가	$\overline{PH} \perp \overline{AB}$임을 보이기	40%
나	$\overline{PH}$의 길이 구하기	30%
다	$\overline{OH}$의 길이 구하기	30%

답 $2\sqrt{3}$

358

$\overline{OC} \perp$(평면 OAB), $\overline{CH} \perp \overline{AB}$이므로 삼수선의 정리에 의하여
$\overline{OH} \perp \overline{AB}$
$\triangle OAB$는 $\overline{AB} = \sqrt{20^2 + 15^2} = \sqrt{625} = 25$인 직각삼각형이므로
$\overline{OA} \times \overline{OB} = \overline{AB} \times \overline{OH}$
$20 \times 15 = 25 \times \overline{OH}$ ∴ $\overline{OH} = 12$
따라서 직각삼각형 COH에서
$\overline{CH} = \sqrt{5^2 + 12^2} = \sqrt{169} = 13$

답 ①

359

오른쪽 그림과 같이 꼭짓점 D에서 선분 EG
에 내린 수선의 발을 I라 하면
$\overline{DH} \perp$(평면 EFGH), $\overline{DI} \perp \overline{EG}$
이므로 삼수선의 정리에 의하여
$\overline{HI} \perp \overline{EG}$
이때, $\triangle EGH$는 $\overline{EG} = \sqrt{3^2 + 4^2} = \sqrt{25} = 5$인 직각삼각형이므로
$\overline{EH} \times \overline{HG} = \overline{EG} \times \overline{HI}$, $3 \times 4 = 5 \times \overline{HI}$ ∴ $\overline{HI} = \dfrac{12}{5}$

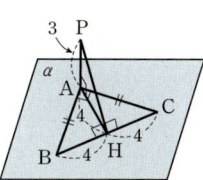

또한 $\triangle DHI$는 직각삼각형이므로
$$\overline{DI} = \sqrt{1^2 + \left(\frac{12}{5}\right)^2} = \sqrt{\frac{169}{25}} = \frac{13}{5}$$
따라서 삼각형 DEG의 넓이는
$$\frac{1}{2} \times \overline{EG} \times \overline{DI} = \frac{1}{2} \times 5 \times \frac{13}{5} = \frac{13}{2}$$

답 ③

360

오른쪽 그림과 같이 점 P에서 선분 BC에 내린
수선의 발을 H라 하면
$\overline{PA} \perp \alpha$, $\overline{PH} \perp \overline{BC}$
이므로 삼수선의 정리에 의하여
$\overline{AH} \perp \overline{BC}$
이때, $\triangle ABC$는 직각이등변삼각형이므로
$\overline{AH} = \frac{1}{2} \overline{BC} = \frac{1}{2} \times 8 = 4$
또한 $\overline{PA} = 3$이므로 직각삼각형 PAH에서
$\overline{PH} = \sqrt{3^2 + 4^2} = \sqrt{25} = 5$
따라서 점 P에서 직선 BC까지의 거리는 5이다.

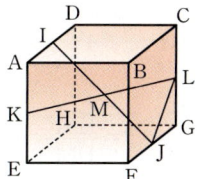

답 ②

361

오른쪽 그림과 같이 직선 m 위의 한 점 A에서 평면 β, 즉 직선 l에 내린 수선의 발을 H라 하고, 점 H에서 직선 n에 내린 수선의 발을 B라 하면 삼수선의 정리에 의하여

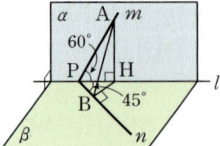

$\overline{AB} \perp \overline{PB}$

한편, $\triangle APH$, $\triangle HPB$가 모두 직각삼각형이므로 $\overline{PA}=a$라 하면

$\overline{PH}=\overline{PA}\cos 60°=\dfrac{1}{2}a$

$\overline{PB}=\overline{PH}\cos 45°=\dfrac{1}{2}a\times\dfrac{\sqrt{2}}{2}=\dfrac{\sqrt{2}}{4}a$

이때, $\theta=\angle APB$이므로

$\cos\theta=\dfrac{\overline{PB}}{\overline{PA}}=\dfrac{\frac{\sqrt{2}}{4}a}{a}=\dfrac{\sqrt{2}}{4}$　　📗 $\dfrac{\sqrt{2}}{4}$

362

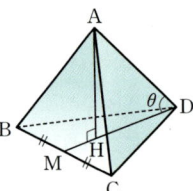

오른쪽 그림과 같이 꼭짓점 A에서 밑면 BCD에 내린 수선의 발을 H라 하면

$\theta=\angle ADH$

정사면체의 한 모서리의 길이를 $2a$라 하고, $\overline{BC}$의 중점을 M이라 하면 $\overline{DM}$은 정삼각형 BCD의 높이이고 점 H는 무게중심이므로

$\overline{DM}=\dfrac{\sqrt{3}}{2}\times 2a=\sqrt{3}a$

$\overline{DH}=\dfrac{2}{3}\overline{DM}=\dfrac{2}{3}\times\sqrt{3}a=\dfrac{2\sqrt{3}}{3}a$

따라서 직각삼각형 AHD에서

$\cos\theta=\dfrac{\overline{DH}}{\overline{AD}}=\dfrac{\frac{2\sqrt{3}}{3}a}{2a}=\dfrac{\sqrt{3}}{3}$　　📗 ④

363

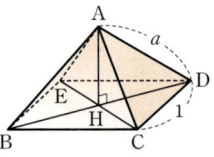

오른쪽 그림과 같이 점 A에서 밑면 BCDE에 내린 수선의 발을 H라 하면 점 H는 정사각형 BCDE의 두 대각선 BD, CE의 교점과 같고, 직선 AC와 평면 BCDE가 이루는 각의 크기는 직선 AC와 직선 CH가 이루는 각의 크기와 같다.

즉, $\angle ACH=60°$이므로 $\cos(\angle ACH)=\cos 60°=\dfrac{1}{2}$

이때, $\overline{CH}=\dfrac{1}{2}\overline{CE}=\dfrac{1}{2}\times\sqrt{2}=\dfrac{\sqrt{2}}{2}$이므로 직각삼각형 AHC에서

$\cos(\angle ACH)=\dfrac{\overline{CH}}{\overline{AC}}=\dfrac{\frac{\sqrt{2}}{2}}{a}=\dfrac{1}{\sqrt{2}a}$

즉, $\dfrac{1}{\sqrt{2}a}=\dfrac{1}{2}$, $\sqrt{2}a=2$　　∴ $a=\sqrt{2}$　　📗 ③

364

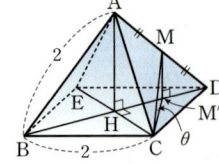

오른쪽 그림과 같이 두 점 A, M에서 평면 BCDE에 내린 수선의 발을 각각 H, M′이라 하면

$\theta=\angle MCM'$

 〔가〕

이때, 점 H는 정사각형 BCDE의 두 대각선 BD, CE의 교점과 같고, 점 M′은 $\overline{HD}$의 중점이므로

$\overline{CH}=\dfrac{1}{2}\overline{CE}=\dfrac{1}{2}\times 2\sqrt{2}=\sqrt{2}$

$\overline{HM'}=\dfrac{1}{4}\overline{BD}=\dfrac{1}{4}\times 2\sqrt{2}=\dfrac{\sqrt{2}}{2}$

따라서 직각삼각형 CM′H에서

$\overline{CM'}=\sqrt{(\sqrt{2})^2+\left(\dfrac{\sqrt{2}}{2}\right)^2}=\sqrt{\dfrac{5}{2}}=\dfrac{\sqrt{10}}{2}$

또한 $\overline{CM}=\dfrac{\sqrt{3}}{2}\times 2=\sqrt{3}$

 〔나〕

따라서 직각삼각형 MCM′에서

$\cos\theta=\dfrac{\overline{CM'}}{\overline{CM}}=\dfrac{\frac{\sqrt{10}}{2}}{\sqrt{3}}=\dfrac{\sqrt{30}}{6}$

〔다〕

단계	채점 요소	비율
가	점 M에서 평면 BCDE에 내린 수선의 발을 M′이라 할 때, $\theta=\angle MCM'$임을 알기	30%
나	$\overline{CM}$, $\overline{CM'}$의 길이 구하기	50%
다	$\cos\theta$의 값 구하기	20%

📗 $\dfrac{\sqrt{30}}{6}$

365

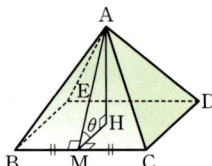

오른쪽 그림과 같이 꼭짓점 D에서 $\overline{EG}$에 내린 수선의 발을 M이라 하면 삼수선의 정리에 의하여

$\overline{HM} \perp \overline{EG}$

따라서 직각삼각형 DHM에서 $\overline{DM}$과 $\overline{HM}$이 이루는 각의 크기는 평면 DEG와 평면 EFGH가 이루는 각의 크기와 같다.

∴ $\theta=\angle DMH$

한편, $\triangle EGH$는 $\overline{EG}=\sqrt{2^2+3^2}=\sqrt{13}$인 직각삼각형이므로

$\overline{EH}\times\overline{HG}=\overline{EG}\times\overline{HM}$, $2\times 3=\sqrt{13}\times\overline{HM}$

∴ $\overline{HM}=\dfrac{6}{\sqrt{13}}$

또한 직각삼각형 DHM에서

$\overline{DM}=\sqrt{1^2+\left(\dfrac{6}{\sqrt{13}}\right)^2}=\sqrt{\dfrac{49}{13}}=\dfrac{7}{\sqrt{13}}$

∴ $\cos\theta=\dfrac{\overline{HM}}{\overline{DM}}=\dfrac{\frac{6}{\sqrt{13}}}{\frac{7}{\sqrt{13}}}=\dfrac{6}{7}$　　📗 ④

366

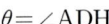

오른쪽 그림과 같이 $\overline{BC}$의 중점을 M, 꼭짓점 A에서 밑면 BCDE에 내린 수선의 발을 H라 하면

$\overline{AM} \perp \overline{BC}$, $\overline{HM} \perp \overline{BC}$

∴ $\theta=\angle AMH$

정사각뿔의 한 모서리의 길이를 $2a$라 하면

$\overline{AM}=\dfrac{\sqrt{3}}{2}\times 2a=\sqrt{3}a$, $\overline{HM}=\dfrac{1}{2}\times 2a=a$

이므로

$$\cos\theta=\frac{\overline{\text{HM}}}{\overline{\text{AM}}}=\frac{a}{\sqrt{3}\,a}=\frac{\sqrt{3}}{3}$$

답 ②

367

오른쪽 그림과 같이 선분 HF를 그으면 사면체
FAHC는 정사면체이다.
꼭짓점 F에서 밑면 AHC에 내린 수선의 발을
I, $\overline{\text{AC}}$의 중점을 M이라 하면 점 I는 정삼각형
AHC의 무게중심이고 $\overline{\text{FM}}\perp\overline{\text{AC}}$, $\overline{\text{IM}}\perp\overline{\text{AC}}$이
므로 $\theta=\angle\text{FMI}$
정사면체 FAHC의 한 모서리의 길이를 a라 하면

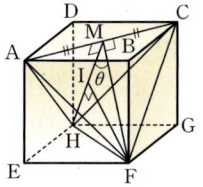

$$\overline{\text{FM}}=\overline{\text{HM}}=\frac{\sqrt{3}}{2}a,\ \overline{\text{IM}}=\frac{1}{3}\overline{\text{HM}}=\frac{1}{3}\times\frac{\sqrt{3}}{2}a=\frac{\sqrt{3}}{6}a$$

이므로 직각삼각형 FMI에서

$$\cos\theta=\frac{\overline{\text{IM}}}{\overline{\text{FM}}}=\frac{\frac{\sqrt{3}}{6}a}{\frac{\sqrt{3}}{2}a}=\frac{1}{3}$$

답 $\frac{1}{3}$

368

오른쪽 그림과 같이 꼭짓점 A에서 평면 DHFB
에 내린 수선의 발이 M이므로 점 M은 선분 BD
의 중점이다.
이때, $\overline{\text{AF}}=\overline{\text{BD}}=2\sqrt{2}$이고

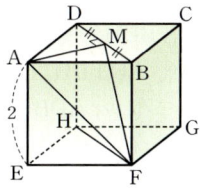

$$\overline{\text{BM}}=\frac{1}{2}\overline{\text{BD}}=\frac{1}{2}\times2\sqrt{2}=\sqrt{2}$$

이므로 직각삼각형 BMF에서

$$\overline{\text{MF}}=\sqrt{2^2+(\sqrt{2})^2}=\sqrt{6}$$

$$\cos(\angle\text{AFM})=\frac{\overline{\text{MF}}}{\overline{\text{AF}}}=\frac{\sqrt{6}}{2\sqrt{2}}=\frac{\sqrt{3}}{2}$$

따라서 각 AFM의 크기는 $30°$이다.

답 $30°$

369

선분 AB의 밑면 위로의 정사영이 밑면의 지름 AC이므로 △ACB는 직
각삼각형이다.
이때, 직각삼각형 ACB에서

$$\overline{\text{AB}}=\sqrt{2^2+4^2}=\sqrt{20}=2\sqrt{5}$$

이므로

$$\cos\theta=\frac{\overline{\text{AC}}}{\overline{\text{AB}}}=\frac{2}{2\sqrt{5}}=\frac{\sqrt{5}}{5}$$

답 ⑤

370

오른쪽 그림에서 △AMD는 이등변삼각형이
므로
$$\overline{\text{MN}}\perp\overline{\text{AD}}$$
또한

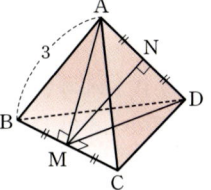

$$\overline{\text{DM}}=\frac{\sqrt{3}}{2}\times3=\frac{3\sqrt{3}}{2},\ \overline{\text{ND}}=\frac{1}{2}\times3=\frac{3}{2}$$

이므로 직각삼각형 MDN에서

$$\overline{\text{MN}}=\sqrt{\left(\frac{3\sqrt{3}}{2}\right)^2-\left(\frac{3}{2}\right)^2}$$
$$=\sqrt{\frac{18}{4}}=\frac{3\sqrt{2}}{2}$$

선분 MN과 평면 BCD가 이루는 각의 크기를 θ라 하면
$\theta=\angle\text{NMD}$이므로

$$\cos\theta=\frac{\overline{\text{MN}}}{\overline{\text{DM}}}=\frac{\frac{3\sqrt{2}}{2}}{\frac{3\sqrt{3}}{2}}=\frac{\sqrt{2}}{\sqrt{3}}$$

따라서 선분 MN의 평면 BCD 위로의 정사영의 길이는

$$\overline{\text{MN}}\cos\theta=\frac{3\sqrt{2}}{2}\times\frac{\sqrt{2}}{\sqrt{3}}=\sqrt{3}$$

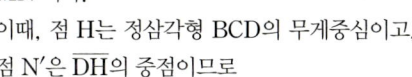 다른 풀이

오른쪽 그림과 같이 두 점 A, N의 평면
BCD 위로의 정사영을 각각 H, N′이라 하면
선분 MN의 평면 BCD 위로의 정사영은 선분
MN′이다.
이때, 점 H는 정삼각형 BCD의 무게중심이고,
점 N′은 $\overline{\text{DH}}$의 중점이므로

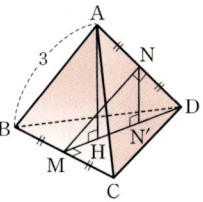

$$\overline{\text{MN}'}=\frac{2}{3}\overline{\text{DM}}=\frac{2}{3}\times\left(\frac{\sqrt{3}}{2}\times3\right)=\sqrt{3}$$

답 $\sqrt{3}$

371

오른쪽 그림과 같이 $\overline{\text{FH}}$의 중점을 M이라 하면
$$\overline{\text{FH}}\perp\overline{\text{IM}},\ \overline{\text{FH}}\perp\overline{\text{GM}}$$
이므로 $\angle\text{IMG}$가 두 평면 FIH, FGH가 이루는
각이다.

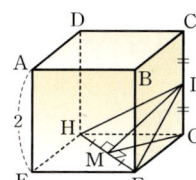

이때, $\overline{\text{GM}}=\frac{1}{2}\times2\sqrt{2}=\sqrt{2}$이므로 직각삼각형
IMG에서
$$\overline{\text{IM}}=\sqrt{(\sqrt{2})^2+1^2}=\sqrt{3}$$
$\angle\text{IMG}=\theta$라 하면
$$\cos\theta=\frac{\overline{\text{GM}}}{\overline{\text{IM}}}=\frac{\sqrt{2}}{\sqrt{3}}=\frac{\sqrt{6}}{3}$$

따라서 $\triangle\text{FGH}=\frac{1}{2}\times2\times2=2$이므로 구하는 정사영의 넓이는

$$\triangle\text{FGH}\cos\theta=2\times\frac{\sqrt{6}}{3}=\frac{2\sqrt{6}}{3}$$

다른 풀이

두 평면 FIH, EFGH가 이루는 각의 크기를 θ라 하면 △FIH의 평면
EFGH 위로의 정사영이 △FGH이므로
$$\triangle\text{FIH}\cos\theta=\triangle\text{FGH}\qquad\cdots\cdots\ ㉠$$
$\overline{\text{IF}}=\overline{\text{IH}}=\sqrt{2^2+1^2}=\sqrt{5}$, $\overline{\text{FH}}=2\sqrt{2}$이므로 이등변삼각형 FIH의 꼭짓점
I에서 변 FH에 내린 수선의 발을 M이라 하면
$$\overline{\text{IM}}=\sqrt{(\sqrt{5})^2-(\sqrt{2})^2}=\sqrt{3}$$
$$\therefore\ \triangle\text{FIH}=\frac{1}{2}\times2\sqrt{2}\times\sqrt{3}=\sqrt{6}$$

이때, $\triangle\text{FGH}=\frac{1}{2}\times2\times2=2$이므로 ㉠에서

$$\sqrt{6}\cos\theta=2\qquad\therefore\ \cos\theta=\frac{2}{\sqrt{6}}$$

따라서 구하는 정사영의 넓이는

$$\triangle\text{FGH}\cos\theta=2\times\frac{2}{\sqrt{6}}=\frac{2\sqrt{6}}{3}$$

답 ③

372

△ABC는 정삼각형이고 △MBC는 이등변삼
각형이므로 오른쪽 그림과 같이 $\overline{\text{BC}}$의 중점을
N이라 하면
$$\overline{\text{AN}}\perp\overline{\text{BC}},\ \overline{\text{MN}}\perp\overline{\text{BC}}$$
즉, $\angle\text{ANM}$이 두 평면 ABC, MBC가 이루

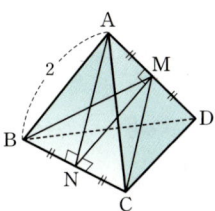

는 각이다.

이때, $\overline{\mathrm{AN}}=\dfrac{\sqrt{3}}{2}\times 2=\sqrt{3}$이고 △ANM은 직각삼각형이므로

$\overline{\mathrm{MN}}=\sqrt{(\sqrt{3})^2-1^2}=\sqrt{2}$

∠ANM$=\theta$라 하면

$\cos\theta=\dfrac{\overline{\mathrm{MN}}}{\overline{\mathrm{AN}}}=\dfrac{\sqrt{2}}{\sqrt{3}}=\dfrac{\sqrt{6}}{3}$

따라서 △MBC$=\dfrac{1}{2}\times 2\times\sqrt{2}=\sqrt{2}$이므로 구하는 정사영의 넓이는

$\triangle\mathrm{MBC}\cos\theta=\sqrt{2}\times\dfrac{\sqrt{6}}{3}=\dfrac{2\sqrt{3}}{3}$

다른 풀이

△ABC의 무게중심을 G라 하고 점 M의 평면 ABC 위로의 정사영을 M'이라 하면 점 M'은 $\overline{\mathrm{AG}}$의 중점이다.

즉, 구하는 정사영의 넓이는 △M'BC의 넓이와 같고 이는 △ABC의 넓이의 $\dfrac{2}{3}$이므로

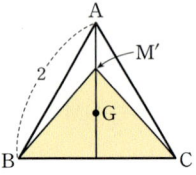

$\dfrac{2}{3}\times\left(\dfrac{\sqrt{3}}{4}\times 2^2\right)=\dfrac{2\sqrt{3}}{3}$

답 ④

373

오른쪽 그림과 같이 컵을 기울이기 전의 수면의 지름을 $\overline{\mathrm{AB}}$, 컵을 최대로 기울였을 때의 수면의 장축을 $\overline{\mathrm{CD}}$라 하자.

이때, 컵을 기울이면 한쪽 수면이 올라온 만큼 반대쪽 수면이 내려간다.

즉, $\overline{\mathrm{AC}}=\overline{\mathrm{BD}}=3$

이때, $\overline{\mathrm{CE}}=8$이므로 직각삼각형 CDE에서

$\overline{\mathrm{CD}}=\sqrt{6^2+8^2}=\sqrt{100}=10$

∠DCE$=\theta$라 하면

$\cos\theta=\dfrac{\overline{\mathrm{CE}}}{\overline{\mathrm{CD}}}=\dfrac{8}{10}=\dfrac{4}{5}$

이때, 컵의 밑면의 넓이는 $\pi\times 4^2=16\pi$이므로 구하는 수면의 넓이를 S라 하면

$S\cos\theta=16\pi$

$\therefore S=\dfrac{16\pi}{\cos\theta}=\dfrac{16\pi}{\dfrac{4}{5}}=20\pi$

답 20π

374

△PQR의 평면 BFGC 위로의 정사영은 △BFC이므로

$\triangle\mathrm{BFC}=\triangle\mathrm{PQR}\cos\theta$

$\therefore \cos\theta=\dfrac{\triangle\mathrm{BFC}}{\triangle\mathrm{PQR}}$

$\overline{\mathrm{PQ}}=\overline{\mathrm{PR}}=\sqrt{1^2+3^2}=\sqrt{10}$,

$\overline{\mathrm{QR}}=3\sqrt{2}$이므로 오른쪽 그림과 같이 이등변 삼각형 PQR의 꼭짓점 P에서 변 QR에 내린 수선의 발을 I라 하면

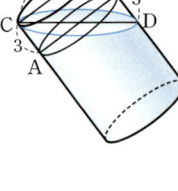

$\overline{\mathrm{PI}}=\sqrt{(\sqrt{10})^2-\left(\dfrac{3\sqrt{2}}{2}\right)^2}$
$=\sqrt{\dfrac{11}{2}}=\dfrac{\sqrt{22}}{2}$

$\therefore \triangle\mathrm{PQR}=\dfrac{1}{2}\times 3\sqrt{2}\times\dfrac{\sqrt{22}}{2}=\dfrac{3\sqrt{11}}{2}$

이때, $\triangle\mathrm{BFC}=\dfrac{1}{2}\times 3\times 3=\dfrac{9}{2}$이므로

$\cos\theta=\dfrac{\triangle\mathrm{BFC}}{\triangle\mathrm{PQR}}=\dfrac{\dfrac{9}{2}}{\dfrac{3\sqrt{11}}{2}}=\dfrac{3\sqrt{11}}{11}$

답 ⑤

375

△BDH의 평면 AEHD 위로의 정사영은 △ADH이므로

$\triangle\mathrm{ADH}=\triangle\mathrm{BDH}\cos\theta$

$\therefore \cos\theta=\dfrac{\triangle\mathrm{ADH}}{\triangle\mathrm{BDH}}$

이때, $\overline{\mathrm{AD}}\perp\overline{\mathrm{DH}}$, $\overline{\mathrm{BD}}\perp\overline{\mathrm{DH}}$이므로 △ADH, △BDH는 모두 직각삼각형이다.

따라서 정육면체의 한 모서리의 길이를 a라 하면 $\overline{\mathrm{BD}}=\sqrt{2}a$이므로

$\triangle\mathrm{ADH}=\dfrac{1}{2}\times a\times a=\dfrac{1}{2}a^2$

$\triangle\mathrm{BDH}=\dfrac{1}{2}\times a\times\sqrt{2}a=\dfrac{\sqrt{2}}{2}a^2$

$\therefore \cos\theta=\dfrac{\triangle\mathrm{ADH}}{\triangle\mathrm{BDH}}=\dfrac{\dfrac{1}{2}a^2}{\dfrac{\sqrt{2}}{2}a^2}=\dfrac{1}{\sqrt{2}}=\dfrac{\sqrt{2}}{2}$

다른 풀이

평면 BDH와 평면 AEHD의 교선은 직선 DH이다.

이때, $\overline{\mathrm{AD}}\perp\overline{\mathrm{DH}}$, $\overline{\mathrm{BD}}\perp\overline{\mathrm{DH}}$이므로 두 평면 BDH, AEHD가 이루는 각의 크기는 ∠ADB의 크기와 같다.

$\therefore \theta=45°$

$\therefore \cos\theta=\cos 45°=\dfrac{\sqrt{2}}{2}$

답 ④

376

△AFC의 평면 AEFB 위로의 정사영은 △AFB이므로

$\triangle\mathrm{AFB}=\triangle\mathrm{AFC}\cos\theta$

$\therefore \cos\theta=\dfrac{\triangle\mathrm{AFB}}{\triangle\mathrm{AFC}}$

$\overline{\mathrm{AC}}=2\sqrt{2}$, $\overline{\mathrm{AF}}=\overline{\mathrm{FC}}=\sqrt{1^2+2^2}=\sqrt{5}$

이므로 오른쪽 그림과 같이 이등변삼각형 AFC의 꼭짓점 F에서 변 AC에 내린 수선의 발을 I라 하면

$\overline{\mathrm{FI}}=\sqrt{(\sqrt{5})^2-(\sqrt{2})^2}=\sqrt{3}$

$\therefore \triangle\mathrm{AFC}=\dfrac{1}{2}\times 2\sqrt{2}\times\sqrt{3}=\sqrt{6}$

이때, $\triangle\mathrm{AFB}=\dfrac{1}{2}\times 1\times 2=1$이므로

$\cos\theta=\dfrac{\triangle\mathrm{AFB}}{\triangle\mathrm{AFC}}=\dfrac{1}{\sqrt{6}}=\dfrac{\sqrt{6}}{6}$

답 ①

377

두 점 P, S의 평면 BCD 위로의 정사영을 각각 P', S'이라 하면 □PQRS의 평면 BCD 위로의 정사영은 □P'QRS'이므로

$\square\mathrm{P'QRS'}=\square\mathrm{PQRS}\cos\theta$

$\therefore \cos\theta=\dfrac{\square\mathrm{P'QRS'}}{\square\mathrm{PQRS}}$

이때, △BCD의 무게중심을 G라 하면 두 점 P', S'은 각각 $\overline{\mathrm{GB}}$, $\overline{\mathrm{GD}}$의 중점이고, $\overline{\mathrm{GC}}=\dfrac{2}{3}\times\left(\dfrac{\sqrt{3}}{2}\times 6\right)=2\sqrt{3}$이므로

$\overline{\mathrm{P'Q}}=\overline{\mathrm{S'R}}=\dfrac{1}{2}\overline{\mathrm{GC}}=\dfrac{1}{2}\times 2\sqrt{3}=\sqrt{3}$

또한 $\overline{P'S'}=\overline{QR}=\dfrac{1}{2}\overline{BD}=\dfrac{1}{2}\times 6=3$이므로

$\square P'QRS'=3\times\sqrt{3}=3\sqrt{3}$

한편, $\square PQRS$는 한 변의 길이가 3인 정사각형이므로

$\square PQRS=3\times 3=9$

$\therefore \cos\theta=\dfrac{\square P'QRS'}{\square PQRS}=\dfrac{3\sqrt{3}}{9}=\dfrac{\sqrt{3}}{3}$ **답** ②

단계	채점 요소	비율
가	두 삼각형의 넓이와 $\cos\theta$의 관계 알기	30%
나	두 삼각형의 넓이 구하기	40%
다	$\cos\theta$의 값 구하기	30%

답 $\dfrac{\sqrt{5}}{5}$

378

오른쪽 그림과 같이 삼각형 PQR를 점 P가 점 A와 겹치도록 평행이동할 때, 두 점 Q, R가 이동되는 점을 각각 Q′, R′이라 하면

$\overline{BQ'}=1$, $\overline{CR'}=2$

이고, 평면 PQR와 평면 ABC가 이루는 각의 크기는 평면 AQ′R′과 평면 ABC가 이루는 각의 크기와 같다.

한편, △AQ′R′의 평면 ABC 위로의 정사영은 △ABC이므로

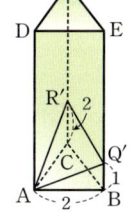

$\triangle ABC=\triangle AQ'R'\cos\theta$

$\therefore \cos\theta=\dfrac{\triangle ABC}{\triangle AQ'R'}$

이때,

$\overline{AQ'}=\overline{Q'R'}=\sqrt{2^2+1^2}=\sqrt{5}$,

$\overline{R'A}=\sqrt{2^2+2^2}=2\sqrt{2}$

이므로 오른쪽 그림과 같이 이등변삼각형 AQ′R′의 꼭짓점 Q′에서 변 R′A에 내린 수선의 발을 H라 하면

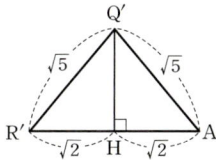

$\overline{Q'H}=\sqrt{(\sqrt{5})^2-(\sqrt{2})^2}=\sqrt{3}$

$\therefore \triangle AQ'R'=\dfrac{1}{2}\times 2\sqrt{2}\times\sqrt{3}=\sqrt{6}$

이때, $\triangle ABC=\dfrac{\sqrt{3}}{4}\times 2^2=\sqrt{3}$이므로

$\cos\theta=\dfrac{\triangle ABC}{\triangle AQ'R'}=\dfrac{\sqrt{3}}{\sqrt{6}}=\dfrac{\sqrt{2}}{2}$ **답** ①

379

세 점 A, B, C의 평면 α 위로의 정사영을 각각 A′, B′, C′이라 하면 △ABC의 평면 α 위로의 정사영은 △A′B′C′이므로

$\triangle A'B'C'=\triangle ABC\cos\theta$ $\therefore \cos\theta=\dfrac{\triangle A'B'C'}{\triangle ABC}$ **가**

이때, 변 BC는 평면 α와 평행하므로

$\overline{B'C'}=\overline{BC}=2$

이고, △A′B′C′은 정삼각형이므로

$\triangle A'B'C'=\dfrac{\sqrt{3}}{4}\times 2^2=\sqrt{3}$

한편, 오른쪽 그림과 같이 △ABC의 꼭짓점 A에서 변 BC에 내린 수선의 발을 H라 하면

$\overline{AH}=\sqrt{4^2-1^2}=\sqrt{15}$

이므로

$\triangle ABC=\dfrac{1}{2}\times 2\times\sqrt{15}=\sqrt{15}$ **나**

$\therefore \cos\theta=\dfrac{\triangle A'B'C'}{\triangle ABC}=\dfrac{\sqrt{3}}{\sqrt{15}}=\dfrac{\sqrt{5}}{5}$ **다**

380

오른쪽 그림과 같이 지면에 생기는 구의 그림자는 태양광선과 수직이고 반지름의 길이가 10인 원의 그림자와 같다. 이때, 원을 포함하는 평면과 지면이 이루는 각의 크기는 60°이므로 원의 넓이를 S, 구의 그림자의 넓이를 S'이라 하면

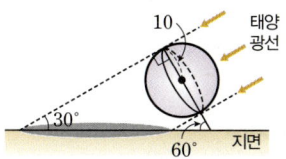

$S=S'\cos 60°$

$\therefore S'=\dfrac{S}{\cos 60°}=\dfrac{\pi\times 10^2}{\dfrac{1}{2}}$

$=200\pi$ **답** ③

381

오른쪽 그림과 같이 지면에 생기는 농구공의 그림자는 햇빛과 수직이고 반지름의 길이가 12 cm인 원의 그림자와 같다. 이때, 원을 포함하는 평면이 지면과 이루는 각의 크기는 30°이므로 원의 넓이를 S, 농구공의 그림자의 넓이를 S'이라 하면

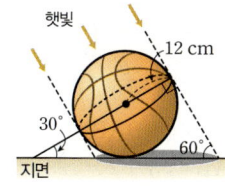

$S=S'\cos 30°$

$\therefore S'=\dfrac{S}{\cos 30°}=\dfrac{\pi\times 12^2}{\dfrac{\sqrt{3}}{2}}$

$=96\sqrt{3}\pi\,(\text{cm}^2)$ **답** ④

382

평면 α와 30°의 각을 이루는 빛으로 길이가 m인 막대를 비추었을 때의 그림자의 길이가 12이므로

$\tan 30°=\dfrac{m}{12}$, $\dfrac{\sqrt{3}}{3}=\dfrac{m}{12}$

$3m=12\sqrt{3}$ $\therefore m=4\sqrt{3}$

이때, 그림자의 길이가 0이 되도록 막대를 기울이려면 막대를 평면 α와 30°의 각을 이루도록 기울여야 하므로 구하는 정사영의 길이는

$m\cos 30°=4\sqrt{3}\times\dfrac{\sqrt{3}}{2}=6$ **답** 6

383

주어진 정삼각뿔의 옆면의 전개도는 다음 그림과 같으므로 구하는 최단거리는 $\overline{BM}$의 길이이다.

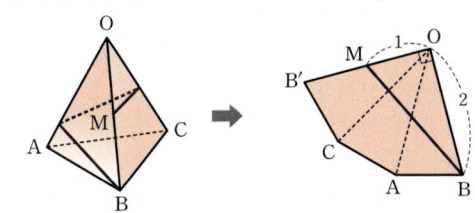

$\therefore \overline{BM}=\sqrt{2^2+1^2}=\sqrt{5}$ **답** ②

384

주어진 직육면체의 옆면의 전개도는 다음 그림과 같으므로 구하는 최단 거리는 $\overline{DE}$의 길이이다.

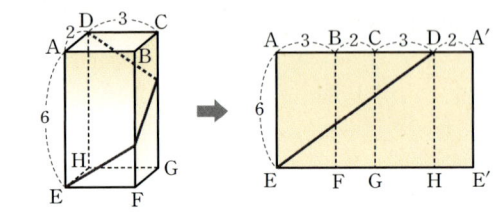

$\therefore \overline{DE}=\sqrt{8^2+6^2}=\sqrt{100}=10$

답 ③

385

주어진 원뿔의 전개도는 다음 그림과 같으므로 구하는 최단 거리는 $\overline{AB}$의 길이이다.

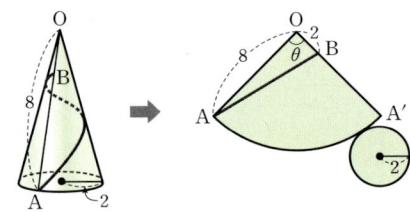

부채꼴의 호의 길이는 밑면인 원의 둘레의 길이와 같으므로 부채꼴의 중심각의 크기를 θ라 하면

$2\pi\times8\times\dfrac{\theta}{360°}=2\pi\times2$ $\therefore \theta=90°$

따라서 △OAB는 직각삼각형이므로
$\overline{AB}=\sqrt{8^2+2^2}=\sqrt{68}=2\sqrt{17}$

답 $2\sqrt{17}$

실력 콕콕

본문 p.76~77

386 17	387 ④	388 ⑤	389 $\sqrt{7}$	390 $\dfrac{\sqrt{10}}{2}$	391 ③
392 8	393 ①	394 ⑤	395 ②	396 $\dfrac{\sqrt{3}}{3}$	397 $\dfrac{4}{9}$
398 ④	399 $\dfrac{\pi}{3}$	400 36	401 27		

386

모서리 AB와 꼬인 위치에 있는 모서리는
모서리 CF, 모서리 DF, 모서리 EF
의 3개이고, 마찬가지로 모서리 BC, 모서리 CA와 꼬인 위치에 있는 모서리도 각각 3개씩이다.
한편, 세 모서리 AB, BC, CA를 빼고 생각하면 모서리 AD와 꼬인 위치에 있는 모서리는 모서리 EF의 1개이고, 마찬가지로 모서리 BE, 모서리 CF와 꼬인 위치에 있는 모서리도 각각 1개씩이다.
즉, 꼬인 위치에 있는 모서리는 모두
$3+3+3+1+1+1=12$
의 12쌍이므로 $a=12$
한편, $\overline{MN}$은 면 BCFE와 수직이므로 $\overline{MN}$은 면 BCFE의 모든 모서리와 수직이다.

또한 $\overline{AD}$도 면 BCFE와 평행하므로 $\overline{MN}$과 수직이다.
즉, $\overline{MN}$과 수직인 모서리는
$4+1=5$
의 5개이므로 $b=5$
$\therefore a+b=12+5=17$

답 17

387

ㄱ. 오른쪽 그림과 같이 $l\perp m$, $l\perp n$이지만 두 직선 m, n이 한 점에서 만날 수도 있다. (거짓)

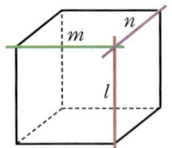

ㄴ. 오른쪽 그림과 같이 $l\perp\alpha$, $l\,/\!/\,\beta$이면 $\alpha\perp\beta$이다. (참)

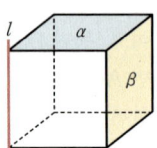

ㄷ. 오른쪽 그림과 같이 $\alpha\perp\beta$, $\alpha\,/\!/\,\gamma$이면 $\beta\perp\gamma$이다. (참)

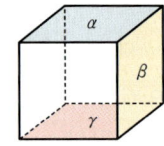

따라서 옳은 것은 ㄴ, ㄷ이다.

답 ④

388

ㄱ. 삼각형 ACP는 $\overline{AC}=\overline{AP}$인 직각이등변삼각형이므로
$\overline{CP}=\sqrt{2}\times\overline{AC}=\sqrt{2}\times\overline{BP}$ (참)

ㄴ. 세 점 A, B, C는 한 평면 위에 있으면서 일직선 위에 있지 않고, 점 P는 세 점 A, B, C를 포함하는 평면 위의 점이 아니므로 직선 AB와 직선 CP는 만나지도 않고 평행하지도 않다.
즉, 직선 AB와 직선 CP는 꼬인 위치에 있다. (참)

ㄷ. $\overline{AC}\perp\overline{AP}$, $\overline{AC}\perp\overline{AB}$이므로
$\overline{AC}\perp$(평면 ABP)

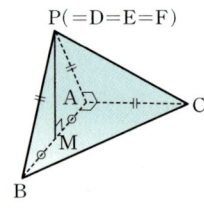

이때, $\overline{PM}$은 평면 ABP 위에 있으므로
$\overline{AC}\perp\overline{PM}$
또한 이등변삼각형 ABP에서
$\overline{PM}\perp\overline{AB}$이므로
$\overline{PM}\perp$(평면 ABC)
즉, 직선 PM과 직선 BC는 서로 수직이다. (참)
따라서 옳은 것은 ㄱ, ㄴ, ㄷ이다.

답 ⑤

389

직각삼각형 ABC에서
$\overline{AB}=\sqrt{4^2-2^2}=\sqrt{12}=2\sqrt{3}$
오른쪽 그림과 같이 점 B에서 $\overline{AP}$에 내린 수선의 발을 H라 하면 직각삼각형 ABP에서
$\overline{AP}=\sqrt{2^2+(2\sqrt{3})^2}=\sqrt{16}=4$

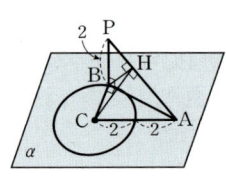

이므로 직각삼각형 ABP의 넓이에서
$\overline{AB}\times\overline{BP}=\overline{AP}\times\overline{BH}$, $2\sqrt{3}\times2=4\times\overline{BH}$
$\therefore \overline{BH}=\sqrt{3}$
이때, $\overline{CB}\perp$(평면 ABP), $\overline{BH}\perp\overline{AP}$이므로 삼수선의 정리에 의하여 $\overline{CH}\perp\overline{AP}$이다.
즉, 점 C와 직선 AP 사이의 거리는 $\overline{CH}$의 길이와 같다.

따라서 직각삼각형 CBH에서
$$\overline{CH}=\sqrt{2^2+(\sqrt3)^2}=\sqrt7$$
답 $\sqrt7$

390

정삼각형 ABC에서 점 D가 $\overline{BC}$의 중점이므
로 $\overline{AD}\perp\overline{BC}$이고
$$\overline{AD}=\frac{\sqrt3}{2}\times2=\sqrt3$$
$$\therefore \overline{AE}=\overline{AD}=\sqrt3\ (\because \text{조건 (개)})$$
또한 조건 (내)에서
$$\overline{AE}\perp\overline{AB},\ \overline{AE}\perp\overline{AC}$$
이므로 $\overline{AE}$는 평면 α 위의 서로 평행하지 않은 두 직선과 수직이다.
즉, $\overline{AE}\perp\alpha$이므로
$$\overline{AE}\perp\overline{AD}$$
따라서 △AED는 직각이등변삼각형이므로
$$\overline{DE}=\sqrt{(\sqrt3)^2+(\sqrt3)^2}=\sqrt6$$
$$\therefore \overline{DF}=\frac{1}{2}\overline{DE}=\frac{\sqrt6}{2}$$
한편, $\overline{AE}\perp\alpha$, $\overline{BC}\perp\overline{AD}$이므로 삼수선의 정리에 의하여
$$\overline{BC}\perp\overline{DE}$$
즉, △BDF는 직각삼각형이므로
$$\overline{BF}=\sqrt{1^2+\left(\frac{\sqrt6}{2}\right)^2}=\sqrt{\frac{10}{4}}=\frac{\sqrt{10}}{2}$$
답 $\dfrac{\sqrt{10}}{2}$

391

점 M에서 모서리 BC에 내린 수선의 발을 I라 하면
$$\overline{MI}\perp(\text{평면 ABCD}),\ \overline{MN}\perp\overline{LC}$$
이므로 삼수선의 정리에 의하여
$$\overline{LC}\perp\overline{NI}$$
이때,
$$\overline{DL}=\frac{3}{4}\overline{AD}=\frac{3}{4}\times20=15$$
$$\overline{CI}=\frac{1}{2}\overline{BC}=\frac{1}{2}\times20=10$$
$$\overline{LC}=\sqrt{20^2+15^2}=\sqrt{625}=25$$
이고, 두 삼각형 NCI, DLC는 서로 닮음이므로
$$\overline{NI}:\overline{DC}=\overline{CI}:\overline{LC},\ \overline{NI}:20=10:25$$
$$\therefore \overline{NI}=\frac{20\times10}{25}=8$$
따라서 직각삼각형 MIN에서
$$\overline{MN}=\sqrt{20^2+8^2}=\sqrt{464}=4\sqrt{29}$$
답 ③

392

점 A에서 선분 CD에 내린 수선의 발을 I라 하면
$$\overline{AH}\perp(\text{평면 BCD}),\ \overline{AI}\perp\overline{CD}$$
이므로 삼수선의 정리에 의하여
$$\overline{HI}\perp\overline{CD}$$
$$\therefore \angle AIH=30°$$
이때, 삼각형 ACD의 넓이가 80이므로
$$\frac{1}{2}\times10\times\overline{AI}=80 \quad\therefore \overline{AI}=16$$
따라서 직각삼각형 AHI에서
$$\overline{AH}=\overline{AI}\sin30°=16\times\frac{1}{2}=8$$
답 8

393

오른쪽 그림과 같이 두 점 A, M에서 밑면 BCD
에 내린 수선의 발을 각각 G, M′이라 하고, 선
분 BD의 중점을 N이라 하면
$$\theta=\angle MBM'$$
이때, 점 G는 삼각형 BCD의 무게중심이고 점
M′은 선분 GC의 중점이므로 정사면체의 한 모
서리의 길이를 $2a$라 하면
$$\overline{M'N}=\frac{2}{3}\overline{CN}=\frac{2}{3}\times\left(\frac{\sqrt3}{2}\times2a\right)=\frac{2\sqrt3}{3}a$$
이고, 직각삼각형 BM′N에서
$$\overline{BM'}=\sqrt{a^2+\left(\frac{2\sqrt3}{3}a\right)^2}=\sqrt{\frac{7}{3}}a$$
따라서 $\overline{BM}=\frac{\sqrt3}{2}\times2a=\sqrt3a$이므로
$$\cos\theta=\frac{\overline{BM'}}{\overline{BM}}=\frac{\sqrt{\frac{7}{3}}a}{\sqrt3a}=\frac{\sqrt7}{3}$$
답 ①

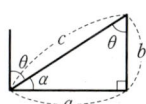

394

평면 PEF와 평면 EFGH가 이루는 각의 크기를 α라
하면 $\theta=90°-\alpha$이므로 오른쪽 그림에서
$$\sin\theta=\frac{a}{c}=\cos\alpha$$

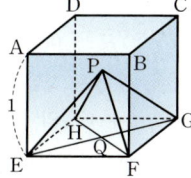

한편, 밑면 EFGH의 두 대각선 EG, FH의 교
점을 Q라 하면 △PEF의 평면 EFGH 위로의
정사영은 △QEF이므로
$$\triangle QEF=\triangle PEF\cos\alpha$$
$$\therefore \cos\alpha=\frac{\triangle QEF}{\triangle PEF}$$
이때, $\triangle PEF=\frac{\sqrt3}{4}\times1^2=\frac{\sqrt3}{4}$, $\triangle QEF=\frac{1}{2}\times1\times\frac{1}{2}=\frac{1}{4}$이므로
$$\cos\alpha=\frac{\frac{1}{4}}{\frac{\sqrt3}{4}}=\frac{\sqrt3}{3}$$
$$\therefore \sin\theta=\cos\alpha=\frac{\sqrt3}{3}$$
답 ⑤

395

두 평면 ADFC, ADEB가 이루는 각의 크기는 두 선분 AC, AB가 이
루는 각의 크기와 같다.
점 C에서 선분 AB에 내린 수선의 발을 H라 하고,
$\overline{AH}=x$라 하면 두 직각삼각형 CAH, CBH에서
$$\overline{CA}^2-\overline{AH}^2=\overline{CB}^2-\overline{BH}^2$$
$$7^2-x^2=4^2-(7-x)^2$$
$$49-x^2=16-49+14x-x^2$$
$$14x=82 \quad\therefore x=\frac{82}{14}=\frac{41}{7}$$
$$\therefore \cos\theta=\frac{\overline{AH}}{\overline{CA}}=\frac{\frac{41}{7}}{7}=\frac{41}{49}$$
따라서 □ADFC의 평면 ADEB 위로의 정사영의 넓이는
$$\square ADFC\cos\theta=(7\times14)\times\frac{41}{49}=82$$

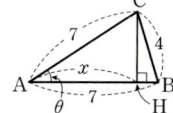

보충 설명

미적분에서 배우는 삼각함수의 덧셈정리를 이용하면 $\cos\theta$의 값을 다음

과 같이 구할 수 있다.

오른쪽 그림과 같이 선분 BC의 중점을 M이라 하면

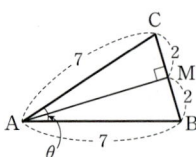

$$\overline{AM}=\sqrt{7^2-2^2}=\sqrt{45}=3\sqrt{5}$$

이므로 $\angle BAC=\theta$라 하면

$$\sin\frac{\theta}{2}=\frac{2}{7}, \cos\frac{\theta}{2}=\frac{3\sqrt{5}}{7}$$

$$\therefore \cos\theta=\cos\left(\frac{\theta}{2}+\frac{\theta}{2}\right)$$

$$=\cos\frac{\theta}{2}\cos\frac{\theta}{2}-\sin\frac{\theta}{2}\sin\frac{\theta}{2}$$

$$=\cos^2\frac{\theta}{2}-\sin^2\frac{\theta}{2}$$

$$=\left(\frac{3\sqrt{5}}{7}\right)^2-\left(\frac{2}{7}\right)^2$$

$$=\frac{45}{49}-\frac{4}{49}=\frac{41}{49}$$

답 ②

396

오른쪽 그림과 같이 세 점 O, P, R의 평면 ABC 위로의 정사영을 각각 G, P′, R′이라 하면 △PQR의 평면 ABC 위로의 정사영은 △P′QR′이므로

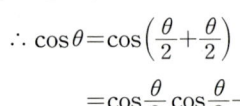

$$\triangle P'QR'=\triangle PQR\cos\theta$$

$$\therefore \cos\theta=\frac{\triangle P'QR'}{\triangle PQR}$$

이때, 점 G는 정삼각형 ABC의 무게중심이고, 두 점 P′, R′은 각각 선분 AG, 선분 CG의 중점이므로

$$\triangle P'QG=\triangle P'GR'$$

$$\therefore \triangle P'QR'=\triangle P'QG+\triangle P'GR'$$

$$=2\triangle P'QG$$

$$=2\times\frac{1}{2}\triangle AQG$$

$$=\frac{1}{2}\triangle ABG$$

$$=\frac{1}{2}\times\frac{1}{3}\triangle ABC$$

$$=\frac{1}{6}\times\left(\frac{\sqrt{3}}{4}\times 2^2\right)=\frac{\sqrt{3}}{6}$$

한편, $\overline{PQ}\,/\!/\,\overline{OB}$, $\overline{PR}\,/\!/\,\overline{AC}$이고 $\overline{OB}\perp\overline{AC}$이므로

$$\overline{PQ}\perp\overline{PR}$$

따라서 $\overline{PQ}=\overline{PR}=1$이므로

$$\triangle PQR=\frac{1}{2}\times 1\times 1=\frac{1}{2}$$

$$\therefore \cos\theta=\frac{\triangle P'QR'}{\triangle PQR}=\frac{\frac{\sqrt{3}}{6}}{\frac{1}{2}}=\frac{\sqrt{3}}{3}$$

답 $\dfrac{\sqrt{3}}{3}$

397

직사각형 모양의 종이를 대각선 BD를 접는 선으로 하여 접었을 때, 점 A의 평면 BCD 위로의 정사영을 E라 하면 △ABD의 평면 BCD 위로의 정사영은 △EBD이므로

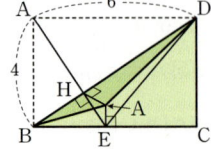

$$\triangle EBD=\triangle ABD\cos\theta$$

$$\therefore \cos\theta=\frac{\triangle EBD}{\triangle ABD}$$

점 E에서 $\overline{BD}$에 내린 수선의 발을 H라 하면 삼수선의 정리에 의하여 $\overline{AH}\perp\overline{BD}$이므로 직각삼각형 ABD에서

$$\overline{AB}^2=\overline{BH}\times\overline{BD}, \overline{AD}^2=\overline{DH}\times\overline{BD}$$

즉, $\overline{BH}:\overline{DH}=\overline{AB}^2:\overline{AD}^2=4^2:6^2=4:9$

이때, △EHB∽△AHD이므로

$$\overline{EH}:\overline{AH}=\overline{BH}:\overline{DH}=4:9$$

$$\therefore \cos\theta=\frac{\triangle EBD}{\triangle ABD}=\frac{\overline{EH}}{\overline{AH}}=\frac{4}{9}$$

답 $\dfrac{4}{9}$

398

변 BC를 사등분하는 점 중에서 점 C에 가장 가까운 점을 A′이라 하면 선분 CD를 접는 선으로 하여 삼각형 ABC를 접을 때, 꼭짓점 A의 평면 BCD 위로의 정사영이 점 A′이므로 오른쪽 그림에서 △ADC의 평면 BCD 위로의 정사영은 △A′DC이다.

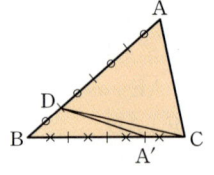

즉, △A′DC=△ADC$\cos\theta$

$$\therefore \cos\theta=\frac{\triangle A'DC}{\triangle ADC}$$

이때, △A′DC=S라 하면 △BCD=$4S$이므로

△ADC=3△BCD=$3\times 4S=12S$

$$\therefore \cos\theta=\frac{S}{12S}=\frac{1}{12}$$

답 ④

399

오른쪽 그림과 같이 원뿔의 밑면을 포함한 평면과 평면 α가 이루는 각의 크기를 θ라 하면 원뿔의 모선의 길이는

$$\sqrt{(2\sqrt{2})^2+1^2}=3$$

이므로

$$\cos\theta=\frac{1}{3}$$

이때, 원뿔의 밑면의 넓이를 S, 원뿔의 밑면의 평면 α 위로의 정사영의 넓이를 S'이라 하면

$$S'=S\cos\theta=(\pi\times 1^2)\times\frac{1}{3}=\frac{\pi}{3}$$

답 $\dfrac{\pi}{3}$

400

$\overline{AB}=a$, $\overline{AD}=b$, $\overline{AE}=c$라 하면

(i) △DEG의 평면 ABCD 또는 평면 EFGH 위로의 정사영은 △DAC 또는 △HEG이므로 그 넓이는

$$\frac{1}{2}ab$$

(ii) △DEG의 평면 AEHD 또는 평면 BFGC 위로의 정사영은 △DEH 또는 △CFG이므로 그 넓이는

$$\frac{1}{2}bc$$

(iii) △DEG의 평면 AEFB 또는 평면 DHGC 위로의 정사영은 △AEF 또는 △DHG이므로 그 넓이는

$$\frac{1}{2}ac$$

(i), (ii), (iii)에서

$$S=\left\{\frac{1}{2}ab, \frac{1}{2}bc, \frac{1}{2}ac\right\}=\{3, 6, 9\}$$

이때, 구하는 직육면체의 부피를 V라 하면 $V=abc$이고, 집합 S의 모든 원소의 곱은

$$\frac{1}{8}(abc)^2=3\times6\times9,\ (abc)^2=2^4\times3^4=36^2$$

$$\therefore V=abc=36$$

ㆍㆍㆍㆍㆍㆍㆍㆍㆍㆍㆍㆍㆍㆍㆍㆍㆍㆍㆍㆍㆍㆍㆍㆍㆍㆍㆍㆍㆍㆍㆍㆍㆍㆍㆍ 나

단계	채점 요소	비율
가	$\overline{\mathrm{AB}}=a$, $\overline{\mathrm{AD}}=b$, $\overline{\mathrm{AE}}=c$로 놓고 △DEG의 직육면체의 각 면 위로의 정사영의 넓이를 이용하여 집합 S의 원소를 a, b, c로 나타내기	70%
나	집합 S의 모든 원소의 곱을 이용하여 직육면체의 부피 구하기	30%

답 36

401

오른쪽 그림과 같이 꼭짓점 O에서 밑면 ABC에 내린 수선의 발을 H라 하면 점 H는 정삼각형 ABC의 무게중심이다.
모서리 AB의 중점을 M이라 하면
$$\overline{\mathrm{OM}}\perp\overline{\mathrm{AB}},\ \overline{\mathrm{CM}}\perp\overline{\mathrm{AB}}$$
이므로 평면 OAB와 평면 ABC가 이루는 각의 크기를 θ라 하면
$$\theta=\angle\mathrm{OMC}$$
이때, 직각삼각형 OMH에서
$$\cos\theta=\frac{\overline{\mathrm{MH}}}{\overline{\mathrm{OM}}}=\frac{\overline{\mathrm{MH}}}{\overline{\mathrm{CM}}}=\frac{1}{3}$$

ㆍㆍㆍㆍㆍㆍㆍㆍㆍㆍㆍㆍㆍㆍㆍㆍㆍㆍㆍㆍㆍㆍㆍㆍㆍㆍㆍㆍㆍㆍㆍㆍㆍㆍㆍ 가

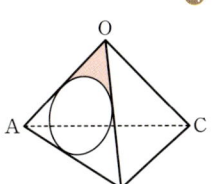

오른쪽 그림과 같이 △OAB에서 색칠한 부분을 평면 ABC 위로 정사영시키고, △OBC, △OCA에서도 색칠한 부분을 같은 방법으로 정사영시키면 이들은 서로 겹치지 않고 S_1, S_2, S_3으로 둘러싸인 부분과 일치한다.
△OAB의 내접원의 반지름의 길이를 r라 하면
$$\frac{1}{2}r(6+6+6)=\frac{\sqrt{3}}{4}\times6^2,\ 9r=9\sqrt{3}\quad\therefore r=\sqrt{3}$$
이때, 그림의 색칠한 부분의 넓이는
$$\frac{1}{3}\left(\frac{\sqrt{3}}{4}\times6^2-3\pi\right)=3\sqrt{3}-\pi$$
이므로 넓이 S는
$$S=(3\sqrt{3}-\pi)\times\cos\theta\times3$$
$$=(3\sqrt{3}-\pi)\times\frac{1}{3}\times3$$
$$=3\sqrt{3}-\pi$$
$$\therefore(S+\pi)^2=(3\sqrt{3})^2=27$$

ㆍㆍㆍㆍㆍㆍㆍㆍㆍㆍㆍㆍㆍㆍㆍㆍㆍㆍㆍㆍㆍㆍㆍㆍㆍㆍㆍㆍㆍㆍㆍㆍㆍㆍㆍ 나

단계	채점 요소	비율
가	두 평면 OAB, ABC가 이루는 각의 크기 θ에 대하여 $\cos\theta$의 값 구하기	30%
나	정사영의 넓이를 이용하여 넓이 S의 값을 구하고, $(S+\pi)^2$의 값 구하기	70%

답 27

공간좌표

◎ 개념 콕콕

본문 p.79~80

402

답 (1) B(1, 2, 3) (2) C(0, 2, 3) (3) E(1, 0, 0)

403

답 (1) (−2, 5, 0) (2) (0, 5, 3) (3) (−2, 0, 3)

404

점 B의 좌표는 (4, 5, 3)이므로
(1) 점 B를 yz평면에 대하여 대칭이동한 점의 좌표는 (−4, 5, 3)
(2) 점 B를 y축에 대하여 대칭이동한 점의 좌표는 (−4, 5, −3)
(3) 점 B를 원점에 대하여 대칭이동한 점의 좌표는 (−4, −5, −3)

답 (1) (−4, 5, 3) (2) (−4, 5, −3) (3) (−4, −5, −3)

405

답 (1) (1, −3, 2) (2) (−1, 3, 2) (3) (−1, −3, −2)

406

답 (1) (4, −5, −2) (2) (−4, −5, 2) (3) (4, 5, 2)

407

(1) $\overline{\mathrm{OA}}=\sqrt{1^2+(-3)^2+2^2}=\sqrt{14}$
(2) $\overline{\mathrm{AB}}=\sqrt{(2-1)^2+(-2-0)^2+(5-3)^2}=\sqrt{9}=3$
(3) $\overline{\mathrm{PQ}}=\sqrt{(2-4)^2+\{3-(-1)\}^2+(-3-1)^2}=\sqrt{36}=6$

답 (1) $\sqrt{14}$ (2) 3 (3) 6

408

(1) B(−3, 0, −4)
(2) $\overline{\mathrm{AB}}=\sqrt{\{-3-(-3)\}^2+0^2+(-4-4)^2}$
$=\sqrt{64}=8$

답 (1) B(−3, 0, −4) (2) 8

409

(1) B(−2, −4, −5)
(2) $\overline{\mathrm{AB}}=\sqrt{(-2-2)^2+(-4-4)^2+\{-5-(-5)\}^2}$
$=\sqrt{80}=4\sqrt{5}$

답 (1) B(−2, −4, −5) (2) $4\sqrt{5}$

410

(1) $\mathrm{P}\left(\dfrac{1\times(-1)+3\times3}{1+3},\ \dfrac{1\times(-4)+3\times0}{1+3},\ \dfrac{1\times2+3\times(-6)}{1+3}\right)$
$\therefore \mathrm{P}(2, -1, -4)$
(2) $\mathrm{M}\left(\dfrac{3+(-1)}{2},\ \dfrac{0+(-4)}{2},\ \dfrac{-6+2}{2}\right)$
$\therefore \mathrm{M}(1, -2, -2)$

답 (1) P(2, −1, −4) (2) M(1, −2, −2)

411

(1) 점 Q_1의 좌표를 (x, y, z)라 하면
$$x=\frac{2\times2-1\times(-1)}{2-1}=5, \ y=\frac{2\times4-1\times1}{2-1}=7,$$
$$z=\frac{2\times5-1\times2}{2-1}=8$$
$\therefore Q_1(5, 7, 8)$

(2) 점 Q_2의 좌표를 (x, y, z)라 하면
$$x=\frac{1\times2-2\times(-1)}{1-2}=-4, \ y=\frac{1\times4-2\times1}{1-2}=-2,$$
$$z=\frac{1\times5-2\times2}{1-2}=-1$$
$\therefore Q_2(-4, -2, -1)$

답 (1) $Q_1(5, 7, 8)$ (2) $Q_2(-4, -2, -1)$

412

$$G\left(\frac{-3+(-6)+3}{3}, \frac{-4+0+(-5)}{3}, \frac{0+5+7}{3}\right)$$
$\therefore G(-2, -3, 4)$

답 $G(-2, -3, 4)$

413

답 (1) 중심의 좌표 : $(-2, 1, 0)$, 반지름의 길이 : 4
(2) 중심의 좌표 : $(1, 2, -3)$, 반지름의 길이 : 3

414

답 (1) $x^2+y^2+z^2=4$ (2) $(x-3)^2+(y+2)^2+(z-1)^2=25$

415

(1) 구의 반지름의 길이는
$$\sqrt{2^2+(-3)^2+0^2}=\sqrt{13}$$
따라서 구하는 구의 방정식은
$$(x-2)^2+(y+3)^2+z^2=13$$

(2) 구의 반지름의 길이는
$$\sqrt{(4-3)^2+(0-4)^2+\{-6-(-5)\}^2}=\sqrt{18}$$
따라서 구하는 구의 방정식은
$$(x-3)^2+(y-4)^2+(z+5)^2=18$$

답 (1) $(x-2)^2+(y+3)^2+z^2=13$
(2) $(x-3)^2+(y-4)^2+(z+5)^2=18$

416

(1) $x^2+y^2+z^2-2y-4z=25$에서
$$x^2+(y-1)^2+(z-2)^2=30$$
따라서 중심의 좌표는 $(0, 1, 2)$, 반지름의 길이는 $\sqrt{30}$이다.

(2) $x^2+y^2+z^2+4x-6y+2z=0$에서
$$(x+2)^2+(y-3)^2+(z+1)^2=14$$
따라서 중심의 좌표는 $(-2, 3, -1)$, 반지름의 길이는 $\sqrt{14}$이다.

답 (1) 중심의 좌표 : $(0, 1, 2)$, 반지름의 길이 : $\sqrt{30}$
(2) 중심의 좌표 : $(-2, 3, -1)$, 반지름의 길이 : $\sqrt{14}$

417

구의 중심은 선분 AB의 중점이므로
$$\left(\frac{4+0}{2}, \frac{-6+(-2)}{2}, \frac{5+11}{2}\right), \ \text{즉} \ (2, -4, 8)$$
또한 구의 반지름의 길이는 구의 중심 $(2, -4, 8)$과 점 $A(4, -6, 5)$ 사이의 거리와 같으므로
$$\sqrt{(4-2)^2+\{-6-(-4)\}^2+(5-8)^2}=\sqrt{17}$$
따라서 구하는 구의 방정식은
$$(x-2)^2+(y+4)^2+(z-8)^2=17$$

답 $(x-2)^2+(y+4)^2+(z-8)^2=17$

◇ 유형 콕콕 ◇   본문 p.81~85

418 ①	419 ④	420 5	421 ④	422 ③
423 $\frac{\sqrt{2}}{2}$	424 ③	425 $C(0, -4, 0), C(0, -1, -3)$		
426 ②	427 $2\sqrt{13}$	428 ⑤	429 ④	430 1	431 ②
432 $3\sqrt{30}$	433 ④	434 $(2, -1, 3)$		435 ④	436 ⑤
437 $x^2+y^2+(z-3)^2=2$		438 ③	439 ①	440 ②
441 4	442 ③	443 ④		
444 $\left(x-\frac{3}{2}\right)^2+(y+2)^2+(z-3)^2=\frac{29}{4}$		445 ③		446 ⑤
447 ①	448 $\sqrt{14}$	449 ②	450 $\sqrt{5}+1$	451 ④
452 $6-3\sqrt{3}$				

418

점 B의 좌표는 $(1, 3, 2)$이므로 점 B를 x축에 대하여 대칭이동한 점의 좌표는
$$(1, -3, -2)$$
따라서 $a=1, b=-3, c=-2$이므로
$$a+b+c=1+(-3)+(-2)=-4$$

답 ①

419

점 $A(5, -3, 6)$을 xy평면에 대하여 대칭이동한 점 B의 좌표는
$$(5, -3, -6)$$
이고, 점 B를 z축에 대하여 대칭이동한 점 C의 좌표는
$$(-5, 3, -6)$$
이므로 $a=-5, b=3, c=-6$
$$\therefore a+b-c=-5+3-(-6)=4$$

답 ④

420

점 B와 yz평면에 대하여 대칭인 점의 좌표가 $(-4, 2, b)$이므로
$$B(4, 2, b)$$
점 A는 점 B에서 zx평면에 내린 수선의 발이므로
$$A(4, 0, b)$$
즉, $a=4, b=1$이므로
$$a+b=4+1=5$$

답 5

421

$P(1, 3, -2)$, $Q(-1, -3, 2)$이므로
$$\overline{PQ}=\sqrt{(-1-1)^2+(-3-3)^2+(2+2)^2}$$
$$=\sqrt{56}=2\sqrt{14}$$
답 ④

422

$\overline{AB}=\sqrt{(-1-1)^2+(5+1)^2+a^2}=\sqrt{a^2+40}$
$\overline{AC}=\sqrt{(2-1)^2+(-4+1)^2+(-3)^2}=\sqrt{19}$
이때, $\overline{AB}=2\overline{AC}$이므로
$\sqrt{a^2+40}=2\sqrt{19}$, $a^2+40=76$
$a^2=36$ $\therefore a=6 \ (\because a>0)$
답 ③

423

$\overline{PQ}^2=(0-1-t)^2+(2t-t)^2+(-t+2-t-3)^2$
$\quad\quad=(-1-t)^2+t^2+(-2t-1)^2$
$\quad\quad=t^2+2t+1+t^2+4t^2+4t+1$
$\quad\quad=6t^2+6t+2$
$\quad\quad=6\left(t+\dfrac{1}{2}\right)^2+\dfrac{1}{2}$

따라서 $t=-\dfrac{1}{2}$일 때, 선분 PQ의 길이의 최솟값은

$\sqrt{\dfrac{1}{2}}=\dfrac{\sqrt{2}}{2}$이다.
답 $\dfrac{\sqrt{2}}{2}$

424

x축 위의 점 P의 좌표를 $(a, 0, 0)$으로 놓으면
$\overline{AP}^2=(a+2)^2+2^2=a^2+4a+8$
$\overline{BP}^2=(a-1)^2+(-4)^2+3^2=a^2-2a+26$
$\overline{AP}=\overline{BP}$에서 $\overline{AP}^2=\overline{BP}^2$이므로
$a^2+4a+8=a^2-2a+26$
$6a=18$ $\therefore a=3$
따라서 점 P의 좌표는 $(3, 0, 0)$이므로
$\overline{AP}=\sqrt{(3+2)^2+2^2}=\sqrt{29}$
답 ③

425

yz평면 위의 점 C의 좌표를 $(0, b, c)$라 하면
$\overline{AB}^2=2^2+(-1)^2+(-1)^2=6$
$\overline{BC}^2=(-1)^2+(b+3)^2+(c+2)^2=b^2+c^2+6b+4c+14$
$\overline{CA}^2=(-1)^2+(-2-b)^2+(-1-c)^2=b^2+c^2+4b+2c+6$
$\overline{AB}^2=\overline{BC}^2$이므로 $b^2+c^2+6b+4c+8=0$ ······ ㉠
$\overline{BC}^2=\overline{CA}^2$이므로 $2b+2c+8=0$ $\therefore c=-b-4$ ······ ㉡
㉡을 ㉠에 대입하여 정리하면
$b^2+5b+4=0$, $(b+4)(b+1)=0$
$\therefore b=-4$ 또는 $b=-1$
이것을 ㉡에 대입하면 $c=0$ 또는 $c=-3$
$\therefore C(0, -4, 0)$, $C(0, -1, -3)$
답 $C(0, -4, 0)$, $C(0, -1, -3)$

426

두 점 A, B의 z좌표의 부호가 같으므로 두 점 A, B는 좌표공간에서 xy평면을 기준으로 같은 쪽에 있다.
점 A와 xy평면에 대하여 대칭인 점을 A$'$이라 하면
$A'(-1, 1, 3)$

이때, $\overline{AP}=\overline{A'P}$이므로
$\overline{AP}+\overline{PB}=\overline{A'P}+\overline{PB}$
$\quad\quad\quad\quad\geq\overline{A'B}$
$\quad\quad\quad\quad=\sqrt{(2+1)^2+(3-1)^2+(-3-3)^2}$
$\quad\quad\quad\quad=\sqrt{49}=7$
답 ②

427

두 점 A, B는 zx평면 위의 점이고, x축을 기준으로 같은 쪽에 있다.
점 A와 x축에 대하여 대칭인 점을 A$'$이라 하면

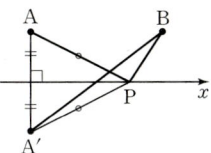

$A'(-1, 0, -2)$
이때, $\overline{AP}=\overline{A'P}$이므로
$\overline{AP}+\overline{PB}=\overline{A'P}+\overline{PB}$
$\quad\quad\quad\quad\geq\overline{A'B}$
$\quad\quad\quad\quad=\sqrt{(3+1)^2+(4+2)^2}$
$\quad\quad\quad\quad=\sqrt{52}=2\sqrt{13}$
답 $2\sqrt{13}$

428

선분 AB를 $3:2$로 내분하는 점 P의 좌표는
$$P\left(\dfrac{3\times7+2\times2}{3+2}, \dfrac{3\times4+2\times(-1)}{3+2}, \dfrac{3\times(-2)+2\times3}{3+2}\right)$$
$\therefore P(5, 2, 0)$
선분 AB를 $1:2$로 외분하는 점 Q의 좌표는
$$Q\left(\dfrac{1\times7-2\times2}{1-2}, \dfrac{1\times4-2\times(-1)}{1-2}, \dfrac{1\times(-2)-2\times3}{1-2}\right)$$
$\therefore Q(-3, -6, 8)$
$\therefore \overline{PQ}=\sqrt{(-3-5)^2+(-6-2)^2+8^2}$
$\quad\quad\quad=\sqrt{192}=8\sqrt{3}$
답 ⑤

429

선분 AB를 $3:2$로 내분하는 점이 zx평면 위에 있으므로 내분점의 y좌표는 0이다.
즉, $\dfrac{3\times k+2\times(-3)}{3+2}=0$이므로
$3k-6=0$ $\therefore k=2$
답 ④

430

선분 AB를 $2:3$으로 내분하는 점이 xy평면 위에 있으므로 내분점의 z좌표는 0이다.
즉, $\dfrac{2\times9+3\times c}{2+3}=0$이므로
$18+3c=0$
$\therefore c=-6$
················· 가

선분 AB를 $3:2$로 외분하는 점이 z축 위에 있으므로 외분점의 x좌표, y좌표는 모두 0이다.
즉, $\dfrac{3\times2-2\times a}{3-2}=0$, $\dfrac{3\times b-2\times6}{3-2}=0$이므로
$6-2a=0$, $3b-12=0$
$\therefore a=3, b=4$
················· 나

$\therefore a+b+c=3+4+(-6)=1$
················· 다

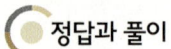

단계	채점 요소	비율
가	c의 값 구하기	40%
나	a, b의 값 구하기	50%
다	$a+b+c$의 값 구하기	10%

답 1

431

점 C의 좌표를 (a, b, c)라 하면 선분 AC의 중점의 좌표는

$$\left(\frac{1+a}{2}, \frac{-11+b}{2}, \frac{-3+c}{2}\right)$$

선분 AC의 중점은 두 대각선의 교점이므로

$$\frac{1+a}{2}=3, \frac{-11+b}{2}=-1, \frac{-3+c}{2}=-1$$

$\therefore a=5, b=9, c=1$

즉, C$(5, 9, 1)$이므로

$$\overline{BC}=\sqrt{(5-5)^2+(9-5)^2+(1+5)^2}$$
$$=\sqrt{52}=2\sqrt{13}$$

답 ②

432

선분 AC의 중점의 좌표는

$$\left(\frac{-2-1}{2}, \frac{-3+1}{2}, \frac{-5+4}{2}\right), 즉 \left(-\frac{3}{2}, -1, -\frac{1}{2}\right)$$

점 D의 좌표를 (a, b, c)라 하면 선분 BD의 중점의 좌표는

$$\left(\frac{2+a}{2}, \frac{-6+b}{2}, \frac{5+c}{2}\right)$$

평행사변형의 두 대각선의 중점은 일치하므로

$$\frac{2+a}{2}=-\frac{3}{2}, \frac{-6+b}{2}=-1, \frac{5+c}{2}=-\frac{1}{2}$$

$\therefore a=-5, b=4, c=-6$

즉, D$(-5, 4, -6)$이므로

$$\overline{BD}=\sqrt{(-5-2)^2+(4+6)^2+(-6-5)^2}$$
$$=\sqrt{270}=3\sqrt{30}$$

답 $3\sqrt{30}$

433

점 C의 좌표를 (a, b, c)라 하면 △ABC의 무게중심의 좌표는

$$\left(\frac{0-2+a}{3}, \frac{1+3+b}{3}, \frac{-6+4+c}{3}\right)$$

이 점이 G$(1, 2, -2)$와 일치해야 하므로

$$\frac{-2+a}{3}=1, \frac{4+b}{3}=2, \frac{-2+c}{3}=-2$$

$\therefore a=5, b=2, c=-4$

$\therefore$ C$(5, 2, -4)$

답 ④

434

A$(6, -3, -9)$, B$(-6, -3, 9)$, C$(6, 3, 9)$이므로 △ABC의 무게중심의 좌표는

$$\left(\frac{6-6+6}{3}, \frac{-3-3+3}{3}, \frac{-9+9+9}{3}\right)$$

즉, $(2, -1, 3)$

답 $(2, -1, 3)$

435

선분 AB를 $2:1$로 내분하는 점의 좌표는

$$\left(\frac{2\times4+1\times1}{2+1}, \frac{2\times0+1\times3}{2+1}, \frac{2\times5+1\times(-1)}{2+1}\right)$$

즉, $(3, 1, 3)$

선분 AB를 $2:1$로 외분하는 점의 좌표는

$$\left(\frac{2\times4-1\times1}{2-1}, \frac{2\times0-1\times3}{2-1}, \frac{2\times5-1\times(-1)}{2-1}\right)$$

즉, $(7, -3, 11)$

따라서 구의 중심의 좌표는

$$\left(\frac{3+7}{2}, \frac{1-3}{2}, \frac{3+11}{2}\right), 즉 (5, -1, 7)$$

이고, 구의 반지름의 길이는

$$\sqrt{(5-3)^2+(-1-1)^2+(7-3)^2}=\sqrt{24}$$

이므로 구하는 구의 방정식은

$$(x-5)^2+(y+1)^2+(z-7)^2=24$$

답 ④

436

중심의 좌표가 $(3, 1, 2)$인 구의 반지름의 길이를 r라 하면 구의 방정식은

$$(x-3)^2+(y-1)^2+(z-2)^2=r^2$$

이 구가 원점을 지나므로

$$r^2=(-3)^2+(-1)^2+(-2)^2=14$$

따라서 $(x-3)^2+(y-1)^2+(z-2)^2=14$이므로

$$x^2+y^2+z^2-6x-2y-4z=0$$

$\therefore a=6, b=-2, c=4$

$\therefore a+b+c=6+(-2)+4=8$

답 ⑤

437

점 B의 좌표를 (a, b, c)라 하면 점 B는 구 $x^2+y^2+z^2=8$ 위의 점이므로 $a^2+b^2+c^2=8$ ······ ㉠

선분 AB의 중점을 P(x, y, z)라 하면

$$x=\frac{a}{2}, y=\frac{b}{2}, z=\frac{c+6}{2}$$

$\therefore a=2x, b=2y, c=2z-6$

이것을 ㉠에 대입하면

$$(2x)^2+(2y)^2+(2z-6)^2=8$$

$\therefore x^2+y^2+(z-3)^2=2$

답 $x^2+y^2+(z-3)^2=2$

438

$x^2+y^2+z^2+2ax-6by-12z+45=0$에서

$$(x+a)^2+(y-3b)^2+(z-6)^2=a^2+9b^2-9$$

따라서 구의 중심의 좌표는 $(-a, 3b, 6)$이고 반지름의 길이는 $\sqrt{a^2+9b^2-9}$이다.

이때, 구가 xy평면에 접하므로

$$\sqrt{a^2+9b^2-9}=6$$ ······ ㉠

또한 구가 zx평면에 접하므로

$$\sqrt{a^2+9b^2-9}=3b$$ ······ ㉡

㉠, ㉡을 연립하여 풀면

$a=3, b=2$ ($\because a>0, b>0$)

$\therefore a-b=3-2=1$

답 ③

439

중심의 좌표가 $(3, 5, -4)$이므로 구의 중심에서 y축에 내린 수선의 발의 좌표는 $(0, 5, 0)$

따라서 구하는 반지름의 길이는

$$\sqrt{3^2+(-4)^2}=\sqrt{25}=5$$

답 ①

440

구가 x축, y축, z축에 동시에 접하려면 구의 중심 (a, b, c)에서 x축, y축, z축에 이르는 거리가 모두 같아야 하므로

$a=b=c$

따라서 구의 중심의 좌표를 (a, a, a)라 하면 구의 중심에서 x축에 내린 수선의 발의 좌표는 $(a, 0, 0)$이므로 구의 반지름의 길이는

$\sqrt{a^2+a^2}=\sqrt{2}a \ (\because a>0)$

즉, $\sqrt{2}a=4\sqrt{2}$이므로

$a=4$

$\therefore a^2+b^2+c^2=3a^2=3\times4^2=48$　　　🅐 ②

441

점 $(-1, 1, -2)$를 지나고 xy평면, yz평면, zx평면에 동시에 접하는 구의 반지름의 길이를 r라 하면 구의 중심의 좌표는

$(-r, r, -r)$

따라서 구의 방정식은

$(x+r)^2+(y-r)^2+(z+r)^2=r^2$

으로 놓을 수 있다.　　　🕖

────────────────────────

이때, 점 $(-1, 1, -2)$가 이 구 위에 있으므로

$(-1+r)^2+(1-r)^2+(-2+r)^2=r^2$　　　🕗

────────────────────────

$r^2-4r+3=0, \ (r-1)(r-3)=0$

$\therefore r=1$ 또는 $r=3$

따라서 두 구의 반지름의 길이의 합은

$1+3=4$　　　🕘

────────────────────────

단계	채점 요소	비율
🕖	구의 방정식 세우기	50%
🕗	구의 방정식에 점 $(-1, 1, -2)$의 좌표 대입하기	20%
🕘	두 구의 반지름의 길이의 합 구하기	30%

🅐 4

442

반지름의 길이가 10이고 중심의 x좌표가 양수인 구의 중심의 좌표를 $(a, b, c) \ (a>0)$라 하면 구의 방정식은

$(x-a)^2+(y-b)^2+(z-c)^2=100$

yz평면 위의 점은 x좌표가 0이므로 $x=0$을 대입하면

$(y-b)^2+(z-c)^2=100-a^2$

즉, 구와 yz평면의 교선은 중심의 좌표가 $(0, b, c)$이고 반지름의 길이가 $\sqrt{100-a^2}$인 원이므로

$b=-2, \ c=4, \ \sqrt{100-a^2}=6$

$\sqrt{100-a^2}=6$의 양변을 제곱하면

$100-a^2=36, \ a^2=64$

$\therefore a=8 \ (\because a>0)$　　　🅐 ③

443

반지름의 길이가 4이고 중심의 z좌표가 양수인 구의 중심의 좌표를 $(a, b, c) \ (c>0)$라 하면 구의 방정식은

$(x-a)^2+(y-b)^2+(z-c)^2=16$

xy평면 위의 점은 z좌표가 0이므로 $z=0$을 대입하면

$(x-a)^2+(y-b)^2=16-c^2$

이 식이 $(x-3)^2+(y-1)^2=7$과 같아야 하므로

$a=3, \ b=1, \ 16-c^2=7$

$16-c^2=7$에서 $c^2=9$

$\therefore c=3 \ (\because c>0)$

$\therefore (x-3)^2+(y-1)^2+(z-3)^2=16$

한편, zx평면 위의 점은 y좌표가 0이므로 $y=0$을 대입하면

$(x-3)^2+(z-3)^2=15$

따라서 구와 zx평면의 교선은 중심의 좌표가 $(3, 0, 3)$이고 반지름의 길이가 $\sqrt{15}$인 원이므로 넓이는

$\pi\times(\sqrt{15})^2=15\pi$　　　🅐 ④

444

구하는 구의 중심의 좌표를 (a, b, c), 반지름의 길이를 r라 하면 구의 방정식은

$(x-a)^2+(y-b)^2+(z-c)^2=r^2$ 　　……㉠

이 구에 포함되는 yz평면 위의 원은 구와 yz평면의 교선이므로

㉠에 $x=0$을 대입하면

$(y-b)^2+(z-c)^2=r^2-a^2$

이 식이 $(y+2)^2+(z-3)^2=5$와 같아야 하므로

$b=-2, \ c=3, \ r^2-a^2=5$

한편, ㉠은 점 $(3, 0, 2)$를 지나므로

$(3-a)^2+(0+2)^2+(2-3)^2=r^2$

$\therefore a^2-6a+14-r^2=0$ 　　……㉡

$r^2-a^2=5$를 ㉡에 대입하면

$-6a+14-5=0$ 　　$\therefore a=\dfrac{3}{2}$

$a=\dfrac{3}{2}$을 $r^2-a^2=5$에 대입하면 $r^2=\dfrac{29}{4}$

따라서 구하는 구의 방정식은

$\left(x-\dfrac{3}{2}\right)^2+(y+2)^2+(z-3)^2=\dfrac{29}{4}$

🅐 $\left(x-\dfrac{3}{2}\right)^2+(y+2)^2+(z-3)^2=\dfrac{29}{4}$

445

x축 위의 점은 y좌표와 z좌표가 모두 0이므로 주어진 구의 방정식에 $y=0, \ z=0$을 대입하여 정리하면

$x^2-4x+29-r^2=0$ 　　……㉠

주어진 구와 x축이 만나는 두 점 사이의 거리가 6이므로 x에 대한 이차방정식 ㉠의 두 근의 차가 6이다.

따라서 ㉠의 두 근을 $\alpha, \alpha+6$이라 하면 근과 계수의 관계에 의하여

$\alpha+(\alpha+6)=4, \ \alpha(\alpha+6)=29-r^2$

$\alpha=-1, \ r^2=34$

$\therefore r=\sqrt{34} \ (\because r>0)$　　　🅐 ③

446

y축 위의 점은 x좌표와 z좌표가 모두 0이므로 주어진 구의 방정식에 $x=0, \ z=0$을 대입하여 정리하면

$y^2+2y-3=0, \ (y+3)(y-1)=0$ 　　$\therefore y=-3$ 또는 $y=1$

따라서 주어진 구와 y축의 두 교점의 좌표는 각각 $(0, -3, 0), \ (0, 1, 0)$이므로 구하는 선분 AB의 길이는

$|1-(-3)|=4$

다른 풀이

$x^2+y^2+z^2-4x+2y-6z-3=0$에서
$(x-2)^2+(y+1)^2+(z-3)^2=17$
구의 중심을 C라 하면 C$(2, -1, 3)$이고,
점 C에서 y축에 내린 수선의 발을 H라 하면
H$(0, -1, 0)$이므로
$\overline{CH}=\sqrt{(-2)^2+(-3)^2}=\sqrt{13}$
오른쪽 그림에서 $\overline{BC}=\sqrt{17}$이므로
$\overline{BH}=\sqrt{(\sqrt{17})^2-(\sqrt{13})^2}=\sqrt{4}=2$
$\therefore \overline{AB}=2\overline{BH}=2\times2=4$　　　**답** ⑤

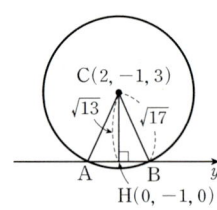

447

$x^2+y^2+z^2-10x+2y-2z+11=0$에서
$(x-5)^2+(y+1)^2+(z-1)^2=16$
구의 중심을 C라 하면 C$(5, -1, 1)$이므로
$\overline{PC}=\sqrt{(5-1)^2+(-1-5)^2+(1-3)^2}=\sqrt{56}$
점 P$(1, 5, 3)$에서 구에 그은 접선의 접점을
A라 하면 △PCA는 직각삼각형이므로 구하
는 접선의 길이는
$\overline{PA}=\sqrt{(\sqrt{56})^2-4^2}=\sqrt{40}=2\sqrt{10}$　　**답** ①

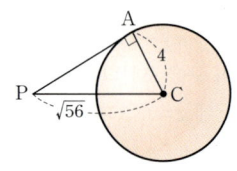

448

점 A$(4, 2, 1)$에서 구에 그은 접선의 접점을
P라 하면
$\overline{AP}=4$
$\overline{AC}=\sqrt{(2-4)^2+(-3-2)^2+(2-1)^2}$
$\quad\quad=\sqrt{30}$
이때, △ACP는 직각삼각형이므로 구하는 구의 반지름의 길이는
$\overline{CP}=\sqrt{(\sqrt{30})^2-4^2}=\sqrt{14}$　　　**답** $\sqrt{14}$

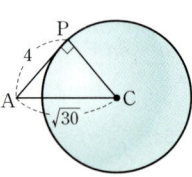

449

구 $x^2+y^2+z^2=9$는 중심의 좌표가 $(0, 0, 0)$, 반지름의 길이가 3이고,
구 $(x-6)^2+(y+3)^2+(z-2)^2=4$는 중심의 좌표가 $(6, -3, 2)$, 반지름의 길이가 2이다.
따라서 두 구의 중심 사이의 거리는
$\sqrt{6^2+(-3)^2+2^2}=\sqrt{49}=7$
두 점 P, Q의 위치가 오른쪽 그림과 같을 때
두 점 P, Q 사이의 거리가 최소이므로 구하
는 최솟값은
$7-(3+2)=2$　　　**답** ②

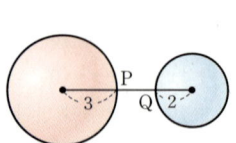

450

$x^2+y^2+z^2-2y+4z+4=0$에서 $x^2+(y-1)^2+(z+2)^2=1$이므로 구의
중심의 좌표는 C$(0, 1, -2)$이고 반지름의 길이는 1이다.
원점 O와 구의 중심 C 사이의 거리는
$\overline{OC}=\sqrt{1^2+(-2)^2}=\sqrt{5}$
이므로 선분 OP의 길이의 최댓값은
$\overline{OC}+\overline{CP}=\sqrt{5}+1$　　　**답** $\sqrt{5}+1$

451

$x^2+y^2+z^2-6x+8z+k=0$에서
$(x-3)^2+y^2+(z+4)^2=25-k$

따라서 두 구의 중심의 좌표가 각각 $(0, 0, 0)$, $(3, 0, -4)$이므로 두 구
의 중심 사이의 거리는
$\sqrt{3^2+(-4)^2}=\sqrt{25}=5$
두 구가 서로 외접하려면 두 구의 반지름의 길이의 합이 중심 사이의 거
리와 같아야 하므로
$4+\sqrt{25-k}=5, \sqrt{25-k}=1$
$25-k=1$　　$\therefore k=24$　　　**답** ④

452

$x^2+y^2+z^2-4x+2y-6z-22=0$에서
$(x-2)^2+(y+1)^2+(z-3)^2=36$　　　$\cdots\cdots$ ㉠
이므로 이 구의 중심을 C, 반지름의 길이를 r라 하면
C$(2, -1, 3)$, $r=6$
구하는 구의 중심을 C$'$, 반지름의 길이를 r'이라 하면
C$'(5, 2, 0)$이고, 이 구가 ㉠에 내접하려면 $r>r'>0$이고
$r-r'=\overline{CC'}$이어야 하므로
$6-r'=\sqrt{(5-2)^2+(2+1)^2+(-3)^2}=\sqrt{27}=3\sqrt{3}$
$\therefore r'=6-3\sqrt{3}$　　　**답** $6-3\sqrt{3}$

실력 콕콕
본문 p.86~87

453 ②	**454** ④	**455** ④	**456** 7	**457** ④	**458** ⑤
459 ②	**460** ③	**461** ①	**462** ③	**463** ⑤	**464** ②
465 ⑤	**466** ④	**467** $3\sqrt{2}$			

468 $(x-1)^2+(y+2)^2+(z-3)^2=2$

453

점 F의 좌표가 $(5, 3, 0)$이고, $\overline{CG}=\overline{BF}=2$이므로 B$(5, 3, 2)$
이때, $\overline{AB}=1$이므로 A$(5, 2, 2)$
또한, $\overline{AD}=\overline{BC}=3$이므로 D$(2, 2, 2)$　　　**답** ②

454

점 H의 좌표를 $(a, a, 0)\ (a\neq0)$으로 놓으면 △OHP는 $\angle OHP=90°$
인 직각삼각형이므로 $\overline{OP}^2=\overline{OH}^2+\overline{PH}^2$에서
$1^2+2^2+2^2=a^2+a^2+(a-1)^2+(a-2)^2+(-2)^2$
$4a^2-6a=0, 2a(2a-3)=0$
$\therefore a=\dfrac{3}{2}\ (\because a\neq0)$
$\therefore \overline{PH}=\sqrt{\left(\dfrac{3}{2}-1\right)^2+\left(\dfrac{3}{2}-2\right)^2+(-2)^2}=\sqrt{\dfrac{9}{2}}=\dfrac{3\sqrt{2}}{2}$

다른 풀이

오른쪽 그림과 같이 점 P$(1, 2, 2)$에서 xy평
면에 내린 수선의 발을 P$'$이라 하면
P$'(1, 2, 0)$
$\therefore \overline{PP'}=2$
삼수선의 정리에 의하여 선분 P$'$H와 직선
$y=x$가 수직이므로 xy평면에서 점 P$'$과 직
선 $y=x$, 즉 $x-y=0$ 사이의 거리는

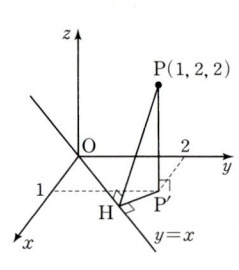

$$\overline{P'H}=\frac{|1-2|}{\sqrt{1^2+(-1)^2}}=\frac{1}{\sqrt{2}}$$

$$\therefore \overline{PH}=\sqrt{2^2+\left(\frac{1}{\sqrt{2}}\right)^2}=\sqrt{\frac{9}{2}}=\frac{3\sqrt{2}}{2}$$　　　　답 ④

455

점 P의 좌표를 $(x, y, 0)$이라 하면 $\overline{AP}=4$이므로

$$\sqrt{(x+2)^2+(y-1)^2+(-3)^2}=4$$

$$\therefore (x+2)^2+(y-1)^2=7$$

따라서 점 P가 나타내는 도형은 중심의 좌표가 $(-2, 1, 0)$이고 반지름의 길이가 $\sqrt{7}$인 원이므로 구하는 도형의 길이는

$2\pi\times\sqrt{7}=2\sqrt{7}\pi$　　　　답 ④

456

두 점 A, B의 x좌표와 z좌표의 부호가 각각 같으므로 두 점 A, B는 xy평면과 yz평면을 기준으로 같은 쪽에 있다.

점 A와 xy평면에 대하여 대칭인 점을 A′, 점 B와 yz평면에 대하여 대칭인 점을 B′이라 하면

A′$(2, 5, -3)$, B′$(-1, 3, 3)$

$$\begin{aligned}\therefore \overline{AP}+\overline{PQ}+\overline{QB}&=\overline{A'P}+\overline{PQ}+\overline{QB'}\\&\geq\overline{A'B'}\\&=\sqrt{(-1-2)^2+(3-5)^2+(3+3)^2}\\&=\sqrt{49}=7\end{aligned}$$　　답 7

457

$$\overline{AB}=\sqrt{(1-6)^2+(1+2)^2+(-1-3)^2}=\sqrt{50}=5\sqrt{2}$$

두 점 A, B의 yz평면 위로의 정사영을 각각 A′, B′이라 하면

A′$(0, -2, 3)$, B′$(0, 1, -1)$

$$\therefore \overline{A'B'}=\sqrt{(1+2)^2+(-1-3)^2}=\sqrt{25}=5$$

이때, $\overline{A'B'}=\overline{AB}\cos\theta$이므로

$$\cos\theta=\frac{\overline{A'B'}}{\overline{AB}}=\frac{5}{5\sqrt{2}}=\frac{\sqrt{2}}{2}$$　　　　답 ④

458

선분 AC를 $3:2$로 내분하는 점 P의 좌표는

$$P\left(\frac{3\times0+2\times10}{3+2}, \frac{3\times0+2\times0}{3+2}, \frac{3\times10+2\times0}{3+2}\right)$$

$\therefore P(4, 0, 6)$

선분 BC를 $2:3$으로 내분하는 점 Q의 좌표는

$$Q\left(\frac{2\times0+3\times0}{2+3}, \frac{2\times0+3\times5}{2+3}, \frac{2\times10+3\times0}{2+3}\right)$$

$\therefore Q(0, 3, 4)$

두 점 P, Q의 xy평면 위로의 정사영은 각각

P′$(4, 0, 0)$, Q′$(0, 3, 0)$

따라서 △OP′Q′은 직각삼각형이므로

$$\triangle OP'Q'=\frac{1}{2}\times\overline{OP'}\times\overline{OQ'}=\frac{1}{2}\times4\times3=6$$　　답 ⑤

459

선분 AC의 중점의 좌표는

$$\left(\frac{5-2}{2}, \frac{a-4}{2}, \frac{3+3}{2}\right), 즉 \left(\frac{3}{2}, \frac{a-4}{2}, 3\right)$$

선분 BD의 중점의 좌표는

$$\left(\frac{-1+4}{2}, \frac{b-3}{2}, \frac{7-1}{2}\right), 즉 \left(\frac{3}{2}, \frac{b-3}{2}, 3\right)$$

마름모의 두 대각선의 중점은 일치하므로

$$\frac{a-4}{2}=\frac{b-3}{2}, a-4=b-3$$

$\therefore b=a-1$　　　　·····　㉠

한편, 마름모의 네 변의 길이는 모두 같으므로 $\overline{AD}=\overline{CD}$에서

$$\sqrt{(4-5)^2+(-3-a)^2+(-1-3)^2}$$
$$=\sqrt{(4+2)^2+(-3+4)^2+(-1-3)^2}$$

이 식의 양변을 제곱하여 정리하면

$(3+a)^2=36, 3+a=\pm6$

$\therefore a=3 (\because a>0)$

$a=3$을 ㉠에 대입하면 $b=2$

$\therefore a+b=3+2=5$　　　　답 ②

460

점 B의 좌표를 (x, y, z)라 하면 선분 AB의 중점이 M$(5, 4, 3)$이므로

$$\frac{3+x}{2}=5, \frac{4+y}{2}=4, \frac{5+z}{2}=3$$

$\therefore x=7, y=4, z=1$

$\therefore B(7, 4, 1)$

또한 점 C의 좌표가 (a, b, c)이고 삼각형 ABC의 무게중심이 G$(3, 1, 2)$이므로

$$\frac{3+7+a}{3}=3, \frac{4+4+b}{3}=1, \frac{5+1+c}{3}=2$$

$\therefore a=-1, b=-5, c=0$

$\therefore a-b+c=-1-(-5)+0=4$

다른 풀이

점 C의 좌표가 (a, b, c)이므로 선분 CM을 $2:1$로 내분하는 점의 좌표는

$$\left(\frac{2\times5+1\times a}{2+1}, \frac{2\times4+1\times b}{2+1}, \frac{2\times3+1\times c}{2+1}\right)$$

즉, $\left(\frac{10+a}{3}, \frac{8+b}{3}, \frac{6+c}{3}\right)$

이 점이 점 G$(3, 1, 2)$와 일치해야 하므로

$$\frac{10+a}{3}=3, \frac{8+b}{3}=1, \frac{6+c}{3}=2$$

$\therefore a=-1, b=-5, c=0$

$\therefore a-b+c=-1-(-5)+0=4$　　　답 ③

461

$x^2+y^2+z^2+2x+2y-2z=6$에서

$(x+1)^2+(y+1)^2+(z-1)^2=9$

이므로 구의 중심의 좌표는 $(-1, -1, 1)$이다.

한편, 점 B의 좌표를 (a, b, c)로 놓으면 선분 AB의 중점의 좌표는

$$\left(\frac{-2+a}{2}, \frac{1+b}{2}, \frac{3+c}{2}\right)$$

이고, 이 점은 구의 중심과 일치해야 하므로

$$\frac{-2+a}{2}=-1, \frac{1+b}{2}=-1, \frac{3+c}{2}=1$$

$\therefore a=0, b=-3, c=-1$

$\therefore B(0, -3, -1)$　　　　답 ①

462

점 A와 구의 중심이 yz평면에 대하여 같은 영역에 존재해야 하므로

$a < 0$

이때, 반지름의 길이가 3이고 yz평면에 접하므로

$|a| = 3$ ∴ $a = -3$

따라서 구의 방정식은

$(x+3)^2 + (y-b)^2 + (z-c)^2 = 9$ ...... ㉠

㉠이 x축에 접하면 점 $(-3, 0, 0)$을 지나므로

$b^2 + c^2 = 9$ ...... ㉡

또한 ㉠이 점 $A(-1, 2, -2)$를 지나므로

$(-1+3)^2 + (2-b)^2 + (-2-c)^2 = 9$

∴ $b^2 + c^2 - 4b + 4c = -3$ ...... ㉢

㉡-㉢을 하면 $4b - 4c = 12$ ∴ $b - c = 3$

∴ $a + b - c = -3 + 3 = 0$ **답** ③

463

구에 내접하는 원기둥의 한 밑면이 xy평면 위에 있으면 그 밑면은 구와 xy평면의 교선과 같으므로 구의 방정식에 $z = 0$을 대입하면

$(x-3)^2 + (y-2)^2 = 9$

이때, 밑면의 반지름의 길이가 3이므로 오른쪽 그림과 같이 주어진 구의 중심을 C라 하고 점 C에서 xy평면에 내린 수선의 발을 H라 하면

$\overline{CH} = \sqrt{5^2 - 3^2} = \sqrt{16} = 4$

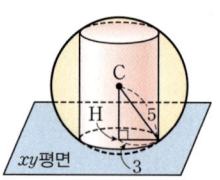

따라서 주어진 구에 내접하고 한 밑면이 xy평면 위에 있는 원기둥의 부피는

$\pi \times 3^2 \times 8 = 72\pi$ **답** ⑤

464

주어진 구의 중심이 $O(0, 0, 0)$이므로

$\overline{OP} = \sqrt{5^2 + (-\sqrt{2})^2 + 3^2} = \sqrt{36} = 6$

또한 점 P에서 구에 그은 접선의 접점을 Q라 하면 △PQO는 직각삼각형이므로

$\overline{PQ} = \sqrt{6^2 - (2\sqrt{3})^2} = \sqrt{24} = 2\sqrt{6}$

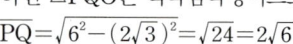
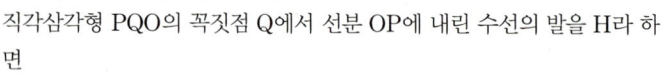

직각삼각형 PQO의 꼭짓점 Q에서 선분 OP에 내린 수선의 발을 H라 하면

$\overline{OQ} \times \overline{PQ} = \overline{OP} \times \overline{QH}$, $2\sqrt{3} \times 2\sqrt{6} = 6 \times \overline{QH}$

∴ $\overline{QH} = 2\sqrt{2}$

따라서 접점들이 나타내는 도형은 중심이 H이고 반지름의 길이가 $2\sqrt{2}$인 원이므로 구하는 도형의 길이는

$2\pi \times 2\sqrt{2} = 4\sqrt{2}\pi$ **답** ②

465

$x^2 + y^2 + z^2 - 8x - 8y + 4z + 27 = 0$에서

$(x-4)^2 + (y-4)^2 + (z+2)^2 = 9$

이므로 중심이 $C(4, 4, -2)$이고 반지름의 길이가 3인 구이다.

$x^2 + y^2 + z^2$은 원점 O와 구 위의 임의의 점 $P(x, y, z)$ 사이의 거리의 제곱이므로 오른쪽 그림에서 원점 O와 구의 중심 C를 잇는 직선이 구와 만나는 점 A에서 그 값은 최대가 된다.

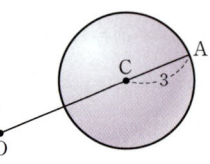

$\overline{OC} = \sqrt{4^2 + 4^2 + (-2)^2} = \sqrt{36} = 6$이므로

$\overline{OA} = \overline{OC} + \overline{CA} = 6 + 3 = 9$

따라서 $x^2 + y^2 + z^2$의 최댓값은 $9^2 = 81$ **답** ⑤

466

구 $x^2 + y^2 + z^2 = 4$는 중심이 $C_1(0, 0, 0)$이고 반지름의 길이가 2이다.

한편, $x^2 + y^2 + z^2 - 12y + 6z + 44 = 0$에서

$x^2 + (y-6)^2 + (z+3)^2 = 1$

이므로 이 구의 중심은 $C_2(0, 6, -3)$이고 반지름의 길이는 1이다.

이때, 두 구의 접점 $P(a, b, c)$는 선분 C_1C_2를 2 : 1로 내분하는 점이므로

$a = \dfrac{2 \times 0 + 1 \times 0}{2+1} = 0$, $b = \dfrac{2 \times 6 + 1 \times 0}{2+1} = 4$

$c = \dfrac{2 \times (-3) + 1 \times 0}{2+1} = -2$

∴ $a + b + c = 0 + 4 + (-2) = 2$ **답** ④

467

선분 PQ를 적당히 평행이동하여 점 P가 좌표공간의 원점 O와 일치하도록 할 때 점 Q가 평행이동한 점을 $A(a, b, c)$라 하자. ...... ㉮

선분 OA의 xy평면 위로의 정사영의 길이는 $\sqrt{a^2 + b^2}$이므로

$\sqrt{a^2 + b^2} = 2\sqrt{2}$ ∴ $a^2 + b^2 = 8$ ...... ㉠

선분 OA의 yz평면 위로의 정사영의 길이는 $\sqrt{b^2 + c^2}$이므로

$\sqrt{b^2 + c^2} = 4$ ∴ $b^2 + c^2 = 16$ ...... ㉡

선분 OA의 zx평면 위로의 정사영의 길이는 $\sqrt{c^2 + a^2}$이므로

$\sqrt{c^2 + a^2} = 2\sqrt{3}$ ∴ $c^2 + a^2 = 12$ ...... ㉢ ...... ㉯

㉠+㉡+㉢을 하면

$2(a^2 + b^2 + c^2) = 36$ ∴ $a^2 + b^2 + c^2 = 18$

∴ $\overline{PQ} = \overline{OA} = \sqrt{a^2 + b^2 + c^2} = \sqrt{18} = 3\sqrt{2}$ ...... ㉰

단계	채점 요소	비율
㉮	점 P가 원점 O와 일치하도록 선분 PQ를 평행이동하기	20%
㉯	좌표평면 위로의 정사영의 길이를 이용하여 식 세우기	50%
㉰	선분 PQ의 길이 구하기	30%

답 $3\sqrt{2}$

468

구 $x^2 + y^2 + z^2 = 8$ 위의 점 B의 좌표를 (a, b, c)라 하면

$a^2 + b^2 + c^2 = 8$ ...... ㉠ ...... ㉮

선분 AB의 중점을 $M(x, y, z)$라 하면

$\dfrac{2+a}{2} = x$, $\dfrac{-4+b}{2} = y$, $\dfrac{6+c}{2} = z$

∴ $a = 2x - 2$, $b = 2y + 4$, $c = 2z - 6$ ...... ㉯

이것을 ㉠에 대입하면

$(2x-2)^2 + (2y+4)^2 + (2z-6)^2 = 8$

∴ $(x-1)^2 + (y+2)^2 + (z-3)^2 = 2$ ...... ㉰

단계	채점 요소	비율
㉮	점 B가 구 $x^2 + y^2 + z^2 = 8$ 위의 점임을 이용하여 식 세우기	30%
㉯	선분 AB의 중점을 $M(x, y, z)$로 놓고 식 세우기	40%
㉰	식을 정리하여 도형의 방정식 구하기	30%

답 $(x-1)^2 + (y+2)^2 + (z-3)^2 = 2$

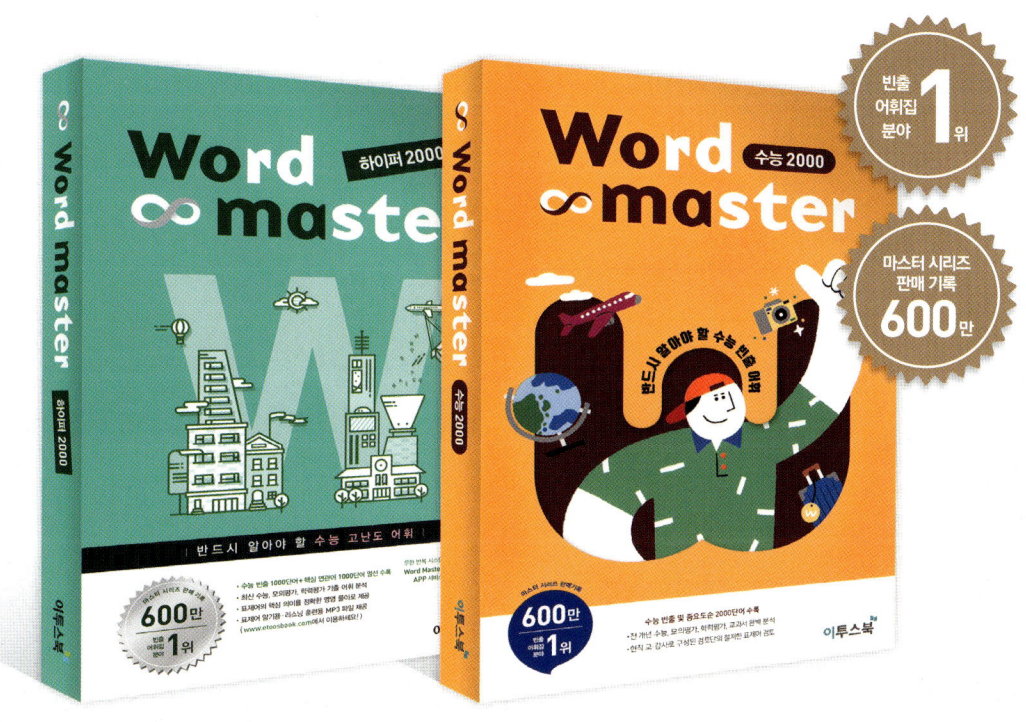

新 수학의 바이블 유형서

B
O
B
밥